BIBLIOTHÈQUE DES SCIENCES MORALES ET POLITIQUES.

HISTOIRE
DE
L'ÉCONOMIE POLITIQUE

DEPUIS LES ANCIENS JUSQU'A NOS JOURS

SUIVIE

D'UNE BIBLIOGRAPHIE RAISONNÉE
DE L'ÉCONOMIE POLITIQUE

PAR

A. BLANQUI, DE L'INSTITUT.

QUATRIÈME ÉDITION, REVUE ET ANNOTÉE.

TOME SECOND.

PARIS
GUILLAUMIN ET CIE, LIBRAIRES
Éditeurs du Journal des Économistes, de la Collection des principaux Économistes,
du Dictionnaire de l'Économie politique,
du Dictionnaire universel du Commerce et de la Navigation, etc.
14, RUE RICHELIEU, 14
1860

HISTOIRE

DE

L'ÉCONOMIE POLITIQUE

EN EUROPE.

SAINT-DENIS. — TYPOGRAPHIE DE A. MOULIN, SUCC[r] DE M. DROUARD.

HISTOIRE

DE

L'ÉCONOMIE POLITIQUE

EN EUROPE

DEPUIS LES ANCIENS JUSQU'A NOS JOURS

SUIVIE

D'UNE BIBLIOGRAPHIE RAISONNÉE DES PRINCIPAUX OUVRAGES

D'ÉCONOMIE POLITIQUE

PAR

BLANQUI

MEMBRE DE L'INSTITUT

Quatrième Édition revue et annotée

TOME SECOND

PARIS

GUILLAUMIN ET CIE, LIBRAIRES

Éditeurs du Journal des Économistes, de la Collection des principaux Économistes,
du Dictionnaire de l'Économie politique,
du Dictionnaire universel du Commerce et de la Navigation, etc.

RUE RICHELIEU, 14

1860

HISTOIRE

DE

L'ÉCONOMIE POLITIQUE

CHAPITRE XXVII.

De l'économie politique sous Louis XIV. — Ordonnances du commerce. — De la marine. — Des eaux et forêts. — Code noir. — Conseils de prud'hommes. — Lois sur les pauvres. — Fondation des hospices d'enfants trouvés. — Création de compagnies commerciales. — Opinion des Économistes contemporains : Vauban, Boisguilbert, l'abbé de Saint-Pierre.

Si, comme l'écrivait naguère un de nos hommes d'État[1], « les lois sont toujours le monument le plus important et le plus instructif pour l'histoire, » il n'est pas de législation plus intéressante pour l'économie politique que celle du règne de Louis XIV. Nous avons déjà fait connaître la pensée dominante du grand ministre auquel ce règne a dû tant d'éclat ; il est temps de signaler les actes qui en furent l'expression, et dont l'ensemble compose le plus bel édifice qui ait été élevé par aucun gouvernement à la science économique. Seul, en effet, au milieu des ruines du passé, cet édifice est de-

[1] M. Thiers, article Law, de l'*Encyclopédie progressive*.

meuré debout; et il plane encore de toute sa hauteur sur nos institutions, qui n'ont pas perdu, malgré le choc des révolutions, l'empreinte de son imposante originalité. C'est à Colbert qu'appartient l'honneur d'en avoir doté la France, et d'avoir compris le premier, dans toute leur étendue, les ressources de la production. Sully avait voulu maintenir la France dans les limites étroites d'un système exclusivement agricole et patriarcal; il s'était opposé de toutes ses forces au développement des manufactures, et il n'avait vu dans le commerce qu'une chance dangereuse d'exportation pour les espèces. L'austérité de son économie politique s'était perpétuée sous le règne même de Louis XIII, par des règlements somptuaires et des ordonnances d'un caractère hostile au progrès des richesses. Colbert ouvrit la carrière au travail national d'une manière régulière et savante, et nous ne saurions douter que sa législation n'ait devancé d'un siècle au moins les théories de l'économie politique moderne. Par lui, la France agrandit ses frontières et se mit en relation avec le monde; elle cessa d'être exclusivement agricole, et elle s'enrichit tout à la fois de la valeur nouvelle donnée à son territoire et à ses habitants.

Cette époque demeurera éternellement célèbre dans les annales de la science, parce qu'elle a démontré l'union intime du progrès matériel et du progrès social. Que d'existences commerciales ont dû leur origine à ces belles ordonnances sur la marine, sur le négoce, sur les manufactures, dont Colbert était le dispensateur et l'organe! Quand on les étudie avec attention, il est facile de reconnaître qu'elles ont suscité à l'aristocratie foncière une rivalité formidable, en donnant à tous les citoyens la facilité de s'élever à la fortune par la seule influence du travail. Les forces de la nation en ont été doublées, et Louis XIV a pu, durant les longues années de son règne, élever notre pays au premier rang des puissances; heureux s'il n'avait point abusé des ressources immenses accumulées par son ministre! Notre temps, si fertile en essais hasardeux, n'a rien qui puisse être comparé à la hardiesse des créations de cette époque; on les dirait toutes fondues d'un seul jet, tant elles sont sagement coordonnées entre elles et dirigées vers un but identique.

C'est premièrement la situation des pauvres qui attire les regards de l'autorité. Tandis qu'en Angleterre on les fustigeait, on les mutilait sous les auspices des lois draconiennes de Henri VIII, Colbert faisait rendre un édit pour établir à Paris une maison de refuge où les indigents devaient être reçus *comme membres vivants de Jésus-Christ, et non pas comme membres inutiles de l'État* [1]. Un autre édit de juin 1662 veut qu'il soit fondé un hôpital en chaque ville et bourg du royaume pour les pauvres malades, mendiants et orphelins, *qui y seront instruits aux métiers dont ils pourront se rendre capables*. Des primes d'encouragement sont accordées aux compagnons qui épouseront des orphelines de l'hospice de la Miséricorde : le roi veut, dans ce cas, qu'on leur accorde la maîtrise sans frais. Les ordonnances rendues sous son règne témoignent des efforts constants de ce prince pour extirper de ses États le fléau de la mendicité, grave question de tous les ages, et que le nôtre n'a su résoudre encore qu'en emprisonnements et en poursuites! En même temps, la sollicitude du pouvoir établissait les premières maisons d'enfants-trouvés [2], devenues de-

[1] Édit d'avril 1656. dans la *Collection d'Isambert*, tome XVII, p. 326.
[2] Edit de juin 1670.

puis lors des asiles plus meurtriers pour l'enfance que ne le serait l'abandon même ; et notre progrès se borne encore à compter les victimes [1] !

J'ai dit ce qu'avait fait Colbert pour les manufactures. Il a poussé trop loin la manie réglementaire, et nous avons peine à comprendre aujourd'hui ce luxe de peines

[1] M. Mac Culloch rapporte que dans l'hospice des enfants-trouvés de Dublin, sur 12,786 enfants exposés, il y eut 12,561 morts, en moins de 6 années, de 1791 à 1797. (*Principles of political economy*, p. 232 édition de 1830.) (*Note de l'auteur.*)

La situation des enfants-trouvés s'est améliorée depuis la fin du dernier siècle, et la mortalité a diminué ; mais elle est encore bien supérieure à celle des autres enfants. Voici ce que dit à ce sujet l'auteur du rapport fait au préfet de la Seine sur le service des enfants assistés en 1857. (*Annuaire de l'Économie politique et de la statistique*, de Guillaumin, pour 1859, p. 276) :

« J'ai eu occasion de démontrer dans mon rapport de 1851, sur le même service, à la suite d'investigations sérieuses et de calculs positifs, que la moitié ou 50 pour 100 des enfants délaissés périssaient dans la première année de leur naissance, tandis que la mortalité n'était que de 35 pour 100 sur les enfants des femmes pauvres, mariées ou non mariées, qui étaient secourues au moment de l'accouchement. J'ai voulu pousser les mêmes recherches, les mêmes calculs certains jusqu'à la douzième année, et je viens de m'assurer que sur 3,507 enfants nés et admis en 1844, 2,659 étaient décédés avant leur douzième année, ce qui donne une proportion de 75. 81 pour 100. De même, sur 3,563 enfants nés et admis en 1845, on a constaté au bout de 12 ans 2,700 décès, ou 75. 77 pour 100. La mortalité moyenne dans la population générale de la France n'est, à 12 ans, que de 42 pour 100 suivant les tables de Duvillard ; mais on aurait évidemment une proportion plus forte, si on ne tenait compte que des enfants des familles pauvres, nés dans les grands centres de population.

« La moyenne des enfants délaissés à tout âge est dans la proportion de 13. 47 pour 100 à 12 ans, tandis que le chiffre de 75 pour 100 s'applique exclusivement aux enfants délaissés dans leur première année.

« De 12 à 21 ans, la mortalité est heureusement très-faible : aussi existe-t-il une différence peu sensible entre le nombre des élèves qui atteignent l'une ou l'autre de ces époques. »

(*Note de l'éditeur.*)

appliquées aux erreurs de la chimie ou de la mécanique, comme si elles étaient des attentats à la morale. Cependant une telle rigueur était peut-être nécessaire au succès de l'industrie, comme la sévérité de la règle aux communautés naissantes; et Colbert l'a rachetée par tant de bienfaits qu'on éprouve beaucoup d'embarras à la lui reprocher. Il lui sembla que la discipline des ateliers était le plus sûr moyen de les défendre contre les périls de la concurrence étrangère, et il sut l'y maintenir avec une sévérité inflexible. Ainsi se répandait par toute l'Europe la bonne renommée des produits français, et leur supériorité ne tarda point à être constatée sur les marchés du monde. L'industrie française commença par des chefs-d'œuvre la carrière brillante qu'elle n'a cessé de parcourir, et nous vivons encore des traditions glorieuses de son illustre fondateur. Une impulsion supérieure et unique présidait sur toute la surface du pays aux mouvements de la production, disciplinée comme une armée, et si quelquefois le génie individuel a rencontré des obstacles dans la sévère uniformité des règlements, la masse des travailleurs a beaucoup gagné à leur promulgation.

Tout se tenait d'ailleurs dans les vues générales de Colbert. Son génie protégeait d'une sollicitude commune les intérêts de l'agriculture, de l'industrie et du commerce. C'est là sa véritable gloire, et tandis que nous dissertons encore sur l'importance relative de ces trois principaux éléments de la prospérité publique, il en encourageait avec une égale ardeur toutes les branches. La déclaration du 25 janvier 1671 défendait de saisir les bestiaux du fermier[1], comme Sully avait interdit la

[1] « Il ne voulait pas, dit Necker, que le malheur fût puni par l'impuissance de le réparer. »

saisie des instruments du labourage. L'ordonnance de juillet 1656 prescrivait le desséchement des marais. Un arrêt du conseil, du 17 octobre 1665, portant rétablissement des haras, jetait les bases de cette institution tout agricole, dont nous aurions retiré depuis longtemps d'heureux fruits, si toutes les administrations avaient été pénétrées de l'esprit de son auteur. Enfin le magnifique édit sur les eaux et forêts, qui coûta huit années de travaux à Colbert, est devenu la base de notre Code forestier. Mais il ne suffisait pas d'aplanir les difficultés naturelles de la production agricole : de quoi lui eût servi cette fertilité nouvelle, dépourvue de débouchés pour la vente des produits?

Colbert avait songé à l'importance des routes, et il les fit réparer avec tout le luxe de ressources que lui permettait la fortune de la France. L'ouverture du canal des deux mers, le projet du canal de Bourgogne et toutes ces lignes hardies, si savamment tracées depuis sur la carte de notre pays, sont des témoignages frappants de sa sollicitude à cet égard. Ses prédécesseurs semblaient n'avoir songé qu'à isoler les provinces françaises entre elles, et la France du reste de l'Europe : Colbert eut pour système d'abaisser les barrières et de multiplier les transactions. Dans l'industrie, il crée les conseils de prud'hommes; pour le commerce, il publie successivement sa déclaration [1] *sur le fait et négoce de la lettre de change*, et son immortelle ordonnance de mars 1673, notre premier Code de commerce; mais c'est surtout la navigation qui lui doit les services les plus éminents. Avant l'*ordonnance de la marine* [2] qui en fixa pour la première fois, d'une

[1] Août 1669.

[2] 9 janvier 1664.

Je me borne à citer le préambule de cette ordonnance pour

manière précise, les règles essentielles, le commerce maritime était presque nul en France; Colbert seul lui donna l'impulsion et la vie. Les compagnies des deux Indes, dignes émules des villes anséatiques, s'établirent sous ses auspices. Une colonie, partie de La Rochelle, alla peupler Cayenne; une autre prit possession du Canada, et jeta les fondements de Québec; une troisième s'établit à Madagascar. Le commerce du Levant fut ranimé, celui du Nord ouvert, celui des colonies étendu. La compagnie du Sénégal, d'abord organisée en monopole, vit bientôt son commerce tomber dans le domaine public, et le Code noir [1] fut la première charte

donner une idée de la manière large et hardie dont Colbert envisageait toutes les questions :

« LOUIS, etc.

» Après les diverses ordonnances que nous avons faites pour régler par de bonnes lois l'administration de la justice et de nos finances, et après la paix glorieuse dont il a plu à Dieu de couronner nos dernières victoires, nous avons cru que pour achever le bonheur de nos sujets il ne restait plus qu'à leur procurer l'abondance, par la facilité et l'augmentation du commerce, qui est une des principales sources de la félicité des peuples : et comme celui qui se fait par mer est le plus considérable, nous avons pris soin d'enrichir les côtes qui environnent nos États, de nombre de havres et de vaisseaux pour la sûreté et la commodité des navigateurs qui abordent à présent dans tous les ports de notre royaume ; mais parce qu'il n'est pas moins nécessaire d'affermir le commerce par de bonnes lois, que de le rendre libre et commode par la bonté des ports et par la force des armes, et que nos ordonnances, celles de nos prédécesseurs, ni le droit romain, ne contiennent que très-peu de dispositions pour la décision des différends qui naissent entre les négociants et les gens de mer, nous avons estimé que, pour ne rien laisser à désirer au bien de la navigation et du commerce, il était important de fixer la jurisprudence des contrats maritimes, jusqu'à présent incertaine, de régler la juridiction des officiers de l'amirauté, et les principaux devoirs des gens de mer, et d'établir une bonne police dans les ports, côtes et rades qui sont dans l'étendue de notre domination. A ces causes, etc.

[1] Mars 1685.

constitutionnelle de cette race infortunée que l'Europe éclairée devait affranchir un jour.

On ne sait ce qu'on doit le plus admirer, ou de l'ensemble de cette vaste législation économique ou de la netteté des considérations sur lesquelles ses arrêts étaient motivés. Colbert prenait soin de s'entourer de tous les hommes versés dans les matières où sa main vigoureuse allait porter la réforme ; il les interrogeait, écoutait leurs objections, modifiait très-souvent sa pensée d'après la leur. Il faisait planter une pépinière dans le faubourg du Roule, et il établissait des coches d'eau sur la Seine. Il créait la petite poste[1], et il perfectionnait la grande ; il creusait la rivière de Marne, et il faisait de Dunkerque un port franc. Des règlements, des édits, des déclarations, des lettres patentes, des ordonnances eurent pourvu dans moins de vingt années à la solution de toutes les difficultés soulevées par le commerce des grains, du vin, du bois, du tabac, des métaux précieux. On eût dit que la France ne se connaissait point encore, et que le ministre de Louis XIV la révélait à elle-même, tant elle vit surgir de son sein d'usines importantes et de flottes nombreuses appareiller de ses ports. Quoique le grand Colbert n'ait jamais eu l'occasion de formuler ses idées en système[2] et de publier ce que, de notre temps, on

[1] Mai 1653.

[2] Voici ce que dit à ce sujet Forbonnais, son meilleur historien :

« Quoique la communication de ce qui reste des papiers de ce
» grand homme m'ait été accordée par sa famille, on serait surpris
» du peu de secours que j'en ai tiré. Quelques projets d'Etat des
» dernières années, des apostilles très-courtes et par observations,
» ne pouvaient contenter qu'une partie de ma curiosité. C'est son
» esprit que je voulais connaître, et le seul monument qui en reste
» est consacré en deux feuilles écrites à mi-page, en forme de
» notes. Les édits, ordonnances et arrêts rendus sur les matières

appelle un programme, il est facile de reconnaître en lui un des novateurs les plus résolus dont l'histoire fasse mention. Né dans la classe laborieuse et parvenu par son mérite seul au faîte des honneurs, il ne cessa jamais de travailler à l'amélioration du sort du plus grand nombre, et le témoignage des écrivains contemporains fait foi des résistances qu'il eut le courage d'opposer aux prodigalités de Louis XIV [1]. La France était devenue si belle, avant que ce prince eût dévoré toutes les ressources dont Colbert l'avait enrichie! Jamais on n'avait plus clairement reconnu ce que peut le génie d'un grand peuple, quand il est gouverné par des hommes dignes de le comprendre et de le diriger.

Aussi, même après les revers qui suivirent la vieillesse du roi, même après la révocation de l'édit de Nantes, la France ne descendit point sans retour du rang élevé qu'elle s'était acquis. Ce fut sans doute un coup horrible pour elle que celui qui lui enleva cinq cent mille de ses enfants les plus industrieux, car cette perte cruelle n'a jamais été réparée ; mais les habitudes d'ordre et de tra-

» économiques ont été ma seule ressource. » (*Considérations sur les finances de France*, tome I, p. 271.)

[1] Colbert s'en exprimait en termes vifs au roi lui-même, dans un mémoire dont j'extrais ce passage :

» A l'égard de la dépense, *quoique cela ne me regarde en rien*, » je supplie seulement votre Majesté de me permettre de lui dire » qu'en guerre et en paix elle n'a jamais consulté ses finances » pour résoudre ses dépenses, ce qui est si extraordinaire, qu'assurément il n'y en a pas d'exemple ; et si elle voulait bien se » faire représenter et comparer les temps et les années passés, » depuis vingt-cinq ans que j'ai l'honneur de la servir, elle trou» verait que quoique les recettes aient beaucoup augmenté, les » dépenses ont de beaucoup excédé les recettes ; et peut-être que » cela convaincrait Votre Majesté à modérer et retrancher les ex» cessives, et mettre par ce moyen un peu plus de proportion » entre les recettes et les dépenses. »

vail dont ils étaient imbus se répandirent dans toute l'Europe, et c'est ainsi que la grande rénovation opérée par Colbert cessa d'avoir le caractère étroit de nationalité que peut-être elle eût conservé. Chaque peuple reçut sa part des bienfaits de cet homme d'État ; l'Allemagne, l'Angleterre, la Suisse, la Hollande recueillirent avec nos proscrits l'héritage de nos manufactures, et malheureusement celui des idées exclusives qui avaient présidé à leur établissement. Personne ne songea que Colbert n'avait entendu accorder à l'industrie qu'une protection provisoire, pour lui donner le temps de grandir et de se consolider. On chercha le progrès dans la prohibition, tandis qu'il le voulait par la concurrence, et la prohibition dure encore, sous des formes plus ou moins restrictives, parce qu'il est plus facile d'exclure des rivaux que de les surpasser. Voilà comment le système de Colbert est devenu européen ; mais il n'a été fatal à la France que parce qui l'a exposée aux représailles de ses voisins, au moment même où la révocation de l'édit de Nantes laissait notre industrie désarmée. Colbert, avait semé : l'étranger recueillit.

On ne saurait attacher trop d'importance à l'étude de ces faits, sans laquelle l'histoire de l'économie politique sous Louis XIV serait inexplicable. Colbert lui-même fut réduit plus d'une fois à défaire son propre ouvrage, par le malheur des temps et par la nécessité de suffire aux exigences des événements. Le numéraire, que ses tarifs avaient pour but de retenir en France, en sortit par millions pendant la longue persécution des protestants, et avec eux la plupart de nos arts dont ils emportaient le secret : nous perdions ainsi tout à la fois d'immenses capitaux [1] et les industries capables de nous dédomma-

[1] Macpherson (*Annales du commerce*, tome II, p. 617) évalue

ger de leur perte. C'est de ces temps calamiteux que date l'origine des plus brillantes manufactures étrangères et cette soif de monopoles qui caractérise le système mercantile. Il y eut un moment où l'on ne faisait plus d'autres livres que pour démontrer l'avantage d'accaparer le numéraire et le danger de le laisser sortir. Les Hollandais mêmes, devenus manufacturiers, proclamèrent avec ardeur le régime des prohibitions, et les écrivains contemporains de la Grande-Bretagne ne parlent que des inconvénients de l'échange toutes les fois qu'il se résout pour leur pays en exportations d'espèces. « Le moyen le plus sûr d'enrichir la nation, écrivait Thomas Mun[1], est de vendre chaque année aux étrangers plus de marchandises que nous ne consommons des leurs. » Lord Davenant, sir Josuah Child, sir James Steuart, ses compatriotes, Melon et Forbonnais en France, Genovesi et son école en Italie, Ustariz en Espagne ont tenu le même langage, et il n'est pas surprenant que l'Europe entière ait sanctionné des préjugés empreints d'une certaine couleur de patriotisme.

La puissance irrésistible des principes modifia néanmoins, même à son origine, cette tendance exclusive des gouvernements en matière d'industrie. Nous les voyons presque tous tempérer par des traités de commerce, c'est-à-dire par une véritable concession de priviléges, la rigueur des nouveaux tarifs. On dirait qu'ils éprouvent le besoin de se dédommager mutuellement du tort que le système prohibitif ne peut manquer de leur causer. Et déjà sous Louis XIV, ce n'était pas seulement sur de telles questions qu'on essayait la controverse ; l'économie

à près de cent millions de francs les richesses métalliques importées en Angleterre par les réfugiés.

[1] *England's treasure by foreign trade*, p. 11.

politique abordait des discussions plus hautes et plus périlleuses. Les prodigalités de la fin de ce règne avaient porté au comble la misère publique. Tout ce que le génie de Colbert avait créé de ressources était épuisé. Lui-même était obligé de recourir à des expédients oppressifs pour suffire aux exigences de son maître, et plus d'une fois, le désespoir dans l'âme, il avait augmenté des taxes contre lesquelles son cœur et sa raison protestaient également. « Il faut épargner cinq sous aux choses non-nécessaires, disait-il à Louis XIV, et jeter les millions quand il est question de l'intérêt ou de la gloire du pays. *Un repas inutile de* 3,000 *livres me fait une peine incroyable,* et lorsqu'il est question de millions d'or pour la Pologne, j'engagerais ma femme et mes enfants et j'irais à pied toute ma vie pour y fournir. » Tel était l'homme dont un peuple aveuglé troubla les funérailles et qu'il fallut ensevelir de nuit à Saint-Eustache, comme un ennemi public.

Mais ce noble héritage de franchises fut recueilli après sa mort et il se trouva des voix généreuses qui osèrent prendre la défense des principes et des peuples. Le maréchal de Vauban n'hésita point à faire entendre, dans son *Projet d'une Dîme royale,* d'austères vérités[1]. « Par toutes les recherches que j'ai pu faire, disait-il, depuis plusieurs années que je m'y applique, j'ai fort bien remarqué que dans ces derniers temps, près de la dixième partie du peuple est réduite à la mendicité et mendie effectivement ; que des neuf autres parties il y en a cinq qui ne sont pas en état de faire l'aumône à celle-là,

[1] On verra, dans la Bibliographie raisonnée qui termine cet ouvrage, les motifs sur lesquels je me suis fondé pour reconnaître le maréchal de Vauban comme l'auteur véritable de *la Dîme royale,* faussement attribuée à Boisguilbert.

parce qu'eux-mêmes sont réduits, à très-peu de chose près, à cette malheureuse condition; que des quatre autres parties qui restent, trois sont fort malaisées et embarrassées de dettes et de procès, et que dans la dixième où je mets tous les gens d'épée, de robe, ecclésiastiques et laïques, toute la noblesse et les gens en charge militaire et civile, les bons marchands, les bourgeois rentés et les plus accommodés, on ne peut pas compter sur cent mille familles et je ne croirais pas mentir, quand je dirais qu'il n'y en a pas dix mille petites ou grandes, qu'on puisse dire être fort à leur aise. »

Le maréchal de Vauban avait été frappé, comme Colbert, de l'inégale répartition des taxes, qui était le plus grand fléau de son temps et il déplorait l'abus des priviléges en vertu desquels les classes les plus riches étaient exemptes d'impôts. Il lui vint à l'idée que les revenus, obtenus à si grands frais, des peuples, pouvaient être avantageusement remplacés par une contribution foncière, unique, générale, proportionnellement égale, fixée au dixième des revenus en nature pour les fruits de la terre, en argent pour les autres biens, et qu'il nommait par cette raison la *dîme royale*.

On trouve de nombreux rapports entre ses vues économiques et celles que Turgot devait faire prévaloir un demi-siècle plus tard. Il demandait la suppression des douanes intérieures et l'abaissement des tarifs sur les produits étrangers; une réduction de moitié sur l'impôt du sel et l'abolition des impôts indirects, y compris la dîme ecclésiastique. Il y avait dans son projet de réforme beaucoup d'améliorations impraticables; mais les maximes fondamentales sur lesquelles il était appuyé honorent tout à la fois son jugement et son caractère.

« Aucun État, disait-il, ne peut se soutenir, si les sujets ne le soutiennent, Or, ce *soutien* comprend tous les besoins de l'État auxquels, par conséquent, tous les sujets sont obligés de contribuer. De cette nécessité il résulte : premièrement, une obligation naturelle aux sujets de toute condition de contribuer à proportion de leur revenu ou de leur industrie, *sans qu'aucun d'eux* s'en puisse raisonnablement dispenser : deuxièmement, qu'il suffit pour autoriser ce droit, d'être sujet de cet État; troisièmement, que tout privilége qui tend à l'exemption de cette contribution est injuste et abusif et ne peut ni ne doit prévaloir au préjudice du public. »

Mais ce n'est pas seulement dans ces généralités financières que brillent la raison supérieure de Vauban [1] et son amour ardent de l'humanité ; on retrouve dans les moindres détails l'administrateur habile et l'économiste éclairé. Il suffit de lire, dans sa *Dîme royale*, le chapitre qu'il a consacré à l'impôt du sel, où se trouvent mêlées des considérations de la plus grande profondeur, aux détails les plus familiers et les plus populaires. « Le sel, selon lui, *est une manne dont Dieu a gratifié le genre humain*, et sur laquelle, par conséquent, il semblerait qu'on n'aurait pas dû mettre d'impôt. » Puis il ajoute : « La cherté du sel le rend si rare, qu'elle cause une espèce de famine dans le royaume, très-sensible au menu peuple qui ne peut faire aucune salaison de viande pour son usage, faute de sel. Il n'y a point de ménage

[1] La plus belle analyse qu'on ait faite des idées de Vauban se trouve dans l'ouvrage de Steuart (*Recherche des principes de l'économie politique* liv. v, chap. 2). (*Note de l'auteur.*)

La Dîme royale a été réimprimée depuis dans le premier volume de la *Collection des principaux économistes*, de Guillaumin, avec une excellente *Notice historique sur la vie et les travaux du maréchal de Vauban*, de M. E. Daire. (*Note de l'éditeur.*)

qui ne puisse nourrir un cochon, ce qu'il ne fait pas, parce qu'il n'a pas de quoi avoir pour le saler; ils ne salent même leur pot qu'à demi et souvent point du tout. » Ne croirait-on pas, en lisant ces réflexions naïves, entendre un écrivain de l'antiquité? et cependant le livre de Vauban est peu connu, quoiqu'il renferme les principales bases de la science économique, dont nous glorifions chaque jour les modernes fondateurs.

Un autre économiste, également oublié, du siècle de Louis XIV, Pierre de Boisguilbert, a retracé sous les plus vives couleurs les souffrances et les besoins de ses contemporains, dans un écrit intitulé : *Détail de la France sous Louis XIV*. Il y signale sans ménagement les causes de la décadence dont les symptômes devenaient visibles à tous les yeux, et il insiste, comme Vauban, sur les iniquités d'une mauvaise répartition des taxes, contre laquelle le grand Colbert lui-même avait inutilement protesté. Les douanes n'y sont pas plus épargnées que dans le livre de Vauban : « Elles causent, dit-il, à peu près les mêmes effets que les *aides*, et plus de mal encore, en bannissant les étrangers de nos ports et en les obligeant d'aller chercher ailleurs ce qu'ils venaient quérir chez nous, ou d'apprendre nos manufactures en attirant nos ouvriers. » La même rectitude de jugement se faisait remarquer dans toutes les autres appréciations de l'état de la France à cette époque, état déplorable, qui arrachait des larmes à tous les hommes généreux, et qui avait pénétré d'une égale inquiétude les économistes et les poëtes, Boisguilbert et Vauban, Fénelon et Racine! Partout la population ne cessait de décroître : « Le menu peuple est beaucoup diminué dans ces derniers temps, disait Vauban, par la guerre, par les maladies et par la misère des dernières années, qui en ont fait mourir de faim un grand nombre et réduit beaucoup d'autres à la mendicité. »

On ne saurait disconvenir pourtant que le règne de Louis XIV, tant décrié, n'ait ouvert la carrière à des réformes importantes dans l'histoire de l'économie politique. L'industrie, sévèrement organisée, fit naître des chefs-d'œuvre et doubla nos forces productives ; le commerce s'éleva à une hauteur jusqu'alors inconnue sous l'empire des institutions fondamentales qui devaient en accroître la splendeur. Le tort du roi fut de dépenser plus d'argent que ne lui en fournissaient les impôts, et d'empêcher la formation des capitaux qui auraient complété l'œuvre de Colbert. Les profits étaient absorbés avant de naître, et déjà s'ouvrait, sous les auspices de Louvois, le gouffre des emprunts qui devaient changer la science des finances et perfectionner l'étude du crédit. La France était devenue un immense atelier, d'où nous voyons déjà poindre les questions de paupérisme, malgré le peu de développement des machines et les obstacles opposés à l'encombrement des industries, par le système des corporations. Le projet de paix perpétuelle de l'abbé de Saint-Pierre, considéré comme une utopie, renferme une foule d'aperçus ingénieux sur ces difficultés sociales, et la grande école *Économiste* du dix-huitième siècle se révèle déjà tout entière dans ces paroles remarquables de Boisguilbert : « Bien que la magnificence et l'abondance soient extrêmes en France, comme ce n'est qu'en quelques particuliers et que la plus grande partie est dans la dernière indigence, cela ne peut compenser la perte que fait l'État pour le plus grand nombre [1]. »

[1] *Détail de la France sous Louis XIV*, chap. VII, Ire partie.

CHAPITRE XXVIII.

Propagation du système mercantile en Europe, sous le nom de *Colbertisme*. — Il est neutralisé par la contrebande. — Influence de la contrebande sur la solution des questions économiques.

C'est à tort qu'on regarde Colbert comme le fondateur du *système mercantile ;* nous avons vu que ce système, dont la prétention est de vendre toujours sans acheter jamais, venait des Espagnols et qu'il fut l'œuvre de Charles-Quint. On le connaissait déjà par toute l'Europe avant qu'il eût un nom, et Colbert n'en était pas partisan dans les premiers temps de son ministère, car toutes les ordonnances de cette époque étaient favorables à la liberté du commerce. C'est seulement quand il voulut donner une impulsion énergique à nos manufactures, qu'il réfléchit au parti qu'on pourrait tirer de la prohibition des produits étrangers. Tous les fabricants intéressés à l'élévation du prix des marchandises devinrent dès ce moment ses auxiliaires et prirent avec ardeur la défense d'un système qui leur assurait d'immenses bénéfices. En même temps, le fisc avait sa part des droits auxquels étaient assujettis les articles importés, et cette alliance contribua encore à fortifier le préjugé public.

Personne n'aurait osé désapprouver un expédient assez heureux pour enrichir tout à la fois les particuliers et l'État.

On ne reconnut point, en effet, sur-le-champ, la nature véritable du dommage causé au pays par l'adoption de ce système. On voyait de toutes parts s'élever des fabriques; le haut prix de leurs produits procurait aux chefs de l'industrie des profits considérables, et multipliait leurs capitaux par l'accumulation. Les manufactures françaises de soieries, de glaces, de draps, de tapis ne connaissaient plus de rivales, et l'Europe entière était devenue leur tributaire; mais il vint un moment où les étrangers se mirent à user de représailles et à repousser les denrées françaises. Au tarif de 1667 les Hollandais répondirent, en 1671, par la prohibition des vins et des eaux-de-vie de France; et cette querelle, toute commerciale, n'en fut pas moins une des principales causes de la guerre de 1672, puisqu'il fallut adoucir les tarifs à la paix de Nimègue. Toutefois, la contagion avait gagné tous les peuples, et les guerres de douanes n'ont cessé d'affliger le monde depuis cette époque.

Une autre conséquence fâcheuse du système mercantile ou restrictif, ce fut l'asservissement absolu des travailleurs aux capitalistes, et l'accroissement de la misère individuelle en présence de la richesse générale. Ce terrible contraste n'a cessé d'effrayer depuis lors les sociétés modernes. Une production artificielle et ardente a pris la place du travail régulier et paisible des temps antérieurs, et par une contradiction étrange, on a restreint les moyens de vendre en limitant la faculté d'acheter. Le système mercantile est né de l'idée fausse qu'un peuple s'enrichit en exportant et s'appauvrit en important; erreur fondamentale, dont les inconvénients ont été mis désormais hors de doute par les économistes de tous les pays. Simple historien, je ne retracerai point les débats mémorables qui se sont élevés sur cette grave question; il me suffira de rappeler que les complications dont elle est hérissée doivent leur origine aux priviléges prodigués par Colbert à l'industrie française, et que l'industrie des autres nations s'est fait concéder à son tour.

Il y a lieu de penser que, si les vraies lois de la production lui eussent été mieux connues, Colbert n'aurait entraîné ni son pays ni l'Europe dans la voie périlleuse où ils sont aujourd'hui engagés. A l'exemple des Espagnols, cet illustre ministre s'est trop préoccupé de l'influence du numéraire, et il n'a pas vu qu'en définitive chaque nation paye avec ses propres produits les produits qu'elle tire de l'étranger, soit que l'étranger envoie de l'or, soit qu'il livre des marchandises. Il a partagé le préjugé commun [1] à une époque où la découverte récente des mines d'Amérique avait procuré à

[1] Don Bernard de Ulloa a signalé avec une grande lucidité l'erreur générale de ses concitoyens au sujet des richesses métalliques :

« Quand nous nous vîmes maîtres, dit-il, du Nouveau-Monde et de ses mines, nous crûmes avec confiance que ce vain titre nous assurait à jamais la jouissance de ces trésors; il nous sembla voir les nations dans une humble dépendance venir chercher chez nous le superflu de nos richesses. Abusés par cette flatteuse chimère et contents de la beauté et du bon marché des étoffes étrangères, nous abandonnâmes le soin de nos manufactures; l'étranger profita d'une négligence si favorable pour élever les siennes, et nous enleva bientôt par ce moyen, non-seulement tout ce que les Indes nous avaient produit d'or et d'argent pendant plusieurs années, mais même les matières précieuses de notre cru, dont ses manufactures ne peuvent se passer. »

(*Du rétablissement des manufactures et du commerce d'Espagne*, p. 3.)

leurs heureux possesseurs une suprématie enviée des autres peuples. C'est pour obtenir sa part de l'or répandu en Europe que la France voulut avoir ses comptes soldés en espèces, malgré le cortége de vexations de tout genre dont cette résolution devait être accompagnée.

Jamais, il faut le dire, aucun paradoxe ne fut accueilli avec plus d'enthousiasme que celui sur lequel reposait toute la théorie du système mercantile. En France, en Angleterre, en Allemagne, en Italie, en Espagne, tous les écrivains se montrèrent unanimes à vanter les merveilles de l'isolement industriel, sans considérer que ce système se détruisait en se généralisant, et que l'espoir de vendre sans acheter serait perdu le jour où chaque peuple voudrait forcer ses voisins d'acheter sans vendre. Les plus savants économistes se firent les propagateurs de cette doctrine, et il y en eut un si grand nombre, que la seule nomenclature de leurs écrits occupera plusieurs pages de cet ouvrage [1]. L'administration ne tarda point à s'associer à leurs idées, qui ont donné naissance à tous les obstacles réservés à la grande réforme commerciale dont nous entrevoyons l'aurore. Si de grands intérêts privés ont été créés sous l'empire de ce préjugé, ce n'est point un motif pour désespérer des améliorations impérieusement réclamées par l'intérêt général. « Le licenciement d'une armée, dit Adam Smith, entraîne bien aussi quelques inconvénients : faut-il donc demeurer dans un état de guerre perpétuel, de peur de renvoyer quelques soldats? »

Le système mercantile n'a vécu si longtemps que parce qu'il fut, dès le principe, revêtu d'une forme

[1] Voir la Bibliographie raisonnée à la fin de ce volume.

dogmatique. La richesse, c'est, disait-on, l'argent; avec l'argent, on dispose du travail, et l'on fournit la subsistance aux travailleurs. L'argent est le nerf de la guerre et la source de la puissance. Quiconque en possède commande à qui n'en a pas. Tous les efforts d'un bon gouvernement doivent donc avoir pour but d'en procurer le plus possible à la nation; et comme la quantité qui se trouve dans chaque Etat ne peut s'augmenter que par l'exploitation des mines ou les importations du dehors, il faut avoir des mines ou accaparer le numéraire étranger par le commerce d'exportation. Au point de vue de ce système, le commerce intérieur est presque sans importance, parce qu'il n'augmente pas la masse des espèces, et que le résultat des échanges ne donne aucune balance favorable en écus. Ce que l'un perd, l'autre le gagne, mais il n'y a pas accroissement de richesses. Le commerce étranger présente au contraire l'immense avantage de solder les transactions en argent, et c'est pourquoi il faut les régler de manière à exporter beaucoup et à importer fort peu. Le beau idéal serait de ne rien importer du tout, mais on s'est borné à exiger qu'une nation ne fît d'autres échanges que ceux qui procurent un solde en espèces, et l'on dit, dans ce cas, que la balance du commerce lui a été favorable.

Les conséquences de ce système sont aisées à déduire : pour que l'étranger n'emporte pas notre or, il ne faut rien lui acheter qui se paye en écus, et il faut lui vendre tout ce que nous pourrons pour avoir son argent. Mais s'il lui prenait envie de fabriquer à son tour et de se passer de nous? En ce cas, nous avons la ressource de prohiber la sortie de nos matières premières, afin de l'empêcher de travailler et de le forcer à nous laisser les profits de la main-d'œuvre. Telles sont les nécessités de cette économie politique qui se résout en prohibitions à l'entrée, en prohibitions à la sortie, et qui favorise l'encombrement et la disette sur tous les points. Malheureusement *le brevet de cette belle invention est expiré*, selon l'expression de M. Huskisson ; toutes les nations ont prohibé à leur tour la sortie des matières premières et l'entrée des articles manufacturés. Elles sont obligées désormais de se replier sur elles-mêmes et de chercher un asile dans le commerce intérieur, après avoir épuisé toutes les ruses des traités et subi toutes les représailles des tarifs. Qu'a-t-on recueilli sur ce champ de bataille pour trophée de victoire! Le paupérisme, les guerres de douanes, les crises commerciales et la cherté de tous les produits que la Providence avait semés, pour ainsi dire, sous nos pas. Et cependant, le système mercantile a survécu au concert de malédictions dont il a été accablé par les *Économistes* du dix-huitième siècle ; il règne encore de nos jours dans les conseils des gouvernements, et il maintient sous le masque d'un patriotisme intéressé tous les monopoles dont l'Europe souffre et se plaint.

Toutefois, il est dans la nature des mauvaises institutions de n'être jamais respectées et de donner naissance à des protestations qui finissent par en amener la réforme : la *contrebande* a été pour le système exclusif la plus constante et la plus expressive de ces protestations. La contrebande est devenue de nos jours une véritable puissance moitié commerciale, moitié militaire, qui a ses stations capitales et ses tarifs officiels, des soldats aguerris et des chefs expérimentés. Elle est aussi exacte dans ses livraisons que le négociant le plus scrupuleux; elle brave les saisons et les lignes de douanes les mieux surveillées, au point que les compagnies d'assurance qui la protégent comptent moins de sinistres que toutes les autres. La contrebande est en effet le seul moyen qui reste aux industries pour se procurer les produits prohibés dont l'usage leur est indispensable. Elle n'a cessé de grandir en même temps que l'extension prise par les affaires, et sur plusieurs points de l'Europe, elle s'est régularisée avec un ordre et une habileté qui tiennent du prodige. C'est à la contrebande que le commerce doit de n'avoir pas péri sous l'influence du régime prohibitif : tandis que ce régime condamnait les peuples à s'approvisionner aux sources les plus éloignées, la contrebande rapprochait les distances, abaissait les prix et neutralisait l'action funeste des monopoles. Une concurrence invisible et sans cesse renaissante tenait les privilégiés en haleine et dédommageait la consommation de la rigueur des tarifs. Quoique son existence seule soit une offense à la loi [1], la contrebande n'a pas moins contribué à la solution de presque toutes les questions d'économie politique relatives aux échanges. Tandis que les savants discutent et que le commerce supplie, la contrebande agit et décide sur les frontières ; elle se présente avec la puissance irrésistible des faits accomplis, et la liberté du commerce n'a jamais remporté une seule victoire qu'elle ne l'ait préparée.

Si l'on examine attentivement les époques où la contrebande a prospéré, il sera facile de se convaincre que c'est toujours dans les pays et aux époques où le système

[1] Château, maison, cabane,
Nous sont ouverts partout ;
Si la loi nous condamne,
Le peuple nous absout.
BÉRANGER, *chanson des Contrebandiers.*

mercantile a été en vigueur. Les colonies américaines de l'Espagne en furent de tout temps le foyer. Quand Napoléon décréta le blocus continental, la Russie, l'Allemagne, la Hollande se couvrirent de contrebandiers; l'empereur lui-même fut obligé d'autoriser la fraude au moyen des licences, devenues la source irrégulière de tant de fortunes. La guerre de 1812 déclarée à la Russie a eu pour motif principal la résistanee opposée par les Russes aux exigences de la prohibition française, et il y eut un moment où la contrebande fut l'unique ressource du commerce européen. Si, dans cet aperçu rapide des révolutions de la science économique, il nous était permis de citer des faits particuliers et récents, nous démontrerions aisément que c'est à la contrebande seule qu'on doit attribuer les modifications imposées au système exclusif. Nos fabricants de mousseline n'ont obtenu l'entrée conditionnelle des cotons filés étrangers qu'après s'en être pourvus longtemps par la fraude; et nos tarifs sur les chevaux n'ont été adoucis, qu'après l'aveu public [1] que le contrebandier montait sur sa marchandise et galopait avec elle. Que de marchandises aujourd'hui rares et chères verraient leur tarif abaissé, si la contrebande pouvait les prendre en croupe et traverser la frontière avec elles! Il suffirait d'un perfectionnement notable dans la fraude pour bouleverser tous les tarifs du monde et pour obliger chaque nation à se maintenir dans le genre de production spécial à son sol ou au génie de ses habitants.

Le système mercantile n'a pas été plus heureux dans ses tentatives opiniâtres pour attirer le numéraire des

[1] Cet aveu a été fait dans une des séances de la session parlementaire de 1836.

pays étrangers que pour en exclure les marchandises. En vain les lois prohibaient la sortie de l'or sous des peines sévères; en vain, comme en Angleterre, les gouvernements ont essayé de faire pencher la balance en leur faveur et ils ont publié des tableaux d'exportations supérieurs à ceux de leurs importations : l'Angleterre n'en a pas conservé une guinée de plus, et c'est aujourd'hui le pays où l'on rencontre le moins d'espèces. L'Espagne, terre classique de la prohibition, n'a cessé de fournir de l'or à toute l'Europe. Le papier-monnaie a chassé le numéraire toutes les fois que sa présence en a fait baisser la valeur, et malgré la peine de mort infligée aux contrebandiers. C'est que la peur de payer les marchandises étrangères avec des métaux précieux est une peur frivole; les métaux précieux ne vont jamais d'un pays dans l'autre pour acquitter de prétendus soldes, mais pour chercher le marché où ils se vendent le plus cher. Il nous convient toujours de consommer les produits que l'étranger fournit meilleurs ou à meilleur compte que nous, bien assurés que nous sommes que l'étranger se payera par les choses que nous produisons à meilleur compte que lui. « Je dis qu'il se payera ainsi, parce que la chose ne peut se passer d'aucune autre manière [1]. » L'histoire est toute pleine des démentis que les événements ont donnés à la politique, lorsque celle-ci a tenté d'intervenir dans des intérêts d'exclusion ou de ressentiment. Quand Philippe II, devenu maître du Portugal, voulut interdire à ses nouveaux sujets toute communication avec les Hollandais, ceux-ci, exclus des entrepôts de Lisbonne où ils avaient coutume de se fournir des marchandises de l'Inde, allèrent

[1] J.-B. Say, *Traité d'économie politique*, tome I, p. 257.

chercher ces marchandises aux Indes mêmes, et ce qui avait été fait pour causer leur ruine fut l'origine de leur grandeur. Plus tard, la Convention nationale de France ayant prohibé à l'entrée les cuirs bruts d'Espagne, sous prétexte qu'ils nuisaient à ceux de notre pays, les Espagnols, obligés de consommer leurs cuirs bruts, se mirent à les tanner eux-mêmes, et cette industrie passa en Espagne avec une bonne partie des capitaux et des ouvriers français. La même chose est arrivée dans le royaume de Naples, où les droits élevés par nous sur les laines de ce pays ont forcé les producteurs à en tirer parti, c'est-à-dire à fermer à nos draps un débouché de la plus haute importance.

Les vices du système mercantile ont été signalés avec la dernière évidence par les écrivains de l'école *économiste,* et réfutés sans réplique par Adam Smith [1], par J.-B. Say [2] et par les auteurs les plus renommés. Ce système ne se soutient aujourd'hui que par les difficultés dont sa longue existence a été l'origine. Aucun homme éclairé ne croit plus en Europe aux merveilles de la balance du commerce; mais les graves complications que ce système a enfantées ne sauraient se résoudre sans froisser les intérêts nombreux auxquels la prudence méticuleuse des gouvernements se refuse à porter atteinte. Intimement liée d'ailleurs aux recettes du fisc, la doctrine des tarifs élevés trouve des protecteurs dans les hommes d'État qui craignent de compromettre tout à la fois les revenus publics et les entreprises particulières. C'est par les progrès du crédit public que le système mercantile périra; le jour où ses conséquences

[1] *Richesse des nations,* liv. IV.

[2] *Traité d'économie politique,* tome I, p. 218-280.

auront été portées à leurs dernières limites, en produisant un encombrement général dans les industries, il faudra bien revenir au système de la liberté qui seul peut rétablir l'équilibre entre la production et la consommation.

CHAPITRE XXIX.

De la premiere lutte du système mercantile, avec la liberté du commerce, entre l'Angleterre et la Hollande. — Funestes effets de cette lutte. — Acte de navigation. — Eloquente philippique de M. d'Hauterive contre le système restrictif.

Il y a eu un moment, en Europe, où le système mercantile et celui de la liberté du commerce se sont trouvés en présence, sous les drapeaux de deux puissantes nations : l'Angleterre et la Hollande. Quand la première jeta le défi à la seconde, celle-ci s'était élevée à un très-haut degré de richesse et de splendeur par le libre développement du travail de ses habitants et sans le secours d'aucune loi restrictive. Les Hollandais offraient à l'univers un exemple frappant de ce que peut le génie d'un peuple laborieux, lorsqu'il est secondé par des institutions commerciales fondées sur le principe de la liberté. Leur territoire ne produisait presque point de céréales, et cependant les disettes leur étaient inconnues, au point que l'Europe s'adressait à eux dans ses extrémités. « Que la famine règne ailleurs, disait l'auteur de *la Richesse de la Hollande,* et vous trouverez du froment, du seigle et d'autres grains à Amsterdam ; ils n'y manquent jamais. »

Par leur navigation, les Hollandais étaient devenus les intermédiaires obligés du commerce universel. Sir William Petty estimait, en 1690, le tonnage de leurs navires à plus de 900 mille tonneaux, c'est-à-dire à près de la moitié de tout le tonnage de l'Europe, et cependant ils n'avaient à exporter aucun produit qui leur fût propre. Leur pays était le magasin général de toutes les industries, et leurs navires, suivant l'expression de sir William Temple, *le roulage de l'Océan*. La division du travail était pratiquée chez eux avec une admirable intelligence; non-seulement des négociants, mais des villes tout entières s'occupaient exclusivement d'une seule branche de commerce. Middelbourg, par exemple, faisait le commerce du vin; Flessingue, celui des Indes occidentales; Saardam était peuplé de constructeurs de navires; Sluys, de pêcheurs de harengs. Dans chacune de ces branches, il existait une concurrence active et toutes étaient conduites avec une habileté et une économie dignes de servir de modèle. Lorsque après le traité d'Aix-la-Chapelle, le stathouder fit une espèce d'enquête dans le but de connaître les vues utiles qui pouvaient lui être proposées par ses concitoyens, les négociants expérimentés qu'il consulta, mirent au premier rang des causes de l'ancienne prospérité de la Hollande, les maximes de tolérance, c'est-à-dire de liberté politique et commerciale, dont la fédération s'était fait une loi. Si, plus tard, ce pays descendit du haut degré où cette politique libérale l'avait élevé, il ne faut l'attribuer qu'à l'introduction des monopoles, notamment à celui de la compagnie des Indes, devenu la source des plus honteux abus, j'ai presque dit une pépinière de crimes.

C'est alors surtout que la Grande-Bretagne crut devoir opposer à la prospérité des Hollandais son fameux

2.

acte de navigation qui assurait à la marine anglaise le monopole des transports, par des prohibitions absolues en certains cas et par de fortes taxes, dans d'autres, sur la navigation étrangère. Il fut défendu à tous les bâtiments dont les propriétaires, les maîtres et les trois quarts de l'équipage ne seraient pas sujets anglais, de commercer dans les établissements et colonies de la Grande-Bretagne ou de faire le cabotage sur ses côtes, sous peine de confiscation du bâtiment et de la cargaison. D'autres mesures restrictives complétèrent ce système d'exclusion d'où sortit la guerre maritime la plus acharnée dont l'histoire fasse mention. La France y joua son rôle contre les Hollandais par la publication du tarif de 1664, et c'est depuis cette époque que les nations les plus éclairées de l'Europe n'ont cessé de rivaliser d'efforts pour se nuire, au lieu de trafiquer ensemble sur des bases loyales. Ces entraves réciproques ont à peu près anéanti tout commerce large et régulier entre elles et remis aux mains des contrebandiers la principale importation des marchandises anglaises en France et des marchandises françaises en Angleterre. Le commerce, longtemps livré au monopole des compagnies privilégiées, a dégénéré depuis lors en exactions et en rapines de toute espèce. Ainsi nos pères ont vu trois grandes compagnies se disputer aux Indes l'exploitation des épices, par les moyens les plus violents. Les Hollandais ont détruit avec une rigueur sacrilége les girofliers des Moluques, pour empêcher leurs rivaux de participer aux récoltes. La seule idée qui préoccupait ces compagnies, était d'exclure la concurrence, de s'emparer du monopole de certains articles et d'en limiter l'approvisionnement, de manière à en élever le prix à des taux énormes. Si l'on voulait avoir une preuve frappante de l'influence ruineuse de ce système et de sa tendance à restreindre l'étendue naturelle du champ du commerce, on la trouverait dans ce fait que les négociants américains qui commercent librement aujourd'hui avec les possessions des Pays-Bas, dans l'archipel oriental, emploient plus de navires que n'en employaient les monopoleurs hollandais. L'abolition récente du privilége de la compagnie anglaise des Indes n'a pas moins contribué à augmenter les relations de l'Angleterre avec la presqu'île indostanique. Une simple station de pêcheurs, l'île de Singapore, est devenue, sous l'empire de la liberté commerciale, un établissement du premier ordre, en moins de vingt années.

Partout où le principe de la liberté s'est trouvé en lutte avec celui du monopole, les mêmes résultats se sont manifestés. C'est en vain qu'on prétend que l'acte de navigation a été la source du développement industriel de la Grande-Bretagne ; cet acte ne peut être considéré que comme un sacrifice imposé au commerce en faveur de la politique. Adam Smith ne l'a justifié que sous ce rapport [1], et encore est-il permis de douter aujourd'hui, en présence des résultats définitifs de son adoption, que cet acte ait été une œuvre de sage politique. Le principal résultat de sa mise en vigueur a été de réduire chaque jour davantage le commerce de l'Angleterre avec les autres nations européennes, et d'obliger cet empire à chercher dans ses colonies des débouchés que l'exclusion des étrangers lui faisait perdre chez eux. La fortune de la Grande-Bretagne a commencé dès ce

[1] « Comme la sûreté de l'Etat est d'une plus grande importance que sa richesse, l'acte de navigation est peut-être le plus sage de tous les règlements de commerce de l'Angleterre. » (*Richesse des nations*, liv. IV, chap. 2.)

moment à reposer sur des bases artificielles ; il lui a fallu entretenir des flottes considérables pour protéger des établissements lointains, dont l'émancipation menace sans cesse de frapper au cœur son industrie accoutumée au régime des monopoles. Il y a à peine dix années que M. Hüskisson signalait, au sein du parlement, ces dangereuses probabilités ; et cependant, ni l'Angleterre, ni l'Europe ne sont encore guéries des doctrines pernicieuses de Charles-Quint[1]. Ces doctrines ont habitué les

[1] La grande révolution commerciale qui s'est accomplie en Angleterre sous l'impulsion de la ligue libre-échangiste, a emporté aussi l'acte de navigation, au moins dans ses dispositions essentielles. Nous empruntons à un article de M. Henri Baudrillart, inséré dans le *Dictionnaire du Commerce et des marchandises* (Guillaumin, 1859, gr. in-8°), l'historique des modifications graduelles qui aboutirent à l'abolition définitive de cet acte fameux :

« Pendant près de cent trente ans, l'acte de navigation a subsisté sans altération sensible. La déclaration d'indépendance des colonies de l'Amérique du Nord y porta la première atteinte. Séparée désormais de la métropole, l'Amérique du Nord ne pouvait plus prétendre à naviguer avec les ports britanniques en vertu de ses anciens priviléges coloniaux ; et, d'autre part, l'acte excluait formellement, dans le commerce avec l'Amérique, tout pavillon étranger. Il était impossible, cependant que le nouvel Etat demeurât sous le coup d'une semblable exclusion : jamais il n'aurait consenti à abandonner tous les transports aux navires anglais ; il fallait donc que l'acte de navigation fléchît. Après d'assez longs pourparlers entre les Etats-Unis et l'Angleterre, où divers systèmes furent proposés et débattus, il fut convenu que les navires du nouvel Etat, quoique venant de l'Amérique, seraient admis, contre la teneur de la loi, à fréquenter les ports de la Grande-Bretagne aux mêmes conditions que ceux des Etats de l'Europe anciennement constitués. Plus tard, de semblables dérogations furent admises en faveur des anciennes colonies espagnoles et portugaises de l'Amérique du Sud, à mesure qu'elles se rendirent indépendantes de leurs métropoles, aussi bien qu'en faveur de la république noire de Haïti. De plus, les Antilles anglaises, qui étaient accoutumées en cas de besoin pressant, à compter sur les approvisionnements venus des colonies de l'Amérique du Nord, se trouvèrent, par suite de la séparation des Etats-Unis et de la Grande Bretagne

peuples à considérer comme des mesures utiles toutes celles qui présentaient un caractère d'hostilité contre leurs voisins; elles ont fait passer dans tous les codes un nouveau droit des gens en vertu duquel le bien de chacun semble avoir pour élément principal le mal

prises au dépourvu ; il fallut donc admettre, dans leur intérêt, de nouvelles dérogations à l'acte de navigation. Il allait ainsi s'élargir et se tempérer par l'admission de traités de commerce fondés sur le principe de la réciprocité, jusqu'à son entière suppression en 1849.

« Nous n'avons pas à raconter avec détails l'histoire de ces dérogations successives à l'acte primitif de Cromwell, arrachées à la politique anglaise par la force des choses. Les guerres de tarif qui ne cessèrent pas entre l'Amérique du Nord et l'Angleterre depuis 1792, époque où les Etats-Unis, ne pouvant obtenir de l'ancienne métropole l'adoption du principe de réciprocité, firent adopter par le congrès un acte de navigation correspondant à certains égards à l'acte anglais, quoique plus élastique, en ce sens qu'il autorisait le gouvernement à en suspendre les effets toutes les fois que des arrangements conclus avec d'autres peuples l'exigeraient ; ces guerres de tarifs, disons-nous, aboutirent, en 1815, à la conclusion d'un traité de commerce et de navigation fondé cette fois sur le principe de la réciprocité et de l'égalité des droits. Un traité analogue fut conclu en 1823 avec la Prusse, non sans une vive répugnance de la part du gouvernement et du peuple anglais, qui n'y consentirent que sous l'empire de réclamations prenant une forme menaçante, et qui tendaient à devenir générales. Une première refonte de l'acte de navigation, en 1825, sous le ministère de M. Huskisson qui inaugurait la réforme du tarif, et une seconde refonte en 1845, sous le ministère de Robert Peel qui devait achever cette réforme, ajoutaient tant d'exceptions aux principales clauses de l'acte de navigation, qu'il y disparaissait presque entièrement, tout en ayant l'air, par le soin qu'on avait eu de respecter la rédaction primitive, de subsister comme en ses plus beaux jours. C'est à lord John Russell que revient l'honneur d'avoir triomphé des dernières résistances d'un attachement traditionnel et d'avoir provoqué l'abolition de l'acte lui-même. Quelques-unes des restrictions qu'il contenait subsistent encore, il est vrai, dans la loi exécutoire du 1er janvier 1850, qui en a pris la place ; mais le gouvernement anglais en les maintenant a eu pour objet d'ôter l'occasion de facilités nouvelles données à la contrebande, beaucoup plus qu'il ne s'est proposé une vue de protectionisme. Sont ainsi d'autrui. Quelles qu'aient été, depuis, les révolutions qui ont agité le monde, ce préjugé fatal est demeuré le même, pendant la guerre des États-Unis d'Amérique, pendant la révolution française, après l'émancipation des colonies espagnoles, après celle de la Grèce et même

maintenues les restrictions en ce qui regarde le cabotage, celles qui concernent la navigation d'une colonie à l'autre, sauf les autorisations spéciales, et enfin celles qui ont rapport à la formation des équipages anglais. »

Avec les lois prohibitives et restrictives tomba aussi le système colonial. Dans la séance de la Chambre des communes du 8 février 1850, lord John Russell exprimait ainsi les nouveaux principes qui allaient diriger désormais la conduite de la Grande-Bretagne à l'égard de ses colonies :

« En ce qui concerne notre politique commerciale, dit-il, le système entier du monopole n'est plus. La seule précaution que nous ayons désormais à prendre, c'est que nos colonies n'accordent aucun privilége à une nation au détriment d'une autre, et qu'elles n'imposent pas des droits assez élevés sur nos produits pour équivaloir à une prohibition. Je crois que nous sommes fondés à leur faire cette demande en retour de la sécurité que nous leur procurons... Nous sommes décidés, ajoute lord John Russell, à ne pas revenir sur cette résolution que désormais votre commerce avec les colonies est fondé sur ce principe : vous êtes libres de recevoir les produits de tous les pays qui peuvent vous les fournir à meilleur marché et de meilleure qualité que les colonies, et, d'un autre côté, les colonies sont libres de commercer avec toutes les parties du globe de la manière qu'elles jugeront la plus avantageuse à leurs intérêts. C'est là qu'est pour l'avenir le point cardinal de notre politique.

« En ce qui concerne nos relations politiques avec les colonies, vous agirez sur ce principe d'introduire et de maintenir, autant que possible, la liberté politique dans toutes vos colonies. Je crois que toutes les fois que vous affirmerez que la liberté politique ne peut pas être introduite, c'est à vous de donner des raisons pour l'exception, et il vous incombe de démontrer qu'il s'agit d'une race qui ne peut admettre encore les institutions libres ; que la colonie n'est pas composée de citoyens anglais ou qu'ils n'y sont qu'en trop faible proportion pour pouvoir soutenir de telles institutions avec quelque sécurité. A moins que vous ne fassiez cette preuve, et chaque fois qu'il s'agira d'une population britannique capable de se gouverner elle-même, si vous continuez à être leurs après la conquête d'Alger. En vain les compagnies privilégiées ont succombé les unes après les autres; en vain dans l'Amérique du Sud, le monopole a-t-il abruti et décimé les populations, tandis que la liberté les décuplait et les enrichissait dans l'Amérique du Nord : le système mercantile poursuit ses ravages et ne reçoit des gouvernements les plus avancés que des attaques molles

représentants en ce qui concerne la politique extérieure, vous n'avez plus à intervenir dans leurs affaires domestiques au delà de ce qui est clairement et décidément indispensable pour prévenir un conflit dans la colonie elle-même.

« Je crois que ce sont là les deux principes sur lesquels vous devez agir. Je puis au moins déclarer que ce sont ceux que le gouvernement a adoptés. Non-seulement je crois que ces principes sont ceux qui doivent vous diriger, sans aucun danger pour le présent, mais je pense encore qu'ils serviront à résoudre dans l'avenir de graves questions sans nous exposer à une collision aussi malheureuse que celle qui marqua la fin du dernier siècle. En revenant sur l'origine de cette guerre fatale avec les contrées qui sont devenues les Etats-Unis de l'Amérique, je ne puis m'empêcher de croire qu'elle fut le résultat, non d'une simple erreur, d'une simple faute, mais d'une série répétée de fautes et d'erreurs, d'une politique malheureuse de concessions tardives et d'exigences inopportunes; j'ai la confiance que nous n'aurons plus à déplorer de tels conflits. Sans doute je prévois, avec tous les bons esprits, que quelques-unes de nos colonies grandiront tellement en population et en richesse qu'elles viendront vous dire un jour : « Nous avons assez de force pour être indépendantes de l'Angleterre. Le lien qui nous attache à elle nous est devenu onéreux, et le moment est venu où, en toute amitié et en bonne alliance avec la mère-patrie, nous voulons maintenir notre indépendance. » Je ne crois pas que ce temps soit bien rapproché, mais faisons tout ce qui est en nous pour les rendre aptes à se gouverner elles-mêmes. Donnons-leur, autant que possible, la faculté de diriger leurs propres affaires. Qu'elles croissent en nombre et en bien-être, et quelque chose qui arrive, nous, citoyens de ce grand empire, nous aurons la consolation de dire que nous avons contribué au bonheur du monde. » (*Journal des Économistes*, t. XXV, p. 8).

On peut consulter, sur cette grande révolution économique : RICHELOT, *Histoire de la réforme commerciale en Angleterre*, 1855, 2 vol. in-8°. (*Note de l'éditeur*).

et des coups mal assurés. « La théorie des lois prohibitives, dit M. d'Hauterive[1], est écrite en lettres de sang dans l'histoire de toutes les guerres qui depuis quatre siècles mettent partout l'industrie aux prises avec la force, oppriment l'une, corrompent l'autre, dégradent la morale politique, infectent la morale sociale et dévorent l'espèce humaine. Le système colonial, l'esclavage, les haines de l'avarice qu'on appelle haines nationales, les guerres de l'avarice qu'on appelle guerres de commerce, ont fait sortir de cette boîte de Pandore l'inondation des erreurs, des fausses maximes, des richesses excessives, corruptrices et mal réparties, de la misère, de l'ignorance et des crimes qui ont fait de la société humaine, dans quelques époques de l'histoire des peuples modernes, un tableau si odieux qu'on n'ose s'y arrêter, de peur d'avoir à prononcer contre le développement de l'industrie et contre les progrès même de la civilisation. »

Cependant, malgré ce sombre tableau, le système prohibitif portait en lui-même les germes d'une rénovation qui en a beaucoup atténué les funestes effets. L'élan incontestable qu'il a imprimé à la production en Angleterre, en France et en Hollande, surtout dans le commencement, contribua beaucoup à élever le taux des profits dans toutes les branches d'industrie protégées et y fit affluer d'immenses capitaux, qui ne tardèrent pas à devenir insuffisants. C'est ainsi que la banque de Hollande et la banque d'Angleterre furent appelées à pourvoir par le crédit aux besoins chaque jour croissants de l'industrie et du commerce des deux pays. La fortune de ces banques se lie intimement à l'acte de navigation, à

[1] *Éléments d'économie politique*, p. 199.

l'établissement des manufactures [1] et elle s'explique d'une manière naturelle par les avantages qui en résultaient pour les compagnies, mises en mesure de braver à l'abri du crédit la lenteur des retours des deux Indes. C'est aussi au crédit que Louis XIV expirant demandait la réparation des erreurs et des prodigalités de son règne, qui engendrèrent, comme chacun sait, le système de Law.

[1] L'acte constitutif de la Banque d'Angleterre (27 juillet 1694) est ainsi intitulé dans la charte primitive de concession : *An act for granting to their majesties several duties upon tonnage of ships and vessels, and upon beer, ale and other liquors, for securing certain recompences and advantages in the said act mentioned, to such persons as shall voluntarily advance the sum of fifteen hundred thousand pounds, towards carrying on the war with France.* »
(Gilbart, *Histoire des banques*, p. 27.)

CHAPITRE XXX.

Naissance du crédit en Europe. — Institution des banques. — Influence qu'elles ont exercée sur la marche de l'économie politique. — Des banqnes de dépôt et en particulier de celle d'Amsterdam. — Des banques de circulation. — De la banque d'Angleterre.

Peu de révolutions ont exercé sur la marche de la civilisation une influence pareille à celle de la fondation du crédit en Europe. Ce fut une conquête nouvelle du génie de l'homme, et une force immense ajoutée à toutes celles dont il pouvait disposer. D'où venait cette force? par quel concours de circonstances se manifestait-elle, au moment même où la découverte des mines de l'Amérique semblait devoir la rendre superflue? Comment après tant de bienfaits est-elle devenue tellement féconde en catastrophes, que des esprits éclairés ont été jusqu'à maudire son existence? Sa source véritable se perd dans la nuit des temps. On sait qu'il y avait des banquiers à Rome et à Athènes, qu'il y en a eu au moyen âge et que des banques publiques ont été fondées en 1157 à Venise, en 1349 à Barcelone, à Gênes en 1407, à Amsterdam en 1609, à Hambourg en 1619, et en 1694 en Angleterre. Voilà les faits et les dates : il nous reste à expliquer les uns et les autres.

Le premier effet de la découverte du Nouveau-Monde fut de donner une impulsion vraiment fébrile aux spéculations sur l'Amérique. Les capitaux, attirés par l'appât d'énormes bénéfices, affluèrent vers ce genre de commerce, au détriment de beaucoup d'autres industries plus utiles et surtout moins aventureuses. Des matières premières jusqu'alors inconnues, le sucre, le coton, le tabac, les épices entrèrent dans la consommation et devinrent l'objet d'un commerce immense ; des armements nombreux partirent de tous les ports d'Europe pour y revenir avec de riches cargaisons ; mais il fallait attendre leur retour afin d'en recueillir les bénéfices, et la longueur des voyages nécessitait des avances considérables. Aussi les premières banques s'établirent-elles toutes dans les villes maritimes. Plus tard, le système prohibitif, en appelant vers les manufactures une partie des capitaux qui s'étaient portés vers le commerce extérieur, fit sentir chaque jour davantage la nécessité du crédit, et les nouvelles banques naquirent encore des besoins du travail.

Rien de plus simple et de plus ingénieux que le principe fondamental de ces banques, dont l'établissement sépare en deux époques très-distinctes l'économie politique ancienne et moderne. Chez les anciens, la production n'avait de ressources que dans le travail des esclaves et dans les capitaux des usuriers ; chez les modernes elle eut pour appui la liberté de l'ouvrier et les facilités du crédit. Dès qu'on se fut aperçu que le numéraire que les marchands étaient obligés de garder en caisse pour faire face à leurs payements, devenait entre leurs mains un capital improductif, on réfléchit aux moyens d'en tirer un profit, en substituant la promesse aux écus et en créant les banques. « L'or et l'argent qui circulent dans un pays, dit à cet égard Adam Smith [1], peuvent se comparer précisément à un grand chemin qui, tout en servant à faire arriver au marché les grains et les fourrages, ne produit pourtant rien par lui-même, pas même un grain de blé. Les opérations d'une banque sage, en ouvrant en quelque manière un chemin dans les airs, donnent au pays la facilité de convertir une bonne partie de ses grandes routes en gras pâturages et en terres à blé, et d'augmenter par là le produit annuel de son territoire et de son travail. Il faut convenir, néanmoins, que si le commerce et l'industrie d'un pays peuvent s'élever de quelque chose à l'aide du papier-monnaie, ainsi suspendus, pour ainsi dire sur les ailes d'Icare, ils ne sont pas tout à fait aussi assurés dans leur marche que quand ils portent sur le terrain solide de l'or et de l'argent. »

Ce passage de Smith caractérise d'une manière exacte et pittoresque les véritables propriétés du crédit. Mais les premières banques d'Europe ne se hasardèrent point à voler avec les ailes d'Icare, et leurs essais timides furent bien éloignés des opérations hasardeuses des banques de nos jours. Elles s'appelaient modestement des banques de dépôt, et leurs coffres renfermèrent toujours en espèces des sommes égales au montant de leurs billets. Ces billets n'étaient que des certificats transmissibles par endossement, comme nos lettres de change, et ils n'offraient d'abord d'autre avantage que l'économie du transport des espèces. Chaque florin de papier avait sa garantie en écus ; seulement, les écus étaient d'un poids et d'un titre authentiquement reconnus, pour ôter toute

[1] *Richesse des nations*, liv. II, chap. 2.

incertitude aux porteurs d'effets de commerce et pour donner à la monnaie de banque une fixité qui la rendît supérieure à toutes les autres. En vain les États voisins altéraient leurs monnaies ou se laissaient envahir par des espèces dépréciées : la simple stipulation du payement en un ordre ou *transfert* sur la banque de dépôt protégée par l'État, assurait à ce titre une supériorité décisive, et bientôt tous les payements furent stipulés en monnaie de banque. Cependant les certificats de dépôt étaient limités par le montant des sommes versées, et la circulation n'avait, en se faisant au moyen du papier, que l'avantage d'être plus commode et plus prompte.

C'est la banque d'Amsterdam qui s'établit la première sur ces bases simples et régulières, car ce que nous savons de la banque de Venise et de celle de Gênes ne permet pas de douter que ces banques fussent autre chose que de grandes régies de perception à l'usage du gouvernement. L'esprit qui présida à la fondation de la banque d'Amsterdam était entièrement différent. Les négociants habiles qui en conçurent la pensée, avaient sagement réfléchi que toute épargne dans la dépense d'entretien du capital *fixe* d'un pays est une source d'amélioration pour son revenu. Or, tout ce qu'on n'engage point dans ce capital immobile, se reporte au capital *circulant* qui fournit les matières premières et les salaires du travail, et qui imprime l'activité à toutes les industries. La substitution du papier à la monnaie d'or et d'argent était une manière de remplacer un instrument de commerce extrêmement dispendieux par un autre plus simple et plus économique. Ce premier avantage devait frapper des négociants aussi éclairés que ceux d'Amsterdam ; mais ce n'était pas le seul que leur offrît l'organisation de la banque dont ils devaient tirer tant de profit. La Hollande était alors inondée d'une grande quantité de monnaie étrangère, usée et rognée, que son commerce étendu lui apportait de toutes les contrées de l'Europe, et qui avait réduit la valeur de la monnaie courante à neuf pour cent au-dessous de la bonne monnaie neuve. Aussi celle-ci était-elle fondue et exportée aussitôt qu'elle paraissait dans la circulation, et les marchands ne savaient où trouver des espèces pour acquitter leurs lettres de change, dont la valeur devenait de jour en jour plus variable, au grand détriment de leurs intérêts.

Ce fut le premier objet qui attira la sollicitude des fondateurs de l'établissement. La banque ne reçut les monnaies étrangères bonnes ou mauvaises et la monnaie du pays elle-même, que sur le pied de leur valeur intrinsèque, et elle décida qu'on ne les échangerait contre de bonne monnaie au titre légal, qu'en déduisant les frais de monnayage et d'administration. L'argent de banque obtint dès lors une faveur marquée sur la monnaie courante, et cette circonstance augmenta considérablement la demande des billets. La ville d'Amsterdam était responsable de leur payement, et les facilités que l'emploi de ces billets offrait au commerce en élevèrent sensiblement le prix au-dessus de leur valeur réelle. Toutefois cette supériorité n'était reconnue qu'autant que la monnaie correspondante restait en dépôt dans les coffres de la banque, d'où l'on ne pouvait d'ailleurs la retirer qu'avec désavantage, puisqu'il fallait payer une certaine somme pour les frais de garde, ou plutôt de sortie. Plus tard, la banque donna crédit sur ses livres en échange des dépôts de lingots d'or et d'argent, et cette combinaison ajouta de nouvelles facilités à toutes celles qu'offraient déjà ses billets de crédit. On conçoit aisément que la valeur de ces billets reposant tout entière sur la présence des écus donnés en échange, il fallait que la banque surveillât sérieusement la garde des coffres et que le gouvernement sût résister à la tentation d'y puiser dans un moment de besoin. Aussi la direction de l'établissement était-elle confiée à quatre magistrats renouvelés chaque année; qui vérifiaient l'état du trésor en entrant en fonctions, le comparaient avec la situation des livres et sous la responsabilité du serment. Chacun sait que lorsqu'à l'approche des Français, en 1672, la banque voulut faire distribuer aux ayants-droit le montant des dépôts, les espèces retirées de ses caves portaient encore les traces d'un incendie qui avait éclaté plusieurs années auparavant. Ainsi le crédit public et privé commença à se fonder par la confiance, et il faut rendre honneur aux hommes qui ont donné ce noble exemple aux sociétés modernes. Dès ce jour, la science économique eut fait un pas immense. Il fut démontré qu'on n'avait pas besoin du numéraire métallique pour développer l'industrie et le commerce, puisqu'il suffisait de quelques millions de feuilles volantes pour en tenir lieu dans toutes les transactions. Le crédit devint ainsi un véritable capital aux mains des travailleurs et prépara leur émancipation en les investissant d'un genre de propriété sans limites, la plus respectable de toutes, car elle est fondée sur l'exercice du travail et le respect des engagements. Rien n'arrêtera plus désormais l'effet de l'intelligence humaine, comme aux temps malheureux de l'usure romaine et du servage féodal ; et l'histoire, loin de donner un démenti aux théories de l'économie politique, ne fera que les confirmer chaque jour.

La banque d'Amsterdam et les autres banques de dépôt établies sur des bases semblables n'étaient pourtant qu'un premier essai dans les voies du crédit. Sans doute elles donnaient à l'or et à l'argent, sous la forme de certificats transférables, une puissance de circulation plus active ; mais sauf le bénéfice résultant de l'*agio*, la valeur des capitaux monétaires n'était point augmentée par leur transformation en billets de crédit. L'Europe demeurait avec les seules ressources de son numéraire, accrues de tout l'or et l'argent importé d'Amérique, mais insuffisantes pour répondre au besoin de production que ce nouvel élément de richesse y avait provoqué. On avait fait un grand pas ; il fallut en faire un plus grand encore, et les banques de dépôt devinrent des banques de circulation. Puisque les certificats des premières étaient acceptés comme monnaie, en raison de la confiance qu'on avait dans la garantie des dépôts, pourquoi n'aurait-on pas poussé cette confiance un peu plus loin, en augmentant le nombre des billets jusqu'à concurrence d'une somme plus forte que le montant des dépôts? Quel inconvénient pouvait-il en résulter pour les porteurs de ces effets, certains d'être remboursés en espèces, dès qu'ils en manifesteraient la volonté? Ne voyait-on pas, tous les jours, les billets d'un banquier circuler avec tous les priviléges de l'argent, jusqu'au point de porter intérêt comme la monnaie même?

Il ne s'agissait plus que de déterminer, par des calculs certains, quelle serait, sur une masse d'affaires donnée, la quantité de billets qui se présenteraient au remboursement, afin d'avoir toujours en caisse la somme de numéraire nécessaire pour y faire face. La moindre économie réalisée sur le fonds de réserve devenait un bienfait pour le travail, et pouvait servir à alimenter des industries nouvelles. On était maître d'en disposer par l'exportation, pour accroître le capital consacré au commerce étranger. C'est comme si on eût augmenté d'autant la richesse générale du pays et il n'en coûtait que l'impression ou la gravure des billets, au moyen desquels l'argent était remplacé. Ici commence à se manifester la parfaite justesse de la comparaison du crédit aux ailes d'Icare, si poétiquement imaginée par Adam Smith. Personne ne saurait affirmer dans quelle proportion la somme d'argent en circulation dans un pays est à la valeur totale du produit annuel qu'elle fait circuler. Les banques de circulation doivent-elles réserver le tiers, le quart, le cinquième ou la moitié de leur capital en espèces, pour être prêtes sans cesse à rembourser la portion de leurs billets émis, qui viendraient se convertir en écus? N'y a-t-il pas un danger perpétuel pour elles à se trouver en présence d'une chance permanente de remboursement? Car c'est principalement en escomptant des lettres de change, c'est-à-dire en avançant de l'argent sur ce gage, que les banques émettent leurs billets. Leur profit consiste à percevoir un intérêt sur ces billets jusqu'à l'échéance des lettres de change. Le payement seul fait rentrer à la banque les avances qu'elle a faites, avec le profit de l'intérêt qu'elle a prélevé. Qu'arriverait-il donc si, après avoir donné ses billets en échange des effets du commerce, ces effets n'étaient pas payés à leur échéance! Quelle ressource resterait-il aux porteurs des billets de la banque, si le gage de ses créanciers périssait dans ses mains?

C'est surtout sous ce point de vue que les banques de circulation sont loin de présenter les mêmes motifs de sécurité que les banques de dépôt. Elles rendent plus de services que celles-ci; mais elles offrent moins de garanties. Leurs administrateurs ne savent pas toujours se défendre de la tendance naturelle à escompter, c'est-à-dire à réaliser un profit assuré, immédiat et palpable, au moyen d'un simple billet qui n'est qu'une promesse. La plupart des banques ont péri par l'abus de leur propre principe, et pour n'avoir pas calculé qu'en multipliant leurs escomptes, elles s'exposaient à épuiser leurs réserves. Adam Smith, James Steuart, J.-B. Say, MM. Storch, et surtout M. de Sismondi ont exposé de la manière la plus lucide et la plus admirable toutes les complications qui peuvent résulter, soit pour le public, soit pour les banques, des erreurs de calcul ou de l'avidité de leurs actionnaires. Ils ont démontré jusqu'à la dernière évidence que toute émission exagérée de billets obligeait ces établissements à des amas de numéraire dans une proportion d'autant plus grande que l'inquiétude des porteurs les faisait accourir en plus grand nombre. La nécessité de racheter des espèces imposait aux banques, dans ce cas, des sacrifices supérieurs au profit qu'elles avaient retiré des escomptes, et elles étaient souvent contraintes de rappeler à grands frais de l'étranger le numéraire dont leurs émissions excessives avaient provoqué l'exportation. L'Europe a vu depuis un siècle des exemples mémorables de ces crises de circulation : la suspension des payements de la banque d'Angleterre et la ruine des banques de province dans ce pays, sans parler du système de Law et plus tard des assignats, dans le nôtre; révolution immense que nous étudierons à part, à cause des graves renseignements que fournit son histoire.

Cependant le crédit a survécu à toutes ces tempêtes, semblable à la poudre à canon qui ouvre des routes au sein même des rochers, malgré les périls attachés à son usage. Quand on compare de nos jours la circulation du papier à celles des espèces, on demeure convaincu que le crédit a opéré une profonde révolution dans les relations des peuples. Chaque instant nous révèle des matières nouvelles dont la production s'empare au moyen du crédit, et que le crédit seul permet d'expédier aux extrémités du monde. Les entreprises colossales dont notre siècle ouvre la marche, l'esprit d'association qui s'étend comme un réseau sur la surface de l'Europe, la lutte qui s'établit partout entre la civilisation et les débris de la barbarie, tout est l'œuvre du crédit; tout vient de cette idée si féconde et si simple, qui donna naissance aux banques de circulation et principalement à la banque d'Angleterre. Tout homme a pu, dès lors, porter sa tête haute avec la fierté que donne l'espoir d'une indépendance honorable. La propriété foncière a vu s'élever à côté de ses donjons les usines de l'industrie; les mers se sont couvertes de navires et les rives étrangères de colonies européennes. Tout a marché d'un pas rapide et le monde a fait plus de chemin depuis deux cents ans qu'il n'en avait fait dans les dix siècles antérieurs. L'histoire est là pour prouver que cette puissance du crédit est celle qui doit décider désormais en dernier ressort des grands débats de ce monde, témoin la Hollande qui finit par humilier Louis XIV, et l'Angleterre qui a envoyé Napoléon mourir à Sainte-Hélène.

Les commencements de cette puissance ont néanmoins été très-modestes, même en Angleterre, où la première banque de circulation sembla d'abord se modeler sur celles de Venise et de Gênes, et ne fut pendant longtemps qu'un bureau de la trésorerie. En 1694, on la vit tour à tour prêter son capital entier au gouvernement et exiger de lui des intérêts de 8 pour cent; puis doubler ce même capital en 1696 et le prêter encore, en 1708, après l'avoir doublé une seconde fois. En vain ses actions perdent la moitié de leur valeur ; en vain ses billets souffrent une dépréciation de 20 pour cent, et cessent-ils un moment d'être payés : on ne se lasse point de souscrire de nouvelles actions, malgré la baisse énorme des premières, parce que c'est l'État qui est le principal débiteur de la banque et que déjà se fait sentir l'influence de la garantie nationale sur les emprunts publics. On a bientôt compris l'importance d'une telle solidarité, et la confiance publique s'attache à la fortune de l'État comme à la meilleure ancre de salut. La banque d'Angleterre a fait depuis cette époque des fautes capitales, et même un jour, en 1797, elle a osé suspendre totalement ses payements en espèces, sans rien perdre de son importance, malgré cette faillite déclarée. La nation ratifia la décision du parlement qui autorisait la banqueroute, et les billets de la banque devenus du papier-monnaie, de véritables assignats, continuèrent de circuler comme s'ils eussent toujours été remboursables en écus. Le gouvernement les reçut en payement des impôts, et l'emprisonnement pour dettes fut épargné à ceux qui se libéreraient par ce moyen. On aurait cru qu'à dater de ce jour ces billets se multiplieraient outre mesure; mais les actes du parlement et la prudence publique en continrent l'émission dans de sages limites, et l'Angleterre a pu se passer pendant vingt ans de la plus grande partie de son numéraire, sans cesser d'être la première nation commerçante du monde.

Enfin, le fameux acte de M. Peel amena la reprise des payements en espèces, vers la fin de l'année 1819, et cinq années après, en 1824, on comptait en Angleterre près de 700 compagnies [1] organisées, ou près de l'être, au

[1] *A complete view of the joint stock companies formed during the years 1824 and 1825, by Henry English.*

capital de dix milliards, dont le quart était constitué, en 1827, avec deux milliards cinq cents millions. Dans ce court espace de temps, la Grande-Bretagne avait prêté aux étrangers un milliard deux cent cinquante millions de francs. Tels sont les effets merveilleux du crédit[1] et son influence sur le développement de la production, que, malgré ces exportations considérables de numéraire et malgré l'énorme capital engagé dans les entreprises de mines, d'éclairage, de bateaux à vapeur, de filatures et de forges, l'Angleterre trouve encore, de nos jours, le moyen de consacrer cinq ou six cents millions à ses chemins de fer. Elle commandite les travaux de la

[1] J'ai dû me borner à indiquer ici sommairement la révolution opérée en Europe par l'établissement des banques de dépôt et de circulation, et les principales bases sur lesquelles ces banques reposent. Tous les détails de leur organisation ont été exposés de la manière la plus complète dans Adam Smith, *Richesse des nations*, liv. II, chap. 2, et liv. IV, chap. 3; dans le IVe livre de Steuart, *Recherches des principes de l'économie politique*, et dans M. de Sismondi, *Nouveaux principes d'économie politique*, t. II, ce dernier, adversaire déclaré des banques; ce sont les trois auteurs qu'il faut lire de préférence sur cet important sujet. M. Storch, J.-B. Say, Malthus, Ricardo lui-même, ont dû leur emprunter, surtout aux deux premiers, les belles analyses qu'ils ont données de la physiologie des Banques. Pour qui désire approfondir la matière, l'*Histoire des banques*, de M. Gilbart, le fameux pamphlet de Cobbett, intitulé : *Paper against gold*, vrai chef-d'œuvre de dialectique et de netteté financière, l'ouvrage de M. Thornton, *An inquiry on the paper credit*, et l'enquête publiée par le parlement d'Angleterre à l'occasion du renouvellement du privilége de la Banque, sont des documents indispensables à consulter. Toute la science du crédit est là. On peut consulter aussi, mais avec réserve, l'ouvrage de M. Joseph de Welz, intitulé : *La magia del credito svelata*, 2 vol. in-4. Naples, 1824.

(*Note de l'auteur.*)

On peut joindre aujourd'hui à ces ouvrages le *Traité théorique et pratique des opérations de banque de M. Courcelle Seneuil*, 3e édit., 1857, in-8°, et : *Du Crédit et des Banques*, par Ch. Coquelin, 2e édit., 1859, gr. in-18. (*Note de l'éditeur.*)

paix avec autant d'énergie qu'elle poursuivait, il y a vingt-cinq ans, les travaux de la guerre. Et cependant l'Angleterre est le pays de l'Europe où il y a le moins d'espèces métalliques, de sorte que, chez elle du moins, on pourrait croire à la vérité de cet adage économique de Ricardo : « La monnaie est arrivée au maximum de la perfection, quand elle est à l'état de papier. » Je n'explique pas, je raconte ; avant d'en croire Ricardo, il faut voir ce qu'a essayé Law.

CHAPITRE XXXI.

Du système de Law. — Des circonstances qui lui ont donné naissance. — Des causes principales de sa ruine. — Influence qu'il a exercée sur la marche de l'économie politique.

Au commencement du dix-huitième siècle, il s'était opéré un changement profond dans l'économie politique de l'Europe. L'extension extraordinaire prise par le commerce extérieur et l'établissement du système restrictif avaient concentré les capitaux sur la navigation et sur les manufactures. On eût dit que la terre était abandonnée comme un élément stérile, et il ne fut plus question que de compagnies privilégiées, soit pour le commerce des Indes orientales, ou occidentales, soit pour la fabrication des draps, des tapis ou des glaces. Tous les fonds se portèrent bientôt vers ces entreprises, à cause de la faveur et des profits que leur assurait le monopole. Chaque peuple d'ailleurs, entrant dans la voie des tarifs, crut devoir protéger sa production contre les rivalités de ses voisins et chercher son élévation dans leur décadence : l'Espagne, au moyen des prohibitions; l'Angleterre, en excluant les navires étrangers ; la France, en les frappant de droits différentiels. Toutes les habitudes bienveillantes de réciprocité furent remplacées par des mesures répulsives, véritable image de la guerre au sein même de la paix.

Pour comble de malheur, des guerres trop réelles sortirent de ces doctrines pernicieuses, dont *l'acte de navigation* et le tarif de 1664 n'étaient que le prélude. Au dommage intérieur que se causaient les nations par l'abus du système protecteur, il fallut bientôt ajouter les maux affreux qui résultèrent d'une lutte ouverte et soutenue de part et d'autre avec un égal acharnement. On a vu ce qu'avait pu produire en ce genre la rivalité de l'Angleterre et de la Hollande ; et de quelles catastrophes furent troublées les dernières années du règne de Louis XIV. Les finances de tous les peuples étaient épuisées ; il n'y avait plus de capitaux pour pousser la guerre, ni pour relever l'industrie. Un peuple seul, au sein de ces désastres, avait conservé une attitude fière et indomptable, comme plus tard l'Angleterre en présence de Napoléon : c'étaient les Hollandais ; et ils n'avaient trouvé de ressources, après leurs patriotisme, que dans leur crédit. Nous avons dit quelles vues ingénieuses avaient présidé à sa fondation et les développements rapides que prit la banque d'Amsterdam, malgré la limite imposée à ses émissions de billets, par la nécessité d'en posséder le capital équivalent en espèces. Bientôt les banques de circulation, et surtout la banque d'Angleterre, donnèrent une impulsion plus active à toutes les industries, et le travail entra dans une ère nouvelle.

La France seule, parmi ces grandes nations, était demeurée en retard et son gouvernement mal inspiré se livrait aux excès de la *révocation*, tandis que l'Angleterre et la Hollande enfantaient des merveilles, sous les auspices du crédit. Vauban et Boisguilbert ont décrit en termes pathétiques le triste abaissement de la puissance productive de la France en ces temps déplorables. *Il ne leur restait plus que les yeux pour pleurer*, disaient-ils de nos pères, et force nous est de croire à la réalité de leurs malheurs, confirmés par d'aussi nobles témoignages. Ce fut en cet état que Louis XIV mourant laissait notre pays. Jusqu'au dernier moment, son ministère avait vécu d'expédients misérables. On l'avait vu réduit à multiplier des charges ridicules pour tirer quelque argent des nouveaux titulaires ; et tandis que l'Angleterre et la Hollande empruntaient à trois ou quatre pour cent, les traitants faisaient payer l'argent au roi de France dix, vingt et jusqu'à cinquante pour cent. L'énormité des impôts avait épuisé les campagnes, veuves de leurs laboureurs par suite des consommations de la guerre ; le commerce était devenu presque nul ; l'industrie, décimée par la proscription des protestants, semblait condamnée à perdre toutes les conquêtes dues au génie de Colbert.

Telle était la situation de la France quand Louis XIV mourut. La dette publique s'élevait alors à plus de trois milliards et la banqueroute semblait imminente. Elle fut même proposée au régent qui la rejeta noblement, et qui se borna à établir une commission (la fameuse commission du *visa*), pour examiner la validité des droits des divers créanciers de l'État. C'est à cette époque que Jean Law fit la proposition d'une banque de circulation et d'escompte, et jeta dans notre pays les premiers fondements du crédit. Il nous faut exposer avec quelque étendue les idées si hautes et si longtemps méconnues de cet homme célèbre, qui eut le tort commun à tous les hommes de sa trempe, celui d'avoir raison cent ans trop tôt et de mourir sans être compris.

Sa première jeunesse avait été aventureuse, mais toute pleine d'études spéciales sur le crédit public en Angleterre, en Hollande, à la source des grandes affaires. Il avait vu de près ce que peut, dans un pays, l'activité de la circulation, et son imagination, exagérant les bienfaits du crédit, lui avait fait croire que l'abondance du numéraire était la principale cause de la richesse des États, puisque le numéraire seul amenait le développement de leur industrie et de leur prospérité ; c'était, à quelques égards, le préjugé général de l'Europe au temps où il vivait, et ce préjugé ne contribua pas peu à favoriser l'adoption de ses vues. Il lui sembla qu'en assurant à un pays la possession d'une quantité de numéraire suffisante pour commander le travail, on le ferait arriver au plus haut degré de richesse et de puissance. Or, les banques de circulation permettaient de suppléer le numéraire par le crédit qui procure au papier la valeur et l'utilité de l'argent ; et, comme il n'y a point de limites aux émissions de papier-monnaie, la richesse publique lui paraissait désormais à l'abri de tous les obstacles.

Telle fut l'erreur de Law : l'exagération d'un bon principe. Il avait pris l'effet pour la cause, en attribuant au crédit des résultats dont le crédit n'est que la conséquence. Il n'avait pas considéré que le numéraire, espèces ou papier, devait toujours être proportionné à la quantité de valeurs en voie de circulation par l'échange, et que les écus étaient impropres à faire naître l'industrie chez un peuple, sans le secours du travail préexistant. L'augmentation du numéraire, sans l'accroissement correspondant de valeurs échangeables, ne ferait qu'élever le prix de toutes choses, au lieu d'accroître la richesse réelle d'une nation. Mais le génie vaste et sûr de Law avait compris de prime abord la nécessité de fournir à bon marché des capitaux au travail. Il avait remarqué que le crédit individuel, c'est-à-dire celui des banquiers et des marchands d'argent, était souvent funeste à l'industrie, à cause du despotisme exercé par les prêteurs sur les travailleurs ; et il voulait substituer à la commandite du crédit individuel la commandite du crédit de l'État. « N'oubliez pas, disait-il au régent, que l'introduction du crédit a plus apporté de changement entre les puissances de l'Europe que la découverte des Indes ; que c'est au souverain à le donner, non à le recevoir. »

Toutes ses idées se tournèrent donc, dès le principe, vers les moyens d'assurer au gouvernement la direction du crédit public, en mettant entre ses mains l'administration d'une banque générale chargée de percevoir tous les revenus de l'État et d'exploiter tous les monopoles dont il serait investi. Mais, soit que les théories de finances fussent alors comprises de peu de monde, soit que la nouveauté du projet eût effrayé les esprits, Law n'obtint que le droit d'établir une banque privée, parfaitement semblable, à beaucoup d'égards, à ce qu'est, de nos jours, la banque de France, et dont le fonds social fut de six millions, divisés en douze cents actions de cinq mille francs chacune. Cette banque était autorisée à escompter les lettres de change, à se charger des comptes des négociants et à émettre des billets payables au porteur, en écus du poids et du titre de l'écu du jour. A peine cette banque était-elle fondée que le crédit reparaissait de toutes parts [1], la confiance

[1] Dutot décrit ainsi, en les exagérant, les avantages produits par la banque de Law :

« L'abondance se répandit bientôt dans les villes et dans les gagnait même les étrangers, et l'usure cessait d'exercer ses ravages. Le gouvernement ajouta sa sanction à celle du public en recevant comme espèces les billets de la banque de Law. C'était le premier essai qu'on faisait en France de cette monnaie nouvelle, et l'on peut affirmer hardiment que l'usage en serait devenu général, s'il n'avait aussi promptement dégénéré en abus. En effet, dès que le régent eut rendu l'édit du 10 avril 1717, qui obligeait les fermiers et les receveurs des impôts d'acquitter en espèces les billets de la banque, toutes les fois qu'il leur en serait présenté, ces billets acquirent une importance considérable ; l'argent cessa de voyager et se réfugia dans les caisses des provinces ou dans celles de la banque, pour y faire face aux remboursements, d'autant moins demandés que le papier était

campagnes; elle alla y tirer les uns et les autres de l'oppression des dettes que l'indigence avait fait contracter; elle réveilla l'industrie, elle rendit la valeur à tous les biens-fonds, qui avait été suspendue par ces dettes, elle mit le roi en état de libérer et de remettre à ses sujets plus de cinquante-deux millions d'impositions des années antérieures à 1716, et pour plus de trente-cinq millions de droits éteints pendant la régence; elle fit baisser l'intérêt des rentes, elle écrasa l'usure, elle porta les terres au denier 80 et 100, elle fit élever des édifices dans les villes et dans les campagnes, réparer les anciens qui tombaient en ruines, défricher les terres, donner des valeurs à des matériaux tirés du sein de la terre, qui n'en avaient point auparavant; elle rappela nos citoyens que la misère avait forcés d'aller ailleurs chercher à vivre; enfin, cette abondance attira les richesses étrangères; les bijoux, les pierres précieuses, et tout ce qui pouvait accompagner le luxe et la magnificence, nous vinrent des pays étrangers. Que ces prodiges ou ces merveilles aient été produits par l'art, par la confiance, par la crainte ou par des chimères, si on le veut, on ne saurait s'empêcher de convenir que cet art, que cette confiance, que cette crainte ou que ces chimères avaient opéré toutes ces réalités, que l'ancienne administration n'aurait jamais produites. »

(*Réflexions politiques sur les finances et sur le commerce de France*, tome Ier.)

plus commode et d'un transport moins coûteux. Le succès fut si complet et si décisif, que la banque put émettre jusqu'à cinquante millions de billets avec un capital de six. Les dépôts d'or et d'argent augmentaient chaque jour avec la demande des billets. On en demandait même plus qu'on n'en demande aujourd'hui que les billets de la banque ont tant de peine à circuler, aussitôt qu'ils ont franchi l'enceinte de Paris.

Ainsi, Law avait réalisé en moins de deux années les plus brillantes utopies du crédit public et privé. Il avait obtenu, sur une échelle immense, des résultats qui sont encore, après cent ans, concentrés dans quelques villes de commerce; il était parvenu d'un seul trait au terme d'une course qui semblait devoir exiger plusieurs relais de générations. Ce sera un éternel honneur pour sa mémoire d'avoir organisé de toutes pièces, sans y omettre aucun rouage essentiel, un mécanisme aussi compliqué que celui de banques de circulation et d'avoir familiarisé ses contemporains, victimes de tant de déceptions financières, avec le régime de la confiance et des billets. Qui pourrait dire quelle fut sa joie en voyant le succès si prompt de son ouvrage, le travail encouragé, l'espérance renaître et la France sourire à ses efforts? Mais ces jours de triomphe devaient être de courte durée, et la Providence lui réservait pour un avenir très-prochain de cruelles compensations. Nous en profiterons, comme d'un enseignement grave et digne de figurer dans l'histoire de la science.

Déjà la banque de circulation établie à Paris ne suffisait plus à l'ambition de Law. Il poursuivait toujours le premier objet de ses désirs, l'établissement d'une banque nationale chargée de percevoir les revenus publics et d'exploiter les priviléges commerciaux qu'il plairait au gouvernement de lui concéder. La possibilité d'émettre des billets pour une somme dix fois plus élevée que les réserves en espèces lui semblait désormais trop bornée. Il avait conçu la pensée de réunir en une association commune tous les capitalistes de France et de leur faire mettre en commandite tous les éléments de la richesse publique, depuis la propriété foncière jusqu'aux éventualités du commerce colonial. Quelle plus belle hypothèque que la France? et quelle valeur une telle garantie devait acquérir, quand le crédit assuré au plus humble propriétaire ouvrirait une carrière illimitée aux améliorations de toute espèce! Mais Law ne pouvait pas présenter ce projet au public dans sa majestueuse simplicité; la confiance nationale n'était pas assez éclairée pour le permettre. Il lui fallut greffer, si l'on peut parler ainsi, sa banque universelle sur quelque institution adaptée aux préjugés de ses contemporains, et le malheur voulut que la manie de coloniser, qui était alors fort à la mode, lui fournît l'occasion de fonder une compagnie de commerce sur les bords du *Mississipi*. Ainsi naquit la compagnie des *Indes occidentales*, au capital de cent millions, composé de deux cent mille actions de cinq cents francs chacune, sous forme de billets au porteur, transmissibles par voie d'endossement. Pour en favoriser la réalisation, Law crut devoir faire autoriser, par l'édit de concession, (août 1717), tous les actionnaires à verser le montant de leur souscription, un quart en espèces et les trois autres quarts en certificats de rentes, connus sous le nom de *billets d'État*, alors fort dépréciés. Cette circonstance leur donna quelque faveur et releva sensiblement le crédit public; mais le salut de l'entreprise dépendait réellement du succès colonial de la compagnie, et quelle que fût la crédulité des contemporains, les dividendes ne se composèrent jamais que de l'intérêt des billets d'État, payé par le gouvernement aux actionnaires. Bientôt une opposition formidable, sortie du sein des parlements, prétendit contester à la banque nouvelle le droit de percevoir les impôts et de faire les payements publics, et défense fut faite aux employés du fisc d'échanger contre des espèces les billets qui leur seraient présentés. Il fallut un lit de justice pour y mettre ordre, sans parler de la concurrence des frères Pâris, qui organisèrent l'*anti-système*[1] sous l'influence des *parlementaires*.

Enfin, le 4 décembre 1718, deux ans et demi après sa fondation, la banque de Law fut déclarée banque royale, et le capital fut remboursé en écus aux actionnaires. Le roi se chargeait désormais de la garantie des billets, dont l'émission s'éleva en quelques mois à une somme supérieure au capital de l'ancienne banque. Malheureusement, pour accréditer les nouveaux billets, Law crut devoir obtenir du régent un édit qui défendait les transports de numéraire entre les villes où se trouvaient des bureaux de la banque. C'était donner un cours forcé à son papier-monnaie, et ce ne fut pas la seule erreur de Law. Il était dans sa destinée d'importer en France, avec les plus utiles usages du crédit, le plus désastreux de ses abus, *l'agiotage*. L'agiotage naquit des relations de la banque royale avec la compagnie des

[1] On appela *anti-système* par opposition aux idées de Law, connues sous le nom de *système*, l'association formée par les quatre frères Pâris, de Grenoble, pour renverser la banque de Law, au moyen d'un capital de cent millions, dont les intérêts, mieux garantis que ceux de la banque, devaient naturellement faire tomber les actions de celle-ci.

Indes occidentales. Les actions de cette compagnie ayant baissé considérablement, Law, qui voulait les soutenir, s'obligea à les acheter au-dessus du pair à une époque donnée, s'engageant à payer une *prime* égale à la différence du prix de bourse avec le pair. Chacun voulut courir la chance du bénéfice qui en résultait, et les actions montèrent. Elles montèrent bien davantage encore, quand Law, en possession de la faveur du régent, eut fait joindre au privilége de la compagnie des Indes occidentales le monopole des Indes orientales, avec l'autorisation d'émettre un nouveau capital capable de suffire à la grandeur de cette association. Des combinaisons habiles, parce qu'elles étaient neuves, firent affluer les espèces dans les coffres du novateur écossais. Il donnait du temps aux actionnaires pour acquitter le montant de leurs actions, sans songer que le temps lui manquerait à lui-même pour achever son œuvre, et qu'on lui reprocherait bientôt la ruine du pays; mais enfin il donnait du temps, le temps dont les Américains de nos jours ont dit qu'il valait de l'argent, *time is money*. Les spéculateurs achetèrent à la fois des actions et des espérances, et Law redoubla d'efforts pour donner de la valeur aux unes et aux autres. L'argent versé à grands flots dans les caisses de l'État lui inspira l'idée d'une refonte des monnaies : il s'en fit accorder la fabrication exclusive par un édit, dont la faveur coûta cinquante millions à la banque. Ainsi commencèrent ces concessions réciproques entre le gouvernement et *le système,* le premier accordant toujours et le second promettant sans cesse, avec la même irréflexion et la même insouciance de l'avenir. Il y eut pourtant d'énormes bénéfices recueillis par suite de la refonte des monnaies, et pour peu que la compagnie des Indes eût fourni sa part de dividendes, la banque royale aurait été assise sur des bases inébranlables. L'avidité des gens de cour et la folie des spéculateurs en décidèrent autrement.

Déjà les actions s'étaient élevées à un taux que ne justifiaient ni les garanties offertes par la compagnie, ni même les chances de profit les plus exagérées. Ce ne fut plus qu'un jeu, dont l'histoire est trop connue pour qu'il soit nécessaire d'en donner les détails. Il suffit de dire que la hausse des actions improvisa des fortunes vraiment fabuleuses, et amena, dans la propriété, des déplacements qui n'ont pas tous été sans avantage pour la prospérité générale du pays. L'aristocratie foncière, lasse de posséder des terres dont les revenus modestes ne pouvaient se comparer aux produits éblouissants de l'agiotage, échangea ses prés et ses bois contre des actions; les salaires s'élevèrent à un taux inconnu jusqu'alors, et les marchandises qui encombraient les magasins ne purent suffire à l'empressement des acheteurs. Law semblait parvenu au comble de ses vœux. Si quelques rivaux mal inspirés achetaient ses billets pour l'inquiéter par de fortes demandes de remboursement en écus, il faisait rendre un édit qui réduisait la valeur des espèces, et il déconcertait les coalitions par l'audace de son alliance avec le gouvernement. Jamais, il faut le dire, des expériences plus hardies ne furent faites avec une telle promptitude et sur une telle échelle; jamais des théories plus aventureuses n'eurent à leur service un pouvoir plus absolu. Il ne restait plus qu'une dernière tentative, la plus dangereuse, il est vrai, mais la plus séduisante de toutes, le remboursement de la dette publique. Celle-là devait rencontrer moins qu'aucune autre des obstacles de la part du régent; mais elle eut le défaut d'être exécutée sans précaution et d'une manière prématurée. Quinze cents millions ne pouvaient pas être ainsi déplacés légèrement dans un pays moins habitué aux vastes opérations du crédit que l'Angleterre et la Hollande. C'était aussi hasarder beaucoup que de substituer les actions de la compagnie des Indes aux titres des créanciers de l'État et de leur faire troquer, comme on le disait dans le temps, leurs certificats de rentes contre les brouillards du Mississipi. Cependant la mesure aurait réussi sans la fureur avec laquelle le public se précipita dans les spéculations dont elle devint le signal. Les actions, à peine émises, montèrent au triple, au quintuple, et même au décuple de leur capital nominal. On eût dit que les Français ne sauraient plus désormais où placer leur argent, tant ils se pressaient pour obtenir à tout prix des titres du nouvel emprunt. La seconde émission vit se réaliser à cinq mille livres, cent mille actions de cinq cents francs. Ce fut une frénésie générale, encouragée d'ailleurs par la latitude accordée aux souscripteurs de se libérer en dix versements de mois en mois. Il suffisait *de donner des arrhes*, comme dit si ingénieusement M. Thiers [1], pour s'assurer dix actions au lieu d'une. Les créanciers de l'État ne furent pas les derniers à se prêter à leur spoliation, et l'histoire du système est toute pleine des brigandages qui ont ouvert dignement dans notre pays la carrière de l'agiotage.

Nous ne pouvons exposer ici succinctement que les résultats de cette grande révolution financière, qui causa de grands maux, comme toutes les révolutions, mais qui produisit aussi de grands biens, des biens durables, en compensation de maux passagers. La morale

[1] Notice sur *Law*, dans *l'Encyclopédie progressive*, p. 80.

publique en reçut principalement de rudes atteintes, trop capables de détourner les honnêtes gens de la voie longue et épineuse du travail. « Les variations de la fortune étaient si rapides, dit M. Thiers [1], que des agioteurs, recevant des actions pour aller les vendre, en les gardant un jour seulement, avaient le temps de faire des profits énormes. On en cite un qui, chargé d'aller vendre des actions, resta deux jours sans paraître. On crut les actions volées ; point du tout : il en rendit fidèlement la valeur ; mais il s'était donné le temps de gagner un million pour lui. Cette faculté qu'avaient les capitaux de produire si rapidement, avait amené un trafic : *on prêtait les fonds à l'heure*, et on exigeait un intérêt dont il n'y a pas d'exemple. Les agioteurs trouvaient encore à payer l'intérêt exigé et à recueillir un profit pour eux-mêmes. On pouvait gagner jusqu'à un million par jour. Il n'est donc pas étonnant que les valets devinssent tout à coup aussi riches que des seigneurs : on en cite un qui, rencontrant son maître par un mauvais temps, fit arrêter son carrosse et lui offrit d'y monter. » La folie en vint à ce point, que les actions montèrent à trente capitaux pour un et que l'agiotage absorba, comme un gouffre, toutes les économies du riche et du pauvre, en moins de quelques mois. Il n'y eut bientôt plus assez de galons chez les marchands pour dorer la nouvelle aristocratie qui sortit de cette effervescence de bourse, et les six cent mille actions de la compagnie des Indes en vinrent à représenter plus de dix milliards imaginaires. Il faut avoir été témoin de quelques engouements financiers du temps présent pour se faire une idée du délire de l'époque de

[1] Article *Law*, déjà cité.

Law, et de l'aveuglement profond où la fureur des spéculations avait plongé les gens les plus raisonnables.

Cependant, le moment de la crise approchait, sans que personne osât la prévoir, pas même Law lui-même, qui semblait croire à la durée indéfinie de son système. Il n'y avait plus de garantie possible pour un capital porté à plus de dix milliards ; et quand même le Missisipi eût été un véritable Eldorado, quatre cents millions auraient à peine suffi à assurer un intérêt de 4 ou 5 p. cent au chiffre idéal des actions. On fut bientôt obligé d'imposer, par autorité, une foule de mesures qui auraient dû être le résultat de la confiance, et dès ce moment la confiance fut ébranlée. Law crut devoir soutenir les billets de sa banque par des édits qui en défendaient la conversion, à Paris, contre des matières d'or et d'argent ; puis il fit ordonner que les impôts seraient payés en billets ; puis enfin que les créanciers auraient droit d'exiger aussi, en billets, la payement de leurs créances. Mais ces vains expédients ne firent que hâter l'explosion de la catastrophe. Les plus prudents s'empressèrent de *réaliser*, c'est-à-dire de convertir en terres, en meubles, en maisons, le montant de leurs actions ou de leurs billets, et l'on vit alors un phénomène entièrement contraire à celui que nous avons déjà signalé, les porteurs d'effets courir après toutes les valeurs solides, tandis qu'auparavant ils semblaient trop heureux de se débarrasser de ces valeurs pour avoir des effets. Les prix s'élevèrent presque subitement à un taux inconnu jusqu'alors, et l'affluence devint de jour en jour plus considérable à la banque, pour obtenir des remboursements en espèces. On crut pourvoir à ce danger en forçant le cours des billets, et en annonçant, pour maintenir la confiance ébranlée, des dividendes qui ne pouvaient être payés.

Puis vinrent les mesures folles : la défense de porter des pierreries et des diamants, de peur qu'on n'en achetât en échange d'actions ou de billets de banque; la confiscation des vieilles espèces et les visites domiciliaires pour les découvrir. La chute des actions n'en marchait pas moins d'un pas rapide, au grand désespoir des malheureux qui avaient échangé des biens réels contre des richesses fictives, et au bruit des saturnales de tous les nouveaux enrichis, qui avaient consolidé leur fortune par des achats de terres ou par des placements à l'étranger. Le fameux édit du 5 mars 1720 mit le comble à cet échafaudage de mesures violentes, qui a déversé sur le système de Law le blâme un peu partial de la postérité.. Cet édit, assimilant par des combinaisons astucieuses les billets de la banque aux actions de la compagnie des Indes, c'est-à-dire des valeurs obtenues en échange de titres sérieux à des valeurs éminemment fictives et éventuelles, fut une véritable banqueroute, qu'aucun historien n'a essayé de dissimuler. Nous aurions peine à comprendre aujourd'hui à quels tristes expédients Law se crut obligé de descendre, après ce dernier coup. Les édits désespérés qu'il fit rendre rappellent quelques-unes des mesures de la terreur de 1793 [1], y compris la délation contre les détenteurs de l'or et de l'argent, et la perturbation du système monétaire. La science n'a que faire de ces aberrations d'un homme de génie aux abois, si ce n'est de regretter qu'il y ait été amené, pour ainsi dire malgré lui, par la né-

[1] Il était défendu de garder plus de cinq cents francs en espèces, sous peine d'une amende de dix mille francs. Aucun ouvrage d'or ne devait peser plus d'une once. On fixa le poids de tous les articles d'orfèvrerie, celui des plats, des sucriers, des flambeaux. Le ridicule ici le disputait à l'odieux.

cessité où il se trouva de subordonner ses opérations aux exigences de la cour et à la détressé des finances.

Dutot, Forbonnais, Steuart et M. Thiers [1] ont parfaitement exposé les derniers moments du système et les fausses combinaisons qui en déterminèrent la chute. Ce qui demeure certain aujourd'hui, c'est que la banque de Law aurait rendu d'immenses services à la France, si le régent n'en avait fait un instrument de perception, une machine financière docile, au lieu de lui laisser l'independance d'une institution commerciale. Quand on pense que cette banque, établie en vue d'activer la circulation, en était venue au point d'interdire celle de l'or et d'altérer la valeur des monnaies, il est difficile de concilier une telle fin avec les débuts prospères qui ne permettaient pas de la prévoir. A dater du 21 mai 1721, on réduisit progressivement les actions de la compagnie des Indes et les billets de la banque royale : c'était décréter la banqueroute, au lieu de l'attendre et de la subir; c'était dire aux créanciers du gouvernement qu'on les avait indignement trompés et qu'on leur ouvrait audacieusement les yeux. Mais le public ne recueillait, en vérité, que ce qu'il avait semé. N'était-ce pas lui qui avait fait hausser le taux des actions jusqu'à un chiffre exagéré, et qui avait ainsi augmenté artificiellement leur valeur, de manière à rendre impossible le payement des intérêts dans la proportion nécessaire à

[1] *Réflexions politiques sur les finances et le commerce; Recherches sur les finances de France; Recherches des principes de l'économie politique;* article *Law*, déjà cité.

(*Note de l'auteur.*)

Les principaux écrits de Law ont été insérés dans le premier volume de la *Collection des Économistes*, de Guillaumin, avec une *Notice historique sur Jean Law, ses écrits et les opérations du système*, par M. Eugène Daire. (*Note de l'éditeur.*)

un capital aussi énorme! Il est arrivé à la banque de Law ce que nous avons vu en Amérique, lors de la dernière crise qui vient d'agiter ce pays. La plupart des banques ont péri pour avoir trop multiplié leurs émissions, c'est-à-dire pour avoir trop spéculé sur la hausse des terres et sur les progrès d'une civilisation qui ne peut jamais marcher que du pas de l'homme. Sous quelque point de vue qu'on envisage le système, on se convaincra que, si Law fût demeuré fidèle aux vrais principes du crédit qu'il avait si bien développés dans ses *Considérations sur le numéraire* [1], il aurait élevé la France, il y a cent ans, au premier rang des puissances financières, et peut-être prévenu les catastrophes terribles dont la fin du dix-huitième siècle a été agitée. Lui seul, depuis l'existence des banques, a pu impunément mettre dix fois autant de billets en circulation que sa banque renfermait de capitaux en espèces, et malgré l'imprudence de sa conduite au sujet de la compagnie des Indes, il n'en conserva pas moins l'honneur d'avoir créé en France les premières valeurs industrielles.

Cette seule création était une pensée haute et grandiose. Les plus petits capitaux trouvaient désormais un placement, et les travailleurs jusqu'alors condamnés à l'incertitude du salaire, étaient enfin admis aux priviléges de la propriété. Les actions de la banque et de la compagnie des Indes offraient aux hommes économes les avantages d'une caisse d'épargne, avec les chances de profit d'une grande association commerciale. La conception de Law nous semble admirable sous ce rapport.

[1] C'est dans cet écrit, traduit en français et réimprimé en 1790, que Law a exposé avec une parfaite lucidité ses idées sur le crédit. Beaucoup d'économistes y ont puisé d'utiles renseignements, sans rendre à l'auteur la justice qui lui était due.

Le crédit public était substitué au crédit privé. L'intérêt de l'argent tombait au taux le plus bas ; et par là disparaissait la cause la plus efficace de l'inégalité des conditions. Malheureusement, le financier écossais partagea l'erreur commune à plusieurs de ses plus illustres contemporains, en supposant qu'il suffisait de multiplier la monnaie pour faire diminuer l'intérêt de l'argent ; et il aggrava cette première erreur par l'erreur plus grande encore et toute personnelle, de croire qu'on pouvait multiplier la monnaie de papier (les billets de banque), sans avoir égard au capital chargé d'en répondre. L'événement favorisa son illusion plus longtemps qu'il ne semblait possible, car nous avons vu que les avantages du papier furent si bien compris en France, que Law put hasarder, même au début de ses opérations, ce que nulle banque d'escompte n'oserait tenter aujourd'hui, une émission de billets dix fois plus considérable que le capital en espèces. La confiance était générale ; le tort de Law fut d'en abuser. Le régent l'y entraîna peu à peu, dans l'intention de rembourser la dette nationale ; et il le força « d'élever, suivant l'expression d'un contemporain [1], sept étages sur des fondements qu'il n'avait posés que pour trois. » Les véritables effets du système nous sont à peine bien connus à présent. Les écrivains du temps en parlent tous avec cette affectation d'horreur qui poursuit trop souvent les plus grandes renommées, quand la main du malheur s'est appesantie sur elles. « En quittant cette partie, dit M. Lemontey [2], les joueurs heureux eurent trop d'intérêt à dissimuler leurs profits, et les malheureux à exagérer leurs pertes. Les

[1] Dutot.

[2] *Histoire de la Régence*, tome I, p. 356.

appréciateurs de cette crise compliquée furent exposés à confondre la violence du remède avec celle du mal, *et ce qui n'était que déplacé avec ce qui était détruit...* Cependant les provinces centrales, où la civilisation était le plus retardée, en éprouvérent un ébranlement salutaire. Ces pays pauvres et indolents, où l'on avait vu le commerce et l'argent presque ignorés, les fruits de la terre sans valeur, et la perception des impôts aussi pénible qu'improductive, s'animèrent d'une vie nouvelle. Sous le rapport de la richesse, du prix des denrées, de la somme des contributions, de la vie sociale et de l'importance politique, la renaissance de ce vaste territoire date du cataclysme de Law, et sa civilisation progressive, depuis 1720, en est un meilleur monument que les billets de la banque qu'on y conserve dans quelques chaumières. »

La principale cause de la chute du *système* fut donc la trop grande émission de billets de banque et d'actions de la compagnie des Indes. Des capitaux *fictifs* étaient impuissants à fournir des intérêts *réels* : il n'en résulta que l'élévation exagérée du prix de toutes choses et un déplacement général des fortunes, d'autant plus dangereux qu'il était plus rapide. Des catastrophes semblables ont signalé depuis les mêmes abus du crédit dans les deux mondes. Nos pères ont vu les *assignats*, multipliés outre mesure, tomber avec fracas malgré la garantie des biens dits nationaux ; l'Angleterre a éprouvé à son tour une grande crise monétaire, pour avoir dépassé dans les prêts de sa banque à son gouvernement la limite naturelle des espèces. Au moment ou j'écris, une crise plus grave vient de bouleverser toute la circulation aux États-Unis [1], et l'on se croit transporté à l'époque de Law,

[1] L'auteur fait allusion à la crise de 1838-39. (*Note de l'éditeur.*)

quand on étudie les causes de cette perturbation, qui sont presque identiquement les mêmes que celles de la chute du système. En vain la Convention punit de mort le refus de la monnaie de papier ; en vain le parlement d'Angleterre autorise la faillite de la banque, et les États-Unis précipitent-ils la banqueroute des leurs : ces formidables attaques ne font que raffermir les bases fondamentales de la théorie du crédit. Le crédit ne doit représenter que les valeurs solides, et la solidité des valeurs ne peut être appréciée que par la confiance, jamais décrétée par la force. Si Law eût été libre dans ses opérations, il aurait contenu ses émissions de billets et d'actions dans les proportions indiquées par les besoins de la circulation et par les revenus probables de la compagnie des Indes. Ses premiers succès furent éblouissants. Il s'imagina qu'il pourrait réduire la France entière en petite monnaie et faire circuler toutes les terres sous forme de papier. Toutefois l'effet qu'il obtint de cette tentative gigantesque ne fut pas stérile. Les mutations innombrables qui s'effectuèrent sous l'influence du système, commencèrent le morcellement de la propriété dont la France a tiré de si grands avantages. L'esprit d'entreprise s'empara de toutes les classes de la société, et la puissance de l'association, inconnue jusqu'alors, se révéla par des combinaisons neuves et hardies dont nos opérations actuelles de crédit ne sont que des imitations. Sans les prodigalités de la cour, la dette publique eût été considérablement réduite par le remboursement d'une partie des créanciers de l'État, et la baisse de l'intérêt aurait bientôt permis de rembourser les autres.

La propriété foncière sortit pour la première fois de l'état de torpeur où l'avait si longtemps maintenue le système féodal. Ce fut un véritable réveil pour l'agriculture, et la terre s'éleva dès ce moment au rang de puissance productive. Elle venait de passer du régime de la main-morte à celui de la circulation. Les nouveaux propriétaires, presque tous sortis des rangs des travailleurs, cultivèrent la terre avec toute l'ardeur de leurs habitudes et avec la facilité que leur en donnait l'abondance des capitaux. Aussi l'orage qui venait de la bouleverser, semblait-il n'avoir fait que la rafraîchir, et dès lors commença pour elle une ère nouvelle. Tout le monde s'y attacha comme à la plus sûre des valeurs, au point que, malgré les mécomptes essuyés par les autres industries pendant la débâcle du *système*, un système nouveau succéda presque immédiatement à celui qui venait de s'éteindre, non sans jeter un vif éclat avant de passer comme lui. On devine aisément qu'il s'agit du système de Quesnay ou des *économistes*.

CHAPITRE XXXII.

Du système de Quesnay et de l'école *Économiste.* — Origine de ses doctrines. — Services qu'elles ont rendus. — Des diverses nuances de l'école *Économiste.* — Gournay. — Mercier de la Rivière. — Turgot. — Admirable probité de ces philosophes. — Détails sur Quesnay.

Le triste dénoûment du système de Law laissait la France entière plongée dans une véritable stupeur. On ne savait plus désormais à quels principes se fier, après avoir vu rapidement naître et mourir tant de fortunes. Les uns déploraient la ruine des manufactures si laborieusement fondées par Colbert; les autres se reportaient à cent ans en arrière et rappelaient les maximes patriarcales de Sully : *labourage et pâturage sont les mamelles de l'État ;* et il faut avouer que les circonstances étaient devenues bien favorables au retour de ces idées. De toutes les valeurs industrielles écloses sous l'atmosphère embrasée du *système,* il ne restait plus rien que la ruine, la désolation et la banqueroute. La propriété foncière seule n'avait pas péri dans cette tourmente. Elle s'était même améliorée en changeant de mains, et en se subdivisant sur une vaste échelle, pour la première fois, peut-être, depuis la féodalité. L'importance qu'elle acquérait ainsi tout à coup augmenta considérablement sa valeur, et bientôt l'activité des esprits désillusionnés de spéculations se porta vers la culture du sol, pour lui demander réparation des malheurs du système. On eût dit que chaque homme avait besoin de se reposer à l'ombre de sa vigne et de son figuier des secousses et des agitations de la bourse.

Jamais transition ne fut plus brusque. On y procédait toutefois, au travers d'un monceau de livres. Il pleuvait des écrits sur la circulation, sur le crédit, sur l'industrie, sur la population, sur le luxe ; chacun voulait expliquer la crise dont on sortait, et croyait avoir trouvé, pour sa consolation, le mot de cette énigme. On avait pensé pendant quelque temps que l'argent était la richesse par excellence et qu'en multipliant le papier qui le représentait, on multipliait la richesse elle-même. Mais le renchérissement de toutes choses et la chute du papier avaient dessillé les yeux des plus aveugles, et comme c'est l'usage dans les circonstances semblables, on avait passé de l'engouement à l'aversion, du fanatisme à l'incrédulité. Il n'y avait plus désormais de richesse véritable que la terre, et de revenus assurés que ceux qui émanaient de son sein. C'est de cette réaction qu'est sorti le système agricole, plus connu sous le nom des *Économistes*, ou de Quesnay qui en fut le principal fondateur. C'est aussi le premier système qui ait fait école et qui se soit formulé avec une précision dogmatique assez rare dans les annales de la science. Nous le résumerons avec simplicité, dans les personnes et dans les choses. S'il n'eût été qu'un exposé de doctrines purement économiques, peut-être n'aurait-il pas obtenu à un si haut degré l'attention des hommes d'État ; mais il se présenta tout d'abord comme l'instrument d'une réforme politique, qui devait faciliter la perception des impôts et réparer les maux dont la France était accablée. Il venait après les désastres de Law et les essais un peu rudes de l'abbé Terray [1] en matière de finances : on l'accueillit avec faveur comme une nouveauté, en attendant qu'il s'établît par droit de conquête.

Et vraiment, ses premiers manifestes apparurent comme une révélation. Chaque peuple, à son tour, avait préconisé la puissance de l'industrie et la liberté du commerce ; nul ne semblait avoir songé à l'agriculture, si ce n'est sous le point de vue exclusivement pastoral. Personne n'avait eu l'idée que le gouvernement dût s'occuper de la culture des champs, et prendre quelques mesures d'administration relatives à ses travaux. Tout ce qu'on avait fait jusqu'alors en ce genre consistait en de mauvais règlements contre l'exportation des grains, ou pour en empêcher l'importation, comme les lois céréales qui règnent en Angleterre. Et cependant l'agriculture était toujours considérée, par une espèce de tradition poétique, comme la mère nourricière des peuples. Vers l'année 1750, deux hommes d'une haute portée d'esprit, M. de Gournay et Quesnay, essayèrent d'entreprendre l'analyse de cette puissance féconde ; au lieu de la chanter, ils l'expliquèrent. Ils ravirent à la terre ses procédés mystérieux, et s'ils n'en donnèrent pas la meilleure théorie, ils en préparèrent du moins les éléments pour la postérité.

Leur point de départ était admirablement choisi. Ils voulurent d'abord établir les vrais principes de la for-

[1] L'abbé Terray n'était pas aussi absurde et aussi impitoyable que la plupart de ses contemporains l'ont prétendu. Il répondit un jour à quelques chanteurs de l'Opéra qui réclamaient leur arriéré : « Il est juste de payer ceux qui pleurent avant ceux qui chantent. »

mation des richesses et de leur distribution naturelle entre les différentes classes de la société. Il leur sembla que ces richesses provenaient toutes d'une source unique qui était la terre, puisque c'était elle qui fournissait aux travailleurs leur subsistance et les matières premières de toutes leurs industries. Le travail appliqué à la culture de la terre produisait non-seulement de quoi s'alimenter lui-même pendant toute la durée de l'ouvrage, mais encore un excédant de valeur qui pouvait s'ajouter à la masse de richesses déjà existantes : ils appelèrent cet excédant *le produit net.* Le produit net devait nécessairement appartenir au propriétaire de la terre et constituait entre ses mains un revenu pleinement disponible. Quel était donc le produit net des autres industries ! Ici commencent les erreurs de ces hommes ingénieux, car à leurs yeux les autres industries étaient improductives et ne pouvaient rien ajouter, selon eux, ni à la masse des choses sur lesquelles elles s'exerçaient, ni au revenu général de la société. Manufacturiers, commerçants, ouvriers, tous étaient les commis *salariés* de l'agriculture, souveraine créatrice et dispensatrice de tous les biens. Les produits du travail de ceux-là ne représentaient, dans le système des *économistes,* que l'équivalent de leurs consommations pendant l'ouvrage, en sorte qu'après le travail achevé, la somme totale des richesses se trouvait absolument la même qu'auparavant, à moins que les ouvriers ou les maîtres n'eussent mis en réserve, c'est-à-dire *épargné,* ce qu'ils avaient le droit de consommer. Ainsi donc, le travail appliqué à la terre était le seul productif de la richesse, et celui des autres industries était considéré comme *stérile,* parce qu'il n'en résultait aucune augmentation du capital général.

En vertu de ce système, les *économistes* admirent comme une nécessité tout à la fois sociale et *naturelle* la prééminence des propriétaires fonciers sur toutes les autres classes de citoyens. Ils devaient recueillir la totalité des riches produits dont ils distribuaient leur part, sous le nom de salaire, aux non-propriétaires, et la circulation des richesses n'avait lieu, dans la société, que par l'échange continuel du travail et des services des uns contre la portion disponible du revenu des autres. Que devenait, dans cette hypothèse, car ce n'est plus qu'une hypothèse aujourd'hui, la base de l'impôt? Il était évident qu'on ne pouvait pas établir de taxes sur des gens réduits au salaire, à moins d'attaquer leur existence dans sa source : aussi les *économistes* déclarèrent-ils que l'impôt devait être exclusivement supporté par les propriétaires de terres, et prélevé sur leur *produit net.* L'intérêt général de toutes les classes était donc de multiplier les produits agricoles, parce que les propriétaires y trouvaient un revenu plus considérable à distribuer à toutes les professions salariées. La population était encouragée et accrue par l'abondance des subsistances, et ainsi se vérifiait la maxime empruntée par la nouvelle école aux livres saints : *Qui operatur terram suam, satiabitur* [1].

Nous n'avons pas besoin de dire en quoi les *économistes* se trompaient. Leur principale erreur venait de ce qu'ils attribuaient à l'agriculture seule la faculté de créer des produits susceptibles d'accumulation. Les belles analyses d'Adam Smith ont complété, depuis, le catalogue des sources de la richesse, en démontrant que la valeur sociale réelle, c'était la valeur échan-

[1] Prov. C. XII, vers. 2.

geable, et qu'il y avait profit pour la société toutes les fois que par le travail on augmentait cette valeur. Le blé serait d'une bien faible utilité si l'on n'en faisait du pain, et le bois n'aurait pas une grande valeur si le menuisier et l'ébéniste ne le transformaient pas en meubles. L'expérience a prouvé, même, que l'industrie et le commerce étaient bien plus favorables que l'agriculture à l'accroissement de la valeur échangeable, soit par la division du travail qui s'y adapte mieux, soit par le perfectionnement des machines. Comment les villes seraient-elles devenues le foyer de la richesse et de la civilisation, si l'agriculture seule avait le don de créer des valeurs; et comment expliquerait-on la fortune de Venise et de Gênes, qui n'avaient point de territoire? N'est-ce pas plutôt qu'au moyen du commerce et des manufactures, un pays peut importer annuellement chez lui une quantité de subsistances beaucoup plus grande que ses propres terres ne pourraient lui en fournir? La théorie des *débouchés*, si bien développée, depuis les *économistes*, par J.-B. Say, a mis cette vérité dans tout son jour et dignement achevé ce qu'Adam Smith, notre maître à tous, avait si bien commencé. Mais quelle lumière ont versée sur cette grave question les hypothèses hardies de l'école *économiste!* Quelles immenses conséquences nous avons tirées de cette proposition si simple, que la richesse des nations ne consiste pas dans les richesses non consommables, telles que l'or et l'argent [1], mais dans les biens consommables reproduits par le travail incessant de la société!

[1] Cette proposition est nettement exprimée dans le passage suivant de Mercier de la Rivière :

« Qu'on me permette de répéter ici que l'argent ne pleut point dans nos mains, ne croît point dans nos champs en nature. Pour

Pour comble de bonheur, les *économistes*, préoccupés de l'état de subordination et d'infériorité des classes non propriétaires, telles qu'elles leur apparaissaient dans leur système, ne trouvèrent rien de plus juste et de plus indispensable que de réclamer pour elles la liberté absolue de l'industrie et du commerce. Le bon marché des vivres et l'abondance des produits bruts ne pouvaient leur être assurés que par la concurrence illimitée des vendeurs. Cette concurrence était le seul moyen de stimuler les industries, et de favoriser la culture de la terre par la levée de toutes les entraves; doctrine que la nouvelle école résumait dans ces paroles mémorables, si mal interprétées depuis : *Laissez faire, laissez passer*. C'est à partir de ce moment que sont tombées la plupart des barrières qui arrêtaient le développement de l'agriculture et que la guerre générale a commencé contre les corporations et les douanes, ces deux forteresses du privilége, qui les recèlent tous dans leurs flancs! L'école *économiste* a rendu encore beaucoup d'autres services aussi importants, en analysant

avoir de l'argent il faut l'acheter, et, après cet achat, on n'est pas plus riche qu'on ne l'était auparavant; on n'a fait que recevoir en argent, une valeur égale à celle qu'on a donnée en marchandises. Une nation agricole est très-riche, nous dit-on, quand on lui voit beaucoup d'argent; on a raison sans doute de le dire, mais on a tort de ne pas voir aussi qu'avant d'acquérir cet argent, elle était également riche, puisqu'elle possédait les valeurs avec lesquelles elle a payé cet argent; elle ne peut même jouir de cette richesse en argent sans la faire disparaître pour toujours, à moins qu'elle ne l'entretienne par la reproduction des valeurs dont la vente ou plutôt l'échange lui ont procuré une richesse en argent; cette richesse en argent n'est ainsi qu'une richesse seconde et représentative d'une richesse première à laquelle elle est substituée. »

(*Ordre naturel et essentiel des sociétés politiques*, tome II, p. 338.)

les principaux phénomènes de la distribution des richesses. C'est principalement à cette occasion que le docteur Quesnay, médecin de Louis XV et chef de cette école, publia son fameux *Tableau économique*, si lourdement commenté dans l'*Ami des Hommes* du marquis de Mirabeau et reproduit dans la *Physiocratie* de Dupont de Nemours.

Ce *tableau économique*, dont les premières épreuves furent imprimées à Versailles, de la main même du roi, avec cette épigraphe : *Pauvres paysans, pauvre royaume; pauvre royaume, pauvre roi*, présente une série de formules hérissées de chiffres, dans lesquelles l'auteur indiquait la distribution du revenu territorial, telle qu'elle lui semblait résulter de l'opinion qu'il s'était faite des lois générales de la production. C'est, de tout le système, la partie qui a fait le plus de bruit, et qui est aujourd'hui la plus oubliée, parce qu'elle repose sur des bases reconnues erronées. Rien ne saurait peindre l'enthousiasme que sa publication excita parmi les adeptes de la secte. Dupont de Nemours l'appelait « cette formule étonnante qui peint la naissance, la distribution et la reproduction des richesses et qui sert à calculer avec tant de sûreté, de promptitude et de précision, l'effet de toutes les opérations relatives aux richesses. » Mirabeau ajoutait : « Il y a trois inventions merveilleuses dans le monde, l'*écriture*, la *monnaie* et le *tableau économique*. » Ce tableau était commenté, amplifié et développé par tous les adeptes, avec la même assurance que les théorèmes de la géométrie dans nos colléges. On l'apprenait par cœur comme une espèce de catéchisme, où chaque classe de citoyens devait étudier les devoirs qu'elle avait à remplir dans la hiérarchie sociale. Mais, à présent que nous n'admettons plus ces professions stériles dont parlait l'auteur, leur classification plus ou moins ingénieuse n'offre plus aucun intérêt pour la science.

La pensée dominante de l'école *économiste* se révèle davantage dans l'opuscule de Quesnay, reproduit sous le titre de *Maximes générales du gouvernement économique d'un royaume agricole.* On y découvre plus nettement les vues politiques de cette école qu'on a accusée avec quelque raison d'une tendance systématique pour le gouvernement absolu. Nous citerons quelques-unes de ces maximes, isolées, comme elles le sont dans l'ouvrage original, sous forme d'aphorismes :

Que l'autorité souveraine soit unique, et supérieure à tous les individus de la société et à toutes les entreprises injustes des intérêts particuliers; car l'objet de la domination et de l'obéissance est la sûreté de tous et l'intérêt licite de tous. Le système des contre-forces dans un gouvernement est une opinion funeste, qui ne laisse apercevoir que la discorde entre les grands et l'accablement des petits.

Que le souverain et la Nation ne perdent jamais de vue, que la terre est l'unique source des richesses, et que c'est l'agriculture qui les multiplie. Car l'augmentation des richesses assure celle de la population; les hommes et les riches font prospérer l'agriculture, étendent le commerce, animent l'industrie, accroissent et perpétuent les richesses.

Que l'impôt ne soit pas destructif, ou disproportionné à la masse du revenu de la Nation ; que son augmentation suive l'augmentation du revenu, qu'il soit établi immédiatement sur le produit net des biens-fonds et non sur le salaire des hommes, ni sur les denrées, où il multiplierait les frais de perception, préjudicierait au commerce, et détruirait annuellement une partie des richesses de la Nation. Qu'il ne se prenne pas non plus sur les richesses des fermiers des biens-fonds, car les avances de l'agriculture d'un royaume doivent être envisagées comme un immeuble, qu'il faut conserver précieusement pour la production de l'impôt, du revenu, et de la subsistance de toutes les classes de citoyens : autrement l'impôt dégénère en spoliation, et cause un dépérissement qui ruine promptement un Etat.

Que les terres employées à la culture des grains soient réunies, autant qu'il est possible, en grandes fermes exploitées par de riches laboureurs; car il y a moins de dépense pour l'entretien et la réparation des bâtiments, et à proportion beaucoup moins de frais et beaucoup plus de produit net dans les grandes entreprises d'agriculture, que dans les petites. La multiplicité des petits fermiers est préjudiciable à la population. La population la plus assurée, la plus disponible pour les différents travaux qui partagent les hommes en différentes classes, est celle qui est entretenue par le produit net. Toute épargne faite à son profit dans les travaux qui peuvent s'exécuter par le moyen des animaux, des machines, des rivières, etc., revient à l'avantage de la population de l'Etat, parce que plus de produit net procure plus de gain aux hommes pour d'autres services ou d'autres travaux.

Que l'on facilite les débouchés et les transports des productions et des marchandises de main-d'œuvre, par la réparation des chemins, et par la navigation des canaux, des rivières et de la mer; car plus on épargne sur les frais du commerce, plus on accroît le revenu du territoire.

Qu'on ne diminue pas l'aisance des dernières classes de citoyens, car elles ne pourraient pas assez contribuer à la consommation des denrées qui ne peuvent être consommées que dans le pays, ce qui serait diminuer la reproduction et le revenu de la Nation.

Que les propriétaires et ceux qui exercent des professions lucratives, ne se livrent pas à des épargnes stériles, qui retrancheraient de la circulation et de la distribution une portion de leurs revenus ou de leurs gains.

Qu'on ne soit pas trompé par un avantage apparent du commerce réciproque avec l'étranger, en jugeant simplement par la balance des sommes en argent, sans examiner le plus ou le moins de profit qui résulte des marchandises mêmes que l'on a vendues, et de celles que l'on a achetées. Car souvent la perte est pour la Nation qui reçoit un surplus en argent, et cette perte se trouve au préjudice de la distribution et de la reproduction des revenus..

Qu'on maintienne l'entière liberté du commerce, car la police du commerce intérieur et extérieur la plus sûre, la plus exacte, la plus profitable à la Nation et à l'Etat, consiste dans la pleine liberté de la concurrence.

Que le gouvernement soit moins occupé du soin d'épargner, que des opérations nécessaires pour la prospérité du royaume, car de très-grandes dépenses peuvent cesser d'être excessives par l'augmentation des richesses. Mais il ne faut pas confondre les abus avec les simples dépenses, car les abus pourraient engloutir toutes les richesses de la Nation et du souverain.

Qu'on n'espère de ressources pour les biens extraordinaires d'un Etat, que de la prospérité de la Nation, et non du crédit des financiers ; car les fortunes pécuniaires sont des richesses clandestines qui ne connaissent ni roi ni patrie.

Que l'Etat évite des emprunts qui forment des rentes financières, qui le chargent de dettes dévorantes, et qui occasionnent un commerce ou trafic de finances, par l'entremise des papiers commerçables, où l'escompte augmente de plus en plus les fortunes pécuniaires stériles. Ces fortunes séparent la finance de l'agriculture, et privent les campagnes des richesses nécessaires pour l'amélioration des biens-fonds et pour l'exploitation de la culture des terres.

Les maximes qu'on vient de lire appartiennent surtout, comme on a pu le voir, à l'ordre politique. L'auteur n'y semble préoccupé que du payement des impôts, de la population, des emprunts, des dépenses publiques. C'est qu'en effet les *économistes* envisageaient la science d'un autre œil que nous-mêmes et presque exclusivement dans ses rapports avec l'administration et le gouvernement. Leur but était de fonder la théorie sociale et d'assujettir toutes les intelligences au joug d'une autorité tutélaire, assez voisine du despotisme. Ils voulaient d'abord asseoir sur des bases immuables la propriété foncière qui leur semblait la première de toutes; mais ils ne respectaient pas moins la *propriété personnelle*, et ils n'admettaient pas de devoirs sans droits, ni de services sans compensation. L'intérêt du souverain était naturellement, selon eux, le même que celui du peuple; un roi n'était qu'un père de famille. Ils se plaisaient à peindre Louis XV animant l'agriculture de sa présence et répandant sur son passage l'abondance et la paix. Mercier de La Rivière se hasardait jusqu'à écrire : « Il est physiquement impossible qu'il puisse subsister un autre gouvernement que celui d'un seul. Qui est-ce qui ne voit pas, qui est-ce qui ne sent pas, que l'homme est formé pour être gouverné par une autorité despotique? — Par cela seul que l'homme est destiné à vivre en société, il est destiné à vivre sous le despotisme. — Cette forme de gouvernement est la seule qui puisse procurer à la Société son meilleur état possible [1]. »

L'abbé Baudeau, l'un des interprètes les plus habiles de la nouvelle école, partageait les opinions de Mercier de La Rivière. Il avait pensé, comme lui, qu'il était plus aisé de persuader un prince qu'une nation et que le triomphe *des vrais principes* serait plutôt assuré par la puissance souveraine d'un seul homme, que par la conviction, difficile à obtenir, de tout un peuple. Le hasard voulut qu'ils rencontrassent parmi leurs con-

[1] *Ordre naturel et essentiel*, etc., tome I, pages 199, 280, 281.

temporains plus d'un de ces princes réformateurs : l'impératrice Catherine en Russie, l'empereur Joseph II en Autriche, le grand-duc de Toscane, le grand-duc de Bade. Il se formait insensiblement en France une pépinière d'hommes d'État imbus de leurs maximes : M. de Gournay, M. de Trudaine, M. de Malesherbes, M. d'Argenson, et l'illustre Turgot qui résumait leurs vertus et leurs talents. Tous ces hommes de bien n'adoptaient pas sans réserve les doctrines patriarcales de Mercier de La Rivière ; mais ils faisaient pénétrer peu à peu dans le gouvernement les maximes de tolérance de l'école *économiste*, et ils préludaient par des brillants essais dans quelques provinces, soit comme intendants, soit comme ministres, aux réformes exécutées par la révolution française. Les abus des corporations, des douanes, des corvées, des mesures fiscales, étaient signalés par eux avec une persévérance infatigable ; et dans leur ardeur de conquêtes scientifiques, ils soulevaient en passant les plus hautes questions sociales. Leurs erreurs mêmes étaient utiles, et leurs pressentiments les plus vagues semblent toujours avoir quelque chose de prophétique. « Modérez votre enthousiasme, s'écriait Mercier de La Rivière, aveugles admirateurs des faux produits de l'industrie ! Avant de crier miracle, ouvrez les yeux et voyez combien sont pauvres, du moins malaisés, ces mêmes ouvriers qui ont l'art de changer vingt sous en une valeur de mille écus : au profit de qui passe donc cette multiplication énorme de valeurs ? *Quoi ! ceux par les mains desquels elle s'opère, ne connaissent pas l'aisance ! ah ! défiez-vous de ce contraste*[1] ! » Mercier n'attribuait sans doute les misères

[1] *Ordre naturel et essentiel*, tome II, page 407.

de l'industrie qu'à la détresse de l'agriculture et à l'insuffisance du *produit net ;* mais quoiqu'il se trompât sur les causes, il signalait très-bien les effets ; et le *contraste* dont il recommandait de se défier, renfermait le problème que l'époque actuelle n'est pas encore parvenue à résoudre.

Adam Smith n'a rien écrit de plus net et de plus vigoureux que les belles démonstrations des *économistes* en faveur de la liberté du commerce. Ces idées de fraternité générale parmi les nations, si populaires de nos jours, étaient développées par Mercier de La Rivière, avec une verve entraînante et une force de raison à laquelle on ne saurait désormais rien ajouter. Il y a même lieu de penser que cet écrivain remarquable aurait puissamment aidé les gouvernements à trouver la meilleure base d'assiette des impôts, s'il n'avait été dominé par la doctrine du produit net et des classes réputées stériles. L'impôt, disait-il, est une portion du revenu net de la nation, appliqué aux besoins de son gouvernement. Or, ce qui n'est qu'une portion du produit net, ne peut être pris que sur le produit net ; on ne peut donc demander l'impôt qu'à ceux qui se trouvent possesseurs de la totalité des produits nets dont l'impôt fait partie. En conséquence, les *économistes* considéraient comme arbitraire et injuste tout impôt personnel, et ils enveloppaient dans une réprobation commune toutes les taxes indirectes. Qu'auraient-ils dit s'ils avaient vu, de nos jours, ces taxes produire en Angleterre près d'un milliard et en France plus de cinq cents millions?

Cette erreur fondamentale qui devint plus tard la base des doctrines financières de l'Assemblée constituante, malgré les efforts de Rœderer et de quelques-uns de ses collègues, était le résultat d'une fausse appréciation des principes de la richesse. La théorie de la valeur, créée, depuis, par Adam Smith, aurait appris aux *économistes* que le travail est aussi bien que la terre une source de richesses, et qu'ils avaient eu tort de ne pas assimiler la multiplication matérielle résultant d'un grain de blé confié à la terre, à la multiplication des valeurs produites par les procédés de l'industrie et du commerce. Cette malheureuse doctrine du produit net leur ferma les yeux sur une infinité de vérités qu'ils auraient déduites de l'observation des faits, s'ils avaient suivi la méthode sévère des écrivains qui leur ont succédé. Mais, dans leur fausse route, ils n'en firent pas moins des découvertes admirables, comme ces alchimistes qui ont trouvé tant de substances utiles, en cherchant la pierre philosophale. Nous leur devons même les travaux des hommes qui les ont surpassés, et personne ne doute aujourd'hui qu'Adam Smith lui-même, qui résida quelque temps en France et qui vécut dans l'intimité des *économistes*, ne leur ait emprunté ses premières connaissances. Il ne parle d'eux qu'avec respect dans ses écrits, et il se proposait de dédier son grand ouvrage sur *la Richesse des nations* à Quesnay, si cet économiste eût vécu au moment où il en fit la publication.

On a souvent accusé les *économistes* d'une tendance révolutionnaire en voyant l'intimité qui régnait entre ces savants et les philosophes encyclopédistes. Il ne faut pas oublier, cependant, que Voltaire avait cruellement raillé leur doctrines sur l'impôt, dans son *Hommeaux quarante écus*, et que Montesquieu avait répondu à leurs manifestes en faveur de la liberté du commerce par un chapitre intitulé : *A quelles nations il est désavantageux de faire le commerce*. Ce qui est certain, c'est que l'école économiste n'a pas moins contribué que l'école philosophique à la réforme de l'ordre social européen. Tandis que les *philosophes* attaquaient avec vivacité les abus de tout genre, sans regarder au choix des armes, les économistes se contentaient d'en faire ressortir avec un calme tout à fait magistral les inconvénients essentiels. Ils gardaient une réserve digne et austère au milieu du feu roulant des épigrammes ou des philippiques dont l'encyclopédie poursuivait le passé, et ils vivaient tout à la fois en bonne harmonie avec la cour sans être courtisans, et avec les philosophes sans être frondeurs. Leur gravité impartiale les faisait respecter de tous les partis, et Louis XV lui-même appelait Quesnay *son penseur* [1]. Il demeurait à Versailles dans le palais du roi, qui était ainsi devenu le rendez-vous des réformateurs les plus hardis. « Tandis que les orages se formaient et se dissipaient au-dessous de l'entresol de Quesnay, dit Marmontel dans ses mémoires, il griffonnait ses axiomes et ses calculs d'économie rustique, aussi tranquille, aussi indifférent à ces mouvements de la cour, que s'il en eût été à cent lieues de distance. » Il ne se mêla jamais à aucune intrigue et il mourut à l'âge de 80 ans, laissant un nom vénéré dans toute l'Europe, qui ne comprenait pas la portée de ses doctrines. Quesnay écrivait peu et d'une manière presque toujours sentencieuse et obscure. Il jetait ses idées à ses sectateurs en manière d'oracle, sans paraître y attacher d'importance et comme pour leur donner à penser. Mais ses formules étaient avidement recueillies et développées par la nombreuse pléiade attachée à ses pas. C'est de leur sein qu'est parti le signal de toutes les réformes

[1] Il lui avait donné pour armes, trois fleurs de *pensée*, avec cette devise : *Propter excogitationem mentis*.

sociales exécutées ou tentées en Europe depuis quatre-vingts ans, et l'on pourrait dire qu'à quelques maximes près, la révolution française n'a été que leur théorie en action.

Ils se présentent, en effet, avec les avantages d'une phalange compacte et serrée sous les mêmes drapeaux. Ils ont un cri de ralliement commun, une doctrine commune, et ce langage dogmatique qui exerce toujours sur le vulgaire son influence accoutumée. Leurs principes sont partout proclamés dans les mêmes termes, avec la même précision mathématique, et Quesnay ne dédaigne pas de recourir à des combinaisons spécieuses de chiffres, pour justifier ses aphorismes. Trois pages suffisent pour résumer la *science nouvelle* comme ils l'appellent, et cependant Mirabeau le père la délaye en deux énormes volumes in-quarto. L'essentiel est qu'elle pénètre partout. Elle est, selon eux, aussi indispensable au roi qu'au plus modeste citoyen. On la répand sous forme de tableaux, d'instructions, de dialogues, de traités, de lettres, d'articles de journaux. *Les Éphémérides du citoyen, le Journal d'agriculture, le Journal économique* la propagent sans crainte de la censure, tant les *économistes* sont connus pour amis de l'ordre, au point de lui sacrifier la liberté. La condition du paysan jusque-là si modeste et si injustement humiliée, s'élève au premier rang des professions les plus honorables. On réclame de toutes parts des communications, et dès lors commence cette fièvre de routes et de canaux qui se rallume si heureusement de nos jours. Les grands chemins se multiplient comme par enchantement. Sur plusieurs points la corvée est abolie; la vaine pâture est repoussée; la liberté du commerce des grains est réclamée. Les campagnes ont enfin obtenu un regard de leurs villes, et l'agriculture sort de l'état affreux où elle languissait depuis plusieurs siècles.

Les économistes n'étaient, néanmoins, pas tous parfaitement d'accord sur le système de Quesnay. Ils s'entendaient sur les doctrines ; ils différaient d'avis quant aux applications. M. de Gournay, fils de négociant et négociant lui-même, fut le véritable auteur du fameux adage : *Laissez faire et laissez passer ;* c'est lui qui commença la guerre contre les monopoles et qui démontra avant tout la necessité d'abolir les droits sur les matières premières. Quesnay, fils de cultivateur, avait tourné plus particulièrement ses regards du côté de l'agriculture, et c'est ainsi qu'il fut conduit à ses hypothèses ingénieuses sur l'influence de la production agricole, avec tout leur cortége de déductions, soit en ce qui touche l'impôt, soit par rapport au travail. M. de Malesherbes, l'abbé Morellet, Trudaine, le docteur Price, M. Josiah Tucker appartenaient à la nuance de Gournay ; Le Trosne, Saint-Péravy, Mirabeau le père, Dupont de Nemours suivaient de préférence les idées absolues de Quesnay. Mercier de La Rivière et l'abbé Baudeau, plus politiques et moins abstraits, penchaient vers la domination du pouvoir et voulaient l'investir presque exclusivement de la direction du mouvement social. Turgot marchait à part, issu d'eux tous et destiné à réaliser leurs idées par des applications promptes et décisives. Il était éclectique et pratique, comme un philosophe et un homme d'État. Mais ce qui distinguait par-dessus tout cette généreuse famille d'amis du genre humain, c'était la probité admirable de chacun de ses membres et leur désintéressement sincère en toute chose. Ils ne recherchaient point l'éclat et le bruit. Ils n'attaquaient aucun des pouvoirs établis et ils n'aspiraient point à devenir populaires, quoiqu'ils fussent animés d'une profonde sympathie pour le peuple[1]. C'étaient de véritables philanthropes, dans la plus noble acception de ce mot. Leurs livres sont oubliés ; mais leurs doctrines ont germé comme une semence féconde, et les préceptes qu'ils enseignaient ont fait le tour du monde, affranchi l'industrie, restauré l'agriculture et préparé la liberté du commerce. Après Quesnay vint Turgot ; après Turgot, Adam Smith : la science désormais marche à pas de géant.

[1] Ils ont mérité qu'on leur appliquât ces trois vers :

Secta fuit servare modum, finemque tueri,
Naturamque sequi, vitamque impendere vero,
Nec sibi, sed toto genitos se credere mundo.

CHAPITRE XXXIII.

Du ministère de Turgot. — Réformes qu'il entreprend dans l'ordre économique. — Résistances qu'il rencontre. — Influence qu'il a exercée sur la marche de l'économie politique.

Le ministère de Turgot ne fut que la doctrine des *économistes* en action. C'était la première fois que la science avait le bonheur de rencontrer un ministre disposé à réaliser toutes ses conceptions et à tenter sur le vif toutes ses expériences. Turgot s'y dévoua avec le zèle d'un néophyte et la persévérance consciencieuse d'un magistrat. Le plus illustre de ses prédécesseurs, Colbert, avait osé beaucoup moins, même avec l'appui d'une volonté comme celle de Louis XIV : ce sera donc un spectacle intéressant de voir Turgot aux prises avec tous les préjugés économiques des vieux âges, qu'il voulut déraciner d'un seul coup. Les conséquences de cette tentative héroïque méritent d'être méditées avec un soin égal par les peuples et par les gouvernements, car il n'a fallu rien de moins qu'une révolution pour en assurer le succès.

Turgot était l'élève des *économistes* et le partisan de leurs doctrines, principalement en tout ce qui concernait la liberté du commerce des grains et l'impôt territorial. Ses ouvrages renferment une foule d'articles dans lesquels il se montre le défenseur des maximes fondamentales du système de Quesnay. Il ne l'était pas pourtant sans conditions, et son expérience administrative lui avait fait sentir plus d'une fois combien il fallait apporter de ménagements, même dans l'exécution des améliorations les plus indispensables. Mais les résistances acharnées qu'il rencontra irritèrent sa probité et ne lui permirent pas toujours de garder la mesure convenable, au milieu du conflit des opinions. Il avait été frappé de bonne heure de l'état déplorable du peuple des campagnes, accablé sous le poids des dîmes, des corvées, des exactions de toute espèce. Dans les villes, la misère des classes ouvrières n'avait pas moins navré son âme, et le régime des corporations, ce régime si contraire au respect de la *propriété personnelle*, avait excité au plus haut degré son improbation. Aussi, à peine arrivé au pouvoir, il se mit à l'œuvre avec la précipitation d'un homme qui craint de ne pas durer et qui veut, du moins, faire tout le bien possible en passant. Les édits de réforme se succèdent coup sur coup, longuement motivés, trop longuement peut-être pour ne pas paraître timides, et plus semblables à des dissertations scientifiques qu'à des publications de l'autorité.

Mais aussi, que de résistances à vaincre, que de préjugés à réfuter et de coalitions à dissoudre! Turgot frappait sur tout : nobles, financiers, bourgeois, prêtres, gens de loi, monopoleurs, il voulait tout plier au joug de ses réformes et il semblait ne désespérer de rien. « *J'ose répondre*, disait-il au roi, *que dans dix ans la nation ne sera pas reconnaissable* [1]. » Conformément

[1] Mémoire au roi, dans la collection de Dupont de Nemours, tome VII.

aux habitudes des *économistes*, il tourna tout d'abord ses regards vers les campagnes, et il crut devoir attaquer l'absurde législation qui défendait l'exportation des grains, persuadé que le meilleur moyen de prévenir les disettes était la libre circulation des récoltes. Ce fut pourtant de ce côté que lui vinrent les résistances les plus vives et les difficultés les plus inextricables. Le hasard voulut que l'émancipation du commerce des grains coïncidât avec une année de disette, et le peuple, accoutumé à veiller sur ses approvisionnements comme sur un dépôt sacré, s'irrita sur plusieurs points contre les exportations qui semblaient le menacer de la famine. Ces exportations n'étaient en quelque sorte qu'*intérieures*, puisqu'elles n'avaient lieu que de province à province, et elles ne pouvaient priver la France de la possession de ses blés; bien plus, Turgot avait favorisé des importations de grains envoyés de l'étranger : mais que pouvaient ces arguments contre la peur et contre la calomnie! Et que restait-il à attendre de la multitude, quand des écrivains comme l'abbé Galiani et M. Necker lui-même descendaient dans l'arène pour soutenir les plus sots préjugés? Turgot désespéré prit le parti de la violence et il fit marcher des troupes contre les bandes ameutées qui couvraient les campagnes, arrêtant les arrivages et procédant au pillage des grains.

Tel fut le résultat de la première tentative de réforme de ce ministre honnête homme dont Louis XVI disait : « Il n'y a que M. Turgot et moi qui aimions le peuple. » Il voulait mettre le pain à la portée de toutes les bouches, et il était honni comme un ennemi public. On le représentait comme le protecteur des accapareurs et le complice des grands propriétaires. On citait quelques malencontreux passages[1] des écrivains économistes, qui avaient soutenu la nécessité d'un prix élevé pour le blé, afin d'augmenter le *produit net* de l'agriculture, et Turgot était accusé d'affamer le peuple pour faire réussir une absurde utopie. Il ne pouvait triompher qu'à force de lits de justice de l'opposition du parlement. A Rouen, le commerce des blés était entre les mains d'une communauté de 112 marchands. Eux seuls pouvaient acheter et vendre des grains dans cette ville. Une confrérie de 90 portefaix jouissait sous leur ordres du droit exclusif de transporter les sacs; une autre association avait le privilége de moudre pour la consommation des habitants. Tout était monopole, abus et tyrannie. C'est là que Turgot voulait porter la hache; mais chaque coup qu'il essayait de frapper retombait sur lui-même. En lisant les longs préambules de tous les édits qu'il fit rendre, on ne sait de quoi s'étonner le plus ou de la patience des hommes qui supportèrent les exactions qui y sont signalées, ou de la folie de ceux qui voulaient empêcher ce grand ministre d'y mettre un terme. Il rencontra les mêmes résistances lorsque, après avoir affranchi le commerce des blés, il tenta de réprimer les abus qui entravaient celui des vins. Accoutumés comme nous le sommes, depuis l'Assemblée constituante, à l'égalité des citoyens et des *départements* devant la loi, nous avons peine à comprendre aujourd'hui les cris de fureur qui accueillirent, surtout dans le Midi, la réforme des priviléges de localité, si nombreux en matière de vins. Que dirons-nous

[1] Quesnay avait dit : « Qu'on ne croie pas que le bon marché des denrées est profitable au menu peuple : disette et cherté est misère, abondance et cherté est opulence. » (*Maximes générales du gouvernement économique*, XIX, XX.)
Mais comment concilier la cherté et l'abondance ?

donc de la lutte qui s'ouvrit, au sujet de la suppression des corvées, entre le garde des sceaux Miromesnil et Turgot ?

Il faut voir dans la collection des œuvres de ce dernier avec quelle verve de style et de raison il faisait ressortir la rigueur d'un système qui imposait à la classe la plus malheureuse et la plus pauvre le fardeau de la construction et de l'entretien des routes[1]. Et combien n'avait-il pas déjà dû combattre pour obtenir ces routes elles-mêmes ? Nous ignorons trop en France que c'est au système *économiste*, au système agricole, que nous devons l'idée des premières grandes communications dont le pays ait été doté[2], et à Turgot leur exécution. Quand il fut question d'en répartir les charges entre les diverses classes de citoyens, Turgot, fidèle à sa devise, prit la défense des plus pauvres : M. de Miromesnil s'attendrit sur le sort des plus riches. Voici un échantillon de leur dialogue, écrit par le premier sous formes d'*observations*, par le second sous le titre de *réponses*. Nous regrettons de n'en citer que ce fragment ; mais ce fragment appartient à l'histoire de la science.

Le Garde des sceaux. « Les propriétaires qui paraissent au premier coup d'œil former la portion des sujets du roi la plus heureuse et la plus opulente, sont aussi ceux qui supportent les plus fortes charges, et qui, par la nécessité où ils sont d'employer les hommes qui n'ont

[1] Tome VIII de l'édition de Dupont du Nemours, pages 178-262.

[2] « Que l'on facilite les débouchés et les transports des productions et des marchandises de main-d'œuvre, *par la réparation des chemins*, et par la navigation des canaux, des rivières et de la mer ; car plus on épargne sur les frais du commerce, plus on accroît le revenu du territoire. »

(*Maximes générales du gouvernement économique*, XVII.)

que leurs bras pour subsister, leur en fournissent les moyens. »

Turgot. « De ce que le propriétaire ressent le coup de la ruine de son fermier, il ne s'ensuit pas que ce fermier ne soit encore plus malheureux que son maître lui-même. Quand un cheval de poste tombe excédé de fatigue, le cavalier tombe aussi, mais le cheval est encore plus à plaindre. Les propriétaires font vivre par leur dépense les hommes qui n'ont que leurs bras ; mais les propriétaires jouissent pour leur argent de toutes les commodités de la vie. Le journalier travaille et achète à force de sueurs la plus étroite subsistance. Mais quand on le force de travailler pour rien, on lui ôte même la ressource de subsister de son travail par la dépense du riche. »

Le Garde des sceaux. « Les propriétaires ne profitent pas seuls de l'avantage des grandes routes bien entretenues. Les voyageurs, les rouliers et les paysans même, qui vont à pied, en profitent également ; les voyageurs font plus de chemin en moins de temps et à moins de frais, et les rouliers fatiguent moins leurs chevaux et usent moins leurs équipages ; le simple paysan qui va à pied marche plus facilement dans une belle route que dans un mauvais chemin. De là résulte que le profit des grandes routes s'étend proportionnellement à tous les sujets du roi. »

Turgot. « Les voyageurs gagnent à la beauté des chemins d'aller plus vite. La beauté des chemins attire les voyageurs, en multiplie le nombre, ces voyageurs dépensent de l'argent, consomment les denrées du pays, ce qui tourne toujours à l'avantage des propriétaires. Quant aux rouliers, leurs frais de voiture sont payés moins cher à proportion de ce qu'ils sont moins longtemps en chemin et ménagent davantage leurs équipages et leurs chevaux. De cette diminution des frais de voiture résulte la facilité de transporter les denrées plus loin et de les vendre mieux. Ainsi tout l'avantage est pour le propriétaire des terres qui vend mieux sa denrée. A l'égard des paysans qui vont à pied, M. le garde des sceaux me permettra de croire que le plaisir de marcher sur un chemin bien caillouté ne compense pas pour eux la peine qu'ils ont eue à le construire sans salaire. »

Dans cet échange rapide d'arguments, le garde des sceaux et Turgot appréciaient incomplétement l'un et l'autre les véritables effets de l'amélioration des routes. Ils parlaient tous deux comme des hommes étrangers à la saine théorie des richesses, mais quelle différence de langage en ce qui concerne les intérêts des classes laborieuses! Quelle vive sympathie dans Turgot! quelle froide indifférence chez l'autre! Voilà pourtant ce qu'avaient déjà produit les leçons des *économistes*, et sur quel terrain les questions d'économie politique avaient été amenées! Turgot les y maintint pendant toute la durée de son ministère et il poursuivit invariablement une à une, et pour ainsi dire d'après un programme arrêté à l'avance, la solution de toutes celles qu'avait soulevées l'école de Quesnay. Après l'édit de suppression des corvées, vint le fameux édit de février 1776, l'œuvre capitale de Turgot, la charte d'affranchissement des classes ouvrières. L'historien n'a plus aujourd'hui qu'à saluer le souvenir de cette grande hardiesse, presque immédiatement suivie du retour du monopole et des priviléges[1]; mais triomphant quelques années plus tard à l'aide d'une révolution. L'abolition des corporations fut une

[1] L'édit de 1776 fut révoqué trois mois après sa publication.

grande et belle mesure, mais combien le mérite en fut rehaussé par les termes de ce préambule mémorable, le plus noble peut-être que l'administration ait jamais emprunté à la science! « Dieu en donnant à l'homme des besoins, disait le préambule, en lui rendant nécessaire la ressource du travail, a fait du droit de travailler la propriété de tout homme, et *cette propriété est la première, la plus sacrée et la plus imprescriptible de toutes.* Nous voulons en conséquence abroger ces institutions arbitraires, qui ne permettent pas à l'indigent de vivre de son travail, qui éteignent l'émulation et l'industrie et rendent inutiles les talents de ceux que les circonstances excluent de l'entrée d'une communauté; qui surchargent l'industrie d'un impôt énorme, onéreux aux sujets, sans aucun fruit pour l'État; qui enfin, par la facilité qu'elles donnent aux membres des communautés de se liguer entre eux, de forcer les membres les plus pauvres de subir la loi des plus riches, deviennent un instrument de monopole et favorisent des manœuvres dont l'effet est de hausser au-dessus de leur proportion naturelle les denrées les plus nécessaires à la subsistance du peuple. » Tout le reste est écrit de ce style imposant et sévère, qui ne faisait grâce à aucun abus et qui les stigmatisait tous à la face des hommes étonnés de la longue oppression de leurs pères et de l'absurdité de tant de vexations inutiles. Ce que nous avons déjà dit plus haut [1] à ce sujet, nous permet de ne pas approfondir davantage cette question désormais résolue et dont la solution a obtenu au plus haut degré la sanction de l'expérience et du temps.

Après avoir affranchi le laboureur de la corvée et

[1] Voir le chap. XIX de cet ouvrage, consacré aux institutions de saint Louis.

l'ouvrier de la maîtrise, Turgot voulut arracher le commerçant à l'usure; et il entama cette réforme avec la hauteur de vues aventureuses qui distinguait son caractère. Il avait publié, en 1769, un mémoire extrêmement remarquable *sur les prêts d'argent*, où se trouvaient signalés les vices essentiels de la législation restrictive du taux de l'intérêt, si victorieusement réfutée, depuis, par Jérémie Bentham : il voulut faire davantage, et pour achever l'œuvre qu'il avait si bien commencée, il provoqua l'établissement d'une caisse d'escompte qui devait neutraliser, par le bas prix de l'intérêt, les prétentions exagérées des détenteurs de capitaux. Il lui vint même à l'esprit de donner de la publicité aux hypothèques, de manière qu'il eût été impossible, disait-il, que les propriétaires de terres ne payassent pas leurs dettes; et la sûreté du crédit aurait fait baisser l'intérêt de l'argent. Qu'il eût tort ou raison de l'espérer, on ne saurait trop louer la sollicitude avec laquelle il songeait à toutes les réformes qui pouvaient favoriser le travail et la production, dans notre pays.

Il restait à Turgot une grande épreuve à subir, celle de la réforme des impôts; et c'est à cette occasion que les opinions erronées des *économistes* faillirent lui causer de sinistres mécomptes. La doctrine absolue du *produit net* pouvait, en effet, être fort innocente tant qu'elle ne sortirait pas du cercle étroit des abstractions; mais il y avait beaucoup de danger à bouleverser de fond en comble tout le système fiscal de la France, pour le triomphe d'une simple hypothèse. Turgot, préoccupé de l'idée d'un dégrèvement général des classes pauvres et du besoin d'émanciper toutes les industries, se persuada qu'en réduisant toutes les taxes à un impôt territorial unique, il atteindrait seulement le *produit net*, c'est-à-dire les créations annuelles du travail naturel de la terre. Son plan était d'en consacrer une partie auxcontributions et de laisser l'autre aux mains des propriétaires, distributeurs nés du salaire, selon la théorie de Quesnay. Mais les propriétaires s'effrayèrent justement d'une expérience qui attaquait leur revenu dans sa source et qui avilissait leurs propriétés, devenues le point de mire de toutes les taxes. Le projet de Turgot était d'ailleurs inique en ce sens que les richesses réelles créées par les travailleurs autres que les agriculteurs, étaient exemptes d'impôt comme si elles n'étaient pas des richesses, quoiqu'elles en fussent véritablement. On faisait ainsi supporter aux propriétaires de terres les conséquences fiscales d'une erreur de doctrine, et on les ruinait de la meilleure foi du monde, tout en les proclamant les producteurs par excellence. Ce fut un grand malheur pour la science que Turgot ait mis tant de précipitation à appliquer une théorie aussi hasardeuse et aussi radicalement fausse, comme si l'exactitude en eût été démontrée avec une rigueur mathématique. Et même, dans ce cas, le passé commandait de grands ménagements à un homme d'État. Quelle que fût la ferveur de ses croyances, il ne devait pas procéder à de pareilles réformes avec la vivacité d'un sectaire, mais avec la prudence d'un législateur. Son erreur, partagée depuis par l'Assemblée constituante, a précipité la France dans un abîme de maux, en privant le gouvernement, pendant plusieurs années, des ressources immenses qu'il aurait trouvées dans les impôts indirects, dont le principe repose sur la production de la richesse immobilière, comme l'impôt foncier sur la production de la richesse agricole.

Turgot ne voulait pas non plus d'emprunts, et sa

caisse d'escompte n'était point un acheminement à la reconstitution d'un grand crédit public. L'école économiste niait l'influence du crédit public sur la prospérité publique. Elle n'admettait pas qu'on pût anticiper, même pour d'utiles motifs, sur le revenu annuel de l'État, et parce qu'elle avait rêvé l'âge d'or, elle ne supposait pas qu'on eût jamais à traverser des jours difficiles. C'est cette confiance philosophique qui avait animé Turgot lorsqu'il fit supprimer les corporations. Il était loin de penser que ce grand acte d'émancipation, qu'on ne saurait d'ailleurs trop louer, serait suivi de complications formidables, dont la solution exigerait quelque jour un génie plus hardi, sinon plus loyal que le sien. Il était si heureux de rendre la liberté du travail à cette foule de *compagnons* attachés à la glèbe de l'atelier! Il présageait de si brillantes destinées à la nation française, remise en possession de tant de forces vives! Qui lui eût dit qu'après un demi-siècle, la concurrence des travailleurs engendrerait la baisse des salaires, le paupérisme, et toutes les misères qui ternissent l'éclat de notre civilisation! Il marchait d'un pas aussi ferme à la poursuite des utopies qu'à la réforme des abus, et l'esprit demeure accablé de tout ce qu'il entreprit avec ses seules forces de ministre, dans un temps où les ministres n'en avaient pas beaucoup. Il avait projeté la suppression des monastères, l'égale répartition des impôts; un seul code civil pour tout le royaume; l'unité des poids et mesures; un régime nouveau pour l'instruction publique; l'établissement du cadastre, sans parler d'une foule de mesures de détail qui attestent la sollicitude de l'administrateur, autant que les lumières du savant. « Il agissait, dit Sénac de Meilhan, comme un chirurgien qui opère sur les cadavres, et il ne songeait pas qu'il opérait sur des êtres sensibles : il ne voyait que les choses et ne s'occupait pas assez des personnes. Cette apparente dureté avait pour principe la pureté de son âme, qui lui peignait les hommes comme animés d'un égal désir du bien public, ou comme des fripons qui ne méritaient aucun ménagement. »

Aussi, de toutes parts, les projets de Turgot rencontraient-ils des résistances opiniâtres. Il en venait beaucoup de la cour; il en venait davantage encore de la ville. La plupart étaient injustes et honteuses, parce quelles étaient dictées par l'intérêt privé [1]; quelques-unes semblent au contraire avoir été fondées, parce que le ministre réformateur n'avait pas assez tenu compte des exigences du passé. Le premier germe d'opposition vint des parlements, que trop de gens se sont habitués à considérer comme les défenseurs de toutes les idées de progrès, et qui firent à Turgot la guerre la plus acharnée qu'il ait eu à soutenir. On ne saurait trop honorer ce ministre, vraiment vertueux, du courage avec lequel il persévéra dans la longue lutte dont toute sa carrière administrative fut agitée. Un de ses amis lui reprochait d'avoir mis trop de précipitation dans ses réformes : « Comment pouvez-vous me faire ce reproche, répondit-il? Vous connaissez les besoins du peuple, et vous savez

[1] Parmi les créations utiles de Turgot qui soulevèrent pourtant une grande rumeur, il faut citer l'établissement des premières messageries publiques, dont la concurrence blessait les anciens monopoleurs de transports. C'était un service immense rendu à toutes les classes de citoyens; le ministre n'en fut pas moins chansonné. On en peut juger par l'épigramme suivante publiée à cette occasion :

Ministre ivre d'orgueil, tranchant du souverain,
Toi qui, sans t'émouvoir, fais tant de misérables,
Puisse ta poste absurde aller un si grand train,
Qu'elle te mène à tous les diables!

que dans ma famille on meurt de la goutte à cinquante ans. » Toute l'explication de sa conduite est dans ces mots. Turgot n'a eu d'autre tort que celui de vouloir trop tôt, et à tout prix, le succès de ce qui lui paraissait utile à son pays. Son amour des améliorations s'étendait à tout, à la poésie, à l'éducation, à l'astronomie : « Vous voilà bien, lui disait un jour l'abbé Morellet, faisant en physique comme en administration, combattant avec la nature, qui est plus forte que vous, et qui ne veut pas que l'homme ait la mesure précise de rien. » Jusqu'à son dernier soupir, malgré les mécomptes et les échecs de son administration, il persévéra dans les doctrines des *économistes*, avec toute l'énergie d'une conviction religieuse. Il poussait la philanthropie jusqu'à vouloir que ses domestiques fussent aussi bien logés que lui, et il fit à ce sujet des dépenses considérables dans son hôtel.

Turgot a laissé une foule d'écrits qui ont été recueillis avec soin par Dupont de Nemours [1]. Les administrateurs des tous les temps et de tous les pays y puiseront d'utiles renseignements, car jamais ce ministre n'aborda une seule question avant de l'avoir approfondie, et presque tous ses préambules d'édits sont des traités complets de la matière. Mais, le plus intéressant de ses ouvrages

[1] Cette collection se compose de neuf vol. in-8°, qui ont paru de 1808 à 1811. Dupont l'a fait précéder d'une vie de Turgot, qui ne vaut pas la notice publiée par Condorcet.

(*Note de l'auteur.*)

Les *OEuvres de Turgot* ont été rééditées de nouveau par M. Eugène Daire, avec les notes de Dupont de Nemours et des lettres inédites, les questions sur le commerce, et des observations et notes nouvelles, par MM. Daire et Dussard. Cette importante publication (1844, 2 vol. gr. in-8°) fait partie de la *Collection des principaux économistes*, de Guillaumin.

(*Note de l'éditeur.*)

est son *Traité de la formation et de la distribution des richesses ;* et quoiqu'il soit tout empreint des idées des *économistes,* on y voit déjà poindre les premiers symptômes d'une dissidence qui mène à la théorie d'Adam Smith. La division du travail, les véritables fonctions de la monnaie, les procédés du commerce y sont exposés avec une lucidité et une concision remarquables. Les plus savants économistes du dix-neuvième siècle n'ont pas mieux démontré l'influence du taux de l'intérêt sur toutes les entreprises. « On peut le regarder, dit Turgot, comme une espèce de niveau, au-dessous duquel tout travail, toute culture, toute industrie, tout commerce cessent. C'est comme une mer répandue sur une vaste contrée : les sommets des montagnes s'élèvent au-dessus des eaux et forment des îles fertiles et cultivées. Si cette mer vient à s'écouler, à mesure qu'elle descend, les terrains en pente, puis les plaines et les vallons paraissent, et se couvrent de productions de toute espèce. Il suffit que l'eau monte ou baisse d'un pied, pour inonder et pour rendre à la culture des plages immenses. C'est l'abondance des capitaux qui anime toutes les entreprises, et le bas intérêt de l'argent est, tout à la fois, l'effet et l'indice de l'abondance des capitaux. »

Le traité de la formation et de la distribution des richesses a précédé de neuf ans la publication de l'ouvrage d'Adam Smith, et n'a pas été sans influence sur les doctrines du célèbre économiste écossais. Turgot pensait comme lui sur le prêt à intérêt, sur la liberté du commerce, sur la liberté de l'industrie, sur l'influence des communications, sur les éléments du prix des choses, et sur la formation des capitaux. C'est une véritable gloire que d'avoir ainsi précédé, dans la carrière, le plus grand écrivain qui ait honoré la science, et de pouvoir être considéré, à tant d'égards, comme son précurseur; mais le plus incontestable honneur qui revienne à Turgot, sera toujours d'avoir ouvert le champ des expériences aux premières théories qui aient été hardiment formulées en économie politique; ce sera de les avoir soumises à l'épreuve de la pratique et d'avoir appelé à les juger, non-seulement les savants, mais les peuples. Toute la littérature de la dernière moitié du dix-huitième siècle porte l'empreinte de cette influence. Montesquieu, d'Alembert, Marmontel, Condorcet, Raynal, Condillac, J.-J. Rousseau, Voltaire lui-même, parlent d'économie politique dans leurs écrits; les journaux, les recueils de tout genre lui consacrent une place, à dater de ce temps. On commence dès lors à comprendre qu'il y a une physiologie du corps social, comme il y en a une du corps humain, et qu'il existe des lois suivant lesquelles les nations prospèrent ou dépérissent, comme les individus. La science économique est entrée désormais dans les conseils des gouvernements : elle n'en sortira plus, aussitôt qu'Adam Smith lui aura imprimé le cachet de son génie.

CHAPITRE XXXIV.

Des travaux d'Adam Smith et de leur influence sur les progrès de l'économie politique. — Différence de ses doctrines et de celles des *Économistes*. — Exposé des créations qui lui sont dues. — Ses belles définitions de la *valeur*, du *travail*, des *capitaux*, de la *monnaie*. — Immenses conséquences de ses découvertes.

Le principal mérite des *économistes* fut de soulever les plus hautes questions de l'économie politique, et celui de Turgot d'en essayer la solution pratique, au moyen du pouvoir de l'administration. On a vu avec quel talent et avec quelle vertueuse persévérance ces philosophes s'étaient dévoués au culte d'une science qui leur semblait renfermer dans son sein *les destinées du genre humain ;* mais ce n'est pas à eux qu'était réservé l'honneur d'en poser les bases d'une manière solide et durable. Ils n'en avaient aperçu que sous un faux jour les faces principales, et leurs erreurs avaient servi, du moins, à provoquer un examen approfondi des questions qu'ils s'étaient vus dans l'impossibilité de résoudre. Au lieu de procéder par la méthode expérimentale et par l'observation des faits, ils avaient proclamé comme des dogmes infaillibles certaines formules, qui devaient leur servir à expliquer tous les phénomènes de la physiologie sociale. Lorsqu'il se rencontrait sur leur chemin un argument capable de modifier leur croyance en ces dogmes, ils s'efforçaient de le rattacher à leur système par des hypothèses ingénieuses ou hardies, et ils tombaient, sans s'en apercevoir, dans le gouffre des utopies. On a vu que leur aphorisme du *produit net* les avaient empêchés de reconnaître la part immense que les manufactures et le commerce prennent à la production des richesses, et que leur théorie de la propriété les avait conduits à la suppression de tous les impôts indirects. Ils avaient touché à toutes les questions et ils n'en avaient résolu aucune; mais ils avaient appelé sur les plus ardues l'attention de toute l'Europe, et l'Europe répondit à leur appel.

Un philosophe écossais, de cette école d'où sont sortis tant de penseurs, enseignait à Glasgow, en même temps que les *économistes* à Paris, les principes de la richesse des nations. C'était vers l'an 1752, à peu près au moment où Quesnay publiait son *tableau économique*, et jetait les fondements de sa doctrine. Mais le professeur de Glasgow s'était habitué de bonne heure à étudier les faits, à les rapprocher, à en tirer les conséquences; aussi fut-il conduit à des résultats bien différents de ceux obtenus par les *économistes*. Les deux écoles n'eurent de commun que le même amour du bien, la même droiture, la même fidélité scrupuleuse aux intérêts de la vérité. Pour tout ce qui regarde la science, le point de départ étant tout à fait différent, les résultats ne pouvaient être les mêmes, et bientôt se manifesta le dissentiment le plus complet. Les économistes n'attribuaient de puissance productive qu'à la terre : Adam Smith trouva cette puissance dans le travail, et de cette idée lumineuse il fit jaillir les conséquences les plus imprévues et les plus décisives. Ici commence l'histoire de la révolution produite par la publication de ses *Recherches sur la nature et les causes de la richesse des nations*, qui parurent pour la première fois en 1776, c'est-à-dire vingt-quatre ans après l'ouverture de son cours. Un jour viendra bientôt où cette publication célèbre portera tous ses fruits, et sa date mémorable sera gravée dans tous les esprits. Essayons donc d'imiter la méthode logique et sévère du grand écrivain qui en fut l'auteur, et de faire apprécier d'un trait rapide l'importance de ce beau travail pour l'avenir de la civilisation.

En recherchant les causes de la richesse des nations, Adam Smith reconnut que cette richesse provenait, non-seulement de la fécondité de leur sol, mais encore du *travail* de leurs habitants. C'était le travail qui seul pouvait rendre la terre largement et régulièrement productive, et c'est encore au travail que la société humaine devait les produits de ses manufactures, et les profits de son commerce. Adam Smith résumait sa pensée en disant que le *travail annuel* d'une nation était la source primitive d'où elle tirait ses richesses, c'est-à-dire les produits nécessaires à sa consommation, ou ceux au moyen desquels elle se procurait les produits créés par les autres nations. La richesse consistait dans *la valeur échangeable* des choses, et l'on était d'autant plus riche que l'on possédait ou que l'on produisait plus de choses ayant cette valeur. Or, comment donnait-on aux choses une valeur échangeable? En y développant par le travail une utilité qu'elles n'auraient pas eue sans lui. La richesse pouvait donc être créée, augmentée, conservée, accumulée, détruite. Cette simple définition renversait d'un seul coup la doctrine des *économistes*, et remettait à leur place toutes les professions laborieuses et honorables, que Quesnay considérait comme tributaires et les subordonnées de la propriété foncière. Nul n'était repoussé du banquet de la vie; le travail avait accès partout et cessait d'être *stérile;* la servitude féodale, maintenue par Quesnay sous le nom de *reprises* du propriétaire, était frappée de mort.

Le travail une fois reconnu comme source de toute richesse, *l'économie*, *l'épargne* devinrent le seul moyen de l'accumuler, c'est-à-dire de créer les *capitaux*. Et ici, Adam Smith profitait avec sa haute intelligence des travaux de ses prédécesseurs. Il ne bornait pas les capitaux, comme les partisans du sytème mercantile, à l'or et à l'argent; mais il y comprenait les richesses de tout genre amassées par le travail de l'homme, surtout quand elles étaient employées à en créer de nouvelles à l'aide d'un travail nouveau. En même temps, il donnait du travail la plus belle analyse qui soit sortie de la plume d'aucun écrivain. Cette analyse sert en quelque sorte de frontispice à son immortel ouvrage, et l'auteur y a déployé une netteté de déductions et une noblesse de langage vraiment dignes d'admiration. C'est là qu'ont été signalés pour la première fois les merveilleux effets de la *division du travail*, souvent entrevus avant Adam Smith, mais nulle part démontrés avec cette évidence irrésistible et cette simplicité familière qui ne laissent aucun refuge au doute et à l'hésitation. D'autres auraient cherché leurs exemples dans les grands travaux de l'industrie; Adam Smith s'empare d'une épingle, en décrit les diverses *façons* et fait voir comment dix ouvriers peuvent faire 48,000 épingles dans un jour, au lieu de 4 ou 500, c'est-à-dire cent fois moins qu'ils n'en feraient sans cette division. Après cet exemple modeste et concluant, il passe en revue les avantages du principe de la division du travail, et il les signale d'une manière si vive et si ferme que personne, depuis ce moment, n'a songé à les contester. « Chaque ouvrier, dit-il, se trouve avoir une grande quantité de son travail dont il peut disposer, outre ce qu'il en applique à ses propres besoins; et comme les autres ouvriers sont aussi dans le même cas, il est à même d'échanger une grande quantité de marchandises fabriquées par lui contre une grande quantité des leurs, ou, ce qui est la même chose, contre le prix de ces marchandises. Il peut fournir abondamment ces autres ouvriers des choses dont ils ont besoin, et il trouve également à s'accommoder auprès d'eux, en sorte qu'on voit régner parmi les différentes classes de la société une abondance universelle [1]. »

Une fois la division du travail analysée, Adam Smith devait expliquer par quelles combinaisons les produits du travail s'échangeaient entre eux au moyen de la monnaie. Qui réglerait ce qu'on entend par le *prix des choses?* quels sont les éléments de ce prix? quelles sont les fonctions de la monnaie? Graves questions qu'il a résolues avec une supériorité et une lucidité incomparables. C'est lui, en effet, qui a établi le premier, victorieusement, l'influence de l'*offre* et de la *demande* sur la hausse et la baisse des prix, en même temps qu'il expliquait les fonctions de la monnaie dans la circulation des produits. Les applications qu'il a faites de sa théorie aux billets de banque et au papier-monnaie sont de la plus haute importance dans la pratique, et peuvent être considérées comme l'une des plus utiles conquêtes de la science. Il est désormais impossible d'écrire sur le système monétaire sans adopter les bases

[1] *Richesse des nations*, liv. I, chap. I.

qu'il en a posées d'une manière indestructible. Chemin faisant, Adam Smith dévoilait les mystères de la constitution des banques et déduisait, des conséquences mêmes de leur établissement, les principes sur lesquels elles devaient reposer pour n'être point funestes. Tout homme désireux d'approfondir la science du crédit devra commencer ses études par celle des analyses que l'illustre économiste écossais a données des banques de circulation et des banques de dépôt. Ce sont des traités complets qu'on ne surpassera jamais, parce qu'il ne renferment ni une lacune, ni une superfluité. Mais c'est surtout dans la parfaite clarté de ses définitions que réside le principal mérite d'Adam Smith. Elles sont généralement basées sur l'observation rigoureuse des faits. Une fois posées, il en déduit les conséquences avec une méthode qui lui est propre et qui suffirait seule pour lui assurer un rang élevé parmi les plus beaux génies des temps modernes. On en pourra juger par le rapide exposé de ses doctrines.

Ainsi que nous l'avons vu, selon l'auteur, la qualité essentielle qui constitue les richesses, et sans laquelle elles ne mériteraient pas ce nom, c'est *la valeur échangeable*. La valeur échangeable diffère de la *valeur en usage* ou *d'utilité*, en ce sens qu'avec la première on peut se procurer beaucoup de choses ; tandis que la seconde, quoique utile, ne saurait être l'objet d'un échange. Il n'y a rien de plus utile que l'eau ; mais elle ne peut presque rien acheter. Un diamant au contraire, pourvu de peu d'utilité, peut servir à l'achat d'une foule de marchandises. Le rapport qui existe entre deux valeurs échangeables, exprimé en une valeur convenue qui est la *monnaie*, se nomme prix. Le prix *nominal* des choses diffère de leur prix *réel*, qui représente la quantité de travail qu'elles ont coûté. Le prix des richesses dépend des circonstances accidentelles qui font dévier le prix actuel ou *courant* du prix naturel. Le prix se compose ordinairement de trois éléments distincts : le *salaire* du travail, le *profit* de l'entrepreneur et la *rente* de la terre qui a fourni la matière première du travail. Après avoir établi avec un ordre parfait ces prolégomènes si simples et si ingénieux, Adam Smith détermine les lois d'après lesquelles s'établit naturellement le taux des salaires, et les circonstances accidentelles, qui le font sortir momentanément des limites de ce taux naturel. Il examine ensuite les lois en vertu desquelles se fixe le taux des profits, et les exceptions à ces lois ; puis il définit la *rente* de la terre que nous nommons *fermage* et que les économistes appelaient *produit net*.

La richesse une fois créée, Adam Smith la divise en deux parts : celle qui doit être immédiatement ou prochainement consommée et celle qui est employée comme *capital* à fournir un revenu. Le capital est *fixe* ou *engagé*, lorsqu'on le transforme en une usine avec tous ses instruments de production ; il est *circulant* ou *roulant* quand on s'en sert pour payer le salaire des ouvriers et renouveler les achats de matières premières. Les améliorations faites à la terre forment partie du capital engagé ; la monnaie, les vivres appartiennent au capital circulant. Le premier se transforme quelquefois dans le second et le second prend parfois à son tour la route qui le confond avec le premier. L'argent apparaît comme l'instrument de cette double métamorphose ; mais les billets, les promesses de payer le remplacent souvent et même avec avantage. Cet avantage dépend des conditions auxquelles on l'emprunte et par conséquent du taux de l'intérêt. Adam Smith adopte à cet égard les théories libérales de

Turgot, et il en démontre par des arguments irrésistibles l'incontestable équité.

Le travail est maintenant armé de toutes pièces ; il est en possession des capitaux : nous allons donc le voir à l'œuvre. Rien n'est plus simple et plus admirable que la manière dont Adam Smith en explique les merveilles, et nous avons cité son exemple tiré de la fabrication des épingles. Mais que ses nombreuses revues de l'armée des travailleurs offrent de nobles sujets de méditations ! Comme il a naturellement rendu compte du progrès des nations, par les progrès de la *division du travail !* Comme il a amené avec bonheur, à la suite de cette division, la nécessité des échanges ! Comme il explique avec succès l'accroissement de la richesse, le perfectionnement des produits et leur prix devenant plus accessible de jour en jour ! C'est lui qui a révélé le secret des *machines*, ces puissantes modifications du bras de l'homme, ces bienfaitrices du genre humain qu'un philanthrope [1] distingué a eu le tort de méconnaître. Nul n'en a plus habilement signalé les services variés, infinis, durables, sans en dissimuler les inconvénients passagers. En même temps, Adam Smith posait avec netteté les limites de leur emploi, et démontrait que l'étendue du marché devait être le régulateur habituel de la division du travail. C'est pour avoir oublié ces sages doctrines que plus d'un peuple manufacturier a vu éclater des crises redoutables, résultat de l'encombrement de la circulation et des mesures restrictives. Ainsi, Adam Smith arrivait à la liberté du commerce par un chemin bien différent de celui qu'avait suivi l'école de Quesnay ; mais il y était conduit par une appréciation

[1] M. de Sismondi.

bien plus juste des phénomènes de la production.

Sa doctrine sur les impôts différait aussi essentiellement de celle des *économistes*. Après avoir prouvé que toute production venait du travail, aidé des capitaux, il ne lui était pas difficile de démontrer que chaque citoyen étant apte à créer des valeurs, et par conséquent à faire des profits, devait à l'État sa part contributive de secours et de taxes. Chacun obtenait la liberté de son industrie en échange de sa coopération aux charges publiques, et il n'y avait plus de professions *stériles*, puisque tout le monde était capable de donner aux choses une valeur échangeable, au moyen du travail. Quel encouragement pour les hommes disgraciés de la fortune, et pour tous ceux qui n'attendaient pas la faveur de l'héritage ! Ils apprenaient dès lors à quel prix on acquiert son indépendance ; l'*économie* n'était plus une sorte de vertu ascétique, mais la compagne du travail et la source des capitaux. Au lieu des bornes imposées aux productions de l'agriculture, par la nature du sol et par la rotation des saisons, on avait devant soi l'horizon illimité des valeurs échangeables, c'est-à-dire la richesse indéfinie. Adam Smith n'avait pas prévu sans doute toutes ces conséquences, et beaucoup d'écrivains avaient avancé avant lui des principes aussi vrais : mais il a montré le premier pourquoi ils étaient vrais. Il a fait plus : il a indiqué la vraie méthode de signaler les erreurs. Son ouvrage se compose d'une suite de démonstrations qui ont élevé plusieurs propositions au rang de principes incontestables et qui ont anéanti pour jamais une foule d'erreurs jusqu'alors considérées comme des principes. C'est lui qui a pulvérisé le système prohibitif et la doctrine du *produit net*, avec son cortége de rêveries sur l'impôt, et de classifications imaginaires. Enfin, et c'est peut-être l'un des plus grands services qu'il ait rendus à l'industrie, cet immortel économiste a fait voir comment l'intérêt privé, débarrassé d'entraves, portait nécessairement les possesseurs de capitaux à préférer, toutes choses égales, l'emploi le plus favorable à l'industrie nationale, parce qu'il est aussi le plus profitable pour eux.

Il est vrai qu'Adam Smith s'est quelquefois égaré dans une foule de digressions qui ne permettent pas de suivre aisément le fil de ses idées. Dès qu'il rencontre un vieil abus, un préjugé nuisible, un système erroné, il ne s'arrête point qu'il n'en ait fait justice, et ces escarmouches partielles le détournent souvent du plan de ses opérations. Mais jamais il ne quitte définitivement un sujet avant de l'avoir épuisé, et il présente habituellement la même idée sous toutes les formes, jusqu'à ce que le lecteur se soit familiarisé avec elle. Il avait tant de résistances à vaincre et tant de fausses doctrines à combattre! Les *économistes* eux-mêmes, qu'il estimait et qui certainement ont contribué à la direction de ses idées, ne sont pas ceux qui lui ont rendu sa tâche le moins difficile. Il avait à lutter contre les innombrables ouvrages qu'ils venaient de publier et qui s'étaient répandus dans toute l'Europe, bien ou mal compris, avec l'autorité des noms les plus vénérés, tels que ceux de Gournay, de Turgot, de Trudaine. Il lui fallait détruire la plupart des théories qu'ils venaient de fonder au prix de tant d'efforts et lutter avec elles sous des auspices défavorables : ce fut le premier discord mémorable qui éclata parmi les fondateurs de l'économie politique, et il n'a pas peu contribué à faire naître l'indécision générale du public sur les matières économiques. Lequel croire, de Quesnay ou de Smith, soutenant avec une égale assurance des doctrines contraires, et tous deux invoquant de concert l'autorité des faits? Mait on oublie qu'il n'est pas une science qui n'ait commencé par des querelles intestines entre ses chefs les plus illustres, et que ces dures épreuves ont contribué, presque autant que leurs découvertes, aux progrès dont nous sommes si fiers aujourd'hui.

Adam Smith n'eut pas, pourtant, l'honneur de créer l'économie politique d'un seul jet, et le respect que nous portons à sa mémoire ne doit pas nous empêcher de rendre justice à ses prédécesseurs et à ses successeurs. C'est déjà un si grand fait historique que la démonstration de toute la théorie des valeurs, des effets de la division du travail et des fonctions véritables de la monnaie! De telles analyses suffiraient à l'immortalité d'un auteur, et l'on peut hardiment critiquer ce que ses écrits renferment d'incomplet, après avoir exposé ce qu'ils ont mérité de gloire et de considération. Les *économistes* s'étaient trop préoccupés de l'importance de la terre; Adam Smith accorda une prépondérance trop exclusive au travail dans la création des produits. Il négligea l'action de la terre et celle des capitaux, et malgré ses magnifiques expositions du concours des machines, il n'en présente pas la théorie la plus fondée sur la réalité des choses. En réservant exclusivement la qualité de *richesses* aux valeurs fixées dans des substances matérielles, il raya du livre de la production cette masse illimitée de valeurs immatérielles, filles du *capital moral* des nations civilisées, et qui forment une partie de leur apanage et de leur gloire. Il destitua d'un trait de plume avocats, médecins, ingénieurs, artistes, fonctionnaires publics, tous producteurs de services réels et échangeables contre des produits matériels, puisqu'ils en vivent et qu'ils vivent bien, quand ils ont assez de mérite pour se faire rétribuer noblement. Il ne s'était pas aperçu que le talent de ces hommes était un capital accumulé, très-capable de donner des profits en or et en argent, et très-utile à la société qui profite à son tour de leurs services.

L'influence du commerce et sa manière d'agir sur la production générale ne semblent pas, non plus, avoir été suffisamment appréciées par Adam Smith; et quelques-unes de ses plus belles démonstrations sont exposées comme des hors-d'œuvre, dans une place qu'elles ne devraient point occuper. Tels sont les principes relatifs au prix réel et au prix nominal des choses, qui se trouvent dans une dissertation sur la valeur des métaux précieux pendant les quatre derniers siècles, et les notions sur les monnaies que l'auteur a égarées dans le chapitre des traités de commerce. C'est le désordre qui règne autour d'une mine abondante, où les fragments du métal le plus pur gisent quelquefois pêle-mêle auprès du minerai le plus grossier. Aussi les *Recherches sur la nature et les causes de la richesse des nations* ne sont-elles pas généralement comprises par tout le monde, et ce n'est pas par ce livre que nous conseillerions de commencer l'étude de la science. Il faut le lire à plusieurs reprises pour en deviner la belle architecture et pour estimer à leur juste valeur les résultats qu'il a produits. C'est alors qu'on se hasarde à contester quelques-unes des propositions qu'Adam Smith a émises sous la forme la plus dogmatique; telle est celle en vertu de laquelle l'intérêt privé, libre d'entraves, lui semblait devoir toujours déterminer l'emploi des capitaux le plus favorable à la communauté, puisqu'il était profitable aux entrepreneurs. Cette doctrine qui a prévalu en Angleterre et qui a donné à l'industrie une impulsion extraordinaire, commence néanmoins à porter des fruits amers ; elle a créé des richesses immenses, à côté d'une affreuse pauvreté ; elle a enrichi la nation, en traitant souvent bien cruellement une partie de ses citoyens. Est-ce là le but social de l'accroissement des richesses, ou plutôt n'est-ce pas une déviation malheureuse de la voie sociale? Peut-on véritablement appeler richesse cette exagération de profits prélevés, selon M. de Sismondi, sur la part des pauvres, et, selon nous, par le capital sur le travail?

Ainsi naquit la concurrence universelle de la liberté illimitée de l'industrie, et de cette concurrence s'est déversé sur le monde un torrent de richesses qui fertilise bien des provinces, mais qui a laissé dans plus d'une contrée des traces funestes de son passage, semblable à un char brillant et mystérieux, dont les voyageurs qu'il emporte ne peuvent pas même voir et plaindre les passants qu'il écrase. La question en est venue au point qu'on se demande s'il faut s'applaudir ou s'inquiéter des progrès d'une richesse qui traîne à sa suite tant de misères et qui multiplie les hôpitaux et les prisons autant que les palais. Voilà le grand problème du dix-neuvième siècle, celui qu'Adam Smith n'avait pas prévu et ne pouvait pas prévoir, à une époque où la machine à vapeur et la machine à filer, ces deux colosses de l'industrie anglaise, ne faisaient que de naître, comme son livre! Nous sommes obligés aujourd'hui de chercher un régulateur et de mettre un frein à ces instruments gigantesques de la production, qui nourrissent et affament les hommes, qui les vêtissent et qui les dépouillent, qui les soulagent et qui les broient. Il ne s'agit plus exclusivement, comme du temps de Smith, d'accélérer la production ; il la faut désormais gouverner et contenir dans de sages limites. Il n'est plus question de richesse absolue, mais de rirhesse relative; l'humanité commande qu'on cesse de sacrifier aux progrès de l'opulence publique des masses d'hommes qui n'en profiteront point. Ainsi le veulent les lois éternelles de la justice et de la morale, trop longtemps méconnues dans la répartition sociale des profits et des peines, et nous ne consentirons plus à donner le nom de richesse qu'à la somme du produit national équitablement distribuée entre tous les producteurs. Telle est l'économie politique française à laquelle nous faisons profession d'appartenir, et celle-là fera le tour du monde.

Telle qu'elle apparut néanmoins, la doctrine d'Adam Smith opéra une révolution complète dans la marche de l'économie politique. Ses opinions sur les colonies acquirent un grand poids des événements qui se passaient en Amérique, et ses analyses des banques préparèrent le réveil de l'Europe en matière de crédit public. L'industrie lui dut la suppression de presque toutes ses entraves, et le commerce un commencement de réduction de tous les tarifs. Restaient les questions d'agriculture et de population que ce grand économiste n'avait fait qu'effleurer et dont la solution regarde nos enfants; mais les préjugés les plus dangereux avaient disparu devant son argumentation puissante, et leur règne est fini pour jamais. Balance du commerce, système restrictif, système agricole, tout a été précipité dans le gouffre des rêveries; Adam Smith a tout démonétisé par sa logique sévère et par son impartiale observation des faits. Une seule incertitude survit à ses doctrines; quel rapport y a-t-il entre la population et les subsistances? Pourquoi la misère privée s'accroît-elle dans nos sociétés, en même temps que la richesse publique? Pourquoi le soleil de l'industrie ne luit-il pas pour tout le monde? Deux écrivains anglais vont nous donner, chacun à sa manière, l'explication de cette anomalie sociale; on devine que nous voulons parler de Godwin et de Malthus. Il est temps de les entendre, car, après Adam Smith, ils sont devenus chefs d'école au même titre : ils ont eu l'un et l'autre une grande pensée, une pensée nette et saisissante, qui commande l'attention et qui inspire par moment la terreur.

CHAPITRE XXXV.

Du système de Malthus *sur la population.* — Exposé de ses formules. — Tableau de ses conséquences. — Doctrine de Godwin. — Elle a le défaut d'être aussi absolue que celle de Malthus. — Elle est plus humaine. — Hardiesse remarquable du livre de Godwin. — Des divers écrits sur la même question. — *Nouvelles idées sur la population*, par M. Everett. — Du livre de la *Charité*, par M. Duchâtel. — De l'*Économie politique chrétienne*, de M. de Villeneuve-Bargemont. — Protestations de M. de Sismondi et de M. l'abbé de la Mennais.

Peu d'années s'étaient écoulées depuis la publication de l'ouvrage d'Adam Smith, et déjà ses doctrines étaient adoptées par les économistes de tous les pays. Son argumentation lumineuse et pressante avait dissipé la plupart des rêves que beaucoup d'esprits prenaient encore pour des réalités. On était enfin d'accord sur les bases fondamentales de la science. Le travail était remis en honneur ; la valeur échangeable était définie ; l'emploi des capitaux était désormais sujet à des lois régulières. On savait comment les richesses se produisent et comment elles se consomment ; mais il restait, comme nous l'avons dit, un problème à résoudre : Pourquoi les richesses sont-elles réparties si inégalement dans le corps social ? Pourquoi y a-t-il toujours des malheureux? Et ce problème fut jeté un jour, par la main redoutable du peuple français, comme un défi à tous les gouvernements de l'Europe. Turgot, qui avait essayé de le résoudre, était mort à la peine, et la révolution française avait versé des torrents de sang pour en trouver la solution, sans être plus heureuse que Turgot.

Le mal venait-il de la nature ou de la société? Était-il sans remède, ou bien, avec l'aide du temps, parviendrait-on à le guérir? Frappé de ce que peuvent les lois sur les mœurs et sur la condition des peuples, d'illustres écrivains avaient pensé que les misères de l'homme étaient son ouvrage, et qu'il dependait de lui d'y mettre un terme, bien moins en modifiant ses passions que les institutions politiques. On était en 1798; un essai mémorable venait d'être tenté en France, et l'on avait vu, en un petit nombre d'années, les réformes les plus hardies, tour à tour appuyées par le raisonnement ou par la force, laisser l'espèce humaine en proie aux mêmes incertitudes et aux mêmes inégalités que par le passé. On avait substitué le morcellement parcellaire des propriétés à l'ancien système de concentration; on avait remis le pouvoir aux masses les plus pauvres, qui ne s'étaient refusé ni le *maximum*, ni les emprunts forcés, ni la banqueroute, ni la suppression des impôts indirects; et il y avait toujours des pauvres, des hommes vêtus de haillons, des vieillards sans pain, des femmes sans secours, des enfants-trouvés, des malfaiteurs, des prostituées. Que restait-il à faire après ce qu'on avait fait? Quelle monarchie tenterait ce que n'avaient pu faire réussir les hardiesses de 1793? Les philosophes et les économistes, frappés de stupeur, éprouvaient ce désappointement amer qui suit les révolutions politiques, quand tout à coup parurent, à peu de distance l'un de l'autre, deux écrits de deux hommes diversement célèbres, le livre de M. Godwin sur la *Justice politique* et celui de Malthus sur la *Population*.

M. Godwin attribuait dans son ouvrage tout le mal social à l'imperfection des institutions politiques et aux vices des gouvernements. Malthus était plus frappé des résistances que l'homme oppose au progrès social, par les passions inhérentes à sa nature et par son peu de disposition à les réprimer. La lecture d'un article de M. Godwin *sur la prodigalité et l'avarice* [1], le détermina à publier ses idées à ce sujet, et après quelques remaniements faciles à concevoir dans un travail de cette importance, l'essai sur le *Principe de population* parut en Angleterre dans la dernière année du dix-huitième siècle, comme une espèce de résumé du désenchantement universel des esprits. Ce livre a fait grand bruit, parce qu'il repose sur une idée simple, facile à comprendre et à retenir ; et on en a cruellement abusé, parce qu'il semble favoriser plus d'une mauvaise disposition de l'homme, l'égoïsme, la dureté, l'indifférence aux maux de ses semblables. Les principes sur lesquels il repose ont obtenu, néanmoins, la sanction de plusieurs gouvernements, et ils tendent si rapidement à pénétrer dans les institutions, qu'il n'y aura bientôt plus qu'à enregistrer leurs conquêtes, au lieu de discuter leur valeur. Il faut donc les exposer ici dans toute leur nudité, avant d'en examiner les conséquences, double tâche qui réclame toute l'impartialité de l'historien.

Cette doctrine se présente avec le caractère inflexible et absolu de la fatalité. L'auteur s'est dispensé de précautions oratoires ; il établit, sans sourciller, comme

[1] Inséré dans un numéro du journal *l'Examinateur* (*the Inquirer*).

un fait évident, continuel, nécessaire, que l'espèce humaine obéit aveuglément à la loi de multiplication indéfinie, tandis que les subsistances, qui la font vivre ne se multiplient pas avec elle dans les mêmes proportions. Ce fait lui paraît tellement démontré, qu'il ne craint pas de le formuler comme un axiome de mathématiques, et il affirme que les hommes s'accroissent en progression géométrique, et les vivres en progression arithmétique. Il arriverait donc un moment où les provisions seraient insuffisantes pour les voyageurs, si ces sinistres correctifs qu'on appelle les maladies, la misère, la mort, n'intervenaient régulièrement pour rétablir l'équilibre. Malthus prononçait cette sentence des malheureux en termes inhumains : « Un homme qui naît dans un monde déjà occupé, disait-il [1], si sa famille n'a pas les moyens de le nourrir ou *si la société n'a pas besoin de son travail*, cet homme n'a pas le moindre droit à réclamer une portion quelconque de nourriture, *et il est réellement de trop sur la terre.* Au grand banquet de la nature, il n'y a point de couvert mis pour lui. *La nature lui commande de s'en aller*, et elle ne tarde pas à mettre elle-même cet ordre à exécution. » Voilà quel est le fond de la doctrine de Malthus sur la population. Il faut voir à présent sur quels arguments il a essayé de l'établir.

Au lieu d'observer rigoureusement ce qui se passe dans les sociétés civilisées de longue date, l'auteur se transporte en Amérique, aux États-Unis, pays vierge, fertile, immense, où la population double tous les vingt-

[1] Ce passage cruel a été supprimé par Malthus dans les dernières éditions de son livre; mais l'esprit de sa doctrine n'y est pas moins résumé avec une énergique vérité, et c'était la doctrine plutôt que le langage qu'il fallait modifier.

cinq ans. C'est ce pays qu'il prend pour type du reste du monde, et il admet sans hésiter que l'espèce humaine s'accroîtrait avec la même rapidité partout ailleurs, si la force des choses ne contenait ce développement dans de certaines limites. Une fois, en effet, que la population s'est élevée jusqu'au niveau des subsistances, celles-ci venant à manquer, les vices, les maladies, les calamités de tout genre commencent à pleuvoir *sur les hommes qui sont de trop*, selon Malthus, et la population diminue jusqu'à ce qu'il y ait des vivres pour tout le monde. L'histoire en main, il s'efforce de prouver que les mêmes conséquences ont toujours découlé des mêmes situations, et que dans l'état barbare comme dans l'état civilisé, il n'y a jamais eu de compromis entre la disette et la mort. Et encore si la mort venait seule! mais elle ne paraît jamais, dans ces tristes conjonctures, sans être accompagnée d'un cortége de crimes et d'horreurs de tout genre; sans arborer son lugubre étendard sur les hôpitaux, dans les bagnes et sur les échafauds. Ainsi la peint Malthus, telle que nous l'avons vue bien des fois, sans oser croire avec lui qu'elle vînt, sous cette forme, par ordre de Dieu même et comme une nécessité de notre ordre social.

Nous commençons par contester la double progression établie par Malthus; mais avant de signaler cette erreur fondamentale de son système, il faut voir quelles conséquences terribles il en tirait. Il proclamait d'abord le danger des aumônes, des secours publics ou privés, permanents ou temporaires; il défendait le mariage, hormis à certains hommes, et il condamnait à mort des milliers d'enfants près de naître. Les charités prodiguées aux pauvres dans un esprit religieux, ou par amour de la bienfaisance, n'étaient à ses yeux que des faveurs meurtrières dont le principal résultat était d'encourager la paresse et de multiplier le nombre des infortunés. Car rien ne multiplie comme la misère, disait-il, et les gens qui n'ont rien à perdre, se soucient fort peu de ce qui adviendra de leurs descendants. C'est ce que Montesquieu avait déjà dit en termes ironiques : « Les gens qui n'ont absolument rien, comme les mendiants, ont beaucoup d'enfants : car il n'en coûte rien au père pour donner son art à ses enfants, qui même sont en naissant des instruments de cet art [1]. » Mais Montesquieu n'avait rien conclu de cette disposition générale des prolétaires à l'insouciance; il s'était borné à la préciser, sans en rechercher la cause. Malthus crut avoir trouvé cette cause dans les encouragements offerts à la paresse par la bienfaisance, et portant ses regards dans les hospices, dans les maisons d'enfants-trouvés, il fit voir toutes les misères qu'avait engendrées l'abus de la charité publique. Il s'adressa dès lors aux sentiments les plus fiers et les plus généreux de l'homme, et il chercha à démontrer la supériorité de la prévoyance sur toutes les autres ressources offertes à la vieillesse ou aux infirmités.

Jamais peut-être, jusqu'alors, aucun système ne s'était formulé en termes aussi absolus. Les *économistes* eux-mêmes admettaient quelques modifications à leur théorie du *produit net;* mais Malthus ne connaissait pas de capitulation possible dans la lutte des hommes contre la nature : ces débats lamentables devaient toujours finir par des arrêts de mort. Il se mit donc à prêcher, sous le nom de *contrainte morale,* une doctrine peu favorable au mariage. Il chercha à démontrer aux classes labo-

[1] *Esprit des Lois,* livre XXIII, chap. XI.

rieuses qu'en multipliant le nombre des enfants, elles se créaient des concurrences qui amenaient la baisse des salaires, et que le plus sûr moyen de réduire les capitalistes à transaction, c'était de ne pas leur fournir l'occasion permanente de choisir les travailleurs au rabais. La société elle-même était intéressée à opposer des obstacles salutaires aux unions irréfléchies, puisque la conséquence inévitable de ces unions était la multiplication des crimes et des misères de toute espèce. Malheureusement Malthus ne tarda point à s'apercevoir que le célibat n'empêchait pas les naissances; il les rendait seulement illégitimes et c'était un malheur de plus. Que faire donc pour mettre un terme à l'accroissement de la population, puisqu'on ne pouvait désormais empêcher les enfants de naître? Malthus vit cet obstacle et n'en fut point effrayé. Il s'arma d'un courage stoïque et il crut devoir mettre les enfants hors la loi, même avant qu'ils fussent nés. Il proposa de rendre une loi déclarant « qu'aucun enfant issu d'un mariage contracté après l'année qui suivrait la promulgation de cette loi, et qu'aucun enfant illégitime né deux ans après la même époque, n'aurait droit à l'assistance de la paroisse. Ce serait, disait-il, un avis clair, distinct et précis, sur le sens duquel nul ne saurait se méprendre. Personne ne serait trompé ni lésé, et par conséquent personne n'aurait le droit de se plaindre. » Ainsi les enfants au berceau devenaient responsables de l'erreur qui leur avait donné le jour. Pourquoi frémissez-vous? disait Malthus, votre charité est plus cruelle que ma rigueur, et vos hospices d'enfants-trouvés ne sont que des catacombes. Il déroulait en même temps les tables lugubres de la mortalité des enfants dans ces hospices, et l'on était forcé de convenir qu'ils y mouraient presque tous dans la première année de leur naissance [1].

Ces terribles rapprochements produisirent une grande sensation en Europe. Malthus les poursuivait avec une constance inflexible; il voulait effrayer l'humanité de ses propres écarts et forcer tous les hommes de cœur à faire un retour salutaire sur eux-mêmes avant de se marier. En comprimant le penchant naturel à tous les gouvernements de multiplier les institutions de bienfaisance, il espérait mettre un terme aux abus de ces institutions qui ne servaient, selon lui, qu'à aggraver les maladies sociales, au lieu de les guérir. Le célibat, naguère honni comme une profession égoïste, était réhabilité et presque élevé au rang de vertu. On fermait les hôpitaux, les lieux d'asile; on cessait de distribuer des aumônes; on ne s'inquiétait plus de rien en matière de bienfaisance et de secours publics. La dureté seule était désormais conforme aux vrais principes de la science, aux lois de la nature; l'insensibilité était érigée en système. Il faut avouer qu'une telle innovation devait révolter profondément les âmes généreuses et tendres pour qui le plaisir de répandre des bienfaits est un besoin de tous les moments. Aussi de toutes parts il s'éleva contre la doctrine de Malthus un cri général d'improbation. Peu s'en fallut que l'auteur ne fût signalé comme un homme sans entrailles, qui venait jeter avec impudence au genre humain l'horrible ironie de son système. C'était pour la première fois, disait-on, qu'on osait ainsi

[1] D'après les calculs de M. Benoiston de Châteauneuf, la mortalité des enfants-trouvés était de 67 pour 100 à Madrid, en 1817; de 92 pour 100 à Vienne, en 1811; de 79 pour 100 à Bruxelles, année moyenne, de 1802 à 1817; comme nous l'avons déjà dit, à l'hospice des enfants-trouvés de Dublin, de 1791 à 1797, sur 12,785 enfants, il en mourut 12,561 en six années. Quelle boucherie!

faire l'éloge de la peste, de la guerre, de la famine et de tous les fléaux qui désolent l'humanité, en les présentant comme des lois naturelles, destinées à maintenir l'équilibre entre la population et les subsistances. Les prêtres, les femmes, les philosophes se révoltèrent contre l'audace d'une telle supposition, et Malthus se vit longtemps en butte, malgré ses qualités privées, aux imputations les plus calomnieuses.

L'orage s'est enfin apaisé sur la tombe de ce grand écrivain, et la justice de la postérité a commencé pour lui. Lui-même convenait dans ses derniers jours qu'il avait exagéré les conséquences de son principe. « Il est très-probable, disait-il, qu'ayant trouvé l'arc trop courbé d'un côté, j'aie été porté à le trop courber de l'autre, dans la vue de le rendre droit; mais je serai toujours disposé à faire disparaître de mon ouvrage ce qui sera considéré, par des juges compétents, comme ayant une tendance à empêcher l'arc de se redresser et à faire obstacle aux progrès de la vérité. » Et, en effet, nous avons vu qu'il avait supprimé, dans les dernières éditions de son livre, les passages les plus durs et les plus révoltants. Son erreur principale est d'avoir attribué presque exclusivement à la trop grande multiplication de l'espèce les malheurs de l'humanité, et d'avoir pour ainsi dire absous à l'avance de tout reproche les gouvernements de tous les pays. Les causes morales sont ordinairement complexes, et c'est les méconnaître que de ne les envisager que sous une seule face. Malthus n'a pas assez tenu compte, non plus, de l'accroissement des moyens de production, sous l'influence du travail et par le concours des machines. Il a feint de ne pas s'apercevoir que les populations de notre temps, quoique infiniment plus nombreuses que celles des temps passés, jouissaient néanmoins de beaucoup de douceurs, étaient mieux vêtnes, mieux logées, mieux nourries, et qu'elles étaient moins exposées que jamais au danger de se dévorer entre elles. Peut-être éprouvent-elles plus de souffrances morales par l'excès des tentations qu'elles ne peuvent pas toujours satisfaire; mais ces tentations mêmes sont un stimulant énergique auquel il faut rapporter une bonne partie des progrès qu'ont faits toutes les industries. En adoptant l'hypothèse de Malthus, à mesure que la population se rapproche du niveau des subsistances, la demande des produits nouveaux amène des découvertes utiles dont l'humanité tout entière profite; les émigrations conduisent peu à peu les races humaine vers les lieux inoccupés qu'elle fertilise en les peuplant, et la civilisation pénètre ainsi dans les contrées inconnues, qui rendront au centuple les avances nécessitées pour leur exploitation. C'est ainsi que l'Amérique du Nord a vu ses *prairies* et ses bois défrichés par les colons européens, et les vallées de ses grands fleuves se couvrir de villes opulentes, où naguère erraient des hordes misérables de chasseurs et d'anthropophages.

Quand on examine avec quelque attention la carte du globe et la fertilité d'un grand nombre de régions à peine explorées, on cesse de craindre pour l'espèce humaine les malheurs dont elle est menacée par les prédictions de Malthus. L'émigration n'apparaît même que comme une ressource extrême, en présence des améliorations que le génie de l'homme ne manque jamais de prodiguer à la terre, parce qu'il y trouve de nouveaux profits à mesure qu'elle est appelée à suffire à des demandes nouvelles. M. Ricardo [1] n'a rien laissé à désirer à cet égard aux antagonistes de

[1] Dans son ouvrage sur le *Principe de l'impôt*.

Malthus, et nous sommes persuadé que l'auteur du livre *De la population* a dû être rassuré lui-même contre les conséquences de son propre système, en appréciant à leur juste valeur les belles analyses du progrès agricole présentées par son illustre concitoyen. Il se fait d'ailleurs un échange continuel des produits manufacturés contre les produits naturels, entre tous les peuples, de sorte que le commerce remédie à l'insuffisance de l'agriculture et ne laisse jamais sans subsistances aucun peuple intelligent et laborieux. Les relations chaque jour plus intimes qui s'établissent parmi les nations civilisées, leur rendent aussitôt communes toutes les découvertes utiles; témoins la navigation à la vapeur, l'éclairage par le gaz, les chemins de fer qu'on voit adopter presque en même temps en Europe, en Asie, en Amérique et même en Afrique. C'est ainsi qu'aujourd'hui les bateaux à vapeur sillonnent la mer Rouge et l'Adriatique, remontent le Nil, le Gange et le Mississipi, comme la Seine et la Tamise, et rapprochent d'avance, pour un cas de famine, les blés de la mer Noire et des États-Unis, de nos villes populeuses. Malthus n'est pas le premier qui ait poussé un cri d'alarme au sujet de l'accroissement de la population, et nous pourrions citer plus d'un écrivain de son pays qui déplorait, il y a cent ans, en style de Jérémie, les dangers immédiats de cet accroissement. Que diraient ces prophètes de malheur, à l'aspect de l'Angleterre de nos jours, riche, puissante et deux fois plus peuplée?

La doctrine de Malthus n'en aura pas moins le mérite d'avoir appelé l'attention des gouvernements, aussi bien que celle des citoyens, sur le danger des unions imprévoyantes et des secours prodigués sans discernement. Déjà cette doctrine a préservé la France de l'imitation des lois vicieuses qui ont créé en Angleterre la taxe des pauvres, et qui ont fait de la mendicité une profession rétribuée. Dans le pays même où ces lois ont si longtemps régné en souveraines, elles viennent d'être modifiées, et la générosité publique, désormais éclairée par l'expérience du passé, apprend à distinguer le malheur immérité de la pauvreté volontaire. Le christianisme, avons-nous dit, découvrit la bienfaisance ; l'économie politique l'a régularisée. Les hommes prudents ont aussi appris à réfléchir sur les conséquences du mariage, et cet acte solennel de la vie a cessé d'être considéré aussi légèrement qu'il était, avant que Malthus eût fait apprécier l'immense responsabilité qu'il impose. La société, en se montrant plus sévère dans la distribution des secours publics, a mis chaque citoyen en demeure de pourvoir lui-même par l'épargne aux besoins de ses vieux jours et de ses jours de souffrance ; et si elle n'a point encore osé, selon l'avis de Malthus, fermer les asiles ouverts à l'enfance abandonnée, elle a, du moins. pris des mesures pour rappeler un plus grand nombre de mères aux devoirs de la nature, qu'elles méconnaissent moins souvent par vice de cœur que sous l'influence de la misère. Il faut donc pardonner à Malthus d'avoir frappé fort au lieu de frapper juste, et d'avoir trop courbé l'arc d'un côté, comme il le dit lui-même, pour le redresser de l'autre. Il a cédé à l'entraînement bien naturel de généraliser une idée simple et saisissante et de la jeter comme un spectre au monde épouvanté. Son but était de profiter de l'effroi qu'une telle idée devait inspirer, pour commander à ses contemporains une plus grande activité en toutes choses, et leur démontrer le sens économique du cri menaçant de Bossuet : *Marche* ! *marche* !

On a vu que Malthus avait été entraîné à la publication de son ouvrage par la lecture des écrits politiques de M. Godwin, cet énergique utopiste qui voulait rendre les gouvernements exclusivement responsables de toutes les imperfections de l'humanité. C'était aussi la doctrine de J.-J. Rousseau, et il l'avait exprimée en termes dogmatiques, le jour où il avait dit : « Tout est bien en sortant des mains du Créateur ; tout dégénère entre les mains de l'homme. » Condorcet avait poussé la hardiesse plus loin, et il n'avait pas craint d'affirmer que, si l'homme voulait suivre la nature, il reculerait indéfiniment les limites de son existence sur la terre. Godwin s'imagina qu'il ne faisait que tirer les conséquences de leurs idées en proposant la destruction des gouvernements, des religions, de la propriété, du mariage et des institutions d'une moindre importance, qui dérivent de celles-là. Il faut se reporter à ces exagérations pour s'expliquer l'exagération du système de Malthus. « Les institutions humaines, dit-il, quelques maux qu'elle puissent occasionner à la société, ne sont réellement que des causes légères et superficielles, *rien que des plumes qui flottent à la surface*, en comparaison de ces sources de mal plus profondes qui découlent des lois de la nature *et de la passion d'un sexe pour l'autre*. Loin que les malheurs de l'humanité doivent être imputés à l'impéritie des gouvernements et à leur répugnance pour les réformes, c'est plutôt à l'exubérance de la population qu'il faut attribuer tous les maux dont elle est accablée. L'ambition des princes manquerait d'instruments de destruction, si la misère nepoussait pas sous leurs drapeaux les basses classes du peuple. » Malthus pensait que la multitude, sans cesse aiguillonnée par la détresse, ne pouvait être contenue que par le despotisme le plus dur ; à son avis, les cris des démagogues, en ralliant autour du pouvoir établi les classes aisées de la société, dont ils menaçaient l'existence, étaient la cause de toutes les mauvaises lois et de la conservation de tous les abus. Il ne concevait pas qu'une nation éclairée pût supporter longtemps les institutions vicieuses et les malversations d'un gouvernement corrompu, si elle ne se croyait pas menacée de maux plus graves par une populace aveugle et affamée [1].

Il est facile de concevoir avec quelle faveur cette doctrine devait être accueillie dans un pays comme l'Angleterre, dont l'aristocratie soutenait, à l'époque où parut le livre de Malthus, une lutte acharnée contre les principes de la Révolution française. Babœuf n'avait pas encore écrit; mais on se souvenait des pamphlets de Marat, et des tentatives sanglantes de nos niveleurs. On avait vu à l'œuvre les réformateurs de cette école, et le sentiment général d'horreur qu'ils avaient inspiré ne contribua pas peu au succès de la doctrine de Malthus. Sa théorie de la population fut célébrée avec un enthousiasme de parti, car elle plaçait sous la protection de la Providence, et comme son œuvre même, les inégalités sociales les plus profondes et toutes les misères qu'elles traînent à leur suite. Les écrivains populaires se mirent d'un côté, les partisans des priviléges se retranchèrent de l'autre, les uns pour attaquer, les autres pour défendre ce nouveau dogme de la fatalité. Ce ne fut plus une discussion, ce fut une mêlée d'où la vérité aurait eu beaucoup de peine à sortir saine et sauve, si le temps qui met chaque chose à sa place, n'avait forcé les partis

[1] Ch. Comte, *Notice historique sur la vie et les travaux de Malthus*, lue à l'Institut, le 28 décembre 1836.

à reconnaître enfin ce qu'il y avait d'outré dans leurs prétentions respectives. Godwin était déjà beaucoup plus modéré dans ses *Recherches sur la population* que dans son traité *De la justice politique*; et Malthus lui-même, comme nous l'avons dit, s'était amendé en présence *des juges compétents*, c'est-à-dire des événements qui avaient modifié ses idées.

Sa doctrine, en effet, ne pouvait soutenir un examen sérieux dans les termes absolus où il l'avait exposée. Ces arrêts de proscription lancés contre des enfants, contre des vieillards et des infirmes, ne méritaient pas d'être sanctionnés par la conscience publique. Une voix intérieure criait à chaque homme que les sentiments les plus impérieux et les plus doux, celui de l'amour, celui de la paternité, ne lui avaient pas été donnés par le Créateur comme une source d'amertume et de misères. Les vices et les crimes ne devaient pas avoir la même origine que les vertus. La plus simple analyse du travail humain suffisait pour démontrer, d'un autre côté, que si la population, en s'accroissant, exigeait une plus forte quantité de subsistances, elle possédait en elle-même les moyens d'y pourvoir. On voyait tous les jours un seul homme créer par son travail assez de produits pour nourrir dix de ses semblables. On exploitait des terrains nouveaux quand le besoin de vivre y assurait aux capitaux de l'agriculture des profits réguliers. Les lois en faveur des pauvres, que Malthus avait signalées comme si désastreuses [1], ne devaient être considérées que comme une compensation aux aumônes répandues par les monastères, dont le protestantisme anglais avait confisqué

[1] Malthus appelait ces lois « un mal en comparaison duquel la dette nationale, avec toute la terreur qu'elle inspire, n'est que de peu d'importance. »

les revenus, et non comme un encouragement au vice et à la paresse. L'auteur avait eu beau dire « qu'il fallait laisser à la nature le soin de punir le pauvre du crime d'indigence, » personne ne regardait l'indigence comme un crime et la richesse comme une vertu.

M. Godwin a réfuté avec une grande supériorité de raison toute cette partie de la doctrine de Malthus, si bien accueillie par l'aristocratie anglaise, parce qu'elle s'accordait parfaitement avec ses sympathies naturelles. « Malheur au pays, dit-il, où un homme de la classe du peuple ne peut se marier sans avoir la perspective de perdre sa dignité et son indépendance ! Malheur au pays où, lorsque des revers imprévus accablent cet homme, on lui crie qu'il n'a nul droit à réclamer des secours qui l'aident à se tirer de sa situation difficile ! On peut être sûr qu'il existe quelque vice dangereux dans l'ordre social, là où un tel homme n'aura pas une espérance raisonnable de nourrir sa famille au moyen du travail de ses bras, quoiqu'il ne possédât rien au moment de se marier [1]. » Et loin de recommander aux gouvernements l'insouciance ou la dureté pour le malheur, Godwin pensait avec justesse qu'il leur appartenait de travailler nuit et jour aux améliorations dont le corps social a besoin.

L'expérience n'a cessé de justifier cette opinion. La richesse publique continue de s'accroître dans presque tous les pays de l'Europe en même temps que la population, et ce phénomène se reproduit d'une manière tellement générale et compacte, qu'un économiste américain, M. Alexandre Everett, a été jusqu'à considérer l'accroissement de la population comme la cause essen-

[1] *Recherches sur la population*, liv. VI, chap. 6.

tielle de ses progrès en tout genre. Il a pensé que, puisque les produits du travail sont toujours en raison du travail lui-même et par conséquent de la population, les moyens de subsistance pour les individus ne dépendent que de la répartition plus ou moins équitable des profits entre les *employés* des diverses industries. Ces industries elles-mêmes se développent chaque jour davantage sur un territoire limité, soit par le perfectionnement de l'agriculture, soit par l'extension du commerce. Les jeunes branches, loin d'épuiser le tronc, lui donnent une vigueur nouvelle et deviennent des éléments de prospérité au lieu d'être, comme le suppose Malthus, une cause de ruine et de dépérissement.

Au reste, les erreurs relatives au développement de la population datent d'une époque antérieure de beaucoup à la publication du célèbre ouvrage de Malthus. Les anciens écrits d'économie politique sont tous empreints de l'inquiétude qui agitait nos pères, à l'aspect de la grande famille qu'ils contribuaient, d'ailleurs, si vaillamment à accroître. Leurs cris de détresse se faisaient principalement entendre dans les villes capitales, et plus d'un roi de France, éperdu, crut nécessaire de restreindre l'étendue de la ville de Paris, dont les barrières sans cesse reculées tendent à reculer encore. Le même phénomène a été observé à Londres, ville aussi peuplée que certains royaumes, et dans laquelle plus d'un million de consommateurs vivent à l'aise sur un espace qui ne suffirait pas à la nourriture de cinq cents personnes, s'il était destiné à y pourvoir. Mais ces vaines terreurs disparaissent devant l'absurdité du prétendu accroissement de la population en progression géométrique. Malthus lui-même a reconnu qu'on ne pouvait citer aucune nation dont la population n'ait été maintenue, par des influences physiques ou morales, au-dessous du niveau fixé par les produits du sol; sans quoi nous aurions vu des disettes permanentes, ou des épidémies périodiques, tandis que ces fléaux n'ont généralement éclaté qu'aux époques où les différentes nations étaient infiniment moins peuplées qu'elles ne le sont à présent. Le choix que Malthus a fait de l'Amérique, où la population double tous les vingt-cinq ans, n'est pas plus concluant que celui de la Suède, où, selon M. Godwin, elle ne double que tous les cent ans. Les sociétés ne procèdent point ainsi par périodes régulières, comme les astres et les saisons, nous l'avons dit; et les institutions politiques exercent, avec les mœurs, une influence qui modifie profondément la tendance naturelle de l'homme, arithmétique ou géométrique, à se multiplier.

Malthus a donc vainement déclaré la guerre aux affections domestiques, à la charité publique et privée, à l'enfance, à la vieillesse, dans l'intérêt mal entendu de l'humanité. Le ciel n'a pas voulu que la richesse eût le monopole de toutes les jouissances, y compris celles de l'amour et du mariage, ni qu'une partie de l'espèce humaine fût sacrifiée en holocauste à l'autre; en un mot, la société ne doit pas plus être un couvent qu'une garenne. Toutefois en exagérant les dangers de la population, Malthus a, du moins, prémuni les gouvernements contre les abus des institutions de bienfaisance, et il a fait sentir à chaque homme que la loi sociale lui imposait des devoirs sacrés de prévoyance et de conservation pour lui et pour ses enfants. L'Angleterre a commencé, dès lors, la réforme de ses lois sur les pauvres, et les autres pays se sont mis en garde contre le danger de leur imitation. La charité, désormais, ne sera pas moins vive, mais elle sera plus éclairée. Elle se croira soumise à des règles, comme toutes les autres vertus, et déjà ces règles lui ont été tracées, en France, dans un ouvrage[1] qui participe tout à la fois *de la sévère prudence de Malthus et de la philanthropie généreuse de Godwin*. On dirait même que cette transaction a paru insuffisante aux esprits religieux, pour qui la bienfaisance est le plus saint des devoirs. Un de nos magistrats les plus honorables[2] a publié sous le titre d'*Économie politique chrétienne*, un manifeste souvent éloquent et toujours sincère contre les doctrines de Malthus. Il les attaque, sans doute, beaucoup plus en apôtre qu'en économiste et en homme d'État; mais il a signalé très-bien leur impuissance à moraliser les populations et à prévenir l'invasion des misères dont l'humanité est affligée. Déjà plusieurs années avant l'apparition de son livre, une protestation qui a eu du retentissement en Europe, avait signalé à l'adnimadversion publique la doctrine du travail illimité des ouvriers et le droit d'abandon exercé à leur égard par les maîtres. M. de Sismondi n'avait pas craint de proposer une loi en vertu de laquelle les entrepreneurs d'industrie seraient tenus de pourvoir *à tous les besoins de leurs ouvriers, en santé, en maladie, à tous les âges de la vie*, à condition que ceux-ci ne pourraient se marier qu'avec l'autorisation des premiers. Il rétrogradait ainsi jusqu'aux jurandes et aux maîtrises, et il demandait aux classes ouvrières *leur liberté* en échange de leur pain; tant la question est grave et difficile, tant elle est effrayante, quand on se souvient des essais de 1793 et des souffrances de 1830; des *Luddistes* de Manchester et des insurgés de Lyon!

Tous les gouvernements de l'Europe n'ont cessé, depuis ce moment, de lutter contre le principe de désor-

[1] *De la Charité*, par M. Duchâtel, in-8°.
[2] M. de Villeneuve-Bargemont, ancien préfet.

dre et de perturbation que l'incertitude de cette question traîne partout avec elle. En vain la production a marché à pas de géant : les débouchés ne lui offrent pas toujours un écoulement favorable, et la répartition des profits ne se fait pas avec cette évidente équité qui rallie toutes les convictions et tous les intérêts. *La contrainte morale* de Malthus n'empêche pas un seul mariage imprudent, et ne prévient aucune naissance illégitime. Les conseils de M. Duchâtel ne s'adressent qu'aux hommes éclairés, et l'intervention de la loi, telle que M. Sismondi la réclame, n'est pas moins repoussée par nos institutions que par nos mœurs. La discussion en est encore au point où l'a laissée Malthus ; et quoique cet auteur ait trouvé, comme Turgot, un gouvernement disposé à favoriser ses expériences, ces expériences ne sont pas encore assez concluantes pour qu'on en espère une solution vraiment scientifique et décisive. Nous verrons bientôt à l'œuvre des assemblées délibérantes, des novateurs hardis qui essayeront de délier le nœud gordien et d'établir sur de meilleures bases la distribution des profits du travail : la Constituante, la Convention, l'école Saint-Simonienne, l'école Socialiste et beaucoup d'autres ; en quoi leurs grands essais nous ont-ils avancés? Nous entendons gronder, comme une voix partie de l'abîme, la parole austère de M. de La Mennais, le père Bridaine de l'économie politique ; mais il se plaint des ouvriers autant que des maîtres ; et il se borne à recommander la charité aux uns et la résignation aux autres. Ses paraboles véhémentes rappellent quelquefois l'*Histoire philosophique et politique* de l'abbé Raynal ; mais on n'a pas oublié non plus les désastres de Saint-Domingue. Ce n'est pas l'éloquence fiévreuse de Raynal qui a émancipé les noirs ; c'est la raison de Wilberforce et la sagesse du parlement d'Angleterre.

CHAPITRE XXXVI.

De l'influence des écrivains du dix-huitième siècle sur la marche de l'économie politique en Europe. — *Esprit des Lois*. — OEuvres économiques de J.-J. Rousseau. — Opinions économiques de Voltaire. — L'abbé Raynal.

Il est juste de rapporter aux philosophes du dix-huitième siècle une partie de l'honneur qui revient aux économistes pour toutes les réformes exécutées ou tentées à la fin de ce siècle. Leurs écrits en contenaient le germe, et quoiqu'il y règne une incertitude vague sur la plupart des questions sociales, si hardiment abordées par l'école de Quesnay, par celle d'Adam Smith et par Malthus lui-même, on ne peut s'empêcher de convenir que Montesquieu, Rousseau, Voltaire, l'abbé Raynal ont été les précurseurs de ces grands maîtres dans la science économique. L'immense éclat dont les œuvres littéraires des encyclopédistes ont brillé, semble avoir exclusivement absorbé l'attention de la postérité ; mais la partie qui nous échappe aujourd'hui, celle qu'on lit le moins, est le véritable point de départ de toutes les théories économiques modernes. Elles y sont à l'état d'embryon, toutes prêtes à naître sous l'atmosphère brûlante de la

Révolution française, et il suffit de l'œil le moins exercé pour les reconnaître et les signaler.

Montesquieu occupe le premier rang parmi les publicistes qui ont porté leurs regards sur les plus hautes questions d'économie politique, et quoiqu'il se trompe souvent, quoiqu'il ait partagé à beaucoup d'égards les préjugés de ses contemporains, nous lui devons les premiers aperçus vraiment neufs et hardis qui aient été publiés sur l'influence du commerce, et quelques curieuses analyses de la théorie des monnaies. Quoi de plus vrai, aujourd'hui même, que cette belle appréciation du caractère des impôts : « L'impôt par tête est naturel à la servitude; l'impôt sur les marchandises est plus naturel à la liberté, parce qu'il se rapporte d'une manière moins directe à la personne. » C'est Montesquieu qui a osé dire le premier que les gouvernements les plus libres étaient aussi les plus chers [1]; et si cette doctrine est vraie de nos jours, pour d'autres motifs que ceux dont parlait ce grand homme, il n'en a pas moins eu le mérite de l'avoir découverte. Il a commencé par marcher : plus tard, on a expliqué le mouvement.

Nous avons vivement attaqué, depuis trente ans, le système colonial et la traite des noirs; mais à part l'acte d'affranchissement rendu par le parlement d'Angleterre, qu'y a-t-il de plus éloquent au monde que le chapitre de Montesquieu sur l'esclavage des nègres! « Ceux dont il s'agit, dit-il [2], sont noirs depuis les pieds jusqu'à la tête, et ils ont le nez si écrasé qu'il est presque impossible de les plaindre. On ne peut se mettre dans l'esprit que Dieu, qui est un être très-sage, ait mis

[1] *Esprit des Lois,* liv. XIII, chap. 12.
[2] *Esprit des Lois*, liv. XV, chap. 5.

une âme, surtout une âme bonne, dans un corps tout noir... Il est impossible que nous supposions que ces gens-là soient des hommes, parce que si nous les supposions des hommes, on commencerait à croire que nous ne sommes pas nous-mêmes chrétiens. De petits esprits exagèrent trop l'injustice que l'on fait aux Africains : car, si elle était telle qu'ils le disent, ne serait-il pas venu dans la tête des princes d'Europe, qui font entre eux tant de conventions inutiles, *d'en faire une générale en faveur de la miséricorde et de la pitié !* » Cette convention a été faite, grâce à Dieu ; mais qui pourrait nier qu'elle ne soit principalement due à l'ironie sublime du plaidoyer de Montesquieu? L'économie politique a prouvé la cherté du travail des nègres, et la supériorité relative de la culture par des mains libres; Montesquieu a mieux fait : il a inspiré l'horreur de l'esclavage; il l'a flétri, il l'a marqué au front; les législateurs n'ont eu qu'à enregistrer son arrêt. L'*Esprit des lois* avait déjà tranché cette grave question, bien avant les déclamations de Raynal et les décrets de la Convention.

J'ai hâte de payer à Montesquieu la dette de la science et de l'époque actuelle. Écoutez sa définition du commerce, qu'on croirait tirée de quelque discours du trône, cette année, en France ou en Angleterre : « L'effet naturel du commerce est de porter à la paix. Deux nations qui négocient ensemble se rendent réciproquement dépendantes : si l'une a intérêt d'acheter, l'autre a intérêt de vendre, et toutes les unions sont fondées sur des besoins mutuels. » N'est-ce point, en deux lignes, le programme de la politique moderne? Nous marchons à grands pas vers la réalisation de cette grande pensée harmonique, qu'il fut donné à Montesquieu d'énoncer, sans pouvoir en démontrer la justesse. Cette tâche était dévolue aux économistes, et jamais peut-être leurs travaux ne se distinguèrent plus nettement de ceux des philosophes du dix-huitième siècle, que dans tout ce qui a rapport à ce sujet. En effet, Montesquieu n'a pas plutôt exposé les véritables bases du commerce des nations, que la démonstration lui échappe et qu'il tombe dans les plus graves contradictions [1]. « La liberté du commerce n'est pas, à ses yeux, une faculté accordée aux négociants de faire ce qu'ils veulent ; ce serait bien plutôt la servitude. Ce qui gêne le commerçant ne gêne pas pour cela le commerce. » Plus loin, il ajoute : « Il faut que l'État soit neutre entre sa douane et son commerce, et qu'il fasse en sorte que ces deux choses ne se croisent point ; et alors *on y jouit de la liberté du commerce.* » L'instinct généreux et éclairé de cet illustre écrivain lui faisait deviner les vrais principes, et les préjugés de son temps les dérobaient par moments à ses regards, témoin son opinion sur les importations et sur les exportations, entachée des plus vieilles erreurs de la *balance du commerce.* « Un pays, dit-il, qui envoie toujours moins de marchandises qu'il n'en reçoit, se met lui-même en équilibre en s'appauvrissant : il recevra toujours moins, jusqu'à ce que, dans une pauvreté extrême, il ne reçoive plus rien. »

Cette étrange assertion se trouve, il est vrai, dans un chapitre intitulé : *A quelles nations il est désavantageux de faire le commerce*, et Montesquieu y désigne le Japon

[1] La réfutation la plus complète des erreurs de Montesquieu en économie politique est due à M. le comte Destutt de Tracy, dont l'excellent commentaire sur l'*Esprit des Lois* est estimé presque à l'égal du livre.

comme l'un des pays avec lesquels il y a le moins d'inconvénients à trafiquer, « parce que la quantité excessive de ce qu'il peut recevoir, produit la quantité excessive de ce qu'il peut envoyer; » mais on n'en doit pas moins regretter que de telles erreurs déparent un ouvrage dont la publication a rendu tant de services à l'humanité. Ailleurs [1] l'auteur s'écrie : « Ce n'est point à moi de prononcer sur la question, si l'Espagne ne pouvant faire le commerce des Indes par elle-même, il ne vaudrait pas mieux qu'elle le rendît libre aux étrangers. Je dirai seulement qu'il lui convient de mettre à ce commerce le moins d'obstacles que sa politique pourra lui permettre. » C'est ainsi qu'entraîné tour à tour par des idées contraires, Montesquieu a défendu la liberté et les prohibitions, et que ses œuvres ont servi d'arsenal à tous les partis philosophiques, économiques et politiques, parce qu'on y trouve des arguments pour toutes les causes, comme dans le moment de la fermentation, on voit la lie bouillonner avec une foule de produits impurs, mêlés aux liquides les plus généreux. Il était difficile de ne pas confondre beaucoup de choses différentes, en les remuant d'une manière aussi vive que l'immortel auteur de l'*Esprit des lois*, et cette considération explique très-bien pourquoi il n'a pas été donné aux mêmes hommes de poser les questions et de les résoudre. Les philosophes du dix-huitième siècle n'ont entrevu la solution du problème social qu'au travers du prisme de leur imagination et comme en poëtes : les économistes seuls y ont appliqué la méthode expérimentale, et ce n'est réellement qu'entre leurs mains que l'économie politique est devenue une science d'observation.

[1] *Esprit des Lois,* liv. XXI, chap. 23.

On trouve dans les œuvres économiques de J.-J. Rousseau les mêmes contradictions et les mêmes incertitudes que dans Montesquieu. Il fait, comme lui, la guerre au luxe, et il s'attache principalement à vanter les merveilles de l'agriculture. Le commerce et les finances ne lui paraissent propres qu'à énerver les peuples et à les corrompre. « Dès qu'on ne veut que gagner, dit-il [1], on gagne toujours plus à être fripon qu'honnête homme. Ceux qui manient l'argent apprennent bientôt à le détourner, et que sont tous les surveillants qu'on leur donne, sinon d'autres fripons qu'on envoie partager avec eux? » Pour éviter ce maniement funeste, J.-J. Rousseau proposait de payer les fonctionnaires publics avec des denrées, et de faire exécuter les services publics au moyen des corvées. Tel est, selon lui, l'esprit qui devrait régner dans un bon système économique : « Peu songer aux étrangers, peu se soucier du commerce, supprimer le papier timbré, taxer les bestiaux, surtout taxer les terres comme le proposaient les physiocrates, *car enfin c'est ce qui produit qui doit payer.* » Et encore la taxe des terres ne devait être, à son gré, qu'une dîme mise en régie, « afin que l'État eût de l'argent sans que les citoyens fussent obligés d'en donner. »

Cette économie politique était la conséquence naturelle des paradoxes fameux dont Rousseau n'a jamais cessé d'être l'éloquent propagateur. Elle conduisait droit au régime de Sparte et aux lois de Lycurgue. « Cultivez, disait-il [2], les sciences, les arts, le commerce, l'industrie; ayez des troupes réglées, des places fortes, des académies, surtout un bon système de finances qui fasse

1 *Du Gouvernement de Pologne*, chap. XI.
2 *Ibid.*, chap. XI.

bien circuler l'argent, qui vous en procure beaucoup : de cette manière vous formerez un peuple intrigant, ardent, avide, ambitieux, servile et fripon comme les autres ; vous entrerez dans tous les systèmes politiques, on recherchera votre alliance, on vous liera par des traités; il n'y aura pas une guerre en Europe où vous n'ayez l'honneur d'être fourrés. Mais si par hasard vous aimez mieux former une nation libre, paisible et sage, appliquez vos peuples à l'agriculture et aux arts nécessaires à la vie; rendez l'argent méprisable et s'il se peut inutile. » Rousseau ne pensait pas que, pour appliquer les peuples à la culture des arts nécessaires à la vie, il fallait des capitaux, comme il en faut à l'agriculture elle-même, à moins qu'elle ne soit exploitée par le régime patriarcal des temps héroïques et des petits pays. Il ne suffit pas de crier : « Cultivez bien vos champs sans vous soucier du reste; bientôt vous moissonnerez de l'or, et plus qu'il n'en faut pour vous procurer ce qui vous manque; » ce résultat même ne peut être obtenu que par le commerce et par les spéculations auxquelles il faut de grands capitaux. Aussi le philosophe de Genève était-il conduit par son système à demander la suppression des villes, c'est-à-dire de la civilisation elle-même, contre laquelle il avait ouvert les hostilités dans ce mémorable discours qui fut couronné par l'académie de Dijon.

Rousseau voulait des impôts sur les marchandises, comme nous en avions naguère sur les maisons de jeu; puis il songeait à la contrebande et il proposait, pour l'éviter, d'exempter de tout droit la dentelle et les bijoux trop aisés à cacher. Tristes moyens pour empêcher cette inégalité des conditions, dont le fantôme lui faisait peur et qui est inhérente à la civilisation même! « Si par exemple, disait-il [1], le gouvernement peut interdire l'usage des carrosses, il peut, à plus forte raison, imposer une taxe sur les carrosses; moyen sage et utile d'*en blâmer l'usage* sans le faire cesser. Alors on peut regarder la taxe comme une espèce d'amende dont le produit dédommage de l'abus qu'elle punit. » Qui croirait qu'après cette sortie, digne d'un vieux censeur romain des jours les plus austères de la république, Rousseau ait pris la défense des gouvernements contre certains économistes qui veulent les exclure de toute participation aux affaires industrielles de l'État! « Il faut rejeter de pareilles idées. Si, dans chaque nation, ceux à qui *le souverain* commet le gouvernement des peuples en étaient les ennemis par état, ce ne serait pas la peine de rechercher ce qu'ils doivent faire pour les rendre heureux [2]. » Et il avait raison. Que conclure donc de cet amalgame incohérent de doctrines libérales jusqu'à l'anarchie et, comme on dit de nos jours, *gouvernementales* jusqu'à l'arbitraire! Que les véritables principes de la physiologie sociale étaient encore peu connus, parce que les expériences décisives n'étaient pas encore faites, et que l'économie politique était encore pour les plus beaux génies une science d'imagination.

Les excursions de Voltaire dans le domaine de l'économie politique, nous offrent une preuve nouvelle de cette vérité. En attaquant les théories des autres, il a eu occasion d'exposer la sienne sur ces graves matières, et j'ai regret de dire qu'il s'est borné à jeter le vernis de sa prose élégante sur les lieux communs les plus

[1] *De l'économie politique*, à la fin de l'article.
[2] C'est la dernière phrase de son article *Economie politique* dans l'*Encyclopédie*.

surannés de son époque. Son *Homme aux quarante écus* [1], composé dans l'intention de ridiculiser les physiocrates et principalement leur plus habile interprète, Mercier de La Rivière, n'est qu'une reproduction spirituelle de tous les préjugés en faveur de la balance du commerce et des prohibitions. Voltaire y soutient que les petits ne vivent que du luxe des grands, et il pense, comme Louis XIV, que les princes font l'aumône en dépensant beaucoup. « Partout, dit-il [2], le riche fait vivre le pauvre. Voilà l'unique source de l'industrie et du commerce. Plus la nation est industrieuse, plus elle gagne sur l'étranger. Si nous attrapions de l'étranger dix millions par an pour la balance du commerce, il y aurait dans vingt ans deux cents millions de plus dans l'État. Mais il n'est pas sûr que la balance de notre commerce nous soit toujours favorable : il y a des temps où nous perdons. — J'ai entendu parler beaucoup de population. Si nous nous avisions de faire le double d'enfants de ce que nous en faisons ; si nous avions quarante millions d'habitants au lieu de vingt, qu'arriverait-il ? —Il arriverait que chacun n'aurait à dépenser que vingt écus, ou qu'il faudrait que la terre rendît le double de ce qu'elle rend, ou qu'il y aurait le double de pauvres, ou qu'il faudrait avoir le double d'industrie et gagner le double sur l'étranger, ou envoyer la moitié de la nation en Amérique, ou que la moitié de la nation mangeât l'autre. »

[1] Les *économistes* avaient prétendu que, dans un état organisé selon leurs doctrines, une somme moyenne de cent vingt francs (*quarante écus*) devait suffire à l'existence de chaque citoyen. De là le titre que Voltaire crut devoir donner à la réfutation burlesque de leur système.

[2] Voir l'*Homme aux quarante écus*, tome XIV, page 12, édition de Dupont.

Quoique ces lignes soient très-légères, elles n'en contiennent pas moins le résumé des doctrines économiques qui étaient en faveur à l'époque où parurent les premiers écrits des physiocrates. C'est ainsi qu'on pensait alors dans presque toute l'Europe, et Voltaire n'était que l'écho des contemporains, lorsqu'il écrivait dans sa défense du mondain :

« Sachez surtout que le luxe enrichit
» Un grand Etat, s'il en perd un petit.
» Cette splendeur, cette pompe mondaine,
» D'un règne heureux est la marque certaine.
» Le riche est né pour beaucoup dépenser ;
» Le pauvre est fait pour beaucoup amasser. »

Il y a loin de ces doctrines élastiques aux premières analyses de la production par Adam Smith ; mais c'était déjà beaucoup qu'on leur accordât autant de place dans tous les ouvrages de quelque importance et que les plus beaux talents de notre littérature s'en fussent rendus les organes. Quand les fondateurs de la science mirent la main sur les matériaux épars dans les livres des philosophes, ils trouvèrent l'opinion publique préparée aux discussions d'intérêt social, et ils n'eurent plus qu'à prendre la parole pour se faire écouter. Mercier de La Rivière était, assurément, moins éloquent que J.-J. Rousseau, et certes Adam Smith n'est pas un aussi grand écrivain que Montesquieu ; mais ces *économistes* avaient sur les *philosophes* l'avantage d'une dialectique plus serrée, d'une méthode plus sûre et plus solidement établie sur le terrain des faits. C'est ce qui donne sur-le-champ un caractère particulier de gravité à leurs ouvrages, mieux accueillis des gouvernements que les œuvres des encyclopédistes, hardis frondeurs, qui semblaient plus occupés de détruire que de réformer. Aussi leur triomphe a-t-il précédé de longtemps celui des économistes, et la révolution politique dont ils furent les premiers apôtres, a-t-elle eu le temps de faire le tour du monde, avant que la révolution économique ait seulement choisi ses premiers champs de bataille. La liberté civile et religieuse est assurée dans presque toute l'Europe ; la liberté commerciale y est encore à naître. Il y a un droit des gens politique ; il n'y a pas de droit des gens industriel. Les nations respectent un arpent de neige sur la frontière qui les sépare, et elles se volent sans pudeur leurs propriétés littéraires, comme le feraient des flibustiers. Ici, des taxes énormes pèsent sur le commerce; ailleurs le commerce est moins taxé. On a vu des souverains prétendre à la domination exclusive de l'embouchure d'un fleuve; d'autres veulent fermer les mers, interdire les ports, altérer les monnaies; tout est encore anarchie dans la production, tandis que l'ordre règne dans la politique.

Raynal est le premier écrivain économiste du dix-huitième siècle dont les ouvrages offrent l'image de cette lutte intérieure des deux révolutions. On sent, en le lisant, qu'il travaillait de préférence à la révolution politique; il déclame comme un tribun du peuple; il apostrophe, il invective à la manière des démagogues; mais ses philippiques véhémentes contre la traite des noirs, ses peintures animées du monopole et de ses conséquences dans les deux Indes, lui assignent une place respectable parmi les fondateurs de l'émancipation industrielle et commerciale. Bien que ses aperçus soient par moments un peu vagues et mal arrêtés, Raynal a pressenti la révolution économique du dix-neuvième siècle, dont l'indépendance des États-Unis forme le premier épisode. On voit qu'il a rêvé des jours plus heureux pour les classes laborieuses, soit qu'il nous les dépeigne errantes sur un navire, ou renfermées dans un atelier; soit qu'il s'indigne des abus de la force européenne envers les races faibles du continent américain. On ne le lit plus guère aujourd'hui; on traite ses écrits à la manière des échafaudages que l'architecte démonte et retire à mesure que son édifice s'élève; mais l'*Histoire philosophique* restera comme un souvenir des premiers efforts consacrés à la défense du travail et à la régénération des travailleurs. Ce livre semble écrit sur la brèche; il y règne une fougue de style qui annonce l'approche des révolutions; c'est un dernier défi lancé avant le combat. Il nous reste donc à voir les combattants à l'œuvre; œuvre sublime et convulsive où tout devint instrument de destruction et de guerre; où la philosophie elle-même crut devoir recourir à la hache pour déblayer le terrain sur lequel nos enfants seront appelés à bâtir.

CHAPITRE XXXVII.

Des doctrines économiques de la Révolution française. — Elles ont toutes un caractère *social* plutôt qu'industriel. — Elles sont cosmopolites en théorie et restrictives dans la pratique. — La Convention et l'Empire en font des armes de guerre. — Vue générale des conséquences du *blocus continental*. — Il existait de fait avant d'être décrété. — Fâcheux préjugés qu'il a répandus en Europe.

Il y a une parole célèbre de l'abbé Sieyes qui caractérise très-bien la tendance de l'économie politique, au commencement de la révolution française : « Qu'est-ce que le tiers état, disait-il? — Rien. — Que doit-il être? — Tout. » Ce mot profond résumait la pensée du dix-huitième siècle; il remettait en honneur le programme oublié de Turgot, et il annonçait l'avénement de la force capable de le faire exécuter. Aussi à peine ce mot fut-il prononcé, qu'on se mit à l'œuvre; et dans quelques mois de session, l'Assemblée constituante avait fait justice des priviléges, détruit les douanes intérieures, adouci le régime des douanes frontières, supprimé les corporations, assujetti tous les citoyens au payement de l'impôt et préparé l'émancipation du travail. Jamais à aucune autre époque on n'avait fait pareille moisson d'abus invétérés, et manifesté une volonté aussi ferme de marcher hardiment dans la voie des réformes. L'édifice social fut, pour ainsi dire, repris en sous-œuvre, et il n'y eut pas une seule institution importante qui ne fût modifiée plus ou moins profondément.

L'immortelle nuit du 4 août 1789 vit se réaliser la plupart de ces changements mémorables. Quelques heures suffirent pour l'abolition des jurandes, de la main-morte, des droits féodaux, des priviléges de naissance, des inégalités fiscales. En même temps, l'Assemblée constituante jetait les fondements d'une division territoriale qui détruisait les priviléges des provinces, en créant l'unité nationale. La France pouvait désormais s'avancer comme un seul homme vers les nouvelles destinées que la révolution venait de lui ouvrir. Le travail était libre; les citoyens l'étaient aussi; nulle carrière n'était fermée à leur capacité, nulle espérance interdite à leur ambition. Le gouvernement central, vigoureusement organisé, pouvait faire exécuter ses ordres d'une extrémité du royaume à l'autre. Les expériences décrétées à Paris ne rencontraient pas de résistance sérieuse dans les départements, et c'est ainsi que commença cette série de tentatives plus ou moins heureuses qui ont fourni tant de sujets d'études et de méditations aux économistes et aux hommes d'État.

Tout était à faire en matière d'industrie, de commerce, de finances : l'Assemblée constituante mit hardiment la main à l'œuvre. La suppression des corporations fut suivie de la création des patentes; l'abolition des douanes intérieures fut accompagnée d'un adoucissement dans le régime des douanes extérieures; l'impôt foncier fut établi sur le principe de l'égalité de tous les Français devant la loi. Il y eut sans doute beaucoup d'erreurs commises dans cette période d'essais hasardeux, trop souvent effectués au milieu des préoccupations politiques les plus vives ; mais ces erreurs mêmes sont devenues pour nous de graves sujets d'enseignement, et la conscience en profite aujourd'hui, comme d'un phare destiné à nous éviter de nouveaux naufrages. Toutefois, quelle que fût la hardiesse et l'originalité des réformateurs de 1789, ils étaient encore trop imbus des principes qui dominaient à cette époque dans le monde philosophique et économique, pour ne pas céder à leur influence quand l'occasion se présenta d'en faire l'application. Ainsi, les idées des *Physiocrates* déterminèrent l'Assemblée constituante, malgré les sages remontrances de Rœderer et de quelques esprits avancés, à concentrer tout le poids des impôts sur la propriété foncière. A peine on consentit à y joindre les taxes mobilières et les droits de douanes. La France se vit privée d'un trait de plume des ressources immenses qu'elle aurait pu retirer des contributions imposées à tous les producteurs qui ne vivaient pas de leurs rentes, et il lui fallut bientôt chercher dans les *assignats* une compensation à ce déficit volontaire, ajouté au déficit de la vieille monarchie.

La création des assignats a été une source orageuse, mais féconde, de changements avantageux dans notre ordre social. Elle a favorisé la division du sol et rendu à la culture une foule de terrains jadis consacrés à des emplois stériles. Elle a multiplié le nombre des producteurs en leur procurant le premier élément de la production, la terre, et le plus énergique stimulant du travail, la propriété. C'est dans les rapports des principaux membres de nos grandes assemblées délibérantes que les hommes sérieux de nos jours trouveront un ample sujet d'études sur ces matières importantes. Mirabeau,

Necker, Rœderer, Dallarde, Cambon nous ont laissé des travaux auxquels la postérité commence à rendre justice, et qui méritent de figurer parmi les monuments intéressants de l'économie politique. Quoi de plus favorable à l'industrie que la législation des brevets d'invention et que les belles discussions qui eurent lieu à ce sujet dans le sein de l'Assemblée constituante? Plus tard, la Convention nationale assurait par un décret la propriété littéraire ; elle consolidait l'unité des poids et mesures dans toute la France par l'adoption du système décimal, et elle réparait noblement les atteintes que les circonstances la forçaient de porter à la fortune des citoyens, par des créations gigantesques qui ont puissamment contribué à augmenter la fortune de l'État. Il y eut un moment où elle osa décréter les conquêtes industrielles comme les conquêtes militaires ; le télégraphe, la chimie, la physique étaient aux ordres de ses comités, comme la victoire aux ordres de ses généraux.

Nous ne pouvons cependant passer sous silence les expédients formidables auxquels cette assemblée fut obligée de recourir pour lutter contre la coalition des rois. Le jour de la justice commence à luire pour elle et personne n'ignore qu'à ses yeux le *maximum*, les réquisitions, les emprunts forcés, n'étaient pas des ressources régulières, mais des mesures de salut public commandées par la plus inflexible nécessité. Dans le péril extrême où se trouvait la patrie, il lui fallait pourvoir au plus pressé, et néanmoins ses résolutions les plus violentes se distinguèrent toujours par une hauteur de vues qu'on rencontre rarement chez les gouvernements les plus éclairés, dans les temps les plus calmes. Il faut se reporter au point de départ de ces grandes mesures, pour en apprécier avec équité les conséquences rigoureuses et inévitables. Qu'on se figure donc la Convention réduite aux seuls biens du clergé et des émigrés, pour faire face à l'Europe entière et à la guerre civile. Afin de mettre en circulation la valeur de ces biens, elle avait imaginé les assignats qui en étaient la représentation et qui, par le moyen des achats, devaient rentrer au trésor et être brûlés ; mais peu de gens achetaient les biens. En vain on multipliait les assignats par anticipation ; plus on en créait, plus on en dépréciait la valeur. Il fallut interdire l'emploi du numéraire, et recommencer les édits du régent contre l'or et l'argent, comme on l'avait vu à la fin du système de Law. Chaque jour les prix s'élevaient avec les émissions du papier-monnaie. C'est alors qu'on voulut établir le *maximum ;* mais les marchandises disparurent.

Il est facile de s'indigner aujourd'hui, au nom de la science, des infractions qu'elle eut à subir dans ces temps agités. Nous en parlons encore sous l'influence de la terreur de nos pères ; mais quand on voit, après la banqueroute, Cambon ouvrir d'une main si ferme et si tranquille *le grand livre de la dette publique*, et faire passer sous le même niveau les créanciers de toutes les époques, en attachant leur garantie à la conservation du nouveau régime, on ne peut se défendre d'un sentiment d'admiration et de respect. L'intérêt était ramené à un taux unique ; toutes les créances étaient converties en une rente perpétuelle non remboursable, à moins que le gouvernement ne voulût la racheter quand elle descendrait au-dessous du pair, ce qui équivalait à un véritable amortissement. La science du crédit public renaissait au sein même de l'assemblée qui semblait avoir creusé son tombeau. En même temps, la Convention tentait la grande réforme du paupérisme par de nombreux décrets rendus en faveur des classes indigentes. Elle proclamait l'éducation une dette nationale; et si, depuis, ce grand principe n'a pas reçu une entière application, il demeure comme un monument de la sollicitude officielle de la France pour l'amélioration du sort de tous ses enfants. On eût dit que la Convention travaillait pour le genre humain, tant son horizon était vaste et ses pensées hautes et généreuses.

Au milieu de tous les essais économiques tentés par nos grandes assemblées, il en est un seul qui n'a pas pu recevoir la sanction de l'expérience, même pendant un temps fort court : c'est la liberté du commerce. Elle seule est demeurée inconnue aux Français, pendant la période où ils les essayèrent toutes. La Constituante adopta un régime de douanes très-modéré; mais elle penchait visiblement vers le système restrictif. La Convention se fit des douanes une arme de guerre, dirigée principalement contre l'Angleterre, et ses préjugés, soigneusement entretenus sous l'empire, n'ont pas peu contribué au triomphe des idées étroites qui règnent encore en France sur les questions commerciales. C'est un malheur qu'on ne saurait trop déplorer. Il eût été si important pour la science que ce grand procès, ouvert depuis plusieurs siècles, fût au moins jugé en première instance! Loin de là, la liberté n'a renversé que les barrières intérieures; elle n'a affranchi le travail que d'une partie de ses entraves, et ce qui en reste suffit pour compliquer toutes les questions d'économie politique, au point de les rendre presque insolubles. Ainsi, en Angleterre, la taxe des pauvres est une des causes principales du maintien des lois céréales, qui sont prohibitives; et les embarras croissants de notre commerce sont le résultat incontestable de la vie artificielle que les tarifs ont faite à notre industrie. Napoléon, qui la jeta définitivement dans cette voie, par l'établissement du blocus continental, n'en dissimulait pas les graves conséquences : « Il nous a coûté, disait-il, de revenir, après tant d'années de civilisation, aux principes qui caractérisent la barbarie des premiers âges des nations ; mais nous avons été contraints à opposer à l'ennemi commun les mêmes armes dont il se servait contre nous[1]. »

Le blocus continental peut être considéré comme la dernière expression du système économique adopté par la France depuis le commencement de la révolution. Quoique Napoléon n'en eût voulu faire qu'un acte légitime de représailles contre le gouvernement britannique, le décret de Berlin devint la base du régime industriel et commercial de la France et de l'Europe continentale pendant toute la durée de l'Empire. Ce décret, qui mettait l'Angleterre en interdit, faisait tomber les barrières qui séparaient les autres nations. Il établissait une sorte de fédération entre elles contre l'ennemi commun, et il ouvrait le continent tout entier, en fermant une île. Pour la première fois la liberté semblait renaître de l'excès de la prohibition. Les différents Etats européens, soumis aux mêmes lois commerciales par la conquête ou par les traités, ne formèrent plus qu'un seul peuple de producteurs, et jamais le développement de leurs manufactures ne prit un plus grand essor que sous l'influence de cette concurrence qui les animait tous. Ce furent les plus beaux jours de l'industrie française, et cependant alors la France possédait la

[1] Message de Napoléon au sénat en lui envoyant le décret de Berlin, le 21 novembre 1806.

Belgique, l'Italie, la Prusse Rhénane, dont les fabriques de draps, de soieries, de toiles, rivales des nôtres, loin de nuire à leur prospérité, en rehaussaient l'éclat et la valeur. Le blocus continental aurait ouvert l'ère de la liberté du commerce en Europe, si elle avait pu naître d'une pensée de guerre et de représailles, comme celle qui avait inspiré l'empereur.

Mais le résultat définitif de ce système fut d'accoutumer l'industrie européenne à vivre de protection et de tarifs. Toutes nos manufactures prirent un essor immense, encouragées par l'exclusion des produits dont la rivalité pouvait leur être la plus dangereuse et par les débouchés certains que nous offrait l'Europe entière, à peu près soumise à nos armes. Le fer et la houille de Belgique, les toiles de Hollande, les soieries italiennes, les laines de l'Allemagne admises sur nos marchés comme marchandises françaises, n'empêchèrent point alors le développement de nos fabriques nationales : comment donc a-t-il fallu, pour les soutenir, après la paix de 1815, des tarifs chaque jour croissants et dirigés contre ces mêmes peuples dont la concurrence n'avait causé aucun préjudice à la Fance, pendant leur réunion à son territoire ? Chacun d'eux s'est enfermé, depuis, dans un triple cercle de douanes, et nous avons vu la guerre industrielle la plus acharnée succéder aux guerres politiques, comme si la paix générale était une chimère, une utopie incapable de se réaliser jamais. En vain la révolution avait émancipé le travail par la suppression des jurandes et des maîtrises : en laissant subsister le système prohibitif, elle a maintenu une véritable féodalité commerciale, qui assure à certaines classes de producteurs des bénéfices obtenus aux dépens de la communauté ; elle a donné naissance à des guerres intestines du travail, dans lesquelles tant de travailleurs succombent victimes des lois qui semblent faites pour les protéger. La grande erreur de ce système est d'avoir traité les producteurs étrangers, c'est-à-dire les créateurs de produits échangeables, comme des adversaires plutôt que comme des clients. On a fait servir les vieilles rancunes politiques à la conservation des préjugés de l'industrie, en plaçant sous les auspices du patriotisme les calculs intéressés du privilége et des monopoles. La Convention et l'Empire avaient fait de la prohibition une arme de guerre : notre civilisation continue de s'en servir après vingt-cinq ans de paix.

Il ne faut donc pas chercher dans les grands travaux de la révolution française le germe des réformes économiques dont l'aurore semble luire parmi nous. Tout ce que la révolution française a fait dans ce but, elle l'a fait d'une manière indirecte et oblique ; elle l'a résumé dans ses codes, et c'est pour cela qu'ils ont cessé, à beaucoup d'égards, de se trouver en harmonie avec nos besoins. La suppression du droit d'aînesse, l'égalité à peu près absolue des partages en ligne directe, la législation des sociétés de commerce, l'unité des poids et mesures sont des bienfaits incontestables ; mais l'égalité devant la loi cesse d'être une vérité, quand on voit les travailleurs de tout ordre, déjà tributaires du capital pour le salaire, le devenir encore pour la consommation. Dans l'état actuel de la législation, nulle garantie ne protége le travail dans ses relations avec la richesse qui le commande et qui le salarie ; nulle garantie n'assure au salarié la libre disposition de son salaire. Le prix du travail tend sans cesse à la baisse et celui des consommations à la hausse, parce que l'un et l'autre sont réellement fixés par une seule des parties contractantes. La révolution française s'est trouvée, comme nous, en présence de ce problème formidable, dont elle a voulu brusquer la solution par des supplices ; mais les supplices ont été aussi impuissants que les lois pour en venir à bout. Le *maximum* a produit la famine ; la fixation arbitraire des salaires a supprimé le travail. Les libéralités faites aux pauvres ont créé la mendicité ; l'exclusion des produits étrangers a ouvert la carrière aux monopoles.

Les essais hardis de cette époque ne manquent pas de ressemblance avec ceux que Turgot avait tentés, sous la monarchie, dans l'intérêt des classes laborieuses. La seule différence qui les distingue, c'est que les réformateurs de la Convention, plus puissants que le ministre de Louis XVI, ne tinrent aucun compte des faits et des résistances devant lesquels Turgot avait été obligé de reculer. On eût dit qu'à leurs yeux l'espèce humaine était une matière inerte capable de supporter toutes les expériences, tant ils proposèrent de systèmes absurdes, anarchiques et destructeurs de toute société. Marat, Saint-Just, Babeuf nous ont laissé des monuments curieux de cette monomanie qui troublait les esprits, avides de nouveautés et disposés à mettre en pratique les rêveries sociales les plus extravagantes, comme on essaye dans un laboratoire des procédés chimiques et des combinaisons de substances. Il n'y eut bientôt plus qu'un seul mot dans le vocabulaire économique de la langue française ; ce fut le mot célèbre de Danton : de l'audace, encore de l'audace et toujours de l'audace. Quand la Commune de Paris venait solliciter, à la Convention nationale, l'établissement du *maximum*, son président disait : « Il s'agit de la classe indigente, pour laquelle le législateur n'a rien fait, quand il n'a pas tout fait. Qu'on n'objecte pas le droit de propriété ; le droit de propriété ne peut être le droit d'affamer ses concitoyens. Les fruits de la terre, comme l'air, appartiennent à tous les hommes[1]. » Marat avait été beaucoup plus loin, et nous pourrions citer des exagérations semblables de cet énergumène, si la postérité, qui a commencé pour lui, ne l'avait déjà mis au rang des insensés.

Saint-Just fut l'expression la plus hardie et la plus élevée de cette école de tribuns, renouvelés des Gracques, et près de laquelle ces illustres factieux étaient des hommes modérés. Les écrits qu'il a laissés renferment sa pensée économique tout entière, si énergiquement résumée par l'orateur de la Commune de Paris, et si nettement formulée dans les décrets rendus par la Convention nationale pendant la domination des Montagnards. Il était réservé à Babeuf de renchérir sur ces doctrines et de prêcher ouvertement la loi agraire, l'abolition de la propriété et l'insurrection permanente des pauvres contre les riches. Mais ces témérités n'ont eu d'autre résultat que d'éloigner pour longtemps les meilleurs esprits de toute spéculation sociale, tant ils ont craint de se voir confondus avec les démagogues forcenés de l'école anarchique. Une leçon sérieuse est sortie, en outre, de tous les essais hasardeux de la révolution française : c'est que l'on ne réforme pas aussi facilement les mœurs que les institutions, et que les plus belles lois ne suffisent point pour assurer à chaque citoyen une condition prospère, s'il n'y concourt par son travail et sa moralité. Ces rêves séduisants sont désormais évanouis. Tout ce que la philanthropie des législateurs pouvait décréter de richesse et de félicité publique a été décrété, et il a été reconnu que la richesse publique sui-

[1] *Histoire parlementaire de la Révolution*, tome XXVI, p. 52.

vait d'autres lois que celles de la force et de la tyrannie. N'eût-on fait que ce pas, c'est un progrès immense, car il a forcé les gouvernements et les individus de chercher ailleurs que dans les programmes législatifs les éléments de leur grandeur et de leur avenir.

Que reste-t-il donc de tous ces rêves brillants et généreux qui ont agité le monde, depuis Turgot jusqu'à nos jours, et quelles conquêtes sociales l'économie politique a-t-elles faites, qui aient enfin jeté quelque gloire sur elle ? Nous en pourrons citer deux mémorables, l'émancipation des colonies anglaises et espagnoles de l'Amérique et l'abolition de l'esclavage des nègres ; à quoi peut-être il convient d'ajouter la suppression des priviléges de corporations, c'est-à-dire l'affranchissement du travail. Nous avons encore deux autres victoires à remporter : l'affranchissement des travailleurs et celui du commerce, œuvre difficile et compliquée dans un temps comme le nôtre, où les gouvernements eux-mêmes partagent les préjugés vulgaires contre la liberté commerciale et la considèrent comme hostile au travail national. De toutes les erreurs économiques de la révolution, celle-là seule a survécu, plus vivace que jamais, et elle s'est élevée triomphante sur les ruines des autres. On ne défend plus l'esclavage, ni les corporations, ni les compagnies privilégiées ; les haines nationales ont à peu près disparu pour faire place aux rivalités, aux jalousies industrielles. Le champ de bataille n'est plus dans les plaines, il est dans les ateliers. C'est là que la guerre continue, savante, acharnée, infatigable et qu'elle fait des victimes dans tous les partis occupés à se nuire, au lieu de s'entr'aider ; guerre véritable, où les combattants se servent de machines ingénieuses et puissantes qui laissent sur le terrain du paupérisme des millions de travailleurs haletants, hommes et femmes, sans pitié pour la vieillesse ni pour l'enfance !

Cette guerre est aujourd'hui la dernière expression de la vieille économie politique en Europe, et le dernier retentissement de la grande querelle sociale soulevée par la révolution française. Ce n'est pas seulement une lutte internationale ; c'est un combat sérieux entre les diverses classes de travailleurs. La France a sans doute l'air de rivaliser avec l'Angleterre ; mais le capital lutte bien plus profondément avec l'ouvrier. Sous prétexte de faire triompher le pays dans le premier de ces combats, on maintient dans le travail une organisation qui a cessé d'être en harmonie avec ses besoins et les progrès de la civilisation. Aussi n'y a-t-il rien de nouveau dans la science, de 1789 à 1814, si ce n'est l'expérience des faits accomplis et la facilité d'en tirer les conséquences pour marcher en avant et pour achever l'œuvre de nos pères. Toutefois, il sortira bientôt du sein de l'industrie une puissance irrésistible destinée à guérir, comme la lance d'Achille, les maux qu'elle aura faits; puissance née de nos discordes commerciales, et qui finira par les éteindre toutes : c'est *l'association*, importée d'Angleterre, où l'excès des impôts nécessités par la guerre lui a fourni les moyens d'y suffire à force de prodiges ; mais il est bon de remonter aux causes principales de ce nouvel élément de progrès social, et d'étudier les faits qui ont préparé sa venue.

CHAPITRE XXXVIII.

De la révolution économique opérée en Angleterre par les découvertes de Watt et d'Arkwright. — Conséquences économiques de l'indépendance des États-Unis. — Réaction de la Révolution française sur le système financier de l'Angleterre. — Accroissement des impôts. — Suspension des payements de la banque. — Développements et abus du crédit. — Énormité de la dette publique. — Conséquences de la paix générale.

Tandis que la révolution française faisait ses grandes expériences sociales sur un volcan, l'Angleterre commençait les siennes sur le terrain de l'industrie. La fin du dix-huitième siècle y était signalée par des découvertes admirables, destinées à changer la face du monde et à accroître d'une manière inespérée la puissance de leurs inventeurs. Les conditions du travail subissaient la plus profonde modification qu'elles aient éprouvée depuis l'origine des sociétés. Deux machines, désormais immortelles, la machine à vapeur et la machine à filer, bouleversaient le vieux système commercial et faisaient naître presque au même moment des produits matériels et des questions sociales, inconnus à nos pères. Les petits travailleurs allaient devenir tributaires des gros capitalistes; le chariot remplaçait le rouet, et le cylindre à vapeur succédait aux manéges. En même temps les beaux essais de canalisation du duc de Bridgewater commençaient à porter leurs fruits, et le perfectionnement des transports coïncidait avec l'accroissement des marchandises. La production du fer et celle des autres métaux s'améliorait avec celle des houilles, activée par l'emploi de la vapeur dans les travaux d'épuisement. On eût dit que l'Angleterre avait découvert des mines nouvelles et s'était enrichie tout à coup de trésors inattendus.

La génération contemporaine, plus occupée de recueillir les profits de ces conquêtes, que d'en rechercher les causes, ne paraît pas avoir apprécié à leur juste valeur les embarras qu'elles traînaient à leur suite. Cette transformation du travail patriarcal en féodalité industrielle, où l'ouvrier, nouveau serf de l'atelier, semble attaché à la glèbe du salaire, n'alarmait point les producteurs anglais, quoiqu'elle eût un caractère de *soudaineté* bien capable de troubler leurs habitudes. Ils étaient loin de prévoir que les machines leur apporteraient tant de puissance et tant de soucis. Le paupérisme ne leur apparaissait pas encore sous les formes menaçantes qu'il a revêtues depuis, et les métiers mécaniques n'avaient pas développé cette puissance de travail qui devait être momentanément si fatale à tant de travailleurs. Cependant, à peine éclose du cerveau de ces deux hommes de génie, Watt et Arkwright, la révolution industrielle se mit en possession de l'Angleterre. A la fin du dix-huitième siècle, il ne se consommait pas en Europe une seule pièce de coton qui ne nous vînt de l'Inde, et vingt-cinq ans après, l'Angleterre en envoyait au pays même d'où elle avait tiré jusque-là tous les produits semblables. « Le fleuve, dit J.-B. Say, était remonté vers sa source[1]. »

[1] Avant l'invention des machines à filer, on ne comptait dans

Ainsi, il avait suffi de deux petits cylindres tournant en sens inverse, pour changer de fond en comble les rapports de l'Europe avec l'Asie, et les traditions séculaires du travail. En même temps, l'émancipation des Etats-Unis portait un coup décisif au système colonial et donnait le signal de la retraite à toutes les dominations métropolitaines. La ville de Bristol, qui avait adressé au parlement des pétitions si animées contre la paix avec les insurgés américains, sollicitait, quelques années après la signature de cette paix, l'autorisation de creuser de nouveaux bassins devenus nécessaires à l'extension de son commerce avec les colonies émancipées. Ainsi se préparait l'indépendance générale du nouveau continent, dont le dernier établissement [1] soumis aux lois européennes lutte en ce moment pour compléter l'œuvre de Franklin et de Washington. Il fut prouvé, dès lors, que les colonies étaient plus nuisibles qu'utiles à leurs métropoles,

la Grande-Bretagne que cinq mille fileuses au rouet et trois mille tisseurs d'étoffes de coton, en tout, environ huit mille ouvriers: tandis qu'aujourd'hui ce nombre s'élève, en Angleterre seulement, à plus de huit cent mille. La valeur totale des tissus de coton, dans ce pays, a été évaluée, en 1836, à la somme énorme de *huit cent cinquante* millions de francs. On peut consulter à cet égard les statistiques de M. Mac-Culloch, de M. Porter, et les documents publiés par ordre du parlement. (*Note de l'auteur.*)

En 1856, la production totale du coton en Angleterre était évaluée à 1,600,000,000 de francs; le nombre des établissements affectés à cette industrie était de 2,210; des broches de 28,010,217; des métiers de 298,847; de leurs moteurs de 97,132, dont 88,001 chevaux à vapeur et 9,131 moteurs hydrauliques, représentant 1,500,000 forces d'hommes; enfin des ouvriers de 379,213, dont 233,017 employés à la filature et 146,196 au tissage. Il ne s'agit ici que des ouvriers au service des machines en fabrique. Une population de deux millions d'âmes se rattache directement ou indirectement dans le Royaume-Uni à l'industrie cotonnière. *Dictionnaire du Commerce et de la Navigation.* 1859, gr. in-8°, Guillaumin. (*Note de l'éditeur.*)

[1] Le Canada.

et qu'il y avait plus de profits à faire avec un peuple libre et laborieux, qu'avec des vassaux asservis et pressurés. Les Etats-Unis ont donné à l'Europe cette leçon d'économie politique, qui fera le tour du monde et qui vengera les générations coloniales de l'état d'oppression où vécurent leurs pères. Les prophéties de Raynal se sont réalisées. Des nations riches et puissantes ont succédé aux établissements faibles et précaires des Européens dans l'une des deux Indes, et l'on dirait, à voir l'état de langueur de quelques vieilles métropoles, que le plus pur de leur sang a passé sans retour dans les veines de leurs colonies.

C'est là, quoi qu'en souffre l'orgueil de l'ancien continent, une révolution immense dont les conséquences commencent à nous atteindre. Nous sommes tributaires de nos anciens vassaux pour une foule de matières premières et de produits spéciaux, sans lesquels le travail de nos manufactures cesserait d'exister. C'est l'Amérique qui nous envoie les monceaux de coton dont s'alimentent nos innombrables fabriques de tissus, et les bois de teinture qui servent à leur *impression*. Le café, le cacao, le quinquina qui guérit la fièvre, les drogues qui la donnent, tout nous vient du dehors. Nos besoins nous mettent chaque jour davantage dans la dépendance des peuples d'outre-mer ; la ville de Lyon tremble jusqu'en ses fondements des secousses qui agitent Philadelphie ou New-York. Une faillite à la Nouvelle-Orléans peut ruiner dix négociants à Liverpool. Le développement extraordinaire que la découverte des machines a donné à la production, réclame des débouchés toujours croissants, qu'il faut aller chercher au loin et disputer par la baisse des prix aux nations plus avancées. Les marchés sont devenus des champs de bataille. La diplomatie ne marchande plus des provinces, mais des tarifs, et les armées, quand elles s'ébranlent, ressemblent à des nuées de fourriers qui vont faire les logements du commerce. Voilà ce qu'a produit l'émancipation du Nouveau-Monde, dont nos grandes manufactures d'Europe ne seront bientôt plus que les colonies.

Aucun siècle n'a vu s'accomplir en aussi peu de temps de telles révolutions économiques, et il n'est pas surprenant que des métamorphoses aussi inusitées aient déconcerté tous les systèmes. C'était un démenti si solennel à toute la vieille école de Charles-Quint, que cette soudaine prospérité des États-Unis ! Que devenaient, en présence de ce grand événement, les théories de la balance du commerce et les habitudes administratives du régime colonial ? On n'avait donc soutenu tant d'odieuses guerres et tant de maximes plus odieuses encore, que pour être réduit, un jour, au plus humiliant désaveu ? Ces lois protectrices du commerce n'étaient donc qu'un horrible abus de la force ! Jamais, il faut l'avouer, la vanité humaine n'avait reçu de plus sanglant échec et, malgré l'éclat de la leçon, les prétentions des métropoles se sont peu adoucies. Il faut qu'elles boivent, toutes, ce calice d'amertume, avant de se départir de leurs coutumes despotiques ; semblables, en ce point, aux monarchies de droit divin, qui croient que tous les droits reposent sur une épée, jusqu'au moment où cette épée se brise entre leurs mains.

La révolution d'Amérique n'est pas le seul fait économique décisif de la fin du dix-huitième siècle. Nous avons vu que la découverte des deux machines de Watt et d'Arkwright avait complétement changé les conditions du travail, en substituant la mécanique aux bras des hommes, et les grandes associations aux petites industries. Ce seul coup devait frapper de mort toutes les corporations, et réduire en poussière leurs codes routiniers et barbares; mais il ne pouvait manquer de réagir en même temps sur le système financier de l'Europe. Le but naturel des impôts étant d'atteindre les revenus partout où ils se présentent, on devine aisément que la science des finances s'empressa d'exploiter le nouveau champ qui lui offrait ses récoltes. L'extrême accroissement des produits industriels appela sur cette jeune branche de la richesse publique l'attention des législateurs et des hommes d'État, et c'est ainsi qu'en Angleterre, l'élévation des impôts indirects a marché de front avec le développement de la production manufacturière. On a cessé tout à coup de chercher à diminuer les charges des peuples; il a paru plus avantageux de leur donner la force de les supporter. *Puisqu'il n'est pas possible de diminuer le fardeau, fortifions la monture,* disait un ministre anglais, et ce mot caractérise très-bien la tactique financière des gouvernements modernes. Les peuples comme les individus ont cessé de s'enfermer dans le cercle étroit des privations; ils ont plus de besoins parce qu'ils ont plus de moyens de les satisfaire : il leur suffit d'augmenter la dose du travail.

L'Angleterre était parvenue à ce point de ses expériences économiques, lorsqu'il lui fallut subir sa part de réaction des idées répandues par la révolution française. Singulier contraste, en effet, que celui de deux peuples dont l'un se précipitait vers les impôts indirects, tandis qu'ils étaient abolis par l'autre ! Et ces antipathies sont aisées à expliquer. L'aristocratie, toute-puissante en Angleterre, trouvait simple de rejeter sur le travail tout le poids des impôts ; la démocratie, victorieuse en

France, commettait la même injustice envers la propriété. Ici, l'on vendait les biens des émigrés et on décimait la richesse foncière ; ailleurs, on taxait les moindres articles de consommation et jusqu'à l'air nécessaire aux poumons. Il n'est pas surprenant qu'une guerre implacable ait éclaté entre deux principes si opposés, et cette guerre n'a cessé de régner qu'au moment où l'économie politique a opéré une transaction, fondée sur l'analyse véritable des éléments de la richesse. Lorsque Adam Smith eut demontré que les manufacturiers et les commerçants étaient producteurs au même titre que les cultivateurs, il fallut bien reconnaître la nécessité d'imposer la production manufacturière et commerciale comme la production agricole, et chacune d'elles proportionnellement à son revenu. Ce qui reste à décider aujourd'hui, c'est de savoir jusqu'à quel point l'équité et l'analyse permettent de taxer les classes qui vivent de salaires et non de profits ; et c'est pour cela que la question, d'abord posée entre l'aristocratie et la bourgeoisie, est descendue dans l'arène des passions populaires.

Les longues guerres de la révolution entre la France et l'Angleterre, en jetant les deux pays dans la nécessité des mesures extrêmes et des essais hasardeux, n'ont pas moins contribué que les écrivains économistes à la solution de plusieurs problèmes importants. Nous sommes loin d'admettre, avec Ricardo, par exemple, que l'augmentation des impôts ait été la principale cause du développement de la production manufacturière de l'Angleterre. Personne ne travaille uniquement pour payer des impôts, et il n'y a pas de production possible à cette condition ; mais on ne saurait disconvenir que le besoin de se procurer une foule d'objets de consommation indispensable, atteints par les taxes, n'ait dû exciter, chez la plupart des hommes, des dispositions très-énergiques pour le travail. Malheureusement, le gouvernement anglais entraîné par les exigences de la guerre, abusa de ces dispositions, qui devinrent bientôt insuffisantes, et la manie des expédients sembla renaître à la fin du siècle, comme elle avait régné au commencement. Les théories de finances les plus extravagantes furent proclamées comme des maximes positives du gouvernement. Les impôts cessèrent de répondre à la détresse du trésor : il fallut recourir aux emprunts, les multiplier, les combiner de mille façons ingénieuses, pour combler les déficits sans cesse croissants ; et c'est de là que naquit la théorie de l'amortissement, cette chimère dont l'Angleterre devait être, en quelques années, le berceau et le tombeau [1].

Les Anglais n'en ont pas moins eu l'honneur de fonder le crédit public moderne, en Europe, en prouvant qu'il pouvait très-bien survivre aux circonstances les plus critiques, et même aider un grand peuple à en sortir avec honneur. En effet, malgré l'accroissement perpétuel des impôts et des emprunts, la population de l'Angleterre n'avait cessé d'augmenter, son agriculture de s'enrichir et son industrie de produire chaque jour davantage. De nouveaux canaux avaient été ouverts, des *docks* creusés, des entreprises colossales exécutées avec une rapidité admirable ; le capital national s'était accru

[1] M. Pebrer (*Histoire financière de l'empire Britannique*), évalue à près de *cinquante milliards* de francs la somme des revenus perçus et des emprunts consommés par le gouvernement anglais, depuis le commencement de la Révolution française jusqu'à la paix de 1815. C'est une somme cinq fois plus considérable que toute la masse de numéraire existant en Europe à cette époque, pendant laquelle les métaux précieux furent le plus abondants.

avec la production elle-même : de telle sorte qu'aujourd'hui le peuple anglais est peut-être celui qui dispose du revenu le plus élevé, quoiqu'il paye d'énormes impôts. Ce qui devait le mener à la banqueroute le conduisit à la fortune, et sa banqueroute même, car il a passé par cette épreuve comme la France, fut encore pour lui une occasion de progrès et une source d'améliorations. On eût dit qu'il lui était donné de bouleverser les systèmes reçus, en toute chose, et d'étonner le monde par ses opérations de finances autant que par les procédés de son industrie. Pitt osa soutenir que le capital fictif créé par les emprunts était transformé en capital fixe, et devenait aussi avantageux pour le public, que si un trésor réel équivalent était ajouté aux richesses du royaume. Quoi de plus absurde qu'une telle assertion, et de plus surprenant, aussi, que les résultats merveilleusement féconds de ces emprunts multipliés, sous le poids desquels devaient succomber l'Angleterre !

C'est ainsi que les Anglais, non contents de leur *dette fondée*, inventèrent la *dette flottante*, au moyen de ces prodigieuses émissions de bons du trésor, dont l'emploi, sagement régularisé dans les temps de calme, est devenu l'une des ressources les plus commodes et les plus sûres des États modernes. Les administrateurs ont fait comprendre aux économistes qu'il y avait souvent beaucoup d'économie à pouvoir employer par anticipation en janvier le revenu de décembre ; et la hardiesse d'un essai justifié par l'état de crise où se trouvait l'Angleterre, a permis de substituer une institution financière utile aux expédients onéreux des temps passés. La dette flottante est devenue l'asile de tout les capitaux inactifs et *la réserve* des gouvernements constitutionnels. Il n'est plus nécessaire d'entasser à l'avance des capitaux enlevés au travail pour subvenir à des besoins imprévus. Qui aurait persuadé de telles choses à l'école des physiocrates, et même à celle d'Adam Smith, avant que les expériences vraiment gigantesques de la Grande-Bretagne eussent permis d'y croire et d'en reconnaître le fort et le faible !

Le même étonnement frappa le monde économique à la nouvelle de la suspension des payements de la banque d'Angleterre en 1797. Certes, si quelque doctrine était judicieuse et solide, c'était celle d'Adam Smith sur la constitution des banques, et sur la nécessité pour elles de limiter leurs émissions de billets, sous peine d'être obligées de racheter à grands frais des espèces après avoir vu leurs billets dépréciés : un jour, pourtant, la banque d'Angleterre, épuisée par les escomptes de bons du trésor, se trouva forcée de suspendre ses payements en numéraire. C'était une véritable banqueroute, puisque les billets étaient payables au porteur et en or ; et une telle banqueroute, dans les circonstances où se trouvait l'Angleterre, semblait devoir entraîner les plus affreuses catastrophes. Il n'en fut point ainsi, parce que le gouvernement eut le bon esprit de s'arrêter sur cette pente et de ne pas multiplier outre mesure les billets de la banque, convertis en papier-monnaie. A peine on s'aperçut d'une différence légère entre le taux de l'or et celui du papier, et l'exportation des espèces sembla n'avoir eu d'autre conséquence que de donner une destination plus productive aux richesses monétaires. Quand, plus tard, les émissions dépassèrent les limites dans lesquelles la fabrication du papier-monnaie avait été contenue, il n'en résulta qu'une hausse générale des salaires et des prix. La nation semblait être devenue plus riche parce que le chiffre des salaires était plus élevé, et cette élévation produisit une surexcitation générale dans le travail national.

D'un autre côté, et pendant que ces phénomènes curieux se manifestaient en Angleterre, des expériences contraires s'achevaient péniblement en France. Les assignats et les mandats, quoique garantis par des biens nationaux, supportaient une dépréciation inouïe dans les fastes financiers depuis la chute du système de Law. Ils tombaient au dernier degré de démonétisation, en présence des billets de la banque d'Angleterre qui se soutenaient malgré la banqueroute. Les uns, échangeables contre des terres, ne valaient plus rien; les autres, dépouillés de leur garantie en espèces, conservaient leur valeur nominale. La France étaient plongée dans l'anarchie avec tous les éléments de prospérité; l'Angleterre prospérait avec tous les éléments de l'anarchie. La production semblait redoubler dans ce pays à mesure qu'on lui retirait les espèces ; elle était paralysée en France, malgré la vente des biens qui créait des millions de propriétaires et par conséquent le plus énergique stimulant de laproduction, comme nous l'avons dit, la propriété. Aucune époque ne fut plus fertile en graves enseignements économiques, si ce n'est celle qui suivit le retour aux payements en espèces, quand la paix de 1815 permit à l'Angleterre de les reprendre, en vertu du fameux acte de M. Peel. Les conséquences de cette reprise faillirent être plus désastreuses pour la Grande-Bretagne, que ne l'avait été la suspension, ou plutôt, qu'elle n'avait paru devoir l'être. Le peuple anglais s'était accoutumé aux petits billets de banque, et il les avait adoptés pour monnaie. Les propriétaires, les employés du gouvernement, les rentiers, les salariés de tout rang, s'étaient bercés de l'illusion d'un accroissement dans leur fortune, parce qu'ils touchaient des fermages, des émoluments ou des rentes plus élevés. Tout à coup l'arrivée des espèces, inondant comme un flux le marché national, trouva des transactions nombreuses accomplies sous l'empire du papier-monnaie et en hausse ; tel qui avait traité à ces conditions fut forcé de s'acquitter en espèces. On devine aisément de quelle perturbation dut être accompagnée cette péripétie financière, qui affectait particulièrement les baux de l'agriculture et qui ressemblait, en sens inverse, à la crise définitive de notre papier-monnaie. Il fallut prévenir la ruine des fermiers par des remèdes héroïques, et les travailleurs vivant du salaire furent condamnés, par les lois céréales, à acquitter la dette des agriculteurs envers les propriétaires fonciers.

Cette crise ne fut pas la seule qui atteignit le peuple britannique, et l'Europe allait être témoin de plus d'une révolution, le jour où fut signée la paix qui semblait devoir les clore toutes. On a vu que le blocus continental avait donné une impulsion extraordinaire, à la fabrication française, désormais presque seule investie des débouchés du continent. L'Angleterre, sous l'influence de ce même blocus, s'était emparée des mers et de tous les marchés coloniaux qui lui assuraient sa prépondérance maritime. Il en était résulté, pour elle aussi, une grande activité manufacturière, à laquelle la contrebande prêtait en outre son appui. Tout à coup la paix *éclate*, comme aurait fait une guerre complète et subite ; et les traités qui rendent le repos au monde, préparent au commerce des luttes nouvelles, mille fois plus sérieuses et plus inextricables que la lutte des armes. La France réduite, à ses anciennes limites, est entourée d'un triple cordon de douanes, presque aux portes de sa capitale, et l'Angleterre, qui appprovisionnait les colonies, se voit forcée d'en céder le marché à leurs métropoles pacifiées. L'Espagne essaye de reprendre l'Amérique du Sud ; les Hollandais reprennent Java, chacun veut ressaisir sa proie; et la guerre des baïonnettes se change en une guerre ignoble de *sondes* et de douaniers. Les conditions du travail étaient donc modifiées encore une fois dans toute l'Europe, par le renversement de la domination française et par l'ouverture des mers, si longtemps anglaises, au commerce de toutes les nations.

L'administration européenne donna alors un spectacle bien fait pour exciter les peuples à l'étude de l'économie politique. On vit des États qui prospéraient naguère, malgré la rivalité de voisins qui étaient leurs sujets, solliciter contre ces mêmes voisins, devenus libres, des restrictions chaque jour plus sévères et se fermer leurs frontières en leur interdisant les leurs. On vit l'Angleterre plus repoussée du continent par les tarifs de ses alliés, qu'elle ne l'avait été par les armes de ses ennemis, et la misère envahir ses ateliers déserts, lorsque sa politique victorieuse semblait lui assurer le monopole du monde. Il ne lui restait de tant d'efforts que le chiffre alarmant de sa dette publique et des populations exténuées par les taxes que leur avait imposées une aristocratie inexorable. Quel magnifique sujet d'étude pour les économistes ! Que de faits présentait à leur observation cette longue série d'événements nouveaux dans l'histoire de la science, la division de la propriété, l'abolition des jurandes, des impôts indirects, les emprunts publics, l'amortissement, le papier-monnaie, la suspension et la reprise des payements de la banque d'Angleterre, et par-dessus tout, ce contraste étonnant de résultats opposés pour des causes semblables, et de conséquences semblables pour des causes opposées ! De ce jour, on comprit qu'il n'y avait rien d'absolu dans la physiologie sociale ; elle passait naturellement au rang des sciences d'observation, et ses jugements devaient être fondés sur l'expérience et la comparaison des faits accomplis, plutôt que sur des théories primitives. Je ne crains pas d'affirmer que c'est de cette vaste encyclopédie, qui date de 1789, et qui finit à 1830, que l'économie politique a tiré ses matériaux les plus précieux et les bases les plus solides de ses doctrines. Les économistes abordent, à partir de ce temps, les questions positives, et ils se mêlent sérieusement aux choses humaines ; ils sortent du terrain aride des abstractions pour s'élever à la pratique, c'est-à-dire pour devenir utiles et vraiment populaires : honneur insigne et qui appartient principalement à l'un de nos compatriotes, à J.-B. Say.

CHAPITRE XXXIX.

De J.-B. Say et de ses doctrines. — Conséquences importantes de sa théorie des Débouchés. — Exposé des services que cet écrivain a rendus à la science. — Caractère de son école. — C'est elle qui a popularisé l'économie politique en Europe.

Il était impossible que les grandes expériences exécutées en France et en Angleterre, pendant la longue lutte que ces deux nations ont soutenue l'une contre l'autre, ne fournissent pas à l'économie politique de nouveaux éléments d'observations, et ne contribuassent point à son avancement. Adam Smith avait posé sans doute les bases essentielles de cette science d'une main ferme et assurée; mais nous avons vu qu'il avait laissé à ses successeurs de hautes questions à résoudre. Ce qui restait surtout à faire, c'était de poser les bornes de la science et de bien déterminer le champ où doivent s'étendre ses recherches. Adam Smith avait jeté la plus vive lumière sur la théorie des banques, sur la division du travail, sur les fondements de la valeur des choses; il avait fait de véritables découvertes : mais il n'avait pas assez vécu pour en observer les applications. C'est seulement après sa mort que l'on a pu juger les effets de la concurrence illimitée dont il fut un des premiers apôtres; et le paupérisme compliqué de nos jours ne troublait pas encore la sérénité de ceux où il vécut. L'économie politique n'était que la science de la production des richesses. Il était réservé à un Français de compléter l'œuvre et de nous initier aux mystères de la distribution des profits du travail, en même temps qu'il nous faisait connaître les phénomènes si variés de la consommation des produits.

La situation de la France était très-favorable à cette étude, après les orages de notre révolution. N'avait-on pas essayé de tous les systèmes et poussé jusqu'à leurs dernières conséquences les principes les plus hasardés? N'avait-on pas vu de près la banqueroute, le gaspillage des capitaux par la guerre, la destruction momentanée du commerce par le *maximum*, le blocus des mers et cette foule de catastrophes industrielles et financières dont l'histoire du temps est toute remplie? Le moment était venu de conclure, et de résumer en un corps de doctrine les théories qui ressortaient naturellement de cette masse de faits nouveaux et inouïs. Il fallait expliquer ce cataclysme économique sans pareil dans le monde et qui apparaissait pourtant comme le précurseur d'une rénovation générale. C'est ce que fit J.-B. Say, en publiant la première édition de son *Traité d'économie politique*, sous le consulat de Bonaparte. De ce livre date réellement en Europe la création d'une méthode simple, sévère et savante pour étudier l'économie politique, et le moment est venu pour nous de la juger.

Le principal mérite de cet ouvrage fut d'avoir défini nettement les bases de la science. J.-B. Say en sépara la politique avec laquelle les *économistes* du dix-huitième siècle l'avaient sans cesse confondue, et l'administration dont les Allemands la croyaient inséparable. Ainsi réduite à des limites plus précises, l'économie politique ne risquait plus de se perdre dans les abstractions de la métaphysique et dans les détails de la bureaucratie. J.-B. Say la rendait indépendante en l'isolant, et il prouvait que son étude convenait aux monarchies aussi bien qu'aux républiques. Partout on avait besoin de connaître ses lois, parce que, sous toutes les formes de gouvernement, la production des richesses était la source la plus féconde de la prospérité des États. En même temps, il exposait ses principes de la manière la plus claire et la plus méthodique, et il créait la nomenclature désormais adoptée par tous les économistes de l'Europe. Sa théorie de la valeur fondée sur l'utilité complétait celle d'Adam Smith, et quoiqu'elle laissât, comme toutes les théories, quelques lacunes à remplir, il ne s'en servait pas moins pour résoudre les questions les plus difficiles, avec tout le degré de certitude dont elles sont susceptibles.

Quelques controverses qui se soient élevées depuis sur plusieurs points de ses doctrines, tout le monde reconnaît aujourd'hui la supériorité de sa méthode sur toutes celles de ses contemporains. L'économie politique n'est à ses yeux qu'une science qui traite de la production, de la distribution et de la consommation des richesses. Les richesses se produisent au moyen des trois grandes branches qui résument tout le travail humain : l'agriculture, l'industrie et le commerce. Les capitaux et les fonds de terre sont les instruments principaux de la production : par l'épargne et l'accumulation on obtient les premiers ; la propriété garantit la libre action des autres. Le travail de l'homme, combiné avec celui de la nature et des machines, donne la vie à tout cet ensemble de ressources duquel seul émanent les richesses qui sont le fonds commun des sociétés. Smith avait admirablement démontré les avantages de la division du travail : J.-B. Say a perfectionné son œuvre et fait ressortir quelques-uns des abus de cette division, exagérés plus tard par M. de Sismondi [1].

Mais ce qui assure une renommée immortelle à l'écrivain français, c'est sa *théorie des débouchés* qui a porté le dernier coup au système exclusif et précipité la chute du régime colonial. Cette belle théorie, toute fondée sur l'observation scrupuleuse des faits, a prouvé que les nations ne payaient les produits qu'avec des produits et que toutes les lois qui leur défendent d'acheter, les empêchent de vendre. Aucun malheur, dès lors, n'est sans contre-coup dans le monde ; quand la récolte manque sur un point, les manufactures souffrent sur un autre ; et quand la prospérité règne dans un pays, tous ses voisins y prennent part, soit à cause des demandes qui en viennent, soit à cause du bon marché qui résulte de l'abondance des produits. Les nations sont donc solidaires dans la bonne comme dans la mauvaise fortune ; les guerres sont des folies qui ruinent même le vainqueur, et l'intérêt général des hommes est de s'entr'aider, au lieu de se nuire comme une politique aveugle les y a poussés trop longtemps. Nous commençons à comprendre les conséquences de cette doctrine vraiment savante et élevée, et déjà l'on peut juger par la sollicitude des gouvernements à éviter la guerre, que les principes de J.-B. Say ont pénétré dans les conseils des rois. Son titre le plus glorieux est d'avoir démontré comme une vérité positive et d'intérêt matériel ce qui ne paraissait qu'une utopie philosophique, et ce mérite est d'autant plus

[1] *Nouveaux principes d'économie politique.*

grand que Montesquieu, Voltaire[1], La Fontaine, nos plus beaux génies, ont professé l'erreur contraire.

Le système restrictif ne saurait subsister plus longtemps en présence des arguments accablants par lesquels J.-B. Say en a provoqué la destruction. « On achète davantage, dit-il, toutes les fois qu'on recueille davantage. Une branche de commerce qui prospère fournit de quoi acheter et procure conséquemment des ventes à tous les autres commerces ; et par contre, quand une partie de manufactures ou certains genres de commerce languissent, la plupart des autres en souffrent... Une nation, par rapport à la nation voisine, est dans le même cas qu'une province par rapport à une autre province, qu'une ville par rapport aux campagnes : elle est intéressée à les voir prospérer et assurée de profiter de leur opulence. C'est donc avec raison que les États-Unis ont cherché à donner de l'industrie aux tribus sauvages dont ils sont entourés : ils ont voulu qu'elles eussent quelque chose à donner en échange, car on ne gagne rien avec des peuples qui n'ont rien à vous donner. » Que d'expériences n'avons-nous pas dû faire avant d'arriver à ces conclusions généreuses ! Aussi, J.-B. Say s'écriait-il vers la fin de sa carrière : « Quarante années se sont écoulées depuis que j'étudie l'économie politique, et quelles années ! Elles valent quatre siècles pour les réflexions qu'elles ont fait naître. »

Cet auteur a eu, sur tous ses prédécesseurs et sur la plupart de ses contemporains, l'avantage inappréciable

[1] On lit dans le *Dictionnaire philosophique*, à l'article PATRIE : « Telle est la condition humaine, que souhaiter la grandeur de son » pays, c'est souhaiter du mal à ses voisins... *Il est clair qu'un » pays ne peut gagner sans qu'un autre perde.* »
Heureusement, tout cela n'est plus si clair aujourd'hui.

d'avoir suivi la marche des événements en observateur judicieux et d'avoir profité des nombreuses expériences dont ces événements lui offraient l'occasion. Aussi ne s'est-il pas borné à l'étude des phénomènes de la richesse, d'une manière purement théorique et abstraite : on reconnaît à chaque pas l'homme pratique, accoutumé à suivre les conséquences de ses doctrines et à subordonner celles-ci à l'utilité plus ou moins grande de leurs applications. Le caractère distinctif de ses écrits, la lucidité, brille surtout dans les questions qui avaient été embrouillées par les économistes de tous les temps et de tous les pays, et principalement dans celle des monnaies. Il en expose les éléments avec une netteté admirable, et il réduit au néant cette masse innombrable d'écrits qui ont pullulé en Italie, en Espagne, en France et en Angleterre, à l'époque où les gouvernements faisaient à tour de rôle de la fausse monnaie. S'il parle des diverses classes de travailleurs qui concourent à la production, on sent qu'il a vécu avec elles, qu'il connaît leurs besoins et qu'il a une idée exacte de leurs maux. C'est à lui que les savants doivent leur réhabilitation dans la hiérarchie industrielle, et quoique les produits *immatériels* ne soient pas susceptibles d'accumulation, J.-B. Say a démontré leur salutaire influence sur la prospérité des États. Les fonctionnaires publics seuls et les services qu'ils rendent à la société, ont trouvé moins de faveur auprès de cet illustre économiste ; l'indignation qu'il éprouvait à la vue de l'Angleterre surchargée d'impôts, et sa haine contre le despotisme de l'empire, ne lui ont pas permis d'être équitable envers l'empereur, ni de mesurer d'un œil juste la distance qui sépare l'usage de l'abus. J.-B. Say, malgré la supériorité de son esprit, n'était point inaccessible aux passions politiques, et quoique ses écrits présentent peu de traces des préventions auxquelles il fut exposé pendant nos longues réactions politiques, on ne peut s'empêcher de reconnaître qu'il a cédé plus d'une fois à des ressentiments bien excusables dans ces temps agités.

Mais ces généreux ressentiments se manifestent bien plus, dans ses écrits, par quelques boutades épigrammatiques, que par des théories passionnées. Les sujets qui nous touchent le plus vivement aujourd'hui, ceux même qui de tout temps ont eu le privilége de remuer le plus vivement les esprits, les questions de salaires, de population, semblent l'émouvoir à peine; il procède à leur examen avec sa rigidité naturelle, et il adopte entièrement à leur égard les idées de Malthus. C'est par là désormais que ses écrits seront vulnérables et qu'ils ne peuvent manquer d'être dépassés par l'école de M. de Sismondi, malgré les erreurs qu'elle a commises et l'impossibilité où elle s'est vue jusqu'ici de trouver un remède aux maux qu'elle a si vivement dépeints. J.-B. Say a trop considéré la production indépendamment des producteurs. Il a été séduit par les prodiges de l'industrie anglaise, de la grande industrie manufacturière, et il n'a pas eu le temps d'apprécier tous les fléaux qu'elle traîne à sa suite. Il a obéi au préjugé contemporain qui considérait le salaire comme suffisant, non point parce qu'il faisait vivre, mais parce qu'il empêchait de mourir. Ses études sur la distribution des profits du travail sont dominées par l'influence du capital, et ses considérations sur les effets des consommations publiques portent trop visiblement l'empreinte de sa rancune contre les abus de la tyrannie. Il y a eu deux puissances que ce grand écrivain a inégalement traitées, quoique avec une égale injustice : les capitaux, en leur faisant la part trop belle, et les gouvernements, en leur refusant toute action efficace sur le bonheur des citoyens [1].

Mais nul n'a popularisé la science économique au même degré que J.-B. Say, En vain on lui a reproché de l'avoir réduite aux proportions étroites de la *chrématistique* ou de la science des richesses, il a très-bien prouvé que l'économie politique n'avait commencé à être une science qu'à dater du jour où ses limites avaient pu être exactement tracées, et il a protesté dans ses derniers écrits contre le projet qu'on lui avait supposé de la vouloir restreindre à l'analyse abstraite des lois de la production [2]. Il détestait surtout les hypothèses et les systèmes, comme la source de presque tous les maux qui ont pesé sur les populations, et l'économie politique ne lui semblait vraiment utile, que parce qu'elle était appelée à réfuter sans réplique les préjugés désastreux dont l'espèce humaine est affligée. Aussi ne laisse-t-il pas une

1 « L'administration insignifiante du cardinal de Fleury, dit-il, prouva du moins qu'à la tête d'un gouvernement, c'est déjà faire beaucoup de bien que de ne pas faire de mal. »

(*Discours préliminaire*, p. xlviij.)

2 « L'objet de l'économie politique, dit-il, semble avoir été restreint jusqu'ici à la connaissance des lois qui président à la formation, à la distribution et à la consommation des richesses. C'est ainsi que moi-même je l'ai considérée dans mon *Traité d'économie politique*, publié pour la première fois en 1803. Cependant on peut voir dans cet ouvrage même que cette science tient à tout dans la société. Depuis qu'il a été prouvé que les propriétés immatérielles, telles que les talents et les facultés personnelles acquises, forment une partie intégrante des richesses sociales, et que les services rendus dans les plus hautes fonctions ont leur analogie avec les travaux les plus humbles; depuis que les rapports de l'individu avec le corps social et du corps social avec les individus, leurs intérêts réciproques ont été clairement établis, l'économie politique, qui semblait n'avoir pour objet que les biens matériels, s'est trouvée embrasser le système social tout entier. »

(*Cours complet d'économie politique pratique*, tome I, p. 7.)

seule objection sans réponse, et l'utilité de ses ouvrages consiste-t-elle bien plus dans les erreurs qu'il a dissipées, que dans les vérités qu'il a découvertes. J.-B. Say a tracé le premier programme complet de l'économie politique, et les écrivains mêmes qui ne partagent pas ses principes se sont accordés à reconnaître l'excellence de sa méthode et la justesse rigoureuse de ses déductions. Grâce à cette méthode, on s'explique aisément les crises commerciales qui ont désolé la France et l'Angleterre à diverses époques, et l'on peut en prévenir le retour ou en atténuer les effets par des mesures efficaces.

L'influence de J.-B. Say a contribué, plus que celle d'aucun écrivain contemporain, à répandre le goût de l'économie politique en France et en Europe. Ses théories, si naturellement applicables aux questions politiques, furent étudiées avec ardeur sous la Restauration comme un instrument d'opposition et de guerre, et peut-être doivent-elles une partie de leur succès aux services qu'elles rendirent dans les discussions parlementaires de l'époque. Les publicistes y cherchaient des arguments décisifs contre l'énormité des charges imposées à la nation, et ils s'accoutumaient à ces analyses minutieuses du budget, qui ont dégénéré plus tard en disputes de chiffres ou en querelles de portefeuilles. J.-B. Say ne voulait pas que les gouvernements se fissent entrepreneurs de travaux publics, et il blâmait sévèrement leur intervention dans les affaires industrielles du pays. La plupart des impôts lui semblaient des fléaux comme la grêle, les incendies et les invasions, et quoique sa philanthropie fût sincère et profonde, il se montrait plus hostile au pouvoir que favorable aux masses laborieuses. Il travaillait pour elles avec persévérance, sans rechercher leur faveur ni craindre leur disgrâce. Il disait des vérités austères aux peuples et aux rois, avec l'impartialité dédaigneuse et stoïque d'un philosophe uniquement occupé des intérêts de la science et de l'humanité. Toute la Presse française se pénétrait de ses doctrines, sans en connaître l'auteur qui vivait à l'écart, entouré de sa famille et d'un petit cercle d'amis, tandis que ses ouvrages, traduits dans toutes les langues, obtenaient, en moins de vingt ans, cinq éditions successives tirées à un nombre considérable d'exemplaires.

C'est, en effet, à la voix de J.-B. Say que les premières attaques furent dirigées en France contre le système économique de la Restauration. La réaction de 1815 voulait reconstituer le droit d'aînesse, les substitutions, les corporations, les priviléges ; plus tard, battue sur ce terrain, elle essayait de refaire une aristocratie foncière, moitié féodale, moitié industrielle, en élevant le tarif des fers qui augmentait le prix des bois et le revenu des propriétaires de forêts. Puis vinrent les lois céréales, la taxe sur les bestiaux étrangers, l'emprunt des émigrés, les droits différentiels sur les sucres coloniaux ; et chacune de ces mesures était flétrie à l'avance dans des chapitres du *Traité d'économie politique*, empreints de la plus haute raison, et qui n'avaient pas été faits dans ce but ni pour la circonstance. L'Europe entière profitait de ces rudes leçons qui semblaient destinées à la France, puisqu'elles étaient publiées dans un livre français ; et plus d'une fois, l'auteur se trouva engagé dans une lutte vive avec les plus savants économistes de son temps. Malthus, Ricardo, M. de Sismondi, M. Storch, soutinrent contre J.-B. Say des thèses mémorables sur quelques points de doctrine ; mais tous s'accordèrent à reconnaître en lui le plus infatigable athlète de la science, et son plus illustre propagateur, après Adam Smith.

J.-B. Say était partisan des idées de Malthus sur la population, il les adoptait pleinement, franchement, sans restriction, et il les a fait prévaloir en France jusqu'au moment où les doctrines saint-simoniennes leur ont porté le premier coup. Il était peu préoccupé des excès du système manufacturier anglais, et il attribuait la plaie du paupérisme, dans ce pays, à des causes purement politiques. L'encombrement des marchés lui semblait uniquement la conséquence des restrictions commerciales. On ne vendait pas assez sur un point, selon lui, parce qu'on ne produisait pas suffisamment sur un autre. La production et la consommation étaient à ses yeux des opérations corrélatives, et il ne cherchait pas d'autre motif à la détresse de certains pays, que le défaut de production des pays avec lesquels ils entretenaient des rapports. L'expérience nous a déjà appris que ce n'est point sur cette base unique qu'il est permis d'établir des relations commerciales, et qu'un peuple ne doit pas livrer exclusivement aux hasards du commerce extérieur le sort de ses manufactures. Aussi, J.-B. Say insistait-il pour démontrer que les meilleurs consommateurs des produits d'une nation étaient les producteurs nationaux eux-mêmes, auxquels l'échange assurait des débouchés réguliers et stables, quand l'impéritie des gouvernements n'y mettait pas obstacle. Les analyses qu'il a données du mécanisme des échanges ont jeté la plus vive lumière sur toutes les questions qui s'y rattachent, questions bien importantes, puisque c'est sur elles que repose la prospérité des nations. « Presque toutes les guerres livrées depuis cent ans, dans les quatre parties du monde, l'ont été pour une *balance du commerce* qui n'existe pas, et d'où vient l'importance attribuée à cette prétendue balance du commerce? De l'application exclusive qu'on a faite du mot *capital* à des matières d'or et d'argent [1]. »

C'est par des rapprochements aussi simples et aussi frappants que J.-B. Say est parvenu à dépopulariser la guerre, et à adoucir les préjugés nationaux qui tendaient à la perpétuer. Cette œuvre immense, dont la seule idée avait fait reléguer l'abbé de Saint-Pierre au rang des visionnaires, s'accomplit sous nos yeux. Loin d'élever des barrières nouvelles entre les peuples, on travaille à aplanir celles qui existent; on jette des ponts sur les fleuves-frontières, on trace des chemins de fer mitoyens, on supprime la plupart des prohibitions. Cette belle partie du programme de J.-B. Say s'est exécutée avant sa mort, et nous voyons tous les jours les progrès de l'opinion publique favoriser l'exécution du reste. Il n'a manqué à cet écrivain que d'envisager d'un point de vue plus social et plus élevé les questions de paupérisme et de salaires. On sent, en le lisant, quelque chose de dur et de repoussant qui rappelle les formules abstraites de Malthus et de Ricardo. Sa logique est sans pitié quand il s'agit de secourir les infortunes qui lui paraissent méritées, et l'on dirait, à entendre ses avertissements sévères à la bienfaisance [2], qu'elle a plus d'encouragement pour l'inconduite que de consolations pour le malheur. Mais pour tout ce qui regarde les grands principes de la science, dans les questions de douanes, de monnaies, de crédit public, de colonies, cet auteur

1 *Traité d'économie politique*, tome III, page 261.

2 L'homme qui, par son incurie et sa paresse, est tombé dans la misère après avoir épuisé ses capitaux, est-il fondé à réclamer des secours, lorsque ses fautes mêmes privent de leurs ressources les hommes dont ses capitaux alimentaient l'industrie? »

(*Traité d'économie politique*, liv. III, chap. 7.)

est devenu le guide le plus sûr qu'on puisse suivre et l'écrivain le plus classique de l'Europe.

Le dernier de ses ouvrages, qui est aussi le plus volumineux [1], présente des modifications notables aux premières opinions professées par l'auteur. Il y règne moins d'aigreur contre les gouvernants, soit que M. Say eût reconnu dans certains cas l'utilité de leur influence, soit qu'il ait cru devoir faire quelques sacrifices à la position qu'il occupait. Tous ceux qui connaissaient son caractère adopteront de préférence la première hypothèse, qui se trouve d'ailleurs confirmée par des passages remarquables où il est évident que cet écrivain obéissait à une conviction nouvelle. C'est ainsi que dans une circonstance importante il avait soutenu que le travail des esclaves était plus économique que celui des hommes libres, et il eut la bonne foi de reconnaître publiquement qu'il s'était trompé. Il ne pardonnait pas la persévérance dans l'erreur, et il ne laissait passer aucune occasion de stigmatiser les mauvais livres d'économie politique. Les erreurs en cette science lui paraissaient plus funestes qu'en aucune autre, et il les poursuivait partout où il en croyait voir, même chez ses émules les plus célèbres, dans l'espoir d'établir l'économie politique sur des fondements inébranlables. Mais il est temps de signaler les travaux de ces économistes renommés.

[1] Il est intitulé : *Cours complet d'économie politique pratique*, 6 vol. in-8°. (Voyez la *Bibliographie*, à la fin de ce volume.)

CHAPITRE XL.

De l'économie politique en Angleterre depuis le commencement du dix-neuvième siècle. — Système de Pitt, soutenu par Thornton, attaqué par Cobbett. — Doctrine de Ricardo. — Ecrits de James Mill. — De M. Torrens. — De M. Mac-Culloch. — De M. Tooke. — Travaux de M. Huskisson. — De sir Henri Parnell. — Traités de M. Wade. — De M. Poulett Scrope. — *Économie des manufactures*, par Babbage. — *Philosophie des manufactures*, par le docteur Ure. — Grande popularité de l'économie politique en Angleterre.

La longue nomenclature des économistes anglais postérieurs à l'époque d'Adam Smith et la concordance de leurs ouvrages, prouvent combien l'impulsion donnée à l'économie politique par son illustre fondateur avait été vive et féconde. Les idées qu'il venait de populariser portaient déjà leurs fruits. Les questions économiques avaient cessé d'être abandonnées au hasard, et le gouvernement lui-même éprouvait le besoin de soumettre au contrôle de la science ses résolutions les plus importantes. On en eut un témoignage frappant à l'époque de la suspension des payements de la Banque d'Angleterre en 1797. Ce fut la première circonstance où l'on invoqua des théories à l'appui d'une grande mesure financière, et dès lors la discussion passa de la solitude des livres au sein du Parlement. Une fois imprimé, le mouvement ne s'arrêta plus; chacun crut devoir recourir à l'austérité des principes pour appuyer son opinion, et la tribune devint l'un des plus puissants auxiliaires de l'économie politique. Ainsi, *les Recherches sur les causes de la richesse des nations* doivent être considérées comme la source de tous les bons écrits publiés sur cette matière depuis environ cinquante ans.

Avant la longue lutte de la France et de l'Angleterre, sous l'influence de notre révolution de 1789, les doctrines d'Adam Smith n'avaient encore reçu qu'une grande et solennelle application : l'émancipation des États-Unis. On commençait sans doute à apprécier les avantages de la division du travail et de l'emploi des machines, mais nulle grave question n'avait encore mis à l'épreuve les théories du célèbre Écossais sur la constitution des banques et sur les maladies du système monétaire : il fallut que le génie aventureux de Pitt osât risquer la banqueroute, pour qu'on reconnût toute la justesse des analyses qu'Adam Smith avait données du phénomène de la circulation. Alors parurent à divers intervalles une foule d'ouvrages pour attaquer ou pour défendre les doctrines de Smith, et l'opinion publique commença à se former au bruit de ces querelles mémorables. L'un des ouvrages les plus intéressants publiés à cette époque [1], par M. Henry Thornton, avait pour but de justifier la suspension des payements en numéraire; et quoiqu'il fourmille d'erreurs, nul autre n'a jamais fait comprendre avec plus de clarté les avantages de la circulation monétaire, soit en papier, soit en espèces.

[1] *An Enquiry into the nature and effects of the paper credit of Great Britain*, Londres, 1802.

L'auteur y soutenait que les banques pouvaient favoriser indéfiniment le travail et multiplier la production sans avoir besoin de numéraire, à la seule condition de régler leurs émissions avec prudence. Il proclamait les bienfaits du crédit en présence d'une mesure qui semblait devoir l'anéantir, et l'avenir a pris soin de justifier ses prédictions les plus raisonnables.

Cependant, vers la fin de l'année 1810, l'Angleterre, épuisée par les efforts qu'elle avait faits pour renverser la puissance de Napoléon, voyait tout son or exporté sur le continent pour soudoyer les coalitions, et le prix des denrées élevé à un taux qui rendait très-difficile la continuation du régime financier imaginé par Pitt. C'est alors que parurent les fameuses lettres de Cobbett [1], qui attaquaient avec une énergie indomptable les abus du papier-monnaie et les déceptions financières du gouvernement. Nous ne connaissons pas d'étude plus intéressante que celle de ce livre pour quiconque veut apprécier à leur juste valeur les avantages et les inconvénients du système de crédit. Jamais la verve d'un écrivain n'avait eu à lutter contre un sujet aussi difficile, et jamais, depuis les *Provinciales* de Pascal et les *Mémoires* de Beaumarchais, on n'avait mis plus d'esprit au service de la raison. Les partis politiques ont pu attaquer Cobbett comme un pamphlétaire sans tenue et sans dignité; mais la postérité, plus juste pour lui qu'il ne l'était envers ses contemporains, lui assignera un rang très-distingué parmi les économistes populaires. Si toutes les questions d'économie politique avaient été traitées avec cette clarté vigoureuse et naïve, il n'y aurait peut-être

[1] *Paper against Gold, or the History and Mystery of the Bank of England.* Ce pamphlet prodigieux a plus de sept éditions.

pas aujourd'hui un seul point de doctrine en litige, et cette science serait devenue accessible à toutes les classes de la population. Cobbett ne cherchait pas ses arguments dans des hypothèses contestables ou dans les traités dogmatiques des écrivains qui l'avaient précédé ; il attaquait avec les seules ressources du bon sens, et sa logique inflexible portait la lumière la plus vive au fond des discussions les plus ardues. Ses pamplets économiques, presque tous datés de la prison d'État de Newgate, sont des chefs-d'œuvre de raison et de style, et ne sauraient être étudiés avec trop de soin par les hommes jaloux d'approfondir les mystères du crédit public.

Presque en même temps, l'Angleterre s'enrichissait des premiers écrits de M. Ricardo, qui devaient jeter un si brillant éclat sur l'économie politique. On était en 1809 ; la hausse dans le prix de l'or et la baisse dans le cours du change qui eurent lieu cette année, avaient vivement préoccupé l'attention publique. Ricardo publia une brochure intitulée : *Le haut prix du lingot prouve la dépréciation des billets de banque* [1]. Il y démontrait scientifiquement la thèse soutenue par Cobbett, c'est-à-dire les inconvénients d'une trop grande émission de papier-monnaie. Il faisait voir que la hausse et la baisse du cours ne sont que des termes relatifs, et que, tant que la circulation d'un pays se compose uniquement

[1] *The high price of bullion, a proof of the depreciation of Bank-notes.* — Cet écrit, aujourd'hui assez rare, est un des documents les plus remarquables de l'économie politique par sa simplicité et sa précision nette et pratique. (*Note de l'auteur.*)

Il a été traduit en français par M. Fonteyraud et se trouve dans le volume de la *Collection des économistes*, de Guillaumin, qui contient les *OEuvres complètes de Ricardo.*

(*Note de l'éditeur.*)

de monnaies d'or et d'argent ou de papier conversible en ces monnaies, il est impossible que le cours s'élève au-dessus ou tombe au-dessous du cours des autres pays, d'une somme plus forte que celle qui est nécessaire pour les frais d'importation d'espèces ou de lingots en cas de rareté, ou pour les frais d'exportation d'une partie du superflu, en cas de surabondance. Mais lorsqu'un pays émet un papier-monnaie non conversible, comme c'était alors le cas en Angleterre, ce papier ne peut être exporté quand il est trop abondant sur la place, et par conséquent toutes les fois que le change avec l'étranger baisse, ou que le prix du lingot s'élève au-dessus de son prix en espèces monnayées de la somme nécessaire pour l'exportation des monnaies, il est évident qu'on a émis trop de papier, et que sa valeur est tombée en raison de l'excès dés émissions. Ricardo contribua beaucoup à la nomination d'un comité chargé d'examiner cette question, et les mesures qu'il proposait pour remédier au mal, ajournées d'abord par l'ignorance ou le mauvais vouloir, furent adoptées depuis, aux applaudissements de son pays et de tous les amis éclairés de la vérité.

C'est à cette occasion que l'auteur imagina un système de banque dans lequel les billets seraient échangeables, non contre des espèces monnayées, mais contre des lingots. La sécurité des porteurs de billets se trouvait ainsi conciliée avec celle des banques. Celles-ci étaient obligées de restreindre leurs émissions, pour n'avoir pas à augmenter leur garantie en lingots; et comme les lingots n'avaient pas cours de monnaie, les banques étaient moins exposées à des demandes de remboursement. Rien n'était plus ingénieux que ce système, puisqu'il présentait tous les avantages du crédit sans en avoir les dangers et toutes les garanties d'une monnaie d'or sans en entraîner les frais : aussi est-il probable qu'on en fera l'essai quelque jour avec succès dans plus d'un pays [1].

Le principal ouvrage de Ricardo sur les *principes de l'économie politique et de l'impôt*, publié en 1817, a excité dans le monde économique des sensations profondes, mais diverses. Quelques écrivains l'ont considéré comme le plus remarquable qui ait paru depuis Adam Smith; d'autres lui ont reproché d'avoir jeté l'économie politique dans les abstractions et de l'avoir hérissée de formules algébriques. Simple historien et peu disposé à rentrer dans des controverses aujourd'hui épuisées, je me bornerai à signaler les caractères distinctifs de cet ouvrage. Ricardo y soutient que le revenu est tout à fait étranger aux frais de production; que la hausse des salaires amène la baisse dans les profits et non dans le prix des denrées, et que la baisse des salaires amène la hausse dans les profits et non la baisse dans les prix. Après avoir établi que la variation des profits est en raison inverse de celle des salaires, il chercha à découvrir les circonstances qui déterminent le taux des salaires et conséquemment celui des profits. Il crut les avoir trouvées dans les frais de production des articles nécessaires à la consommation du travailleur. Quelque élevé que soit le prix de ces articles, il est clair que le travailleur doit toujours en recevoir une quantité suffisante pour son existence et pour celle de sa famille. Toutefois, comme les produits bruts doivent toujours former la partie principale de la subsistance du travailleur, et que

[1] Ce projet est exposé dans un écrit de Ricardo, intititulé : *Proposals for an economical and secure Currency*, Londres, 1816.

leur prix a une tendance constante à monter, en raison de la stérilité constamment croissante des terrains auxquels il faut avoir recours dans les sociétés avancées, il suit que les salaires doivent avoir aussi une tendance constante à s'élever et les profits à baisser avec l'accroissement de la richesse et de la population [1]. En somme, la doctrine fondamentale de Ricardo sur le fermage se réduisait à soutenir que le profit que fait un propriétaire foncier sur sa terre, c'est-à-dire ce que lui paye son fermier, ne représente jamais que l'excédant, à égalité de frais, du produit de sa terre, sur le produit des plus mauvaises terres cultivées dans le même pays.

Cette opinion, appuyée de développements remarquables, fut vivement attaquée par Malthus et par J.-B. Say ; et cependant ces auteurs arrivaient par des chemins différents aux mêmes conclusions : seulement, les adversaires de Ricardo soutenaient que si les mauvais terrains étaient cultivés, c'était l'étendue des besoins de la société et le prix qu'elle est en état de payer pour avoir du blé, qui permettaient de trouver un profit foncier sur les terres meilleures ou mieux situées. Dire que ce sont les mauvaises terres qui sont la cause du profit que l'on fait sur les bonnes, c'était admetre en d'autres termes un principe déjà connu, que les frais de production ne sont pas la cause du prix des choses, mais que cette cause est dans les besoins que les produits peuvent satisfaire [2]. La controverse élevée sur ce point n'était donc plus qu'une querelle de mots ; néanmoins, Ricardo a jeté dans son livre de si hautes considérations sur l'influence réelle des impôts en matière de revenus, de profits, de

[1] *Notice sur la vie et les ouvrages de Ricardo*, par M. Constancio, son traducteur, page 32.

[2] J.-B. Say, *Traité d'économie politique*, tome II, p. 358.

salaires et de produits bruts, que même en contestant la théorie de l'auteur, on ne peut s'empêcher de reconnaître les lumières qu'il a répandues sur cette partie difficile de la science. Il est fâcheux que cet écrivain se soit placé trop souvent dans des hypothèses hasardées, pour en tirer des conséquences abstraites et inapplicables : semblable à un mécanicien qui apprécierait l'action des machines, sans tenir compte du frottement et des matériaux dont elles sont construites. Ricardo aimait trop à généraliser ; il se jetait souvent dans une sorte de métaphysique économique, toute hérissée d'arguments et de formules ardues, dont on accuse la science, quoiqu'elle en ait eu beaucoup à souffrir. C'est ainsi que « sous prétexte de l'étendre, disait J.-B. Say, on l'a poussée dans le vide [1]. »

Pour nous, le plus grand reproche que nous croyons qu'on puisse adresser à Ricardo, c'est d'avoir considéré la richesse d'une manière abstraite et absolue, sans égard pour le sort des travailleurs qui contribuent à la produire. M. Ricardo s'est montré beaucoup plus préoccupé de la puissance collective des nations, que du bien-être individuel des citoyens qui les composent ; et sa logique sévère a trop considéré les hommes comme des instruments, au lieu de les ménager comme des êtres sensibles. Son livre est séduisant au premier abord par ses formes dogmatiques et nettement dessinées. Il y traite les questions humaines à la manière des savants qui ont fondé la théorie des proportions chimiques, et qui se croient sûrs de retrouver dans l'analyse de cer-

[1] « Le chef de la nouvelle école, M. Ricardo a, dit-on, déclaré lui-même qu'il n'y avait pas plus de vingt-cinq personnes en Angleterre qui eussent entendu son livre. » Sismondi, *Nouveaux principes*, tome II, p. 374.

tains sels les mêmes quantités d'acide et de base, qu'ils y ont combinées par la synthèse. Il était d'avis de lever des subsides pour une guerre de l'année, par une augmentation d'impôts équivalente, et il pensait qu'il était commode et praticable d'acquitter la dette publique par une cotisation sur le capital. C'est certainement l'homme qui a eu le plus d'idées neuves en économie politique depuis Adam Smith ; mais les seules qui lui survivront sont celles qu'il dut à l'observation des faits plutôt qu'aux hardiesses de ses raisonnements. Le dernier écrit qu'il a publié sur l'agriculture [1] renferme des aperçus de la plus grande profondeur relativement à l'influence du prix du blé sur les profits et les salaires et aux effets des taxes sur l'agriculture et les manufactures. Ce seul travail suffirait pour faire placer son auteur au premier rang des économistes.

Avec ses qualités et même avec ses défauts, M. Ricardo devait naturellement fonder une école : cette école compte déjà plusieurs disciples célèbres, parmi lesquels il convient de citer M. Mill, M. Torrens et M. Mac-Culloch. James Mill, que la science vient de perdre, est principalement connu par son excellente histoire de l'Inde Britannique ; il a laissé un traité élémentaire d'économie politique qui se ressent un peu de l'obscurité du maître, et qui résume ses doctrines comme les écrits de Justin résument les fragments perdus de Tite-Live. M. Torrens s'écarte davantage des doctrines fondamentales de cette école, dans son *Essai sur la production de la richesse*, et il n'accepte qu'avec des restrictions notables les doctrines de son illustre concitoyen. Cet écrivain

[1] Il est intitulé : *Protection to agriculture.* C'est une brochure d'environ cent pages, vrai chef-d'œuvre de logique et de discussion.

se montre en général éclectique; il n'attache pas aux disputes de mots, qui ont trop longtemps divisé les économistes, une importance exagérée, et il explique très-bien comment la plupart d'entre eux sont parvenus à se mettre d'accord sur les bases essentielles de la science. Le livre qu'il a publié en 1834 *sur les salaires et les coalitions*, tout plein d'une sympathie généreuse pour les classes ouvrières, sera consulté avec fruit sur la question des machines et sur les circonstances qui font hausser ou baisser les salaires dans les pays manufacturiers. L'auteur y attaque vivement les lois céréales, ainsi que l'avait fait Ricardo, avec une indépendance très-honorable dans un grand propriétaire de terres.

C'est à M. Mac-Culloch qu'était réservé l'honneur de vulgariser les idées de Ricardo, en les modifiant de toute la supériorité de son esprit éminemment positif et pratique. Déjà l'auteur avait publié une excellente édition d'Adam Smith avec des notes; il lui appartenait donc plus qu'à aucun autre de nous faire connaître les principes de Ricardo, et de compléter par des analyses moins abstraites les travaux de cet économiste célèbre. Malheureusement, M. Mac-Culloch nous semble avoir adopté l'inflexible absolutisme du système manufacturier qui consiste à faire avancer la production sans ménagement pour le producteur, sinon par indifférence pour l'humanité, du moins par abus des principes. M. Th. Tooke est demeuré plus fidèle à la méthode expérimentale d'Adam Smith[1]. et il ne s'est pas attaché d'une manière aussi étroite que plusieurs de ses prédécesseurs

[1] On lira surtout avec intérêt ses deux écrits intitulés, le premier : *Thoughts and details, etc. Pensées et développements sur le prix des choses dans les trente dernières années*; et le second : *Considerations on the state of the Currency.*

à ces définitions pointilleuses des mots *valeur*, *utilité*, *richesse*, dont le sens précis et applicable est dès longtemps fixé. Homme pratique, négociant versé dans la science des affaires, il s'empare des doctrines les plus légitimement reconnues, el il les applique immédiatement aux questions industrielles, comme M. Mac-Culloch a su faire les plus heureuses applications de la statistique à l'économie politique [1]. C'est en ne négligeant, ainsi, aucune occasion d'utiliser la science, que les économistes anglais l'ont rendue populaire et l'ont élevée du rang des utopies au premier ordre des connaissances utiles.

Deux ministres anglais, M. Huskisson et M. Henry Parnell, ont aussi contribué avec succès à cet heureux résultat. Le premier de ces hommes d'État, dont la science pleure encore la perte récente et prématurée, ne manque pas de ressemblance avec Turgot. Frappé des tristes conséquences du régime prohibitif et des abus du système protecteur, il avait résolu de porter une main hardie sur ce vieil édifice, indigne de notre temps et funeste aux progrès de la civilisation. Mais il savait allier l'esprit de réforme avec la prudence du législateur, et il n'entreprit jamais aucune amélioration avant de s'être entouré des documents les plus consciencieux et d'avoir procédé à de minutieuses enquêtes. L'économie politique aurait vu des jours glorieux et prospères, si ce ministre courageux et éloquent avait assez vécu pour mener à bonne fin les réformes qu'il avait entreprises [2]. « Quand

[1] Voyez son *Dictionnaire du commerce* et sa *Statistique de l'Angleterre*, où de graves questions d'économie politique sont souvent traitées avec une grande habileté, malgré les difficultés naturelles de l'ordre alphabétique.

[2] On sait que M. Huskisson eut les deux jambes écrasées par un wagon, le jour même de l'inauguration du chemin de fer de Li-

je parle d'améliorations, disait-il à la chambre des communes, j'entends ces changements graduels, réfléchis, qui, dans une société de formation ancienne et compliquée, sont les préservatifs les plus assurés contre des innovations imprudentes et périlleuses ; à des changements de ce genre il est de notre devoir à tous de concourir de tout notre pouvoir. C'est en restant fidèles à ce principe, en y persévérant que nous conserverons la haute position que nous occupons parmi les nations civilisées. Cette position avec toute la gloire, toute l'influence dont elle est si justement environnée, comment l'avons-nous acquise, si ce n'est en marchant les premiers dans cette noble carrière d'honneur et d'utilité? Nous sommes tenus d'y marcher en avant, entraînés par le souvenir du passé, par un juste sentiment de notre grandeur présente et par celui des obligations que le présent et le passé nous imposent envers les générations qui doivent nous remplacer. Notre pays ne saurait demeurer stationnaire, tant qu'il y aura hors de l'enceinte des murs du Parlement une presse libre pour recueillir en faisceau toutes les influences de l'opinion, et tant qu'il y aura au sein du Parlement une discussion libre pour guider et diriger ces mêmes influences. »

Les deux circonstances à propos desquelles M. Huskisson fut amené à ces solennelles déclarations de principes, sont trop connues pour qu'il soit nécessaire de les exposer longuement. Il suffira de dire que dans l'une il s'agissait de l'admission des soieries étrangères, et dans l'autre d'amender les lois relatives à la navigation, demeurées si exclusivement restrictives depuis le fameux

verpool à Manchester. Il mourut quelques heures après des suites de cet accident (1830).

acte de Cromwell. Des réclamations ardentes s'élevèrent aussitôt de la part des fabricants de soieries et des armateurs de navires, les uns et les autres prétendant que le ministre voulait livrer l'industrie nationale sans défense à la concurrence extérieure. M. Huskisson ne s'émut pas un instant de cette double tempête, et réfutant ses adversaires les uns par les autres, opposant les récriminations de ceux-ci aux lamentations étudiées de ceux-là, il obtint le plus beau triomphe qu'un homme d'État puisse désirer, l'adoption de ses projets sans aucun amendement restrictif. Quelques années après, les doctrines de ses adversaires recevaient un éclatant démenti : non-seulement les fabriques de soieries anglaises n'avaient pas succombé devant la concurrence étrangère, mais elle s'étaient accrues et perfectionnées au point de lutter victorieusement avec elle ; et le chiffre de la navigation avait dépassé les espérances les plus exagérées. Quelques pétitionnaires, feignant de redouter la marine prussienne à propos de l'association de douanes dont ce pays venait de se faire le centre, proposaient *d'employer le canon* pour le réduire à reconnaître l'ancien monopole de la Grande-Bretagne. « J'espère bien, répliqua M. Huskisson, que je ne ferai plus partie des conseils de l'Angleterre, quand il y sera établi en principe qu'il y a une règle d'indépendance et de souveraineté pour le fort et une autre pour le faible, et lorsque l'Angleterre, abusant de sa supériorité navale, exigera pour elle, soit dans la paix, soit dans la guerre, des droits maritimes qu'elle méconnaîtra pour les autres dans les mêmes circonstances. De pareilles prétentions amèneraient la coalition de tous les peuples du monde pour les renverser. »

Telles furent les doctrines économiques et politiques de M. Huskisson pendant sa trop courte existence ministérielle. Elles n'ont pas cessé, depuis sa mort, de prévaloir dans les conseils du gouvernement britannique, et la lenteur avec laquelle nous les avons vu adopter par les États civilisés, doit être attribuée aux résistances de l'intérêt privé, beaucoup plus qu'à la mauvaise volonté de l'administration. Tous les bons esprits sont d'accord aujourd'hui sur les résultats infaillibles de l'abaissement des taxes, et les gouvernements éclairés s'empressent de prévenir à cet égard le vœu des populations. M. Huskisson a trouvé un digne successeur dans M. Henry Parnell [1], Cet écrivain distingué a passé en revue tout le système économique de l'Angleterre, dans un ouvrage intitulé : *De la réforme financière*, qui contient le germe de tous les perfectionnements dont la législation anglaise est susceptible, en matière de finances, de douanes, et d'intérêts commerciaux. Ce travail est un modèle à offrir à tous les gouvernements jaloux de réformer les abus d'une manière prudente et progressive. L'auteur y expose l'ensemble des faits relatifs à chaque question, et les inconvénients attachés à la conservation de l'état actuel, toutes les fois que cet état lui semble contraire aux intérêts généraux. Il se montre plus hardi que M. Huskisson pour tout ce qui touche à la liberté du commerce, et jamais les principes sur lesquels repose la nécessité de cette liberté n'ont été appuyés de développements plus concluants et d'arguments plus irrésistibles. Sir Henry Parnell a fait ressortir avec le dernier degré d'évidence les avantages de la réduction des taxes, soit sur les matières premières, soit sur les produits fabriqués ; il a ouvert une ère nouvelle à la science en suivant un sys-

[1] Son *Traité de la réforme financière en Angleterre* a été traduit en français par M. Benjamin Laroche.

tème d'application particulier à chaque question économique, de manière à en provoquer la solution dans un avenir peu éloigné. Deux publicistes anglais, appartenant à la même école, M. Wade et M. Poulett Scrope, ont publié récemment [1] de petits traités populaires dans lesquels l'économie politique était mise à la portée des classes laborieuses. Celui de M. Wade est précédé d'un résumé historique de la condition des travailleurs, et l'auteur y a traité avec une grande supériorité les questions de salaires, de paupérisme, les lois céréales et l'influence de l'éducation sur les masses. M. Poulett Scrope s'est déclaré l'antagoniste absolu des doctrines de Malthus sur la population, et il s'est élevé à de hautes considérations sur les phénomènes de la distribution des richesses. Son livre est un de ceux où les causes de la pauvreté publique et privée ont été le mieux exposées, ainsi que l'effet des restrictions sur les échanges. « Le bonheur de l'espèce humaine, s'écrie l'auteur en finissant, peut facilement, au moyen de la prévoyance, égaler et même dépasser l'accroissement de la population. » La doctrine de MM. Wade et Scrope diffère essentiellement de celle qui a été développée à peu près à la même époque dans les ouvrages de M. Babbage et du docteur Ure, sur l'économie des manufactures. Le livre de M. Babbage n'est autre chose qu'une série d'aperçus ingénieux sur la division du travail et l'emploi des machines ; celui du docteur Ure est un hymne en l'honneur du système manufacturier, que cet auteur proclame le plus favorable au soulagement des classes ouvrières. Babbage croyait du moins qu'il restait beaucoup à faire aux fabricants pour profiter des découvertes industrielles

[1] En 1833.

et pour améliorer l'état moral des travailleurs ; le docteur Ure, apologiste plus prononcé de la grande industrie, en dissimule habilement les imperfections et la considère comme le dernier terme de la civilisation. Tel est le caractère dominant de l'école économique anglaise, et c'est avec raison qu'on lui reproche de ne pas assez tenir compte des complications inhérentes au travail manufacturier, malgré les avertissements sévères de la taxe des pauvres et les crises périodiques dont l'Angleterre est affligée depuis quarante ans. A l'aspect de ces milliers d'enfants étiolés et de filles corrompues qui pullulent dans les manufactures anglaises, on est surpris de lire dans un ouvrage qui s'intitule *Philosophie des manufactures*, un passage tel que celui-ci ; « Lorsque les enfants travaillent à domicile, ils sont renfermés toute la journée avec leurs parents ; ils ne connaissent ni les hommes ni les choses qui les entourent. Ainsi, le seul sentiment qu'ils puissent percevoir est celui de l'égoïsme [1]. » Mais l'école anglaise n'a vu, dans la production des richesses, qu'un élément de puissance nationale, et les économistes de cette école se sont trop accoutumés à considérer les ouvriers comme de simples instruments de la production. A peine il leur échappe un cri de commisération à l'aspect des hôpitaux encombrés, et des prisons remplies de toutes les victimes de nos inégalités sociales. Ils ferment leurs oreilles à la plainte, et ils se laissent éblouir par le prestige de la civilisation, sans se demander si ce brillant édifice n'est pas cimenté de pleurs et de larmes, et si la base en est tellement solide qu'on n'y ait point à redouter des secousses. Heureusement, la

[1] *Philosophie des manufactures* par le docteur Ure, 3e partie chap. III.

France a revendiqué son privilége accoutumé de défendre les droits de l'humanité, et tandis que la Grande-Bretagne avance à pas de géant dans la carrière de l'industrie, nos écrivains la rappellent aux principes sacrés d'une répartition équitable des profits du travail. Nous entrons dans l'ère sociale de l'économie politique.

CHAPITRE XLI.

Des économistes *sociaux* de l'école française. — *Nouveaux principes* d'économie politique de M. de Sismondi. — *Nouveau traité d'économie sociale* de M. Dunoyer. — *Économie politique chrétienne* de M. de Villeneuve Bargemont. — *Traité de législation* par M. Ch. Comte. — *Économie politique* de M. Droz.

Il y avait déjà plusieurs années que les doctrines d'Adam Smith, de Malthus et de l'école industrielle étaient adoptées sans discussion dans toute l'Europe, lorsque M. de Sismondi fit paraître la première attaque sérieuse contre les abus de ces doctrines, tout en acceptant ce qu'elles avaient d'incontestable et de positif [1]. Frappé du contraste de la grande opulence et de la misère extrême dont il avait été témoin en Angleterre, surpris de voir les perfectionnements de l'industrie profiter presque exclusivement à quelques hommes sans avantages suffisants pour la communauté, il rechercha les causes de cette anomalie, et il crut les avoir trouvées dans la constitution même de l'industrie, mal appropriée, selon

[1] Témoin son premier ouvrage intitulé : *De la richesse commerciale*, publié en 1803, la même année que la première édition du *Traité* de J.-B. Say.

lui, aux besoins généraux des travailleurs. « J'ai voulu prouver, dit-il, que l'augmentation de la production n'est un bien qu'autant qu'elle est suivie d'une consommation correspondante ; qu'en même temps l'économie sur tous les moyens de produire n'est un avantage social qu'autant que chacun de ceux qui contribuent à produire continue à retirer de la production un revenu égal à celui qu'il en retirait avant que cette économie eût été introduite ; ce qu'il ne peut faire qu'en vendant plus de ses produits. »

En examinant sous ce point de vue neuf et hardi la constitution industrielle de la société européenne, M. de Sismondi rencontrait les questions immenses de la concurrence, des prohibitions, des banques et de la population. La concurrence entre les travailleurs lui semblait devoir amener de jour en jour davantage la baisse des salaires, tandis que les machines fournies par les banques diminuaient graduellement la demande du travail. Il y avait sans doute une plus grande masse de richesses produites ; mais le revenu des populations laborieuses n'en était point augmenté, et par conséquent leurs moyens d'existence devenaient insuffisants ; de là résultaient tous les fléaux dont l'humanité était affligée dans les pays civilisés, et M. de Sismondi se voyait conduit à adopter les théories de Malthus, sinon comme une fatalité inévitable, du moins comme une conséquence de la constitution imparfaite de l'industrie. Le bonheur public étant attaché, selon lui, à un juste équilibre entre la population et le revenu, et le revenu des travailleurs se trouvant chaque jour réduit par la concurrence et l'emploi des machines, la société ne pouvait manquer d'arriver à une série de catastrophes dont les signes précurseurs éclataient de toutes parts. Ne voyait-on pas partout, au dedans, la concurrence avec son cortége ignominieux, la baisse des salaires, les fraudes commerciales, la mauvaise qualité des produits ; et au dehors, les guerres de douanes, la contrebande et tous les crimes qu'elle traîne à sa suite ?

Cette tendance nouvelle de l'industrie, la victoire par les gros bataillons, et la lutte infructueuse des travailleurs contre les capitaux, ont inspiré à M. de Sismondi des pages éloquentes. Il pousse un cri d'effroi à l'aspect des banques qui ajoutent des armes nouvelles aux armes si bien trempées des entrepreneurs d'industrie. Si du moins ces créations éphémères d'instruments productifs profitaient à la grande famille des travailleurs ! Mais non ; les banques ne font qu'ajouter aux moyens existants d'empirer la condition de l'ouvrier ; elles multiplient les machines, réduisent le prix des journées, et en jetant la production dans une arène sans limites, elles facilitent ces encombrements déplorables suivis de crises dans le commerce et de ruine dans les manufactures. Toute l'habileté consiste désormais à vendre au plus bas prix possible ; on se croit du patriotisme, parce qu'on a ruiné des fabriques étrangères ; mais on n'a pas ménagé davantage les usines nationales. On a substitué des machines plus productives, mais plus dispendieuses, à celles qui existaient précédemment ; on a obtenu un rabais sur le loyer des bâtiments, sur celui des capitaux, sur le revenu des propriétaires. Une fabrication annuelle de cent mille francs, portée à un million, fait périr neuf usines rivales ; les machines nouvelles anéantissent le capital représenté par les anciennes. Il y a perte de revenu pour la société par la diminution de l'intérêt de l'argent, par la diminution des profits de l'industrie, par la perte du loyer de toutes les usines, par la réduction du nombre total des ouvriers et des salaires de chacun. Il y a donc diminution dans la consommation de toutes ces classes; et tandis que le manufacturier travaille de toute sa puissance à augmenter la quantité et à améliorer la qualité des tissus qu'il expose en vente, il travaille tout aussi activement, tout aussi efficacement à diminuer le nombre des acheteurs des uns ou des autres, et à décider tous ceux qui s'appauvrissent à faire servir leurs habits plus longtemps et à se contenter de qualités toujours plus grossières [1].

Il n'est donc pas vrai, suivant M. de Sismondi, que la lutte des intérêts individuels, tant préconisée par l'école anglaise, suffise pour produire le plus grand bien de tous, puisque, sous l'influence de cette lutte, nous voyons naître chaque jour les complications les plus graves et se consommer les injustices les plus criantes. Ainsi, Malthus avait raison de conseiller la prudence aux victimes prédestinées à ces holocaustes industriels, qui se célèbrent sur l'autel de la concurrence; et nos pères n'étaient pas si mal avisés lorsqu'ils retenaient dans les liens des jurandes et des maîtrises cette fatale exubérance de production qui a transformé le monde en un champ de bataille où les grands entrepreneurs dévorent les petits. Au moins, sous ce régime, il y avait un frein naturel au mariage; on frappait des mêmes entraves la multiplication des hommes et celle des produits; on maintenait dans de sages limites la concurrence des travailleurs et celle des marchandises. Le plus grand vice de l'organisation sociale actuelle, c'est que le pauvre ne peut jamais savoir sur quelle demande de

[1] Sismondi du REVENU SOCIAL, dans la *Revue d'économie politique*, tome IV, page 220.

travail il peut compter, et que la puissance de travailler ne soit jamais pour lui un revenu précis et assuré. Telle est, en résumé, la doctrine soutenue par M. de Sismondi dans ses *Nouveaux principes d'économie politique*, et développée par lui avec une supériorité de talent qui n'a pas réussi, néanmoins, à dissimuler le côté paradoxal de son système.

Nous convenons volontiers qu'une famille qui n'a que mille francs de revenu, ne dépensera que mille francs, quel que soit le prix de la plupart des denrées qu'elle doit acheter. Mais, si elle se procure avec ces mille francs plus d'objets qu'elle n'en obtenait avant la diminution de leurs frais de production, elle jouira en réalité d'une aisance plus grande; elle achètera plus de produits et donnera carrière à de plus grandes demandes de travail. Que le sucre diminue, par exemple, soit par un progrès de l'art, soit par une découverte dans la nature, une portion du revenu précédemment employé à acheter du sucre pourra être employée à d'autres achats et favoriser de nouvelles industries ou le développement de celles qui existent. Si le progrès des manufactures, le perfectionnement des machines ou la multiplication des moyens de travail par les banques étaient de véritables fléaux, comment s'expliqueraient donc le développement progressif de la prospérité publique et cet accroissement de bien-être qui a pénétré jusque dans les rangs des plus humbles travailleurs? N'est-ce pas, plutôt, que toutes les économies obtenues sur les frais de production sont des conquêtes dont profite la société tout entière, trop inégalement, sans doute, mais néanmoins d'une manière incontestable? M. de Sismondi s'est laissé entraîner par la séduction d'une idée simple et saisissante, comme celle de Malthus, lorsqu'il proclama son fameux principe de population; et il a cru avoir trouvé le vrai principe de la félicité publique dans sa théorie du revenu social. Mais, à vrai dire, l'illustre économiste n'a fait que découvrir une des plaies de l'industrialisme poussé à ses dernières limites actuelles. Navré à l'aspect des abus, il s'est attaqué à l'usage même, qu'il a voulu rendre responsable de tous les maux de la société moderne; et après avoir décrit en termes pathétiques les souffrances des classes laborieuses, il s'est vu réduit à confesser son impuissance d'y remédier.

Son admirable livre finit par un cri de désespoir : « Je l'avoue, dit-il, après avoir indiqué où est à nos yeux le principe, où est la justice, je ne me sens pas la force de tracer les moyens d'exécution; la distribution des profits du travail entre ceux qui concourent à les produire me paraît vicieuse; *mais il me semble presque au-dessus des forces humaines* de concevoir un état de propriété absolument différent de celui que nous fait connaître l'expérience. » Et en effet, M. de Sismondi a bien démontré que la culture des denrées tropicales était odieuse et ruineuse avec des esclaves; mais il n'a rien proposé pour résoudre la grande question de l'émancipation des noirs, sans nuire à leur subsistance même et à leur propre sécurité. Il a signalé, avec une rare perfection et une connaissance parfaite de la matière, les abus du papier-monnaie et les dangers de la monnaie de papier; mais son ouvrage n'offre aucun tempérament qu'on puisse appliquer à leur emploi. Nous savons seulement qu'il s'agit d'une puissante machine à vapeur qui peut faire explosion et des victimes; mais l'auteur ne parle point d'une soupape de sûreté, et la conclusion serait donc de renoncer à l'emploi de la machine pour échapper à ses dangers. Les perfectionnements de la mécanique ont excité au plus haut degré ses inquiétudes et par moments son courroux; mais il ne nous a offert aucune vue pratique et sérieuse pour adoucir les rigueurs de ces époques de transition et de ces longs chômages qui mettent des populations entières aux abois. C'est qu'il est des plaies sociales, filles du temps et des mœurs, lentes à se former, plus lentes à guérir, et sur lesquelles il ne suffit pas de pleurer éloquemment comme Jérémie, pour qu'elles disparaissent d'elles-mêmes. Assurément, tous les capitalistes ne sont pas sans entrailles, et tous les ouvriers sans prévoyance; mais que de mariages prématurés! que d'enfants qui n'auraient pas dû naître! que de récoltes détruites par les orages! que de guerres imprévues! que de crises commerciales difficiles à prévoir! voilà ce qui déconcerte chaque jour les théories de l'économiste et les calculs de l'homme d'État. Ce sont des maladies qui accompagnent la croissance, mais qui ne l'arrêtent pas.

M. de Sismondi a été l'historien de cette partie fugitive et douloureuse des développements de l'industrie moderne. Nul écrivain n'avait montré jusqu'à ce jour une sympathie plus noble et plus touchante pour les classes laborieuses; nul n'a flétri avec plus d'énergie l'égoïsme des riches et l'insouciance des hommes chargés de veiller aux intérêts du plus grand nombre. Son livre est le meilleur ouvrage critique qui existe en économie politique; mais un livre meilleur sera celui qui doit le réfuter. La plus légère observation des faits suffit pour démontrer que la condition des classes laborieuses est bien supérieure aujourd'hui à ce qu'elle était avant la découverte des grandes machines de l'industrie moderne. Les ouvriers, même les plus mal payés, participent indirectement aux bienfaits de la civilisation; ils circulent dans des rues plus propres, plus éclairées; ils reçoivent le bienfait gratuit de l'éducation élémentaire; ils voyagent plus commodément et plus économiquement que leurs pères, et chaque jour voit la richesse ou du moins l'aisance arriver à des classes nombreuses dont elle n'eût jamais été le partage sans le perfectionnement des machines. Le principal défaut de la méthode de M. de Sismondi, c'est de trop généraliser, comme Ricardo lui-même, son plus illustre antagoniste. Il ne ménage rien; il va droit à son but, et il tire quelquefois des conséquences exagérées d'un principe raisonnable, L'abus qu'on a fait des banques en Angleterre et aux États-Unis, où elles ne servent à enrichir que ceux qui sont riches et à multiplier les machines sans savoir comment on écoulera leurs produits, lui a paru suffire pour motiver les malédictions dont il poursuit ce précieux instrument de fortune publique. « Les capitaux si facilement obtenus, dit-il, excitent à des entreprises hasardeuses, pour lesquelles les auteurs auraient hésité, s'ils avaient dû exposer leurs propres fonds. » Cela est vrai, sans doute; mais faut-il en conclure la nécessité de supprimer les banques? M. de Sismondi n'a pas reculé, pour les machines, devant les conséquences rigoureuses de son système. Il n'hésite pas à déclarer qu'un nouveau perfectionnement industriel serait un malheur national, car le nombre des consommateurs ne peut guère s'accroître, d'après ses idées, et le nombre des producteurs diminuerait par l'emploi des nouvelles machines. Il demande ce que deviendrait l'Angleterre gouvernée par un roi qui ferait à lui seul, au moyen d'une immense manivelle, toute la besogne de ses sujets mourants de faim, parce que sa mécanique puissante leur aurait ôté leur travail. Et nous répondons volontiers que l'Angleterre serait un pays bien heureux de pouvoir se reposer de sa subsistance sur la sollicitude d'un prince capable d'exécuter à lui seul tant d'immenses travaux.

Cependant, et malgré le caractère paradoxal qui les distingue, les opinions de M. de Sismondi ont exercé une grande influence en Europe. C'est lui qui a révélé, le premier, le secret de ces douleurs sociales principalement concentrées dans les pays de manufactures, et qui a donné l'éveil sur le danger des banques, bien avant les catastrophes récentes qui ont si tristement justifié ses prédictions. Grâce à lui, la condition de l'ouvrier est devenue chose précieuse et sacrée; il a eu son couvert au banquet de la vie, dont les théories de Malthus avaient voulu l'exclure; et désormais, les progrès de la richesse ne seront considérés comme vraiment utiles, qu'autant que les bienfaits s'en répandront sur tous ceux qui y auront concouru. Le principe est posé; c'est aux législations qu'il appartient d'en tirer les conséquences. Déjà, de hautes questions industrielles et commerciales sont tombées dans le domaine de la discussion parlementaire; elles ne tarderont pas à y être résolues, sous les auspices de la nouvelle école économique [1], avec la générosité de sentiments et la hauteur de vues qui doivent caractériser un jury spécial de savants.

M. de Sismondi a fait preuve d'un véritable courage en signalant, le premier, d'une main ferme, les dangers du système artificiellement et *aveuglément* producteur préconisé par l'Angleterre et adopté par la plupart des économistes de l'Europe. Assurément, s'il n'eût fallu qu'un homme de cœur pour appeler les sympathies pu-

[1] Témoin la question des prisons, celle de l'esclavage, celle du travail des enfants dans les manufactures, les grandes entreprises d'utilité publique, etc.

bliques sur le sort des travailleurs, victimes d'une organisation industrielle égoïste et partiale, cet homme n'eût pas manqué en France : mais il fallait expliquer les vices cachés de ce régime; il fallait faire voir comment la misère privée augmentait en même temps que la richesse publique, et par quel affligeant contraste les profits du travail se concentraient plus souvent aux mains de l'oisiveté qu'au foyer du travailleur. M. de Sismondi n'a pas résolu ce problème, mais il y a répandu la plus vive lumière et il l'a posé hardiment aux économistes et aux hommes d'État. Les prohibitions ont commencé, dès lors, à se montrer sous un aspect bien différent de celui d'autrefois; l'impulsion factice qu'elles donnent à la production, s'est trouvée compensée par les entraves qu'elles apportent à la consommation. On a vu que l'ouvrier perdait, en qualité de consommateur, tout ce que les chefs des industries protégées gagnaient en qualité d'entrepreneurs. Le concours des machines, si énergique et si utile, quand il a pour but d'économiser le temps et la fatigue des hommes, a paru meurtrier aussitôt qu'on a prouvé qu'il avait trop souvent pour résultat de broyer l'humanité dans des engrenages. Peut-être M. de Sismondi, vivement ému du tableau des souffrances si communes dans les pays de manufactures, a-t-il exagéré des maux qui ne dépendaient pas tous de la même cause; mais ce sera l'honneur éternel de son nom d'avoir donné l'éveil à l'Europe [1] et de s'être mis à la tête d'une croisade en faveur des classes les plus injustement disgraciées de notre ordre social. Nous entendrons bientôt son cri d'alarme, répété d'une voix

[1] Voir surtout les chapitres XII, VIII et IX du VIIe livre de ses *Nouveaux principes d'économie politique*.

solennelle par les Saints-Simoniens, retentir au sein de nos villes et dans le tumulte des insurrections; lugubre avertissement que la politique ne saurait méconnaître, ni la science laisser plus longtemps stérile!

Aussi, de nombreux écrivains se sont-ils empressés de répondre à l'appel généreux de M. de Sismondi. Parmi les sectateurs les plus éclairés de ses doctrines, la France compte l'auteur de l'*Économie politique chrétienne*, M. le vicomte Alban de Villeneuve-Bargemont, dont les recherches sur le paupérisme ont obtenu moins de succès que n'en méritait un ouvrage aussi recommandable, à cause de l'insuffisance évidente de la partie *thérapeutique*. M. de Villeneuve renchérit encore sur les doléances de M. de Sismondi à l'égard du système manufacturier; il décrit sous les couleurs les plus vives les fléaux de tout genre dont les classes laborieuses sont accablées; mais les remèdes qu'il propose sont d'un apôtre plus que d'un économiste, ou d'un administrateur expérimenté [1]. Quelque grandes, en effet,

[1] Je citerai un fragment de sa préface qui me semble résumer tout l'ouvrage :

« Ce qui paraît certain, dit-il, c'est que les temps de monopole et d'oppression sont accomplis sans retour et qu'une grande transition approche. Or, elle ne peut s'opérer que de deux manières : ou par l'irruption violente des classes prolétaires et souffrantes sur les détenteurs de la propriété et de l'industrie, c'est-à-dire par un retour à l'état de barbarie ; ou par l'application pratique et générale des principes de justice, de morale, d'humanité et de charité. Tout le génie de la politique, tous les efforts des hommes de bien, doivent donc tendre à préparer cette transition par des voies de persuasion et de sagesse. Evidemment c'est une nouvelle phase du christianisme* qu'appelle l'univers. *La charité chrétienne*, mise enfin en action dans la politique, dans les lois, dans les institu-

* Les Saints-Simoniens appelèrent un moment leur doctrine du nom de *Nouveau christianisme*. C'est le titre d'un des écrits de Saint-Simon.

que soient les ressources de l'esprit religieux, elles ne sauraient remédier à toutes les plaies sociales. La charité chrétienne ne peut subvenir toute seule aux besoins matériels de l'humanité. Il est désirable, sans doute, qu'elle pénètre dans la politique et dans les mœurs; mais même en supposant qu'elle y pénétrât profondément, il resterait à savoir si son intervention serait assez efficace pour guérir un mal aussi invétéré et aussi inhérent aux sociétés civilisées que la misère généralisée sous le nom de *paupérisme*. A une époque déjà fort éloignée de nous, l'esprit religieux a régné en souverain, sans pouvoir remédier aux misères humaines; et si l'on comptait en Europe moins de pauvres que de nos jours, c'est qu'il y avait moins d'habitants.

Cependant, on ne saurait douter que la misère publique ne soit un grand fait social, particulier aux États modernes, et qui se manifeste de plus en plus à mesure que la civilisation se répand. Faut-il admettre qu'un tel fait soit inévitable et fatal, ou qu'il dépende des institutions humaines de le modifier dans un sens favorable? Si la politique n'y peut rien, la religion y pourra-t-elle davantage? L'auteur de l'*Économie politique chrétienne* a sincèrement adopté ce dernier espoir, et j'ai regret de dire que la lecture de son livre ne permet pas de le partager. Ses conclusions sont à peu près les mêmes que celles de M. de Sismondi : tout est remis aux mains de Dieu et l'auteur se réfugierait volontiers dans la prière, tant sa ferveur est grande et sa piété sincère; mais que peuvent des vœux en présence de la terrible et poignante réalité? En vain M. de Villeneuve

tions et dans les mœurs, *peut seule préserver* l'ordre social des effroyables dangers qui le menacent : hors de là, osons le dire, rien n'est qu'illusion ou mensonge. »

rappelle-t-il avec regret l'ancien système des corporations et la vie monastique qui limitaient sagement l'accroissement des populations : à quoi bon regretter ce qui a cessé d'être en harmonie avec les mœurs actuelles, en un mot ce qui n'est plus possible? Oui, sans doute, il est facile de mettre en évidence les embarras qu'éprouvent les savants et les hommes d'État à résoudre ce problème formidable; mais la main des prêtres de nos jours [1] est bien plus impuissante encore à nous en donner une solution équitable. M. de Villeneuve n'a rien pu faire sortir de cette donnée-là, quoiqu'il prêche avec Malthus et l'apôtre saint Paul la contrainte morale [2], la frugalité, la tempérance et d'autres vertus semblables, à des gens affamés. Il en est réduit à regretter le célibat religieux tout en attaquant les doctrines de Malthus qui conseillent l'abstinence par d'autres raisons, et à déplorer les services des machines, malgré le soulagement qu'elles ont apporté aux travaux les plus rudes des classes ouvrières. L'économie politique n'a donc reçu aucune lumière nouvelle de cette éloquente lamentation, dans laquelle M. de Villeneuve a déploré, sans proposer de remède efficace pour les

[1] M. Guizot a très-bien exprimé cette impuissance dans un fragment récemment publié par la *Revue Française.* « De nos jours, dit-il, par le cours des événements, par des fautes réciproques, la religion et la société ont cessé de se comprendre et de marcher parallèlement. Les idées, les sentiments, les intérêts qui prévalent maintenant dans la vie temporelle, ont été, sont chaque jour condamnés, réprouvés au nom des idées, des sentiments, des intérêts de la vie éternelle. La religion prononce anathème sur le monde nouveau et s'en tient séparée; le monde est prêt d'accepter l'anathème et la séparation. »

[2] « L'abstinence du mariage ne saurait jamais être plus efficacement inspirée aux pauvres que par le sentiment religieux. » (*Économ. polit. chrét.*, tome I, page 235.)

guérir, toutes les souffrances sociales de l'humanité. Sa conclusion est celle-ci : « 1° L'instruction morale, religieuse et *industrielle* donnée gratuitement et avec obligation d'en profiter, au moyen d'écoles charitables aux frais des communes ; 2° des caisses d'épargne et de prévoyance établies aux frais des villes et communes manufacturières, ou des associations de charité avec obligation de la part des ouvriers d'y placer une portion de leur salaire, lorsque le taux de ce salaire le permettra sans inconvénient ; 3° l'institution de corporations d'ouvriers qui, sans gêner l'industrie et avoir les fâcheuses conséquences des anciennes maîtrises et jurandes, favoriseraient l'esprit d'association et de secours mutuels, donneraient des garanties d'instruction et de bonne conduite et remplaceraient la déplorable institution du compagnonnage [1]. » Mais il est évident que ces palliatifs, d'ailleurs salutaires, n'auraient aucune action importante sur la concurrence universelle, sur l'abus des priviléges politiques, sur la lutte des gros capitaux contre les petites fortunes, et sur l'inégale répartition des impôts.

M. Droz nous semble avoir plus justement apprécié le véritable caractère de l'économie politique. « Ne prenons pas, dit-il, les richesses pour but ; *elles ne sont que le moyen*. Leur importance résulte du pouvoir d'apaiser les souffrances, et les plus précieuses sont celles qui servent au bien-être d'un plus grand nombre d'hommes. Le bonheur des États dépend moins de la quantité de produits que de la manière dont ils sont répartis. Aucun pays n'est aussi remarquable que l'Angleterre sous le rapport de la formation des richesses ; en France, leur distribution est meilleure : j'en conclus

[1] *Économie politique chrétienne*, tome III, page 156.

qu'il y a plus de bonheur en France qu'en Angleterre. En lisant certains économistes, on croirait que les produits ne sont pas faits pour les hommes, mais que les hommes sont faits pour les produits. » Telle est la direction donnée à la science par les économistes de la nouvelle école française que j'appelle l'école sociale, parce qu'elle rapporte tous les progrès au perfectionnement général de la société, sans acception de race, ni de caste, poursuivant des mêmes anathèmes, la traite des noirs et l'exploitation des blancs. M. Droz est celui de tous les écrivains de cette école qui en a le plus nettement formulé le programme, sans hostilité pour le présent et sans illusions sur l'avenir. M. de Sismondi, esprit éminemment critique, avait à déraciner des préjugés répandus à la faveur des noms les plus respectés dans la science, et il n'a pu s'empêcher, dans son ardeur généreuse, d'être plus d'une fois entraîné vers le paradoxe. Lui aussi, selon l'expression de Malthus, ayant trouvé l'arc trop tendu d'un côté, s'est cru dans la nécessité de le *forcer* de l'autre, voilà pourquoi ses doctrines n'ont pas produit tout le fruit que l'humanité devait en attendre. Il a trop espéré des gouvernements, comme M. de Villeneuve a trop espéré de la Providence; mais la Providence et les gouvernements ont fait à l'homme de sévères conditions!

Deux ouvrages remarquables à des titres divers, le *Traité de législation* de M. Ch. Comte et le nouveau *Traité d'économie sociale* de M. Dunoyer, ont rappelé les économistes à des idées plus justes, sinon aussi séduisantes, de la véritable difficulté des questions économiques. M. Ch. Comte, fidèle à la méthode expérimentale suivie par J.-B. Say, a démontré par les faits historiques le plus habilement choisis et le plus ingénieusement comparés, que la plupart des obstacles aux améliorations sociales venaient de ceux même qui en devaient profiter davantage et qui conspiraient perpétuellement pour en empêcher l'accomplissement. Il a fait voir comment les funestes habitudes de la servitude avaient corrompu les maîtres en abrutissant les esclaves, et combien de résistances attendaient, à chaque conquête de la civilisation, les hommes de dévouement placés à l'avant-garde. « Car, dit-il [1], la nature des choses ou des hommes ne se modifie point selon nos désirs. Les fondateurs de l'esclavage ne sont jamais parvenus à exempter les maîtres de tous maux, ni à leur assurer le monopole des jouissances; les hommes qui ont tenté de répartir les plaisirs et les peines d'une manière égale, entre tous les membres d'une société, n'ont pas mieux réussi. Les premiers ont échoué, parce qu'ils ont eu à lutter contre la nature humaine; les seconds ont échoué, parce qu'ils ont eu à lutter contre les mêmes obstacles. » Il m'a semblé qu'un tel aveu dans la bouche d'un écrivain dont la vie entière a été consacrée à des travaux de civilisation, méritait d'être médité par les esprits généreux qui seraient disposés à adopter d'enthousiasme les doctrines de M. de Sismondi ou de l'économie politique *chrétienne*.

M. Dunoyer a gourmandé avec plus d'énergie encore les rêveurs de perfectibilité indéfinie en économie politique. Selon lui, l'initiative des améliorations en toutes choses appartient aux nations. « Ce sont les agriculteurs qui perfectionnent l'agriculture; les arts sont avancés par les artistes, les sciences par les savants, la politique et la morale par les moralistes et les politiques. Il y a

[1] *Traité de législation*, tome IV, page 503.

seulement, entre les choses qui sont l'affaire particulière de chacun et celles qui sont l'affaire de tout le monde, cette différence que, dans les premières, les perfectionnements sont immédiatement applicables pour celui qui les invente, tandis que dans les secondes, à savoir dans les politiques, les applications ne peuvent avoir lieu que lorsque la pensée du publiciste est devenue la pensée commune du public ou du moins d'une portion très-considérable du public. Jusque-là, on ne peut faire, pour les réaliser, que des tentatives impuissantes. Il est possible qu'un pouvoir de bonne volonté entreprenne de les établir; mais il ne fera point œuvre qui dure. Il est possible que la chose soit essayée, malgré le pouvoir, par un parti qui le renverse et le remplace; mais les insurrections les plus heureuses n'auront pas plus d'effet que les concessions les plus bienveillantes. La chose ne s'établira que fort à la longue, à mesure qu'elle passera dans les idées et les habitudes du grand nombre [1]... Ainsi, dans l'état social le plus exempt de violences, il serait très-difficile qu'il ne s'établît pas des inégalités dans les conditions; et lorsque ces inégalités sont une fois établies, il est encore plus difficile qu'elles s'effacent. On ne parvient jamais, qu'avec une peine extrême, d'une condition inférieure à un état plus élevé, et les familles tombées dans un certain abaissement sont exposées à y rester par cela seul qu'elles s'y trouvent. »

Tel est le caractère sévère des doctrines de M. Dunoyer, qu'on ne saurait mieux faire que de les opposer à la philanthropie aventureuse de M. de Sismondi et aux prédications religieuses de MM. de Villeneuve et de La Mennais. M. Dunoyer n'est pas moins pénétré que ces

[1] *Nouveau traité d'économie sociale*, tome I, page 9.

généreux écrivains d'une vive sympathie pour les classes souffrantes, dont se compose la majeure partie de l'espèce humaine; lui aussi souhaiterait pour elles des jours plus prospères et des destins plus doux : mais sa froide raison l'oblige de réprimer les élans d'une sensibilité irréfléchie et de ne pas admettre aveuglément la possibilité d'un état de bonheur égal pour tous, comme si tous les hommes avaient la même valeur intellectuelle et morale et les mêmes droits à une quiétude assurée, qui détruirait tout principe d'activité, d'honnêteté et de vertu. M. Dunoyer a eu le courage de dire aux peuples les vérités austères que d'autres adressent aux rois. Il a très-bien démontré qu'il y avait imprudence et témérité à promettre à tous les hommes un océan de félicité dont il n'est donné qu'à un petit nombre d'entrevoir les rivages. La civilisation, qui n'est autre chose que le progrès dans la marche vers le bien général, est sujette elle-même à des conditions rigoureuses, lentes, graduées, qui supposent surtout le concours de ceux qu'il s'agit de rendre plus heureux. C'est donc à eux que s'est adressé cet économiste, pour leur signaler les lois inévitables du progrès industriel et social. Ce progrès lui semble impossible sans les inégalités dont on suppose à tort qu'il doit amener l'entière abolition. C'est par ces inégalités qu'existe la division du travail, sans laquelle il n'y aurait pas de production suffisante pour satisfaire aux besoins de la société. Où seraient les ouvriers, si tous voulaient être entrepreneurs? Que deviendrait une armée dont tous les soldats prétendraient faire le métier de généraux?

M. Dunoyer a développé cette thèse, hardie dans le temps où nous sommes, avec une vigueur de logique et une netteté de langage peu communes. Il ne s'est point ému des clameurs qu'elle pouvait soulever, sûr de ses intentions et de l'assentiment des amis éclairés du progrès économique. Sa morale un peu rude n'est point hostile aux améliorations compatibles avec notre état social compliqué, et il convient franchement que, s'il n'est pas possible d'assurer à tous les hommes une somme égale d'avantages matériels, c'est chose praticable et par moments facile d'améliorer d'une manière relative la condition particulière de chacun. Mais il faut que chacun s'y aide par la pratique des vertus sociales, telles que le travail, l'économie, la prévoyance, qui sont des conditions de réussite, comme la tempérance est une condition de santé. La société ne saurait pas plus assurer des avantages à tous ses membres que les médecins guérison à tous leurs malades. Soutenir le contraire, ce serait flatter toutes les passions humaines et en préparer le débordement sous les auspices de l'impunité. M. Dunoyer n'en reconnaît pas moins que les principales causes de la misère viennent du partage inégal qui s'est fait d'abord de la richesse, de l'expropriation originaire des classes les plus nombreuses de la société, de l'état de servitude où elles ont été retenues pendant des siècles, des impôts dont on les écrase, des lois qui les empêchent de tirer de leur travail le meilleur parti possible, et de l'ensemble des institutions vicieuses qui les attaquent dans leur subsistance ou dans leur moralité [1]. « Toutefois, ajoute l'auteur, l'état des classes inférieures ne tient pas seulement aux torts que peut avoir eus envers elles la partie supérieure de la société; il a aussi sa racine dans les vices qui leur sont propres, dans leur apathie, leur insouciance, leur ignorance des

[1] *Nouveau Traité d'économie sociale*, tome I, page 487.

causes qui font hausser ou baisser le prix du travail. Leur détresse est pour le moins autant leur propre ouvrage que celui des classes qu'on peut accuser de les avoir opprimées; et, quand la société se serait originairement établie sur des bases plus équitables, quand les forts se seraient abstenus envers les faibles de toute espèce de domination, je ne doute point qu'il ne se fût développé au fond de la société une classe plus ou moins nombreuse de misérables. »

Certes, ce sont là des avertissements sévères et bien propres à calmer l'exaltation des philosophes qui croient pouvoir assigner le vice des institutions comme la cause exclusive des souffrances morales et physiques de plusieurs millions d'hommes. M. Droz, dont personne ne contestera les nobles sentiments comme économiste et moraliste, avait déjà fait pressentir que la science et l'administration ne pouvaient pas pourvoir seules à tous les besoins de l'humanité. En proclamant nettement que l'économie politique avait pour but *de rendre l'aisance ausi générale qu'il est possible*, il ne s'était fait aucune illusion sur les limites de son influence assez semblable à celle de la loi dans les pays constitutionnels, c'est-à-dire soumise à la condition essentielle d'un parfait accord entre tous les pouvoirs. A la différence des principaux fondateurs de l'école économique sociale, qui rejetaient toute la responsabilité des misères publiques sur les gouvernements ou sur les institutions, MM. Dunoyer et Droz ont cru que cette responsabilité devait être partagée par les populations gouvernées, qui opposent trop souvent la force d'inertie aux réformes les plus utiles. Ils ont voulu la coopération des travailleurs dans la distribution des profits du travail et le concours de toutes les forces dans l'œuvre destinée à l'amélioration de toutes les existences. C'est là, si nous ne nous trompons point, une phase nouvelle de l'histoire de la science, et nous ne savons auxquels des économistes qui l'ont amenée il est dû le plus de reconnaissance, ou de ceux qui ont révélé, avec MM. de Sismondi et de Villeneuve, les griefs des classes pauvres, ou de ceux qui ont rappelé ces classes au sentiment véritable de leur dignité et de leurs devoirs, comme MM. Droz et Dunoyer. Les deux premiers auteurs ont pris à partie la richesse et lui ont reproché son égoïsme; les deux autres ont grondé la pauvreté et ils ont blâmé son insouciance : double tâche difficile à remplir et qui portera ses fruits quelque jour, quand viendra le moment d'une transaction entre le présent et le passé, entre le capitaliste et le travailleur! Cette transaction a été tentée sans succès par les économistes de l'école que j'appellerai *éclectique* : nous allons jeter un coup d'œil sur ses organes les plus distingués.

CHAPITRE XLII.

De l'économie politique éclectique et de ses principaux organes. — M. Storch. — M. Ganilh. — M. Delaborde. — M. Florez Estrada.

Les grands économistes de la fin du dix-huitième siècle, auteurs des traités célèbres d'où la science est sortie pour la première fois sous une forme méthodique, avaient presque tous adopté des théories absolues que l'expérience et les faits devaient nécessairement modifier. Ainsi les *physiocrates* avaient considéré la terre comme la source unique des valeurs; Adam Smith n'avait accordé ce privilége qu'au travail; Ricardo subordonnait tous les phénomènes de la circulation à sa théorie de la *rente*, M. de Sismondi à celle du *revenu;* J.-B. Say à l'étendue des *débouchés*, c'est-à-dire à la liberté du commerce; Malthus attribuait la plupart des maladies sociales à l'excès de la population; Godwin en accusait l'indifférence des gouvernements. Il était évident, néanmoins, que, si toutes ces causes réunies avaient encore une part d'influence sur le développement social, aucune d'elles ne pouvait être regardée comme cause exclusive, c'est-à-dire que les doctrines des économistes n'étaient applicables qu'à certains cas et à certaines conditions. Tandis qu'ils se faisaient la guerre pour soutenir leurs systèmes les uns contre les autres, il s'établissait parmi leurs élèves mêmes des nuances intermédiaires, véritable émanation de ces couleurs vives et tranchées qui distinguent particulièrement les fondateurs. Les écrivains dont les ouvrages représentent le mieux ces nuances de transition, sont très-nombreux en Europe. Ils n'ont point un cachet qui leur soit propre ; ils n'ont rien inventé, rien découvert ; mais ils ont admirablement perfectionné l'œuvre de leurs devanciers et adouci les aspérités des théories absolues devant lesquelles reculaient la raison ou les préjugés des contemporains.

M. Henri Storch se place au premier rang de ces économistes éclectiques, cherchant la vérité de bonne foi, dans le système agricole aussi bien que dans le régime industriel, et disposés à faire des concessions à tous deux. Observateur judicieux et convenablement placé [1] pour juger sainement une foule de faits spéciaux, M. Storch a su emprunter à ses prédécesseurs, en homme déjà riche de son propre fonds, et il a jeté la plus vive lumière sur la question de l'esclavage dans le pays où il semblait le plus difficile d'en parler librement. Il n'appartient précisément à aucune école, et il aurait mérité d'en fonder une par l'importance des documents qu'il a fournis à la science, si la hardiesse de son esprit avait répondu à l'étendue de ses connaissances. A ses yeux, l'économie politique n'avait

[1] M. Storch a été instituteur du grand-duc Nicolas, aujourd'hui empereur de Russie. Il a parlé, avec une indépendance qui honore également son pays et son caractère, des funestes effets de l'esclavage dans tous les Etats.

d'autre but que de procurer aux hommes les moyens de satisfaire leurs besoins *moraux* et physiques, et de leur apprendre à *bien produire* pour les mettre en état de consommer avec profit. C'est par le travail qu'on y parvient comme chacun sait ; mais jusqu'alors on n'avait étudié que l'action du travail *libre* : M. Storch a exposé les phénomènes du travail *forcé*, c'est-à-dire de celui des esclaves, si commun encore en Russie, qu'il contribue puissamment à la richesse nationale de cet empire. C'est ainsi que l'auteur fait figurer au rang des moyens de transport le *traînage*, inconnu chez la plupart des peuples de l'Europe. Rien de plus ingénieux que sa théorie de la richesse relative des nations qu'il appelle *prêteuses*, *emprunteuses* et *indépendantes*, comme aussi ses belles analyses de la *rente des talents et des qualités* ; analyses d'autant plus dignes d'attention qu'elles démontrent la supériorité de cet élément de richesse, trop longtemps méconnu, que j'ai proposé le premier d'appeler *le capital moral* [1]. Le capital moral n'est autre chose que la somme des capacités de tout genre dont les nations s'enrichissent en se civilisant, et qui leur permet de s'enrichir et de se civiliser chaque jour davantage.

A l'époque où M. Storch publiait ses leçons aux Grands-Ducs de Russie, la doctrine de Ricardo sur le fermage qu'il nomme rente des terres, n'avait pas encore paru ; et j'avoue que la théorie de l'économiste russe me semble beaucoup plus simple et plus naturelle que celle du célèbre écrivain britannique. M. Storch appelle *rente foncière* le prix payé pour l'usage d'un fonds de

[1] Voir le compte-rendu de mes leçons au Conservatoire des Art et Métiers, rédigé et publié par MM. Blaise et Garnier en 1837, un vol. in-8.

terre; *rente primitive*, la rente d'une terre inculte, fondée sur le droit exclusif qu'a le propriétaire de disposer de sa propriété; et *rente de la terre améliorée*, le loyer des améliorations au taux courant, combiné avec la rente primitive. « La rente des terres fertiles, dit-il, détermine le taux de la rente de toutes les autres terres qui se trouvent en concurrence avec elles. Ainsi, tant que le produit des terres plus fertiles suffit pour la demande, les terres moins fertiles qui sont dans la concurrence, ne peuvent point être exploitées, ou du moins ne donnent point de rente. Mais, aussitôt que la demande surpasse la quantité de produits que les terres fertiles peuvent fournir, le prix du produit hausse, il devient possible de cultiver les terres moins fertiles et d'en tirer une rente [1]. » Il est remarquable que cette doctrine soit exactement la même que celle que Ricardo développait presque en même temps en Angleterre, tout en concluant que ce sont les terres *les moins fertiles* qui déterminent le taux de la rente de toutes les autres. Il serait trop long de déduire ici les motifs qui me déterminent à adopter de préférence la théorie de M. Storch; mais je considère les développements dont il l'a accompagnée, comme l'un des travaux les plus remarquables qui aient honoré l'économie politique.

Storch a été moins original, mais plus profond, dans son exposé de la théorie des monnaies, où il a essayé de tenir la balance entre les partisans exagérés des banques et les défenseurs exclusifs du numéraire. Il avait vu de près les abus des émissions de papier et de monnaies de billon; et sa vieille expérience ne lui permettait pas de se faire illusion sur les inconvénients des

[1] *Cours d'économie politique*, liv. III, chap. XII.

assignats, de quelque nom qu'il plût aux gouvernements de les baptiser. Toutefois, sa physiologie des banques ne saurait être comparée au travail immortel d'Adam Smith sur le même sujet. M. Storch a complété les démonstrations du grand Écossais; il les a enrichies d'une foule d'exemples tirés de l'histoire financière de tous les peuples, et il a fait connaître, le premier, l'organisation de presque toutes les banques de l'Europe. C'est dans son ouvrage que l'on peut sérieusement apprendre à les connaître et à distinguer nettement les écueils dont elles ont à se défier. La dernière partie de ce livre important est consacrée à la consommation. L'auteur y a très-bien exposé les motifs pour lesquels le commerce et l'industrie s'enrichissent plus rapidement que l'agriculture. Ce qu'il dit des effets de l'esclavage, principalement en Russie, le seul pays peut-être où l'esclavage existe encore à l'état d'institution sociale, mérite d'être médité par les économistes et fait le plus grand honneur à l'indépendance de cet écrivain. Ce n'est pas sans motif que nous l'avons rangé parmi les *éclectiques* : sa haute raison, la modération de son caractère, sa grande érudition qui ne semble étrangère à aucun travail antérieur, lui donnent des titres à cette qualification, noblement justifiée par une impartialité d'autant plus digne d'éloges que l'auteur était, comme on sait, précepteur impérial à la cour de Saint-Pétersbourg.

Il convient aussi de compter parmi les éclectiques l'infatigable Ganilh, l'auteur des *Systèmes en économie politique*, mort récemment dans un âge fort avancé, sans avoir laissé aucune création vraiment originale. Ganilh était plus financier qu'économiste, et ses travaux ont beaucoup plus contribué aux progrès de la science des finances qu'à l'avancement de l'économie politique.

Aussi la plupart de ses ouvrages n'ont pu survivre aux circonstances qui les avaient vus naître. Il écrivait sous le régime de la censure, et il cherchait à concilier les ménagements commandés par la susceptibilité impériale, avec les intérêts de la vérité qui le préoccupaient sincèrement. Rien ne semblait indiquer alors la gravité des questions que notre époque aurait à résoudre ; M. Ganilh suivait paisiblement l'ornière accoutumée des débats entre le produit net et le produit brut, entre le système restrictif et la liberté du commerce ; mais la France, distraite par le tumulte des batailles, prêtait peu d'attention à ses nombreux écrits [1]. Son mérite consiste à n'avoir pas désespéré de l'avenir de la science et à avoir renoué pour elle la chaîne des temps, interrompue par le fracas des armes. Ganilh faisait de l'économie politique à la manière des solitaires retirés du monde, qui écrivent pour eux-mêmes, sans souci de l'effet que produiront leurs livres et sans les approprier non plus aux besoins de leur temps. Ces ouvrages sont à la science ce que les résumés sont à l'histoire. C'est le seul économiste de l'Empire.

L'*Essai sur l'esprit d'association* de M. le comte De Laborde, publié en 1818, a obtenu beaucoup plus de succès. Ce livre est surtout remarquable par la justesse de ses prévisions et par son excellente appréciation des institutions les plus favorables au développement de la prospérité publique. Toutes les forces étaient divisées

[1] M. Ganilh a laissé, outre son *Exposé des systèmes en économie politique,* publié en 1809, un *Essai politique sur le revenu public,* une brochure sur le *Revenu national,* en réponse à quelques mesures financières de M. de Villèle ; une *Théorie d'économie politique* et un *Dictionnaire d'économie politique,* œuvre incomplète et sans valeur.

en France comme toutes les opinions, lorsque M. De Laborde publia cet exposé des avantages de l'esprit d'association, riche de faits et plein d'aperçus lumineux sur les véritables sources de la puissance industrielle et politique des États. C'est dans ce livre qu'on trouve si bien exprimées les souffrances que l'industrie et le commerce eûrent à essuyer sous le régime militaire [1], les formalités nouvelles qu'il leur fallut subir et les lenteurs de la bureaucratie malencontreusement importées de l'administration dans la législation du travail. M. De Laborde n'en reconnaissait pas moins l'utilité de l'intervention du gouvernement dans les questions de richesse publique et de production matérielle; mais il la voulait selon les principes de la division du travail, sans despotisme, sans empiétement sur le terrain exclusivement dévolu à l'industrie. C'est ainsi qu'il comprenait des associations pour le crédit public; des associations pour le travail; des associations pour la protection du travail. L'armée avait son rôle ici, comme le commerce avait le sien, comme les employés du gouvernement avaient le leur. L'auteur voulait qu'un pays laborieux fût modérément gouverné, et sans adopter la doctrine absolue du laissez-faire et du laissez-passer, il croyait qu'il y avait profit à compter sur l'intelligence individuelle et sur la concurrence des intérêts.

[1] Le plus grand défaut du gouvernement impérial, dit M. Delaborde, fut cette jalousie constante de l'industrie et du commerce; il étendait son esprit de domination sur les moindres existences, et il aurait voulu exploiter toutes les branches de l'industrie, comme il dirigeait toutes les affaires. On le vit marchand de sucre, de café, de toiles peintes, propriétaire de tous les bois, vendeur de moutons, administrateur des canaux, entrepreneur des travaux publics, gérant du bien des communes, des hôpitaux, fermier des jeux, etc. (*De l'Esprit d'association*, page 44.)

Ces doctrines judicieuses ont pénétré peu à peu dans les esprits, et nous avons vu se multiplier depuis lors en France les caisses d'épargne, les compagnies d'assurances, les sociétés en commandite, tout à la fois effet et cause de la prospérité croissante de la nation. M. De Laborde a très-heureusement démontré de quelle influence pouvait être sur cette prospérité le concours des étrangers attirés dans nos associations par l'espoir d'y faire fructifier leurs capitaux. Cette opinion, hardie à l'époque où elle fut émise, commence à se populariser en France, au point qu'on a proposé, un moment, d'établir entre la banque de France et la banque d'Angleterre des relations tout à fait semblables à celles qui existent entre plusieurs négociants par l'entremise des *comptes-courants*. C'était préluder aux réformes d'où sortiront quelque jour les destinées nouvelles de l'industrie et du commerce, quand la concurrence universelle, refoulant sur chaque nation les produits de ses manufactures, les forcera toutes de signer un pacte enfin dépouillé de l'esprit de monopole et de prohibition. Et que sont aujourd'hui ces entreprises de bateaux à vapeur, de chemin de fer, de canalisation qui tendent à réunir tous les États par des lignes de communications tributaires les unes des autres, si ce n'est le commencement de la grande fusion des intérêts européens ?

Jamais, peut-être, une doctrine économique n'obtint à un si haut degré que celle de l'association la sanction de l'expérience et des événements. Son éclectisme même, c'est-à-dire la transaction qu'elle opérait entre les faits et les principes, devait contribuer à favoriser son succès. Aussi n'a-t-elle cessé de marcher de victoire en victoire, et nous avons vu en peu d'années l'Europe entière demander à l'esprit d'association la réalisation d'une foule d'entreprises qui semblaient non-seulement au-dessus des forces des particuliers, mais encore au-dessus de la puissance des gouvernements. Il n'y a plus rien d'impossible désormais à ces armées de travailleurs qui marchent à la conquête des richesses avec les forces accumulées de tout un peuple, et qui savent sur leur chemin dompter les fleuves, aplanir les montagnes ou les percer de part en part, au gré de l'industrie. On n'avait essayé jusqu'à ce jour que d'associer des choses; depuis qu'on a entrepris d'associer des hommes, tout a changé de face autour de nous. Il y a des pays que ce levier puissant a presque soudainement rendus méconnaissables; témoin l'Amérique du Nord dont les forêts vierges sont traversées par des chemins de fer, et les fleuves, naguère solitaires, parcourus par des flottilles de bateaux à vapeur. Il se fait à présent deux parts de la richesse publique, l'une qui va au fisc, l'autre qui retourne au travail; révolution profonde qui met sans cesse en présence, sur le pied de l'égalité, l'industrie et le gouvernement, la production et la consommation! La bienfaisance même a emprunté des ressources nouvelles à l'esprit d'association, et notre civilisation moderne n'a pas de plus beau fleuron à sa couronne, que ces nombreuses sociétés philanthropiques dont le christianisme est le principe, et l'association le moyen.

L'éclectisme économique a pénétré jusqu'en Espagne, cette vieille terre des doctrines absolues, et l'un de ses plus honorables proscrits, M. Florez Estrada, nous a donné sous titre de *Cours éclectique d'économie politique*, l'un des traités les plus remarquables qui aient été publiés depuis celui de J.-B. Say. La méthode de M. Florez Estrada ne manque pas de ressemblance avec celle du célèbre économiste russe, Henri Storch. Il commence par examiner consciencieusement les opinions de ses prédécesseurs, qu'il adopte ou qu'il réfute selon le degré de valeur que cet examen lui a fait reconnaître. C'est ainsi qu'il a ajouté des considérations vraiment neuves aux considérations de Malthus sur la population. Sa belle exposition des doctrines de Ricardo sur la rente est accompagnée d'une série d'analyses fines et ingénieuses, qui élèvent ce morceau de critique au rang des créations originales. Nul écrivain n'avait abordé, avant M. Florez Estrada, les questions d'impôt avec cette sagacité profonde qui le caractérise; et quoique l'auteur y ait donné une attention particulière aux impôts établis dans son pays, les hommes d'État de tous les autres pays trouveront dans ce travail des indications utiles et de précieux enseignements. M. Florez Estrada a démontré jusqu'à la dernière évidence l'inégalité et l'injustice du système fiscal qui pèse aujourd'hui sur toutes les nations de l'Europe, et la nécessité d'y apporter des modifications décisives dans un avenir peu éloigné. Il a complété par des aperçus nouveaux toutes les discussions relatives aux banques, aux papiers-monnaie, à la circulation, en reprenant ces questions au point où les avaient laissées Adam Smith, Ricardo, J.-B. Say, et M. de Sismondi. *L'économie politique éclectique* serait un excellent livre d'étude, si quelques obscurités n'en déparaient pas l'ordonnance simple et sévère. Tel qu'il est néanmoins, ce livre peut être considéré comme le complément nécessaire de tous ceux qui l'ont précédé : méthodique avec Say, social avec Sismondi, algébriste avec Ricardo, expérimental avec Adam Smith, il diffère à beaucoup d'égards de tous ces grands maîtres et il participe de leurs qualités sans tomber dans tous leurs défauts [1].

[1] *Le Cours éclectique d'économie politique* de M. Florez Es-

Citoyen espagnol, M. Florez Estrada devait naturellement avoir en vue les intérêts de sa patrie, et il a signalé avec une rare netteté les plaies du système économique qui régit l'Espagne depuis Charles-Quint. Les questions relatives aux dîmes, aux substitutions, au droit d'aînesse, aux majorats, n'ont été traitées nulle part avec plus de supériorité que dans son livre. C'est là qu'on peut étudier, mieux encore que dans l'ouvrage de Jovellanos [1], les causes véritables de la décadence de l'Espagne et du dommage qu'ont causé à ce beau pays les mauvaises lois économiques dont il est affligé depuis près de trois cents ans. M. Florez Estrada en a fait la critique avec une hauteur de vues qui s'étend jusqu'à l'organisation fiscale des principales puissances de l'Europe; et ses belles analyses de l'influence des taxes sur les diverses industries resteront comme le point de départ obligé de toutes les réformes dont ces taxes sont susceptibles. Tels sont les titres essentiels de l'auteur à la reconnaissance des économistes, et nous regrettons qu'il n'ait pas abordé les questions sociales, sur lesquelles nul n'était plus capable que lui de jeter une vive lumière. M. Florez Estrada appartient par ses doctrines à l'école anglaise; il est partisan du système de Malthus, et sa théorie du revenu de la terre n'est autre que celle de Ricardo, perfectionnée et *illustrée* par des comparaisons et des exemples également ingénieux. M. Florez Estrada s'est montré d'ailleurs plus éclectique à l'égard des personnes qu'à l'égard des choses. La production semble avoir beaucoup plus attiré ses regards que la consommation, et bien qu'il ait proposé d'ajouter au

trada a été traduit en français avec une rare habileté, par M. L. Galibert, directeur de la *Revue Britannique*.

[1] *Informe en el expediente de ley agraria.*

programme habituel de l'économie politique une division relative aux *échanges*, sa critique s'est arrêtée devant les complications que fait naître chaque jour le système industriel exagéré par l'Angleterre, et déjà naturalisé en France. La plupart des économistes éclectiques, excepté M. De Laborde, ont partagé cette réserve que nous appellerions de la timidité, s'il ne nous était pas démontré que, dans l'opinion de ces écrivains, la liberté du travail et celle du commerce devaient suffire pour mener à bonne fin toutes les difficultés sociales de notre temps. Mais chaque siècle a son problème à résoudre, et quand le moment suprême est arrivé, ce n'est point en hésitant entre des doctrines également impuissantes qu'on peut espérer une solution sérieuse et durable. Dans l'état actuel des choses, l'économie politique éclectique n'est plus qu'une science d'observation, tandis que la marche des événements exige une économie politique d'action. Quand les gouvernements, débordés par le flot des intérêts contraires, demandent à la science des réponses catégoriques, celle-ci ne saurait demeurer dans le vague ou se réfugier dans des dissertations : il faut exécuter les réformes devenues nécessaires avec cette vigueur impartiale et prudente qui distinguait M. Huskisson. Telle fut la tentative hardie d'une école désormais célèbre, malgré ses erreurs, et dont les essais ont échoué pour avoir manqué de mesure, mais en laissant une trace lumineuse après eux. Cette école est celle de Saint-Simon, qui voulut être à la vieille économie politique ce que l'Assemblée constituante fut à l'ancien égime, et qui a disparu, comme cette Assemblée, dans une tempête.

CHAPITRE XLIII.

De l'économie politique saint-simonienne. — Premiers écrits de Saint-Simon. — Hardiesse de ses attaques. — Théorie de ses disciples. — Le *Producteur*. — Ce qu'ils entendaient par *Industrialisme*. — Ils fondent une église. — Leurs attaques contre l'héritage. — Vue générale et appréciation de leurs travaux.

Quand les premiers écrits des Saint-Simoniens virent le jour, toutes les grandes questions posées par les économistes attendaient une solution. L'Europe n'avait jamais pris une part plus active à cette polémique, malgré les incertitudes qu'elle traînait à sa suite, et qu'augmentaient chaque jour lès débats soutenus par les chefs des diverses écoles. En même temps, l'immense développement de l'industrie, provoqué par la paix générale, avait fait naître des complications nouvelles, auxquelles il fallait remédier par des mesures efficaces et appropriées aux circonstances. Le moment était venu d'agir, comme nous l'avons dit : des plaies nombreuses affligeaient le corps social; le paupérisme envahissait de plus en plus les pays manufacturiers; on avait assisté, sans espoir qu'elles disparussent pour longtemps, à des crises commerciales, douloureuses et inattendues. De toutes parts s'élevaient des discussions relatives aux salaires, aux enfants-trouvés, aux débouchés, sans que les gouvernements osassent prendre l'initiative de ces mesures décisives qui détruisent le mal, ou qui l'aggravent, selon l'habileté avec laquelle elles sont appliquées. C'est dans cet état que le Saint-Simonisme trouva la France et l'Europe, lorsque ses premières publications commencèrent à éveiller l'attention publique. Les doctrines de cette école ont exercé trop d'influence sur la marche de l'économie politique pour qu'il nous soit permis de les passer sous silence, même en présence des luttes orageuses qu'elles ont soulevées.

Un homme original et méconnu pendant toute sa vie devint, probablement à son insu, quoi qu'en aient dit ses disciples, le fondateur de la secte des Saint-Simoniens : c'était le comte de Saint-Simon, descendant de la famille célèbre de ce nom, entraîné pendant sa jeunesse dans l'expédition d'Amérique, et réduit pendant le reste de sa carrière, soit par le malheur des temps, soit par des excès personnels, à une existence précaire et misérable. Il paraît qu'au milieu de ses vicissitudes, Saint-Simon, déjà préoccupé de projets de réforme, avait formé le plan d'une réorganisation de la société sur des bases qui lui semblaient préférables à toutes celles qui partageaient les économistes de son temps. Il y procéda successivement par une série de publications courtes et substantielles, qui résumaient ses idées sous des formes incisives et pittoresques. Dans l'un de ces pamphlets régénérateurs [1], il proposait de remettre le pouvoir spirituel aux mains des savants, le pouvoir temporel aux mains des propriétaires, et de payer les gouvernements

[1] *Lettre d'un habitant de Genève à ses contemporains.*

en considération. Mais ses conseils eurent peu de succès à cette époque; c'était vers la fin du règne de Napoléon, et les circonstances n'étaient guère favorables aux utopies de ce genre. Saint-Simon trouva le champ plus libre au commencement de la Restauration, et ce fut en 1819 qu'il fit paraître la première expression nette et hardie de ses théories industrielles. Le petit écrit qu'il publia, sous le titre de *Parabole,* était extrêmement remarquable de la part d'un homme de si haute extraction, quelque modeste que fût d'ailleurs sa fortune présente. Saint-Simon y développait, sous la forme d'une hypothèse railleuse, sa doctrine favorite de la suprématie des professions industrielles sur toutes les autres professions de la société. Il feignait de ne pas concevoir comment les hommes les plus habiles dans les arts et dans les manufactures n'occupaient pas dans l'État les postes les plus avantageux, en leur qualité de créateurs de tous les produits et par conséquent de toutes les richesses; et la situation inférieure où il les voyait lui semblait le *monde renversé*. Voici comment il s'exprime à cet égard dans sa *parabole,* dont nous citons textuellement un extrait pour donner tout à la fois une idée de son style et de ses vues pratiques :

« Je suppose, dit-il, que la France perde subitement ses cinquante premiers physiciens, ses cinquante premiers chimistes, ses cinquante premiers peintres, architectes, médecins, en un mot ses trois mille premiers artistes, savants et artisans.

» Comme ces hommes sont les Français les plus essentiellement producteurs, ceux qui donnent les produits les plus imposants, ceux qui dirigent les travaux les plus utiles à la nation, et qui la rendent productive dans les beaux-arts et dans les arts et métiers, ils sont réellement la fleur de la société française : ils sont de tous les Français les plus utiles à leurs pays, ceux qui lui procurent le plus de gloire, qui hâtent le plus sa civilisation et sa prospérité.

Il faudrait à la France au moins une génération entière pour réparer ce malheur, car les hommes qui se distinguent dans les travaux d'une utilité positive, sont de véritables anomalies, et la nature n'est pas prodigue d'anomalies, surtout de cette espèce.

» Passons à une autre supposition : admettons que la France conserve tous les hommes de génie qu'elle possède dans les sciences, dans les beaux-arts et dans les arts et métiers; mais qu'elle ait le malheur de perdre le même jour MONSIEUR, frère du roi, Mgr. le duc d'Angoulême, Mgr. le duc de Berri, Mgr. le duc d'Orléans, Mgr. le duc de Bourbon, madame la duchesse d'Angoulême, madame la duchesse de Berri, madame la duchesse d'Orléans, madame la duchesse de Bourbon et mademoiselle de Condé;

» Qu'elle perde en même temps tous les grands officiers de la couronne, tous les ministres d'État, tous les maîtres des requêtes, tous les maréchaux, tous les cardinaux, archevêques, évêques, grands-vicaires et chanoines, tous les préfets et sous-préfets, tous les employés dans les ministères, tous les juges et en sus de cela, les dix mille propriétaires les plus riches parmi ceux qui vivent noblement.

» Cet accident affligerait certainement les Français, parce qu'ils sont bons, parce qu'ils ne sauraient voir avec indifférence la disparition subite d'un aussi grand nombre de leurs compatriotes; mais cette perte de trente mille individus, réputés les plus importants de l'État, ne leur causerait de chagrin que sous un rapport purement sentimental, car il n'en résulterait aucun mal pour l'État.

» D'abord, par la raison qu'il serait très-facile de remplir les places qui seraient devenues vacantes. Il existe un grand nombre de Français en état d'exercer les fonctions de frère du roi, aussi bien que MONSIEUR; beaucoup sont capables d'occuper les places des princes, tout aussi bien que Mgr. le duc d'Angoulême, Mgr. le duc d'Orléans, etc.

» Les antichambres du château sont pleines de courtisans prêts à occuper les places de grands-officiers de la couronne; l'armée possède une grande quantité de militaires aussi bons capitaines que nos maréchaux actuels. Que de commis valent nos ministres d'Etat! que d'administrateurs plus en état de gérer les affaires des départements que les préfets et sous-préfets, présentement en activité; que d'avocats aussi bons jurisconsultes que nos juges! que de curés aussi capables que nos cardinaux, que nos archevêques, que nos évêques, que nos grands vicaires et que nos chanoines! Quant aux dix mille propriétaires, leurs héritiers n'auraient besoin d'aucun apprentissage pour faire les honneurs de leurs salons aussi bien qu'eux. »

Ce pamphlet audacieux produisit assez de sensation pour exciter la sollicitude des magistrats et pour obtenir un acquittement malgré leurs poursuites. C'était le programme du pouvoir industriel que Saint-Simon se proposait de fonder, et il fut bientôt suivi par une foule d'autres publications qui ont été religieusement recueillies, depuis, par M. Olinde Rodrigues, l'un de ses disciples. Les plus curieux de ces écrits portaient le titre de *l'Organisateur*, le *Catéchisme des industriels*, le *Système industriel*. « Nous invitons, disait-il, tous les industriels qui sont zélés pour le bien public, et qui connaissent les rapports existants entre les intérêts généraux de la société et ceux de l'industrie, à ne pas souffrir plus longtemps qu'on les désigne sous le nom de *libéraux ;* nous les invitons à arborer un nouveau drapeau et à inscrire sur leurs bannières la devise : *industrialisme*. La désignation du libéralisme ayant été choisie, adoptée et proclamée par les débris du parti patriote et du parti bonapartiste, cette désignation a de très-grands inconvénients pour les hommes dont la tendance essentielle est celle de constituer un ordre de chose solide par des moyens pacifiques. Nous ne prétendons pas dire que les patriotes et les bonapartistes n'aient pas rendu des services à la société; leur énergie a été utile, car il a fallu démolir avant de pouvoir construire. Mais aujourd'hui l'esprit révolutionnaire qui les a animés est directement contraire au bien public; aujourd'hui une désignation qui n'indique point un esprit absolument contraire à l'esprit révolutionnaire, ne peut convenir aux hommes éclairés et bien intentionnés. » Nous avons cité ces divers passages afin de faire remarquer l'étrange amalgame de sentiments contraires qui distinguait la doctrine saint-simonienne à cette première période de son développement. Depuis lors, cette école n'a cessé de professer une sorte de respect aveugle pour les prescriptions de l'autorité, jusqu'au point de l'investir d'une haute surveillance sur tous les procédés du travail et de créer ainsi une intervention universelle de l'administration dans les intérêts de tous les particuliers ! On conçoit sans peine que Saint-Simon eût d'autant plus de propension à ce despotisme de l'autorité que, d'après ses idées, c'est aux mains des industriels qu'il devait naturellement échoir.

Nous n'avons point à examiner ici la portion purement religieuse des doctrines de Saint-Simon, telle qu'elle ressort de son *Nouveau christianisme*, œuvre fort remarquable et dans laquelle l'auteur a proclamé la nécessité pressante d'améliorer le sort des classes les plus nombreuses et les plus pauvres. Encore moins critiquerons-nous la métamorphose de toute cette école industrielle en une église métropolitaine ayant ses doctrines et ses casuistes. Cette partie de l'histoire des Saints-Simoniens appartient à l'histoire des erreurs religieuses, ainsi que les tentatives d'émancipation de la femme et le cortége de hardiesses dont elles furent accompagnées. Notre but n'est que de signaler les travaux économiques de la secte et les résultats acquis de ces travaux. En effet, aussitôt après la mort de Saint-Simon, ses disciples publièrent sous le nom du *Producteur* un recueil périodique destiné à la propagation des doctrines du maître, mais en les appropriant aux nécessités du temps et avec des ménagements dont ils jugèrent à propos de s'affranchir, après la révolution de 1830. Quoi qu'il en soit, les auteurs de ce recueil étaient parvenus à répandre, parmi les hommes les plus avancés de la presse, des idées favorables au développement de la puissance industrielle, et à affaiblir le prestige qui s'attachait exclusivement alors aux moyens politiques. Ils attaquaient par des arguments simples et vigoureux le vieux système prohibitif exagéré par la Restauration; ils signalaient avec une fierté calme et digne l'importance du rôle des savants, des industriels et des artistes, trinité nouvelle de la religion d'amour et de travail qu'ils se proposaient de fonder. A partir de cette époque, il s'opère un véritable changement dans les idées absolues de la presse militante, directrice de l'opinion populaire en France : les tendances militaires perdent beaucoup de leur empire; la guerre est obligée de rendre des comptes, et pour la première fois depuis longtemps, on commence à s'apercevoir qu'il existe en dehors des classes privilégiées de la fortune et de la politique une masse immense de *travailleurs*, dont le tour est venu de figurer sur la scène du monde et d'y avoir ses représentants légitimes.

Les Saint-Simoniens en étaient à ce point lorsque la révolution de Juillet éclata. Je ne crois pas exagérer l'influence de leurs premiers écrits, en affirmant que ce fut sous leur inspiration que les troubles de l'époque prirent ce caractère social dont l'Europe se montra si vivement préoccupée. Le *Producteur* avait cessé de paraître, mais pour être dépassé. Une *Exposition* nouvelle de la doctrine saint-simonienne, mûrement discutée en conseil des pontifes du grand collége, proclama hardiment l'abolition de l'héritage et le classement des positions suivant les capacités. On sent combien ce dogme devait sourire à la vanité humaine, toujours disposée à se juger avec bienveillance, et quelles conséquences flatteuses pouvaient tirer de l'abolition des héritages les hommes qui n'avaient rien à y perdre. Les Saint-Simoniens profitaient habilement des circonstances qui avaient donné aux masses insurgées une victoire illustrée par le plus admirable désintéressement dont l'histoire fasse mention. Ils commentaient en hommes pratiques le fameux mot de Sieyes : *le tiers état est tout*, et ils voulaient que le tiers état de 1830 ne fût pas réduit aux minces proportions d'une bourgeoisie. Mais tandis qu'ils affectaient dans leur langage les formes les plus pacifiques, les masses peu éclairées marchaient droit à leur but et poursuivaient, au moyen des insurrections, la réalisation de cette promesse décevante : « A chacun sa capacité, à chaque capacité suivant ses œuvres. » Il ne manquait pas de hardis commentateurs pour faire ressortir le contraste affligeant de la misère des uns et de l'opulence des autres. Plus d'un tribun de carrefour démontrait facilement les hauts profits que l'*humanité* devait retirer de l'abolition de ces inégalités odieuses, représentées comme de véritables spoliations. Telle n'était pas, pourtant, la pensée des Saint-Simoniens en publiant leur célèbre symbole. Ils n'avaient pas entendu prêcher la communauté des biens, ni, ce qu'on leur reprocha plus tard, la communauté des femmes; et le manifeste qu'ils adressèrent à ce sujet à la chambre des députés ne laisse aucun doute sur leurs véritables intentions. Voici le passage le plus remarquable de ce document :

« Le système de communauté des biens s'entend universellement du partage égal entre tous les membres de la société, soit du fonds lui-même de la production, soit du fruit du travail de tous.

» Les Saint-Simoniens repoussent ce partage égal de la propriété, qui constituerait à leurs yeux une violence plus grande, une injustice plus révoltante que le partage inégal qui s'est effectué primitivement par la force des armes, par la conquête.

» Car ils croient à l'inégalité naturelle des hommes, et regardent cette inégalité comme la condition indispensable de l'ordre social.

» Ils repoussent le système de la communauté des biens, car cette communauté serait une violation manifeste de la première des lois morales qu'ils ont reçu mission d'enseigner, et qui veut qu'à l'avenir chacun soit placé selon sa capacité et rétribué selon ses œuvres.

» Mais, en vertu de cette loi, ils demandent l'abolition de tous les priviléges de naissance, sans exception, et par conséquent la *destruction de l'héritage*, le plus grand de ces priviléges, celui qui les comprend tous aujourd'hui, et dont l'effet est de laisser au hasard la répartition des priviléges sociaux parmi le petit nombre de ceux qui veulent y prétendre, et de condamner la classe la plus nombreuse à la dépravation, à l'ignorance, à la misère.

» Ils demandent que tous les instruments du travail, les terres et les capitaux qui forment aujourd'hui le fonds morcelé des propriétés particulières, soient exploités par association et hiérarchiquement, de manière à ce que la tâche de chacun soit l'expression de sa capacité et sa richesse la mesure de ses œuvres.

» Les Saint-Simoniens ne viennent porter atteinte à la constitution de la propriété qu'en tant qu'elle consacre pour quelques-uns le privilége impie de l'oisiveté, c'est-à-dire de vivre du travail d'autrui; qu'en tant qu'elle abandonne au hasard de la naissance le classement social des individus.

Malgré cette protestation des Saint-Simoniens, il était facile de voir que leurs attaques contre la transmission des propriétés par l'héritage aboutissaient à une véritable spoliation des familles. Ils menaçaient ainsi les citoyens dans la jouissance de celui de leurs droits considéré comme le plus sacré; ils atteignaient les pères dans leur espoir le plus doux, et ils frappaient la société elle-même dans sa fortune en étouffant chez l'homme le stimulant le plus énergique du travail et de l'économie. Qui donc exercerait dans chaque pays les fonctions de répartiteur des jouissances et des fonctions? Quelle intelligence se trouverait assez haute, et quel esprit assez impartial pour être à l'abri des erreurs et des injustices? Ce ne devait pas être moins qu'un grand-prêtre, aussi infaillible que le pape, et, de plus, souverain dispensateur des produits du travail. Les adeptes de la doctrine ne reculèrent pas même devant cette difficulté et ils se donnèrent, sous le nom de *père-suprême*, ce souverain dispensateur des plaisirs et des peines. C'est à partir de ce moment que le Saint-Simonisme dégénère en une sorte de théocratie mondaine et cesse de s'arrêter à la limite des utopies économiques. On ne le considère plus comme une école, mais comme une église, et déjà il est poursuivi par le ridicule qui s'attache impitoyablement en France à tous les fondateurs d'églises. En même temps, les folles tentatives d'émancipation des femmes achèvent de déconsidérer ce qu'il pouvait y avoir de bon et d'utile dans les autres propositions saint-simoniennes. On les enveloppe toutes dans une commune réprobation. On rit et l'on s'indigne de cette lutte entre deux personnages éminents de la secte, dont l'un, homme marié, prétend que dans la famille tout enfant doit pouvoir connaître son père, tandis que l'autre, célibataire, soutient que la femme seule doit être appelée à s'expliquer sur cette grave question. Les hommes sérieux ne voient plus qu'une débauche d'esprit dans ce débordement de propositions licencieuses qui conduisent au bouleversement de la famille et de la propriété. Les magistrats s'en alarment, la société s'en émeut. En vain les Saint-Simoniens organisent des temples, donnent le mot de leur énigme dans des prédications éloquentes, où leur parole attire les riches et les pauvres par une espèce de fascination irrésistible; en vain même ont-ils l'art de recueillir des adhésions et de multiplier les prosélytes : leur décadence approche et leurs théories les plus rationnelles sont confondues avec les écarts de leur imagination. Les insurrections qui éclatent de toutes parts passent pour être le fruit de leurs excitations, et, en présence du sang qui coule, le rire fait place à la colère. L'autorité fait fermer leurs salles de conférences, et les tribunaux les poursuivent comme perturbateurs du repos public.

Quelle triste fin pour des débuts qui paraissaient si favorables! Qui aurait pu croire que les savantes analyses des procédés de l'industrie, publiées par le *Producteur*, devaient avoir pour conclusion la *femme libre* et la création d'un *père suprême!* Mais en dépit de ces extravagances, une pensée profonde avait survécu à la dispersion des Saint-Simoniens, dégagée de l'alliage impur des sensualités de la rue Monsigny [1]. Cette pensée avait été formulée par l'un des principaux organes de la secte : « La société, selon eux, ne se compose que d'oisifs et de travailleurs. La politique doit avoir pour but l'amélioration morale, physique et intellectuelle du sort des travailleurs et la déchéance progressive des oisifs. Les moyens sont, quant aux oisifs, la destruction

[1] C'est dans cette rue que les Saint-Simoniens avaient établi la métropole de leur culte, quand ils se firent prêtres. Ils y donnaient des soirées très-suivies et des conférences qui ne l'étaient pas moins. On peut croire que l'ivresse de ces succès de salon n'a pas peu contribué à la tendance vers l'épicurisme qui a égaré ces hommes remarquables.

de tous les priviléges de la naissance, et quant aux travailleurs, le classement selon les capacités et la rétribution selon les œuvres. » Les Saint-Simoniens comprenaient très-bien qu'il leur serait impossible, dans l'état présent de la société, d'arriver promptement à leur but; aussi proclamaient-ils eux-mêmes la nécessité d'une transition mesurée, et ils repoussaient l'idée d'une suppression immédiate du privilége de succession. Leur projet était de provoquer d'abord l'abolition de l'héritage en ligne collatérale à des degrés éloignés, afin d'accoutumer insensiblement les esprits à des réformes plus décisives. Ils voulaient faire servir à la réduction des impôts la valeur acquise à l'État des propriétés qui viendraient accroître son domaine, et le produit des droits de succession en ligne directe, qui eussent été considérablement augmentés. Au moyen de ce budget de création nouvelle, ils donnaient une impulsion active à toutes les industries, creusaient des canaux, traçaient des routes; ils élevaient des monuments publics et fondaient les établissements d'instruction réclamés par les besoins du pays.

On ne peut lire aujourd'hui sans un vif intérêt les vues qu'ils présentaient chaque jour dans le journal *le Globe*, devenu leur propriété. Par une singularité assez remarquable, ce journal avait appartenu avant eux à une association d'hommes distingués, que le flot de 1830 venait de porter au pouvoir. Ce que l'ancien *Globe* avait essayé de conquérir pour la pensée, pour les classes moyennes, les Saint-Simoniens le revendiquaient pour le travail, pour les classes inférieures. Ils prenaient une part active à tous les projets de réforme favorisés par le mouvement rénovateur de Juillet. Leur feuille, distribuée gratuitement à plusieurs milliers d'exemplaires, traitait avec une supériorité incontestée les questions de finances, de travaux publics, de banques, d'associations, de paupérisme, et il faut convenir que jamais aucune réunion de savants n'avait mis en circulation une pareille masse d'idées. Ces idées assurément n'étaient ni toujours justes, ni toujours praticables ; il s'en trouvait souvent de bizarres et dont l'expression était empreinte d'un néologisme affecté : mais à mesure que les esprits se sont calmés, la postérité qui commence pour les Saint-Simoniens a fait le départ de l'alliage, et il est resté beaucoup de métal pur au fond de leur creuset. C'est à eux que nous devons la tendance industrielle de l'époque actuelle et la direction, peut-être trop exclusive aujourd'hui, de toutes les activités vers ce but. En réhabilitant soit par leurs prédications, soit par leurs analyses le culte du travail, ils ont appelé sur les classes laborieuses la sollicitude trop longtemps indifférente du pouvoir et des classes élevées. Leurs savantes expositions de la théorie des banques, leurs vues originales sur le régime hypothécaire, sur l'insuffisance de l'instruction publique, sur les enfants-trouvés, ont familiarisé les hommes les plus étrangers à la science économique avec les principes fondamentaux de cette science. Tandis que les économistes dissertaient sur les théories, les Saint-Simoniens abordaient avec courage les hasards de la pratique et faisaient, à leurs risques et périls, les expériences préparatoires de l'avenir. Leur désintéressement personnel égalait leur enthousiasme religieux pour la cause qu'ils avaient embrassée, et malgré les accusations contraires qui ont plané sur eux, c'est un fait avéré qu'ils sont tous sortis pauvres ou ruinés de leurs temples et de leurs ateliers.

Je ne dirai rien de l'essai malheureux qu'ils firent sur

eux-mêmes, en se retirant sur les hauteurs du village de Ménilmontant, dans l'intention d'y glorifier le travail. Ce fut un déplorable spectacle de voir des chimistes habiles, des ingénieurs distingués, des penseurs originaux et profonds, ravalés au dernier rang des manœuvres, et réduits par une aberration de leur propre volonté aux travaux les plus vulgaires de la vie domestique. En agissant ainsi, ils dégradaient l'intelligence et méconnaissaient les premières règles de la division du travail. Qu'auraient-ils dit, eux si sérieusement hiérarchiques si les classes laborieuses, quittant le soc de la charrue ou le marteau de l'industrie, s'étaient emparées des domaines de l'intelligence pendant que les chefs de la religion industrielle se livraient humblement à des travaux manuels? Quelle contradiction dans les actions et dans les paroles! Et ce n'était pas la seule : on est surpris, en étudiant leurs doctrines, de l'indépendance des principes et de l'absolutisme des prescriptions; on a de la peine à associer ces projets d'émancipation des travailleurs avec les règles sévères qui leur étaient imposées. Les Saint-Simoniens ont un point de ressemblance avec les physiocrates, auxquels ils semblent aussi avoir emprunté le dogme de l'obéissance passive et d'un respect idolâtre pour l'autorité. Cette erreur pourtant a été moins nuisible qu'utile. On s'était trop habitué en France sous la Restauration, et malheureusement avec quelques motifs, à fronder le pouvoir : on l'observait avec défiance; on lui obéissait avec humeur. Une hostilité systématique accueillait la plupart de ses mesures ou en paralysait les effets; de sorte que la puissance publique allait s'affaiblissant chaque jour, au grand détriment de la prospérité et de la dignité du pays. Les Saint-Simoniens, envers lesquels le pouvoir s'est montré fort ingrat, apprirent au peuple français qu'un gouvernement est bon à quelque chose ; c'était vraiment une nouveauté par le temps qui courait alors, et surtout au moment où chacun se faisait un mérite d'avoir contribué au renversement de la dynastie qui venait de tomber. Le Saint-Simonisme essaya d'arrêter toutes les mains armées d'instruments destructeurs, qu'un premier élan, brusquement comprimé, n'avait pas encore déshabituées de la démolition ; il voulut aussi exciter au cœur des hautes classes des sympathies pour les plus humbles, qu'elles avaient rarement éprouvées. On peut échouer dans cette noble tâche, en y commettant des erreurs ; et qui n'en commet pas, même en faisant le bien ? Mais il reste toujours une trace lumineuse de ces essais hardis, que les générations suivantes ne manquent jamais de reprendre en sous-œuvre. Aujourd'hui les Saint-Simoniens répandus dans le monde y ont repris l'exercice des professions auxquelles ils étaient individuellement destinés par leurs premières études ; ils construisent des chemins de fer, ils font des voyages utiles à leur patrie ; ils sont entrepreneurs d'usines, et partout on les voit à la tête des projets d'amélioration. Ils honorent leur passé par la dignité même de leur silence, satisfaits d'avoir posé les plus graves questions du temps présent et d'avoir préparé les principaux éléments de leur solution. L'Europe, qui les bafouait, suit leurs conseils, et le gouvernement qui les pourchassait les emploie. Est-ce donc ainsi qu'on traite des vaincus ?

CHAPITRE XLIV.

Des économistes *utopistes.* — Du système *sociétaire* de Fourier, — Revue de ses principaux ouvrages. — Idée fondamentale de sa doctrine. — Développements qu'elle paraît susceptible de recevoir. — Du système *social* de M. Owen. — Essais infructueux tentés par lui à New-Lanark et à New-Harmony. — Esquisses des vues particulières de cet économiste.

Dans l'ordre chronologique, les Saint-Simoniens ne sont pas les premiers économistes réformateurs du dix-neuvième siècle. Déjà quelques années avant la publication de leurs écrits, deux hommes remarquables à des titres divers, MM. Fourier et Owen, avaient jeté les fondements d'une réforme, appelée par le premier *sociétaire,* et *sociale* par le second; celle-ci fondée sur la communauté, l'autre sur l'association. Tous deux partaient du même point, sans tendre au même but; l'un et l'autre ils étaient frappés du malaise de la société contemporaine, des vices de nos mœurs, des souffrances du plus grand nombre de nos semblables, et de la nécessité d'y mettre un terme; mais ils différaient essentiellement sur les moyens. Les Saint-Simoniens ont fait plus de bruit et plus de chemin, parce que le chef de leur école, enlevé le premier à ses disciples, a laissé de sectateurs ardents et résolus auxquels rien n'eût manqué pour assurer le triomphe de ses doctrines, si quelque grande rénovation en avait pu sortir.

Les idées de Fourier et d'Owen n'ont obtenu que fort tard le privilége de cette publicité bruyante qui commande l'attention et quelquefois le succès. Fourier est mort il y a un peu plus d'une année, et M. Owen vit encore[1]. Cette double circonstance explique l'intérêt différent qui s'est attaché aux prédications des Saint-Simoniens et aux écrits d'Owen et de Fourier. Cependant, les essais de ces deux philosophes ont précédé de plusieurs années les premiers travaux de Saint-Simon, et ils se présentent avec une organisation plus complète et plus vaste que celle de l'école saint-simonienne. Fourier, dont ses disciples veulent faire aujourd'hui un grand homme, l'emporte évidemment sur ses deux rivaux par la hardiesse de ses vues et par la constance admirable de son caractère; mieux qu'eux, il croyait avoir résolu le problème social, et il accusait de stérilité toutes les doctrines économiques contemporaines, sans s'apercevoir qu'il n'apportait, comme elles, que sa part d'incertitudes et de rêveries au foyer universel de tous les doutes et de toutes les utopies de la civilisation. Un examen rapide permettra d'en juger.

Fourier avait été frappé de bonne heure des mensonges de convention dont l'ordre social est infesté. Il avait vu l'enfance aux prises avec des passions impérieuses et des maîtres exigeants; plus tard, dans le monde, sa probité s'était révoltée à l'aspect des fourbe-

[1] Fourier est mort le 10 octobre 1837, Owen en décembre 1858 à l'âge de 87 ans. *Note de l'éditeur.*

ries du commerce, des discordes de la famille et des corruptions de la politique. Il avait été choqué du contraste de la pauvreté honnête et du vice opulent. Avant que sa raison lui eût démontré que la Providence devait avoir eu des vues plus hautes, son cœur avait gémi des contradictions et des désappointements amers de notre société. Quoi donc ! en présence de ce magnifique spectacle de la nature, de ce soleil qui luit pour tous, de ces fruits si abondants et si savoureux, de ces fontaines si limpides, il y a des hommes qui vivent dans les ténèbres, qui languissent dans les hôpitaux, dans les prisons, qui meurent de faim et de soif ! Il y a des hommes mille fois plus malheureux que les bêtes, puisqu'ils ont à subir la torture morale, outre la souffrance physique ! Tout marcherait d'un pas régulier dans ce monde créé pour l'homme, excepté l'humanité elle-même ! La maison ne serait si belle et la lumière des astres aussi brillante, que pour contenir et éclairer les douleurs ineffables du maître ! Quel blasphème et quelle absurdité !

Frappé de ce contraste comme d'une révélation, Fourier en rechercha les causes avec la sagacité persévérante et profonde qui le distinguait. Il lui sembla que les passions, chargées de tout le poids de nos iniquités, pouvaient servir à nous conduire au bien, et qu'il était facile de les utiliser, comme toute force vive, en leur assignant un emploi intelligent et raisonnable ; c'est ainsi qu'il jeta les fondements de son système dans le premier de ses ouvrages, la *Théorie des quatre mouvements*. Ces quatre mouvements prenaient les noms de mouvement *social*, de mouvement *animal*, de mouvement *organique*, de mouvement *matériel*. La théorie du premier devait expliquer les lois selon lesquelles Dieu régla l'ordonnance et la succession des divers mécanismes sociaux dans tous les globes habités. La théorie du second expliquerait les lois selon lesquelles la Providence distribue les passions et les instincts à tous les êtres créés dans les divers globes. La théorie du troisième aurait rendu compte des lois selon lesquelles l'auteur des choses distribue les propriétés, les formes, les couleurs et les saveurs aux substances. Enfin la théorie du mouvement matériel, véritable cosmogonie nouvelle, devait faire connaître les lois de la gravitation, selon les idées de l'auteur. Il n'est pas facile de deviner au premier abord à quelles applications cet étalage prétentieux de théories pouvait aboutir ; ce fut le premier tort de Fourier, et il eut le tort plus grand d'y persister. Il transforma les élans de son imagination en théorèmes géométriques dont lui seul était en état de donner la démonstration et sur lesquels il n'admettait aucune controverse. Il fallait croire ou être excommunié. Fourier ne reculait devant aucune célébrité, devant aucun nom. Les philosophes étaient la honte du monde ; le monde allait de travers depuis cinq mille ans. La science, la morale, la politique de tous les siècles n'étaient qu'un tissu d'extravagances et d'inepties.

Fourier vécut ainsi plusieurs années, en proie à cette fièvre dévorante de haine et de dénigration envers le passé, qui ne l'a point abandonné jusqu'à ses derniers moments. Son style, plus étrange que celui des Saint-Simoniens, semblait un défi porté à langue française ; il était hérissé de locutions bizarres et de termes vraiment cabalistiques. Cependant, sa pensée dominante parvenait à se faire jour au milieu de ces obscurités. Fourier voulait faire prévaloir l'association sur le morcellement et organiser les forces isolées par le moyen de ce qu'il appelait *l'attraction passionnée*. Son but était d'associer les hommes, comme il disait lui-même, en *capital, travail* et *talent*. Pour y parvenir, il combinait les efforts des agriculteurs, abrégeait les heures de travail, distribuait les âges et les fonctions par *séries*, et transformait le labeur accablant des diverses professions en une distraction perpétuelle, assaisonnée de plaisirs et de sensations agréables. Il n'est pas facile, même depuis que ses disciples ont débarrassé ses théories des digressions critiques sous lesquelles elles étaient étouffées, de distinguer nettement ce que voulait l'auteur : on comprend beaucoup mieux ce qu'il ne voulait pas. Il espérait pourtant rencontrer l'occasion de mettre à exécution quelques-unes de ses idées, lorsqu'il fit paraître son *Traité de l'association domestique agricole*, où se développent sur une ligne immense les *séries unitaires passionnées* qu'il avait substituées à l'isolement actuel des travailleurs. Au lieu de nos tristes villages si éparpillés, si malpropres, si mal bâtis, Fourier imagina dans chaque localité une vaste construction appelée *phalanstère*, habitée par les phalanges associées de travailleurs de toute espèce. L'*attraction passionnée*, le désir du bien-être ne pouvaient manquer de faire comprendre à ces associations (qu'il voulait de dix-huit cents personnes) les avantages de la vie nouvelle dans laquelle elles entraient. Plus de chaumières, plus de hangars ; mais un édifice simple et commode, surmonté d'une tour d'ordre, armée de son télégraphe et ornée d'une horloge. Toutes les communications devaient se faire à couvert dans des rues-galeries, ventilées en été et chauffées en hiver. Chaque famille pourrait se loger selon sa fortune et vivre en conséquence. Ce n'était pas le régime d'un couvent, ni la discipline d'une caserne ; mais une association dans laquelle chaque *sociétaire* aurait sa part de profit d'une cave substituée à trois cents caves, d'un grenier à trois cents greniers, d'une cuisine à trois ou quatre cents cuisines.

Jusqu'ici la conception de Fourier ressemble beaucoup à ce que nous voyons dans les colléges, dans les manufactures, dans les lieux de grande réunion où la vie commune produit des économies incontestables et des avantages de différents genres. Mais de quoi vivront, riches ou pauvres, les habitants d'un phalanstère? Fourier n'était point arrêté par cette difficulté. Chaque propriétaire devait recevoir en échange de ses terres des actions transmissibles qui en représentaient la valeur; et dès lors tombaient les murs, les haies vives, les clôtures qui séparent les héritages. Le morcellement de la propriété disparaissait devant cette synthèse. Cinq cents parcelles se transformaient en un seul domaine; il n'y avait plus de travail morcelé; plus d'agriculture irlandaise. A l'intérieur, de vastes ateliers succédaient aux granges froides et poudreuses de nos hameaux. La tâche de chacun était simplifiée par une division du travail, non plus absolue et permanente comme celle des économistes, mais douce, agréable et variée, comme les délassements des grands seigneurs, comme un exercice utile à la santé. En agriculture, en industrie, chacun suivait son penchant et, comme les travailleurs vivaient sans cesse en présence les uns des autres, en rivalité de perfection, de vitesse et de dévouement, les produits de leurs œuvres devaient naturellement et nécessairement surpasser tous les produits du travail continuel et forcé. L'association phalanstérienne donnait ainsi des bénéfices bien plus considérables que tous les modes surannés d'exploitation égoïste; il ne s'agissait que de les distribuer équitablement. Ici, l'auteur nous semble avoir poussé trop loin d'esprit d'association. Il suppose que les capitalistes du *phalanstère*, intéressés à ménager leurs ouvriers, sans lesquels les capitaux demeureraient stériles, leur feront une part raisonnable, et que les travailleurs, convaincus de l'impossibilité de travailler sans capitaux, ménageront à leur tour les capitalistes dans la répartition des profits. Il y aura donc un lot pour le capital, un pour le travail, un pour le talent. Mais comment apprécier justement le travail, le talent? Selon leur utilité; car Fourier donne la préférence aux arts utiles sur les arts agréables. Il reconnaît des travaux de nécessité, de simple utilité et d'agrément. Les premiers seront les plus récompensés comme étant généralement les plus pénibles; les travaux agréables trouveront une partie de leur récompense dans leur agrément même. Les manœuvres seront mieux rétribués que les artistes. Fourier pensait ainsi relever les classes pauvres de l'état de misère où elles sont tombées, et il s'imaginait faire disparaître les causes de haine ou d'envie qui les séparent, depuis l'origine du monde, des classes riches. Il n'y aurait plus de pauvres. La moindre dose de travail *repoussant* conduirait à un salaire élevé, et l'*harmonie* universelle ne tarderait pas à s'établir entre des castes trop longtemps ennemies. Le grand homme, dans les beaux-arts, dans les sciences, dans l'industrie, serait l'élu de toutes les phalanges, le pensionné de tous les travailleurs. Plus de procès, plus d'hôpitaux, plus de prisons, plus d'ingratitudes ou de rigueurs sociales!

J'oublie de dire aussi plus d'armées! plus de guerres! ou plutôt quelles armées! quelles guerres! des armées d'industriels d'élite, marchant à l'exécution des travaux les plus gigantesques sur toute la surface du globe, les unes coupant l'isthme de Suez, d'autres l'isthme de Panama; celles-ci, creusant le lit des fleuves, celles-là, faisant communiquer les lacs, desséchant les marais ou épuisant les mines. On a vu ce que seraient les villages : jugez ce que devront être les villes! Les sympathies qui unissent les phalanges, présideront aux relations d'un ordre plus élevé qui s'établiront entre les cités, et quand leurs forces individuelles n'y suffiront pas, les armées se mettront en marche, non plus dès lors pour détruire et piller comme aujourd'hui, mais pour édifier et embellir. Dans l'ordre politique, élection universelle, liberté absolue, égalité complète, absence de gouvernement en un mot. A quoi bon songer aux tempêtes, quand on supprime tous les vents, excepté les zéphyrs? L'auteur pouvait du même point de vue proclamer le printemps perpétuel.

On ne saurait, pourtant, parler avec ironie des rêves de Fourier. Un homme qui voue sa vie entière au culte d'une telle idée, qui veut faire concourir les passions au bien de l'humanité, qui entreprend d'associer les familles et les intérêts, et qui travaille avec une telle énergie à l'abolition des misères sociales, n'est point un utopiste vulgaire, quoique tous ses projets tiennent de l'utopie. Une utopie n'est souvent qu'une opinion avancée proclamée à la face d'une génération qui ne la comprend pas encore, et destinée à devenir un lieu commun pour la génération qui suit. Fourier a jeté les fondements d'une théorie qui commence à porter ses fruits, car les hommes même qui ne l'ont pas étudiée, y obéissent par une sorte d'instinct, en s'associant sous toutes sortes de formes dans des intérêts matériels ou moraux. L'école sociétaire eût fait beaucoup plus de prosélytes encore, si Fourier n'avait pas affecté un si profond dédain pour tous les écrivains du monde, en manquant au premier devoir de tout homme de sens, au respect des aïeux. On a des aïeux dans la science comme dans la nature, et c'est une preuve de mauvais goût ou de mauvais principes que de manifester du mépris pour eux. Le travail de ces aïeux, qui est celui des siècles, quelque défectueux qu'il ait pu être, ne se défait pas, d'ailleurs, dans un jour, et ce fut l'erreur de Fourier d'imaginer qu'il y parviendrait tout d'une pièce, en dépit des institutions, des habitudes et des préjugés. Aussi se réfugiait-il, surtout vers la fin de sa carrière, vers l'enfance, plus apte à recevoir l'impression de ses doctrines. Ce qu'il dit au sujet des enfants est d'une exactitude, d'une fraîcheur et d'une délicatesse admirables. Il attache avec raison un prix infini à leur éducation, et quoique le système qu'il propose ne nous semble pas conforme à la nature, puisque sa première conséquence serait de soustraire les fils à leurs pères pour les élever *tous* en commun, nous n'en convenons pas moins qu'il renferme les vues les plus ingénieuses qu'on ait jamais publiées sur cette matière difficile.

Il serait téméraire de prédire quelles seront les conséquences prochaines de la théorie sociétaire de Fourier. Nous n'avons pas encore vu ce système à l'œuvre ; nul établissement de *phalanstère* n'a permis de réaliser une expérience décisive à se sujet. Rien ne mériterait plus d'intérêt que l'analyse exacte du revenu social d'un de ces établissements modèles, dont nous regrettons que le gouvernement lui-même n'ait pas encouragé la fondation. Quel échec pour les novateurs, si sous un tel patronage une expérience sérieuse fût venue à échouer ; mais aussi quel trait de lumière, si elle venait à réussir ! Fourier est mort, le cœur navré de n'avoir pu obtenir cette faveur de ses contemporains et, dans son désespoir, il accusait les économistes d'avoir étouffé, autant qu'il avait dépendu d'eux, l'exécution de sa pensée. Que pouvaient-ils gagner à empêcher un essai d'une telle importance? L'accusation tombe donc d'elle-même, et la cause du mal remonte jusqu'à l'auteur du système, auquel il ne fut pas donné d'en faire un essai capital, parce que les circonstances ou ses forces ne lui permirent jamais de s'y décider. Son livre restera comme le travail critique le plus hardi qui ait été publié contre l'économie politique moderne : mais il n'a pas été plus heureux qu'elle dans la découverte des solutions sociales. C'est que de telles solutions sont filles du temps et n'apparaissent qu'à de longs intervalles, appropriées pour un moment peut-être aux besoins essentiellement mobiles de l'humanité, et changeantes comme eux.

M. Owen s'est mis, en Angleterre, à la recherche du même problème que Fourier, sans être plus heureux. Leurs doctrines, qu'on a souvent confondues, ne se ressemblent que par un petit nombre de points. Les *sociétés coopératives* du *socialiste* anglais n'avaient presque rien de commun avec les *phalanges* du *sociétaire* français. Ce n'est pas par des réformes économiques que M. Owen tenta d'améliorer la condition des travailleurs, mais plutôt par de bonnes mesures d'administration et de moralisation exécutées avec intelligence et fermeté. L'établissement de New-Lanark, considéré mal à propos comme un essai social, n'était qu'une grande manufacture envahie par l'ivrognerie, par la débauche et par l'indiscipline, quand M. Owen y appliqua ses principes de régénération et de rigidité un peu puritaine. Il fit des règlements sévères, infligea des amendes, arrangea de petits procès à l'amiable et parvint à des résultats satisfaisants sous le rapport des produits et de l'ordre, comme aurait pu les obtenir un manufacturier actif et judicieux. En même temps, les habitations des ouvriers devinrent plus propres; des magasins furent ouverts pour la vente des objets de consommation au plus bas prix possible et de la meilleure qualité. Le système de M. Owen, appliqué pendant seize années à la population de New-Lanark, composée de plus de 2,000 âmes, valut à ce philanthrope une réputation brillante et de nombreux visiteurs à sa manufacture; mais il ne hasardait aucune idée absolue, de peur de blesser les susceptibilités ombrageuses de ses concitoyens, et c'est en France seulement que je lui ai entendu dire d'austères vérités à l'aristocratie anglaise.

M. Owen n'en admettait pas moins témérairement l'abolition de la propriété. Il voulait supprimer toutes les inégalités sociales, et il réclamait en même temps la clôture des cabarets, la réforme de l'enseignement, *celle de l'Église*, celle de tous les abus. Sa doctrine avait ainsi quelque chose de déclamatoire et de vague, et ses prescriptions ressemblaient trop aux commandements d'un prédicateur. Tant qu'il fut présent à New-Lanark, dans la manufacture où se faisaient ses expériences, l'ordre y régna, le travail y fut productif, la discipline s'y maintint; mais après son départ, chacun reprit son allure accoutumée et le système disparut. M. Owen ayant espéré que des essais réussiraient mieux sur une terre vierge, était allé fonder en Amérique son fameux établissement de New-Harmony. Il amena avec lui beaucoup de prosélytes des deux sexes, et l'emplacement de son domaine semblait heureusement choisi. Cependant, au bout de peu de temps, les passions humaines avaient repris leur empire; il se trouva dans cette société régénérée des lâches, des jaloux, des fainéants, des intempérants comme dans le nôtre, et la sérénité du fondateur en fut plus d'une fois troublée. Un voyage qu'il se vit obligé de faire en Écosse acheva la ruine de l'établissement dans lequel régnait l'anarchie, et qui fut définitivement vendu à un illuminé allemand, nommé Rapp. Miss Martineau, qui visita cette congrégation en 1835, rapporte que les débris de la colonie Owéniste ressemblaient à une communauté de frères Moraves, et que le nouveau chef n'était parvenu à les contenir qu'en les isolant de tout contact étranger à la manière du dictateur Francia, au Paraguay.

Malgré ces graves échecs, la popularité de M. Owen n'avait fait que s'accroître. Plusieurs éditions de ses théories, plus heureuses que sa pratique, s'étaient promptement épuisées, et l'on ne parlait partout que des magnificences promises par le nouveau réformateur anglais. C'était à l'époque de la réaction philosophique soulevée en France par les tentatives des jésuites et en Angleterre par la discussion du bill d'émancipation des catholiques. M. Owen lança un manifeste violent *contre toutes les religions*, qu'il accusa de tous les maux du genre humain, et chose étrange! cette publication hardie, tirée à trente mille exemplaires et répandue dans tous les journaux, ne lui fit rien perdre de la bienveillance de plusieurs souverains qui s'étaient intéressés à ses expériences. Le duc de Kent, frère du roi d'Angleterre, l'un de ses plus chauds admirateurs, consentit même à présider une assemblée publique où elles devaient être exposées. C'est que M. Owen était un partisan inébranlable de l'ordre; il avait beau signaler les imperfections sociales et le contraste inquiétant de la grande richesse et de la pauvreté : chacun savait qu'il voulait arriver à ses fins par une discipline sévère, à laquelle il aurait soumis la richesse elle-même; et ce genre de réforme ne pouvait être vu de mauvais œil par des gouvernements absolus.

Les vues économiques de M. Owen ont été résumées de la manière la plus complète dans un mémoire qu'il adressa aux représentants des puissances alliées, réunies au congrès d'Aix-la-Chapelle. Il y exposait succinctement l'immense augmentation qui s'était effectuée depuis peu d'années dans les forces mécaniques de la production, et il déclarait que ces forces étaient plus que suffisantes pour satisfaire très-libéralement à tous les besoins de la population du globe. Il signalait avec énergie les conséquences fâcheuses de l'absence de tout ordre dans la production et la distribution des richesses, la nécessité de remplacer la concurrence par l'unité d'intérêt; il démontrait enfin comment une surabondance de produits, privant de travail les classes ouvrières, les plongeait dans une affreuse misère au sein de l'abondance; et comment il était devenu urgent de remédier à ces maux, en organisant les choses de manière à aider le travail manuel par le travail mécanique, au lieu de substituer le dernier au premier, en laissant sans garantie l'existence des classes laborieuses [1]. M. Owen avait proposé, à diverses époques, des souscriptions destinées à fonder des établissements agricoles et manufacturiers, basés sur l'unité de production et de consommation; mais le parlement consulté ne donna aucune suite à ces projets. On suppose que telle a pu être l'origine des colonies agricoles, établies à Frédéricsoord en Hollande, et qui n'ont pas, d'ailleurs, produit

[1] Voir une série d'articles remarquables sur Owen, dans le *Journal de la science sociale*, par M. B. Dulary.

des résultats aussi satisfaisants qu'on l'avait espéré. Toutefois l'infatigable réformateur ne se rebuta point, et, après une série de vicissitudes qui prouvent, au moins, l'extrême difficulté de ces improvisations sociales, après avoir parcouru toute l'Europe pour y exposer ses programmes, M. Owen est revenu dernièrement en France, un peu découragé des hommes et résolu, comme Fourier mourant, à s'adresser aux enfants.

C'est surtout par l'enfance qu'il est possible d'arriver à une réforme sérieuse de l'ordre économique actuel. Tant que les enfants d'une société industrielle seront élevés au hasard, presque tous pour des professions libérales dont le nombre est restreint, il y aura insuffisance de capacités sur beaucoup de points et encombrement sur plusieurs autres. Après avoir essayé de tous les systèmes, après avoir critiqué les gouvernements, les institutions, les méthodes, les peuples et les rois, on est inévitablement amené à reconnaître que c'est l'intelligence qui manque aux ressources et non les ressources à l'intelligence. Les trois quarts des forces vives de la société languissent dans une déplorable atonie, et il y a encore plus d'hommes improductifs que de terres stériles. Les gouvernements ne peuvent pas, sans doute, assurer à tous les citoyens une existence agréable et douce; mais il serait moins difficile qu'on ne pense de leur faciliter les moyens de se la procurer. La valeur personnelle des hommes, *dans toutes les professions*, nous semble susceptible d'un accroissement indéfini, par une éducation qui ne laisserait rien perdre à l'enfance du développement de ses facultés. Fourier et Owen sont d'accord sur ce point, et l'on peut considérer comme une découverte les exagérations mêmes de leur confiance à cet égard. La grande association doit commencer dans les colléges et se poursuivre au dehors : n'est-ce pas au collége, en effet, que dominent les supériorités réelles de l'intelligence et du travail, malgré l'égalité absolue qui préside à toutes les relations? Il suffirait qu'on accordât à l'éducation des enfants la sollicitude qu'on dépense à la police des hommes, pour changer en peu d'années la face des questions économiques. En augmentant le *capital moral* des nations, on augmenterait leurs ressources, et l'on préviendrait les catastrophes dont elles sont affligées. Il y a bien des règlements sanitaires pour prévenir la contagion physique : pourquoi n'en ferait-on pas pour prévenir la contagion morale de l'ignorance, de la paresse et de l'incapacité? Vous vous plaignez de l'envahissement de la pauvreté qui frappe à vos portes et qui encombre vos hôpitaux et vos prisons : mais que faites-vous de vos enfants? Quelle richesse espérez-vous donc voir naître de ces myriades de créatures abandonnées, qui pullulent dans la boue de vos villes et de vos villages, ou qui s'étiolent dans l'atmosphère impure de vos manufactures? Respectez les utopistes qui vous accusent d'insouciance et rougissez de leurs erreurs, car ils consument leur vie à penser pour des millions d'ingrats.

CHAPITRE XLV.

Vue générale des systèmes en économie politique. — Caractère national des diverses Écoles. — École italienne. — École espagnole. — Ecole française. — Ecole anglaise. — Ecole allemande.

Nous approchons du terme de notre carrière. Nous avons parcouru d'un pas rapide l'histoire des expériences qui ont été faites chez les peuples civilisés pour améliorer la condition physique et morale de l'homme. La Grèce, Rome, le moyen âge, les temps modernes ont successivement passé sous nos yeux, et partout le même problème s'est présenté ; partout la lutte de l'esclave et du maître, du riche et du pauvre, de l'entrepreneur et de l'ouvrier. Cette lutte, qui dure encore sous des formes nouvelles, a donné naissance à tous les systèmes d'économie politique qui se sont succédé, depuis les *Économiques* de Xénophon, qui proposait de marquer au front les esclaves pour les empêcher de s'échapper, jusqu'à la théorie sociétaire de Fourier et aux sociétés coopératives d'Owen. L'esprit demeure confondu de la monotonie de ces expériences sociales, toujours entravées et sans cesse renaissantes, pour mourir et renaître encore de génération en génération. Aux deux extrémités de l'ère chrétienne, et aux extrémités du monde, dans la vieille Rome et aux États-Unis, on retrouve toujours l'esclavage tel qu'il fut continué par les Barbares et maintenu par la féodalité; et l'on croirait que l'humanité est restée stationnaire, à voir l'extrême lenteur de ses conquêtes, et son insouciance à les conserver. Cependant le progrès social ne s'est jamais arrêté depuis l'antiquité, quoiqu'il nous apparaisse confus et désordonné à certaines époques. L'avénement du christianisme, l'invasion des Barbares, les croisades, les persécutions même contre les juifs, l'établissement des villes Anséatiques, l'affranchissement des communes, l'organisation des corporations par saint Louis, le mouvement industriel et commercial des républiques italiennes, le protestantisme, la découverte de l'Amérique, ont apporté des changements graduels dans la marche de l'économie politique. Les expériences n'ont pas discontinué, précédant toujours les théories. Nous avons assisté à ces développements laborieux de la science dans les faits : il est temps de les résumer dans les systèmes.

Ces divers systèmes ont toujours emprunté quelque chose du caractère des nations chez lesquelles ils ont pris naissance. L'Italie, qui a eu l'honneur de rallumer le flambeau de toutes les sciences, est la première qui se soit livrée à l'étude de l'économie politique. Tandis que la plupart des grands États de l'Europe étaient en proie aux expédients financiers et à la misère, des banques s'établissaient à Venise, à Milan et à Gênes; on dressait à Florence les premiers budgets des dépenses et des recettes publiques; on substituait la noblesse de soie et de laine à la noblesse d'épée. D'excellents écrits sur les monnaies révélaient les secrets du crédit et créaient la science des finances. Il n'est pas jusqu'aux malheurs de la Péninsule qui n'aient favorisé les progrès de l'économie politique, en faisant éprouver aux Italiens, sous Charles-Quint, la funeste influence des monopoles, des hautes taxes et des prohibitions. Dès l'année 1582, Gaspard Scaruffi publiait son travail *sur les monnaies et sur la vraie proportion entre l'or et l'argent.* Il proposait la création d'un *medium* universel de la circulation et la marque de tous les ouvrages d'orfévrerie. Le Napolitain Serra, qui écrivait en 1613 son *Traité des causes qui peuvent faire abonder l'or et l'argent dans les royaumes*, comprenait déjà le pouvoir productif de l'industrie. Bandini, précurseur de Quesnay et des physiocrates, signalait les avantages d'un impôt unique, comme plus facile et plus économique ; Broggia publiait le premier écrit méthodique sur la théorie des impôts. Mais le plus célèbre des économistes italiens est sans contredit le professeur Genovesi, que l'on peut considérer à juste titre comme le rival d'Adam Smith, sinon pour la justesse de ses doctrines, au moins pour l'impulsion qu'il sut donner à l'enseignement de la science dans toute l'Italie.

Aucun écrivain ne représente, en effet, plus exactement le caractère de l'école économique italienne. Cette école a été de tous temps philosophique et réformatrice ; elle se plaît aux hasards de la politique et ses conseils s'adressent moins souvent aux peuples qu'aux rois. Genovesi a eu le courage de la maintenir dans cette ligne périlleuse et honorable. Il a combattu pour la liberté du commerce des grains, pour l'abolition des lois sur l'intérêt de l'argent et pour la réduction du nombre des communautés religieuses. Il a proclamé la supériorité du travail sur la fécondité des mines pour enrichir les nations. Il prévoyait nettement, en 1764, l'émancipation des États-Unis d'Amérique et la ruine du système colonial. Sa haute moralité, son éloquence, sa vaste érudition n'ont cessé d'attirer près de lui une foule de disciples, et quoique ses doctrines fussent favorables au système mercantile, on peut le considérer comme le fondateur de l'économie politique en Italie. Algarotti, l'un de ses plus célèbres successeurs, nous a donné la première analyse des phénomènes de la division du travail, dont le marquis de Beccaria devait compléter la théorie presque au moment même où elle recevait, en Angleterre, les belles démonstrations d'Adam Smith. Beccaria, dans son langage pittoresque, appelait le fer *métal-père;* il était, d'ailleurs, sectateur des *économistes* français de l'école de Quesnay.

Les Méditations sur l'économie politique, du comte Verri, n'ont pas moins contribué au succès de l'école italienne. Verri est le précurseur d'Adam Smith. Son style concis et énergique, ses comparaisons ingénieuses et frappantes ont donné beaucoup de popularité à ses ouvrages, malgré les lacunes importantes qu'on y remarque. Vasco et Ricci, qui écrivaient sur la mendicité et sur les établissements de bienfaisance, représentent les théories de Godwin et de Malthus en Italie. Le premier soutenait que les gouvernements devaient secours aux pauvres; le second établissait l'inutilité et le danger de toute assistance systématique et obligée. On trouve dans Vasco l'idée saint-simonienne de l'abolition de l'héritage. Ortès, son contemporain, a été trop vanté; mais cet auteur a le mérite d'avoir signalé le premier, en Italie, l'envahissement du paupérisme et les moyens d'y remédier. Il a très-bien fait ressortir le contraste de la misère et de l'opulence dans les grandes villes. Selon lui, « la population se maintient, augmente ou diminue toujours proportionnellement aux richesses; mais jamais elle ne précède les richesses. Les générations des brutes sont limitées par l'action de l'homme; les générations des hommes sont limitées par la raison. Les populations diminuent par les impôts excessifs et par l'esclavage. Le célibat est aussi nécessaire que le mariage pour conserver la population. Reprocher le célibat à un célibataire serait la même chose que de reprocher le mariage aux hommes mariés. Les maisons de travail pourvoient quelques-uns et *dépourvoient* un plus grand nombre. »

Filangieri a été, en Italie, l'un des plus habiles défenseurs de la liberté du commerce, l'ennemi constant des nombreuses armées permanentes. « Tant que les maux de l'humanité ne seront pas guéris, s'écriait-il, tant que les erreurs et les préjugés qui perpétuent ces maux trouveront des partisans; tant que la vérité, connue seulement de quelques hommes privilégiés, restera cachée à la plus grande partie du genre humain; tant qu'elle se montrera loin des trônes, le devoir du philosophe économiste est de la prêcher, de la soutenir, de la provoquer et de l'illustrer. Si les lumières qu'il répand ne sont pas utiles à son siècle, à sa patrie, elles le seront certainement à un autre siècle, à un autre État. Citoyen de tous les pays, contemporain de tous les âges, l'univers est sa patrie, la terre est sa chaire, ses contemporains et ses descendants sont ses disciples. » Jamais peut-être l'expression cosmopolite de l'école italienne ne s'était manifestée d'une manière plus vive que dans cet auteur, si ce n'est dans les nombreux écrits de Melchior

Gioja, l'Atlas de la science en Italie. Son fameux *Prospectus des sciences économiques* avait pour but de réduire en système raisonné tout ce que les écrivains ont pensé, les gouvernements sanctionné et les peuples pratiqué, en économie politique et privée. Il y a examiné les opinions de tous les écrivains italiens et étrangers. C'est une véritable encyclopédie de la science ; mais elle n'est pas toujours impartiale, surtout envers les Français.

Le caractère distinctif de l'école économique des Italiens consiste principalement dans leur manière large et complexe d'envisager les questions. Ils ne s'occupent pas de la richesse sous le point de vue abstrait et absolu, mais sous le rapport du bien-être général. Pour qu'une mesure économique leur paraisse importante, il ne faut pas seulement qu'il s'y rattache une question d'argent, mais un intérêt moral ou politique. Les sociétés ne sont pas à leurs yeux des maisons de banque et les ouvriers des machines. Ils considèrent l'homme comme l'objet perpétuel de leur sollicitude et de leur étude. Ils sont publicistes autant qu'économistes. Montesquieu représente le mieux dans notre langue le véritable type de l'économiste dans la leur. Les questions dans lesquelles ils ont excellé sont celles des monnaies, des ports francs, de l'agriculture, des monts-de-piété, des établissements de bienfaisance. Si leurs nombreux ouvrages n'ont pas obtenu un grand retentissement, il faut l'attribuer aux précautions ombrageuses de presque tous les gouvernements et à la position personnelle des auteurs, les uns ministres, les autres conseillers, quelques-uns ecclésiastiques ; mais l'économie politique leur doit sa propagation en Europe et d'excellents traités sur une foule de spécialités importantes. La plupart de ces économistes ont eu à braver l'inquisition de Rome, celle de Venise, les préjugés contemporains et le despotisme de leurs gouvernements. Ils ont écrit contre les abus existants et en quelque sorte sur la brèche. Leur vie fut un combat et l'économie politique est restée pour eux la science sociale, la sience universelle : partout ailleurs elle n'est que la science des richesses.

En Espagne, elle fut toujours considérée comme l'alliée du fisc. Toute la législation économique de ce pays est empreinte d'un caractère exclusif qui remonte jusqu'à l'expulsion des Maures, et à la découverte du Nouveau-Monde. La liberté de l'industrie y succomba de bonne heure devant l'établissement des manufactures de monopole seigneurial ou royal ; et le besoin d'assurer à l'Espagne le marché de l'Amérique y donna naissance au système prohibitif qui a infecté, depuis, toute l'Europe. Tous les fléaux économiques découlent de cette source. En poursuivant à outrance les Maures et les juifs, les Espagnols ont détruit dans la Péninsule l'esprit d'entreprise et de spéculation; en multipliant les couvents et les moines, ils ont donné une prime à l'indolence et élevé la mendicité au rang d'une profession. Les majorats, la main-morte, la haine pour les étrangers ont causé un égal préjudice à l'agriculture, à l'industrie et au commerce. Il n'y a peut-être pas de pays au monde où l'administration économique ait causé plus de maux; et l'on pourrait dire que l'Espagne a essayé sur elle-même tous les mauvais systèmes, comme certains expérimentateurs essayent des poisons. Que pouvait-on tenter d'utile sous la menace des rigueurs de l'inquisition et en présence des mines d'Amérique, dont les produits inépuisables semblaient improvisés tout exprès pour réparer toutes les erreurs, pour faire illusion sur tous les dangers ? Cetté prospérité a été aussi fatale à l'Espagne que les plus grands malheurs. Elle l'a endormie dans une sécurité funeste ; elle lui a fait croire que la puissance des États résidait dans les métaux précieux et non dans le travail ; elle a engendré les préjugés absurdes de la balance du commerce et les lois draconiennes contre l'exportation du numéraire ; elle a couvert de fleurs les bords du précipice où cette monarchie devait un jour s'engloutir.

C'est dans les écrits mêmes publiés sous l'influence de ces préjugés déplorables qu'il faut chercher l'explication de la décadence de l'Espagne et du progrès des mauvaises doctrines économiques dans ce pays. Presque tous rédigés par des prêtres ou par des employés du fisc, ces traités sont de véritables manifestes contre les principes fondamentaux de la richesse des nations. Oppression au dedans, exclusion au dehors, telle est leur devise. On dirait, en les lisant, que l'espèce humaine a été créée pour le bon plaisir de quelques familles ou de quelques corporations. Toutefois, vers la fin du dix-huitième siècle, le mouvement philosophique parti de France pénétra en Espagne et y produisit une réaction favorable à l'économie politique, sous le règne de Charles III. Des commissaires furent nommés pour explorer les possessions américaines ; des canaux furent tracés, des routes ouvertes dans la métropole, et la banque de Saint-Charles sembla vouloir initier les Espagnols aux avantages du crédit. En même temps, Cabarrus, Jovellanos, Danvila, Martinez de la Mata, Semparé y Guarinos, et de nos jours Valle Santoro, Florez Estrada, et plusieurs membres distingués des cortès essayaient de rappeler la nation aux principes trop longtemps méconnus de l'économie politique.

Mais tous ces efforts ont été impuissants contre l'opiniâtreté des préjugés nationaux et contre les malheurs dont l'Espagne a été accablée depuis le commencement du dix-neuvième siècle. Le système prohibitif lui a fait perdre ses plus belles colonies; les monopoles industriels ont détruit toutes ses manufactures; la dîme, les majorats ont frappé son agriculture de stérilité; la guerre a dissipé ce qui lui restait de capitaux, et l'anarchie paralyse encore les efforts qu'elle fait pour reprendre son rang parmi les nations. Jamais peuple n'offrit un exemple plus frappant des châtiments qui suivent les erreurs en économie politique, et jamais les citoyens d'aucun pays n'expièrent d'une manière plus cruelle les fautes de leur gouvernement. Il n'y a pas une seule plaie sociale de cette monarchie qui ne soit le résultat d'une mauvaise doctrine, et l'on pourrait dire qu'elle a servi d'exemple à toutes les autres en leur apprenant à profiter de ses mécomptes. L'école économique espagnole est en effet celle qui a répandu le plus de préjugés commerciaux dans le monde, et l'Espagne est le pays qui en a le plus souffert. Son économie politique est encore la même que celle de Charles-Quint, et les protestations éloquentes de Jovellanos et de Florez Estrada n'ont pu parvenir à l'entamer.

L'économie politique a eu, en France, des destinées plus heureuses. Il ne s'est pas passé un siècle sans que des voix généreuses se soient élevées pour le triomphe des principes éternels de justice dans la répartition des profits du travail. Dès le règne de saint Louis, les corporations assuraient à chaque corps de métier, si ce n'est à chaque travailleur, une certaine indépendance; l'ouvrier était assujetti à une discipline sévère, mais du moins la corporation était libre. Sous Henri IV, l'agriculture eut son tour et les paysans, affranchis d'une foule de vexations, sortirent pour la première fois de l'état de torpeur où le régime féodal les avait plongés. On voit, en lisant les écrits de Sully, que ce grand ministre travaillait d'une manière systématique à émanciper l'agriculture, et que cette branche-mère de la production occupait déjà dans son esprit le rang qui lui est dû. Colbert organisa l'industrie sur des bases nouvelles [1]; il lui donna des encouragements et des lois, et nous avons prouvé qu'il fut moins hostile qu'on ne pense aux intérêts agricoles. Puis vinrent la période de Law, la fondation et les orages du crédit, douloureuses expériences qui eurent du moins l'avantage de faire connaître à la France un des principaux éléments de sa richesse future. Les *économistes* du dix-huitième siècle achevèrent de compléter l'œuvre des siècles précédents, en exposant la première théorie économique qui ait servi d'introduction à la science. Ce fut comme un signal donné à l'Europe et, dès ce moment, la pensée humaine sembla n'avoir plus de relâche. Chacun comprit que la science sociale intéressait les citoyens les plus modestes autant que les têtes les plus augustes. La société voulut se connaître elle-même; elle étudia les phénomènes de sa propre physiologie, et c'est ainsi que d'expériences en expériences, même au prix de ses malheurs, la France est parvenue à poser le problème de l'avenir, avec sa netteté accoutumée, à tous les peuples et à tous les gouvernements. L'économie politique a été philosophique en Italie et fiscale en Espagne; c'est seulement en France qu'elle a pris le caractère organisateur et social.

[1] Voir le chapitre XXVII de cette Histoire.

L'Angleterre lui a donné une physionomie et une tendance exclusivement industrielles. L'économie politique n'est considérée dans ce pays que comme la science des richesses. Les écrivains anglais ont étudié les richesses d'une manière abstraite et indépendante des maux qui en accompagnent trop souvent la production. On leur a reproché avec raison d'avoir trop séparé le bien-être des travailleurs des questions de manufactures et de machines, et de se montrer insensibles aux souffrances des classes ouvrières. La plupart des écrivains modernes de cette école, renonçant aux séductions du style si puissantes pour le triomphe même de leurs doctrines, ont traité l'économie politique comme l'algèbre, et ils se sont hasardés à soutenir que toutes les propositions de la science pouvaient être démontrées avec une exactitude mathématique. Cette tendance ne les a pas conduits aux solutions les plus philanthropiques, mais elle leur a permis de poursuivre avec une logique inflexible les conséquences de leurs principes. Il sont ainsi parvenus à donner à la langue économique une précision qui a beaucoup contribué aux progrès des idées. Ce sont les Anglais qui ont le mieux défini les mots, *production*, *capital*, *concurrence*, *crédit*, et une foule d'autres non moins importants. Ils ont créé une nomenclature, qui a fini par être adoptée par tous les économistes de l'Europe, et qui servira de point de départ à leurs travaux futurs.

Nous avons signalé le vice radical de cette école sévère et positive et le danger des complications que ses doctrines ont fait naître. En sacrifiant toutes les considérations sociales au besoin de créer de la richesse, les Anglais ont développé outre mesure la puissance productive de la nation, mais ils n'ont pas ajouté en proportion au bien-être des travailleurs ; heureux, ceux-ci, quand les crises commerciales n'en ont pas fait des victimes de la concurrence ou de la baisse des salaires ! Le moment n'est pas encore venu d'affirmer jusqu'à quel point ce système d'excitation à consommer a pu contribuer au développement de la production, en multipliant avec les besoins l'ardeur pour le travail, qui seul permet de les satisfaire. L'accroissement continuel des impôts, principalement sur les matières de consommation, a condamné les habitants de ce pays à une fièvre continuelle de perfectionnement. L'Angleterre est devenue une immense usine, un comptoir universel. Assise sur une double couche de houille et de fer, ouverte au commerce extérieur par plus de cent ports excellents, elle a trouvé dans son sein des hommes de génie qui l'ont sillonnée de canaux et de routes, qui ont *vulgarisé* les premiers, sinon inventé, la machine à vapeur ; qui ont doté leur pays du métier à filer et des chemins de fer. Elle a fondé son crédit sur des bases si larges, que la fortune nationale s'en est accrue comme d'une conquête métallique ; elle a semé l'instruction d'une main si libérale, que nulle aptitude n'y saurait courir le risque de demeurer stérile. Pour comble de bonheur, cet empire a rencontré dans la plupart de ses ministres des intelligences supérieures, qui se sont mises au service de la science et qui ont exécuté avec une rare habileté ses prescriptions les plus difficiles. Aussi l'Angleterre est-elle devenue la terre classique des expériences économiques, et c'est de ce grand laboratoire qu'elles débordent aujourd'hui sur le monde.

Les économistes allemands ont considéré la science d'un point de vue philosophique et politique qui les distingue entièrement des autres écrivains européens. Peu s'en faut qu'à leurs yeux l'économie politique ne soit que la science de l'administration, la science de l'État, la réunion des sciences *camérales,* comme ils l'appellent. Ils y comprennent presque toujours la diplomatie, le droit constitutionnel, la statistique et même la police de l'État, amalgames étranges où les meilleurs esprits n'auraient pas manqué de se perdre, si la difficulté même du sujet ne leur avait pas imposé une réserve salutaire. On compte parmi eux un grand nombre de partisans du système de Quesnay, nommément M. Schmalz qui a publié dans ces dernières années un traité qu'on croirait destiné à restaurer les doctrines des *physiocrates.* MM. les professeurs Rau, de Heidelberg, et Pœlitz, de Leipsig, ont exposé de la manière la plus complète les principes de l'économie politique tels qu'ils sont entendus en Allemagne; non que l'Allemagne ait prétendu avoir sa science particulière et des procédés plus parfaits de production et de distribution de la richesse, mais parce que dans ce pays l'économie politique a toujours été considérée dans ses rapports avec le droit public et l'administration. Plusieurs écrivains ont même eu la pensée de lui donner une base théologique, et elle ne se présente nulle part avec un cortége plus nombreux de développements et d'applications. M. le comte de Soden, qui l'appelle la science de l'économie de l'État (*Staats haushaltungs kunde*), la divise en *théorie, législation* et *administration.* Les finances, la police, l'éducation y occupent une place étendue.

Cette tendance de l'économie politique allemande à envahir le domaine du publiciste est devenue presque générale en Europe. Déjà, dans son *Cours complet,* J.-B. Say s'était livré à une foule de digressions sur les consommations publiques, sur les travaux exécutés par l'État, sur l'instruction de la jeunesse, sur les dépenses de la flotte et de l'armée. Le progrès de la richesse générale lui avait démontré l'utilité et même la nécessité de l'intervention du gouvernement dans les grandes entreprises d'utilité publique. Il se relâchait peu à peu de la rigueur des principes exclusifs qui lui avaient fait repousser si longtemps cette puissante intervention. L'Angleterre, de son côté, en entrant pour la première fois dans la carrière des enquêtes parlementaires, apportait des lumières nouvelles à l'économie politique et prouvait de la manière la plus incontestable tous les services qu'on pouvait attendre de l'influence des gouvernements sur la production. Toutefois, l'Allemagne est demeurée fidèle à ses habitudes métaphysiques, et nous ne connaissons rien de plus opposé que les écrits de ses plus grands économistes à la netteté des écrivains français et aux formes sévères et didactiques des économistes de l'Angleterre.

Le développement de l'industrie et du commerce en Allemagne a commencé, néanmoins, depuis plusieurs années, à modifier la tendance trop spéculative de la science économique dans cette contrée. M. Krause, auquel ses compatriotes doivent un travail remarquable sur les douanes prussiennes, est descendu des régions métaphysiques sur le terrain des applications, et il a présenté des vues d'un grand intérêt pour l'agriculture, notamment un plan développé de banque territoriale, qui nous semble digne de méditation. M. Zachariæ, M. le professeur Hermann, M. Malchus, M. de Nébénius, M. Buchholz, sont entrés de plus en plus dans la voie des réformes pratiques, et nous ne pouvons nous empêcher de reconnaître que l'Allemagne continue d'y marcher de la manière la plus ferme et la plus éclairée.

L'association des douanes organisée par la Prusse est la réforme économique la plus vaste et la plus hardie qui ait été exécutée depuis un siècle. L'esprit éminemment éclectique des Allemands les a garantis de bonne heure de l'engouement des systèmes, et ils ont eu le bonheur de profiter des expériences de leurs voisins, sans en adopter les préjugés. Comme ils s'étaient toujours tenus à égale distance du régime exclusif des Espagnols, du système manufacturier des Anglais et des violences anti-commerciales de la Révolution française, la réforme a pu s'opérer parmi eux sans bouleverser les existences factices qui opposent aujourd'hui tant d'entraves aux améliorations, dans les autres pays. Moins absolus, les Allemands sont moins gênés dans leurs mouvements ; ils n'ont pas de victimes à faire, point d'intérêts à sacrifier : la réforme y coule à pleins bords comme sur une terre vierge, et peut-être, tandis que la discussion continue dans les États renommés par leurs habitudes pratiques, c'est dans le pays de la métaphysique que se feront les essais les plus décisifs.

Quelles que soient les différences caractéristiques qui distinguent aujourd'hui les systèmes d'économie politique en Europe, ils viennent tous se fondre peu à peu dans une opinion commune, la nécessité d'une répartition plus équitable des profits du travail. Dans le pays même où la presse et la tribune sont muettes, un instinct prophétique avertit les gouvernements des vrais besoins des peuples et leur impose l'obligation d'y satisfaire. L'énergie employée jadis aux travaux de la guerre se porte vers des entreprises industrielles ; la condition de l'ouvrier est honorée, et nous marchons rapidement vers l'accomplissement d'un nouveau pacte, soit entre les travailleurs, soit entre les nations. L'individu aspire à sa part de la puissance collective des masses, et nous ne concevons plus d'autre état social que celui qui assure à chacun un sort proportionné à ses talents personnels et à son labeur quotidien. Les gouvernements mêmes sont obligés de gagner leur vie à la sueur de leur front et de résoudre des difficultés qu'ils pouvaient impunément éluder il y a quelques années. Il s'est établi entre eux une salutaire émulation de mesures favorables à l'accroissement du bien-être général; et l'on citerait difficilement un seul acte important d'administration qui n'ait pour but le progrès de la richesse publique et l'amélioration du sort des citoyens les plus humbles. Que de créations de ce genre l'économie politique n'a-t-elle pas provoquées depuis le commencement du dix-neuvième siècle ! L'ordre s'est rétabli dans les finances et la foi aux engagements publics est devenue chose sacrée; les caisses d'épargne ont offert un asile aux économies du pauvre; des sociétés de bienfaisance et de secours mutuels se sont multipliées dans tous les pays éclairés; le commerce a rapproché les peuples que la guerre avait trop longtemps séparés. Aucune école économique n'ose soutenir au grand jour le système exclusif, et personne ne croit plus qu'un pays s'enrichisse de la ruine de ses voisins. Les croyances respectives des vieilles sectes se confondront bientôt dans une religion universelle, dans un catholicisme industriel et pacifique qui résumera les grands travaux du passé au profit et à la satisfaction des besoins de l'avenir. Quand une ligne de chemins de fer unira Marseille à Moscou, il n'y aura plus d'économie politique allemande ni française, et les douanes prussiennes auront cessé d'exister. On ne dissertera plus sur ce qui nous occupe tant aujourd'hui, si ce n'est pour regretter qu'on ait délibéré si longtemps au lieu d'agir.

CHAPITRE XLVI.

Des complications économiques résultant de l'affranchissement industriel depuis 1789. — Des inconvénients de la concurrence. — Contradiction entre les faits et les lois. — Nécessité de les mettre en harmonie. — Des révolutions qui se sont opérées dans les relations commerciales depuis le dix-neuvième siècle. — Modifications qui en résultent pour l'économie politique.

Le moment est venu d'agir, en effet, car tout marche d'un pas rapide, et le mouvement qui nous emporte nous laisse à peine le temps de regarder autour de nous. Il ne reste plus rien de l'ancien état social sur lequel s'appuyaient les institutions de nos pères ; un demi-siècle a suffi pour renouveler la face de la terre et le théâtre des expériences. Le malaise de la société actuelle dépend surtout de l'incompatibilité qui existe entre les vieux systèmes et les intérêts nouveaux. Les principes économiques qui nous régissent datent de plus de deux cents ans, et notre constitution industrielle n'a plus rien de commun avec celle de l'époque où ils virent le jour. De quelque côté que nous portions les yeux, ce contraste nous frappe et présage une rénovation. L'examen que nous allons en faire sera la conclusion de cette histoire et en résumera la moralité.

Le premier coup fut frappé par la Révolution française. C'est elle qui abolit dans une seule nuit le droit d'aînesse, les substitutions, les majorats, les dîmes et les priviléges de tout genre. A l'ancien système de concentration des propriétés, elle fit succéder leur division extrême, dont l'excès remet aujourd'hui en question les premiers bienfaits. Elle affranchit le travail en abolissant les corporations, et fit renaître le commerce en supprimant les douanes intérieures. Mais, depuis, nous avons vu croître sur ce terrain la concurrence illimitée, la multiplication des exploitations rurales au capital insuffisant, et l'agriculture à la manière irlandaise. Une seule caste était, avant 1789, soumise à l'impôt; l'égalité devant la loi y a soumis toutes les autres. La répartition a été plus équitable sans doute; mais le fardeau s'est singulièrement accru. La destruction des jurandes accorda la liberté à l'ouvrier, mais elle supprima la responsabilité des maîtres. La Révolution donnait beaucoup; elle demandait davantage. Ainsi, dès les premiers pas, toute l'ancienne organisation sociale était profondément modifiée, et les institutions nouvelles demeuraient soumises aux vieilles coutumes ou abandonnées au hasard. En émancipant les hommes, on leur laissait les fers aux pieds; la liberté allait leur devenir plus funeste que la servitude. Au lieu de faire la guerre à leurs maîtres, ils se la firent entre eux.

Chacun sait les complications imprévues qui sont nées de cet état de choses. Ce fut un beau spectacle, sans doute, que de voir la lice ouverte à toutes les capacités; mais que de mécomptes! Que d'espérances trompées! Que d'entreprises malheureuses! Les uns, en se précipitant vers le mariage comme vers la terre promise, n'engendrèrent que le paupérisme et ne recueillirent que la misère ; les autres, s'aventurant sans expérience dans les hasards de l'industrie, n'y rencontrèrent que la banqueroute, et crurent se sauver par les prohibitions. Étrange aveuglement qui leur faisait invoquer, comme un remède à leurs maux, le fléau même qui avait causé les maux de leurs pères, et qui n'était, après tout, que la résurrection d'un privilége ! Tel fut le point de départ de la première et de la plus funeste contradiction de notre législation industrielle : en rendant la liberté à l'industrie, on ne la rendit point au commerce, et la consommation fut attaquée par les fausses mesures que l'on prenait pour augmenter les éléments de la production. Loin de sortir de cette fausse route, la France s'y est chaque jour engagée davantage, de sorte qu'on a substitué à l'ancienne aristocratie féodale une aristocratie de douanes, qui profite des monopoles au détriment de la masse des travailleurs. Le résultat de ce système a été de constituer les chefs de l'industrie en hostilité permanente entre eux-mêmes et de placer les ouvriers dans la nécessité de se faire une perpétuelle concurrence au rabais, c'est-à-dire d'accroître leurs chances de misères et de privations. La dîme de nos jours se lève dans les ateliers ; nos forges et nos filatures sont devenues des donjons où siégent, revêtus de leurs armures d'or, les hauts et puissants seigneurs de l'industrie moderne.

Le régime colonial actuel n'est pas moins incompatible avec la situation véritable des colonies. Il n'y a plus de colonies, dans l'acception du mot ; le trafic des nègres est interdit par des traités solennels : l'esclavage a été aboli par le parlement d'Angleterre, et, dans le Nouveau-Monde, une république noire vient de traiter d'égale à égale avec sa métropole. Les Anglais et les

Espagnols ont perdu leurs plus belles possessions dans les deux Amériques. Et cependant le régime colonial subsiste toujours : faute du corps on s'attache à l'ombre; on prétend conserver avec des nations libres les habitudes despotiques et exclusives qu'on avait prises avec des établissements asservis. L'expérience et l'économie politique ont beau démontrer qu'on gagnerait davantage à traiter sur un pied plus libéral, la routine l'emporte et la contradiction survit. Le commerce d'un grand peuple continue d'être subordonné aux intérêts malentendus de quelques petites îles, comme un vaisseau amarré à ces *corps morts* qui flottent à l'entrée de nos rades. En attendant, les intérêts se compliquent et souffrent; l'esclavage fermente et l'on semble ne pas s'apercevoir que les colonies s'en vont.

Il n'est pas jusqu'aux grands chemins du commerce qui n'aient éprouvé leur révolution depuis le commencement de ce siècle. La Méditerranée a reconquis son sceptre, et la ville d'Alexandre redevient l'entrepôt du commerce des Indes. Un éclair du génie de Napoléon a rallumé en Égypte le flambeau de l'industrie, éteint depuis plus de mille ans. Alger a cédé à nos armes, et la Grèce est sortie de ses ruines. La piraterie a cessé ses ravages, et dans Constantinople même l'esprit de réforme pénètre chaque jour, à la faveur de notre influence et de nos idées. Nos bateaux à vapeur parcourent librement l'immense littoral de la Méditerranée, et des relations inespérées s'établissent entre des peuples longtemps inconnus les uns aux autres. Tous ces événements ne sont-ils pas destinés à produire de profonds changements dans l'économie politique européenne? Et n'est-il pas à craindre qu'en persistant dans une législation faite pour d'autres temps, nous ne soyons surpris par quelque fatale catastrophe? Venise n'a-t-elle pas commencé à déchoir le jour où les Portugais doublèrent le cap de Bonne-Espérance?

Les changements que nous venons d'indiquer ne sont pas les seuls qui se soient passés depuis cinquante ans et qui méritent l'intérêt des économistes. Sans sortir du domaine des faits matériels, nous n'avons qu'à jeter nos regards sur le mouvement des sciences physiques, chimiques et mécaniques. Un nouveau monde tout entier y a été découvert, et nous consommons aujourd'hui pour plusieurs centaines de millions de francs de produits qui étaient à peine connus de nos pères. La production générale des tissus de coton s'élève à près de deux milliards; celle du sucre à plus de cinq cents millions. A calculer l'accroissement de l'industrie des laines, des toiles, du fer, de la houille, des glaces, et le développement prodigieux de ces milliers de manufactures domestiques établies au sein de nos grandes villes, vous ne tarderez pas à reconnaître que tous les éléments de la production sont changés et qu'il faut de nouvelles lois à ce monde nouveau. Chaque jour nous apporte sa découverte, et tandis que les navires du commerce multiplient les arrivages de matières premières, le génie de la mécanique enseigne des procédés plus économiques pour les mettre en œuvre. Les échanges devenus plus nombreux ont amené à leur tour des modifications dans le système du crédit public et privé. La nécessité familiarise peu à peu les esprits avec l'organisation des banques, avec les emprunts publics, et la confiance, jadis si lente à venir, dépasse quelquefois les limites du possible dans les grandes spéculations de notre temps. La puissance de l'association ne connaît plus de bornes. Aussitôt qu'un obstacle se présente, une armée d'assiégeants accourt pour le lever et semble se jouer des résistances même de la nature. Ici un pont suspendu réunit deux montagnes; plus loin un merveilleux *tunnel* essaye de passer sous le lit d'un grand fleuve; ailleurs quelque canal [1] vole de crête en crête, comme une ligne imaginaire, au travers de l'espace.

Les gouvernements se sont associés avec empressement à ces œuvres hardies, et pour ne parler que d'un seul pays, nous avons vu depuis peu d'années la France, à peine remise des troubles de sa dernière révolution, reprendre et achever ses monuments, multiplier ses canaux, ouvrir ses chemins de fer, curer ses rivières et voter des sommes immenses pour l'agrandissement de ses ports. Il se fait ainsi dans chaque contrée de véritables découvertes, qui équivalent à des agrandissements de territoire et qui augmentent la fortune privée des habitants en même temps que la richesse publique. Nul ne saurait nier désormais l'importance de l'intervention officielle du gouvernement dans les grandes entreprises d'utilité générale. Si le pouvoir faisait un pas de plus et s'il prenait l'initiative d'une grande réforme dans celles de nos lois qui ont cessé d'être en harmonie avec la tendance actuelle de la civilisation, l'économie politique aurait remporté une de ses plus grandes victoires. Nos lois civiles se ressentent encore de l'époque où elles furent rendues et du principe qui les a inspirées. Napoléon qui donna son nom à ce Code, succédait à un régime de lutte et de spoliation; il voulait reconstituer une aristocratie, et il rentrait dans la féodalité, sans réfléchir qu'une puissance nouvelle s'était élevée sur ses ruines et régnait désormais sur le monde :

[1] Celui du lac Erié, aux Etats-Unis.

c'était l'industrie. Ses ailes étaient encore repliées sous la protection de l'Angleterre; mais elle commençait à prendre son essor du haut de ces grandes usines que le génie du travail a multipliées, depuis, dans toute l'Europe. En vain les priviléges de la propriété foncière, soigneusement maintenus, semblaient-ils destinés à perpétuer les vieilles distinctions de castes et la supériorité du seigneur sur l'esclave : le commerce échappait par la lettre de change aux entraves du régime hypothécaire et prospérait des rigueurs de la loi en même temps que la propriété semblait mourir de ses faveurs. Cette immense question sera traitée un jour. En présence de l'hypothèque de plus de onze milliards qui pèse sur la terre de France et qui la paralyse, l'allure plus indépendante de l'industrie et du commerce, encore bien entravés pourtant, doit être un sujet sérieux de méditations pour les économistes et pour les hommes d'État. Il y a tout un âge d'or à espérer pour l'agriculture, du perfectionnement de la législation à son égard.

Mais c'est surtout vers les grands travaux de communications que se dirige la sollicitude actuelle des peuples. L'isolement qui les avait tenus si longtemps plongés dans la barbarie fait place à des relations tous les jours plus intimes, et la baisse du prix des transports ajoute une valeur immense à des produits jusque-là dédaignés. Il ne faut pas espérer, toutefois, que les grandes difficultés de l'économie politique seront résolues dans un avenir peu éloigné. Celles qui lui restent à vaincre appartiennent désormais à la pratique, et c'est là que les moindres fautes peuvent entraîner des conséquences déplorables. Après avoir disserté pendant plus d'un siècle sur le plus ou moins d'importance de l'intervention des gouvernements, il faut les mettre à l'œuvre partout où les ressources isolées des particuliers sont devenues insuffisantes. En matière de finances, la pratique a donné plus d'un démenti solennel aux théories. Qui eût dit, par exemple, quand le docteur Price développa son ingénieuse théorie de l'amortissement, que cet expédient, réputé si efficace, serait rangé un jour parmi les combinaisons financières les plus stériles? Quand la France, entraînée dans le système fiscal de la Restauration, croyait protéger le monopole colonial en surchargeant de droits les sucres étrangers, qui eût pu croire que cette faveur si vivement réclamée serait la cause principale de la décadence des colonies? L'Angleterre a cru pendant près de deux cents ans, que le plus sûr moyen de diminuer le nombre des pauvres était d'avoir une taxe des pauvres, et la taxe des pauvres a donné naissance au paupérisme. Il s'est trouvé qu'après avoir dépensé plus de quatre milliards de francs pour secourir ses indigents [1], la Grande-Bretagne est obligée de revenir sur ses pas, de reviser sévèrement ses lois à cet égard et de combattre, non sans péril, le fléau qu'une erreur de son économie politique a fait naître.

C'est l'étude approfondie des faits qui a permis d'apprécier à leur juste valeur les conséquences des théories économiques. La plupart de ces théories n'étant que des inductions tirées des faits antérieurs, il était difficile que ces faits, mal observés, n'eussent pas influé sur l'exactitude des conséquences qu'on en avait déduites. Depuis que l'attention des gouvernements s'est dirigée de ce côté, la science a pu marcher d'un pas plus sûr et l'administration procéder avec plus de certitude. Comment

[1] Voir la *Statistique de l'Angleterre*, publiée par M. Porter et traduite par M. Chemin Dupontès, page 79.

aurait-on pu établir des impôts sur des bases équitables, à l'époque où l'on n'avait aucune donnée, même approximative, sur les profits des diverses industries, sur la répartition des bénéfices entre elles et sur le nombre des travailleurs dont leur personnel se compose. Y a-t-il longtemps que nous connaissons le nombre des enfants-trouvés, la population de nos hôpitaux et celle de nos prisons? Et cependant, ces bases de toute réforme et même de toute bonne administration sont les plus faciles à recueillir, et l'importance des autres est appréciée depuis si longtemps, que le grand Colbert avait ordonné l'exécution d'un travail de ce genre [1]. On n'aborde plus désormais aucune question d'économie politique avant de s'être livré à des enquêtes sérieuses sur tous les faits qui s'y rattachent. Quand le gouvernement anglais a voulu réduire les droits énormes qui pesaient sur les soieries de France, une enquête solennelle a permis à tous les intérêts de se faire entendre, et cette enquête est devenue un traité complet sur la matière. La discussion du renouvellement du privilége de la banque a donné lieu à un travail semblable, le plus curieux peut-être qui ait été fait sur une question de finances. Le projet d'établir un système de communication avec l'Inde par la mer Rouge a été également précédé des recherches les plus approfondies. Enfin, la grande enquête exécutée à l'occasion de la révision des lois sur les pauvres a été le signal d'un travail analogue dans tous les pays de l'Europe : chaque peuple a voulu con-

[1] Cette grande pensée de Colbert a reçu son exécution. Il existe au département des manuscrits de la Bibliothèque royale une série de près de cent volumes de statistique, rédigés par les intendants des provinces, sous les ordres du ministre, et qui pourraient encore servir de modèles à nos préfets.

naître la gravité de ses blessures et chercher les moyens d'y remédier.

L'économie politique étant appelée à résoudre tous ces problèmes de l'intérêt social, s'éclaire chaque jour de nouvelles lumières, même dans les pays soumis au gouvernement absolu. Le budget des dépenses, celui des voies et moyens, la loi des comptes permettent d'apprécier le véritable état de la fortune publique; par le compte rendu annuellement de la justice civile et criminelle, on peut se faire une idée exacte du mouvement des affaires et de l'état des mœurs; les résultats de l'enseignement primaire, les budgets des communes, les statistiques locales, exécutées avec un soin extrême dans quelques départements [1], ne laissent aucun refuge aux arguments de la routine et du préjugé. Les documents industriels sont plus rares. Le gouvernement, pénétré de l'idée que toutes les questions relatives à la production devaient être abandonnées à la vigilance de l'intérêt privé, n'a publié que fort tard et très-incomplétement d'abord les faits dont il était dépositaire, tels que les tableaux d'entrée et de sortie des marchandises, le produit des mines, le nombre des établissements industriels de tout genre. On ne savait rien, il y a peu de temps. de la situation des entrepôts, de l'importance du transit, de l'étendue de notre cabotage. Peu à peu, néanmoins, à mesure que les faits sont recueillis avec plus d'exactitude, les questions s'éclaircissent et marchent vers une solution qu'on n'aurait jamais pu espérer de la seule influence des principes. Des discussions approfondies au sein des Chambres sont venues compléter, dans ces derniers temps, l'enseignement qui résultait déjà des pro-

[1] Celle du Haut-Rhin, par exemple, qui laisse peu à désirer.

grès de la statistique, et l'économie politique est entrée dans une ère nouvelle, toute d'expériences et d'applications.

De quelque côté qu'on tourne ses regards, il est impossible de n'être pas frappé de tous les progrès qui ont été réalisés, depuis que la paix a permis aux gouvernements et aux populations de concentrer leur attention sur les réformes favorables à la prospérité générale. On a compris de toutes parts que la puissance matérielle n'était qu'un auxiliaire de perfectionnement moral et que la production des richesses ne devait être considérée comme vraiment utile, qu'autant qu'il en résultait une plus grande somme de bien-être et de moralité pour les travailleurs. Ainsi, en Angleterre même, déjà l'on a réduit les heures de travail pour l'enfance et l'on a demandé aux sciences physiques de nouveaux moyens d'assainissement pour les ateliers. Les prisons n'ont plus été abandonnées au bon plaisir des geôliers; elles sont devenues de vastes usines où se font chaque jour, avec une sollicitude qu'on ne saurait trop louer, des essais d'amélioration qui porteront bientôt leurs fruits. Des voyageurs officiels, volontaires de cette belle cause de l'humanité, ont parcouru les deux mondes pour y étudier les méthodes essayées dans le but de ramener au bien les criminels, naguère abandonnés. La bienfaisance elle-même a demandé conseil à la science; elle est devenue moins prodigue de secours. Les hospices d'enfants-trouvés n'ouvrent plus à deux battants les portes de leurs cimetières; il a suffi de quelques formalités ingénieuses pour rappeler les mères au sentiment de leurs devoirs et pour épargner aux contribuables des sommes considérables. La loterie a été supprimée; la réprobation publique a fait fermer les maisons de jeu.

Dans l'ordre purement matériel, l'économie politique n'a pas provoqué moins de changements surprenants et de progrès inespérés. Une population tout à fait nouvelle de propriétaires mobiliers s'est élevée en face de la propriété foncière, et s'accroît tous les jours avec une rapidité sans exemple. Les richesses créées par leur industrie offrent des débouchés nombreux aux produits de l'agriculture et des ressources immenses au trésor public. Ainsi s'explique l'accroissement progressif des impôts indirects, destinés à atteindre la fortune industrielle des nations, et à augmenter avec elle. Chaque année voit monter le chiffre qui représente le produit de ces taxes : la poste aux lettres, le timbre, le tabac, les douanes, les octrois, les boissons, donnent des revenus de plus en plus élevés, parce qu'ils sont proportionnés au mouvement ascendant de la richesse publique. Le même phénomène se reproduit dans tous les pays civilisés, et les créations de l'industrie manafacturière et commerciale ont pris un tel développement dans certaines contrées, comme l'Angleterre, les États-Unis, que l'impôt indirect y est presque devenu la seule base du budget des recettes de ces États. En même temps, l'épargne y favorise la multiplication des capitaux et permet d'entreprendre, sous les auspices de l'association, des travaux productifs de nouvelles épargnes et de richesses indéfinies. Toutes les frontières paraissent s'agrandir devant ces armées de travailleurs; on découvre des mines inconnues; on exploite des forêts vierges; on crée des produits qui semblaient fabuleux. En France, la betterave et le mûrier ont fait doubler la consommation du sucre et de la soie; en Angleterre, le lin menace de supplanter nos toiles; en Belgique, la fabrication des machines s'étend déjà sur une échelle immense et semble, néanmoins, à peine commencer. Qui oserait soutenir, en présence de ces résultats, la possibilité de maintenir un régime économique né pour d'autres besoins et dans des circonstances si différentes?

Il y a vingt-cinq ans à peine, l'Europe était bouleversée de fond en comble par une guerre générale, inouïe dans les fastes de l'histoire. Le commerce maritime était anéanti, les manufactures souffrantes, les capitaux dissipés; le crédit semblait perdu pour jamais. Tout à coup, la France proclame le principe de la fidélité aux engagements; elle emprunte des sommes énormes pour payer ses dettes, et dix ans se sont à peine écoulés qu'elle a retrouvé ses forces, relevé son industrie et porté son commerce aux extrémités du monde. Au moment où je termine cet ouvrage, les capitaux engagés dans les entreprises industrielles s'élèvent à plus de deux milliards de francs dans notre pays; ils ont atteint un total double en Angleterre, et la masse des capitaux versés dans les emprunts publics de tous les peuples ne peut pas être évaluée à moins de cinq fois cette somme. La création des canaux [1] et l'amélioration des routes ont triplé la valeur d'une foule immense de propriétés, et l'on a vu dans quelques grandes villes les terrains s'élever au prix exorbitant de mille francs le mètre carré. Le capital national s'est partout accru avec une telle rapidité et dans des proportions si extraordinaires, qu'on peut bar-

[1] « Il est établi, sur des données certaines, que le canal du Midi a augmenté de vingt millions le revenu annuel des contrées qu'il traverse et de plus de quatre millions les recettes du trésor. Il est pareillement établi que le canal du Centre a augmenté de cinq à six millions le revenu territorial de la France. »

(M. Pillet Will : *De la dépense et du produit des canaux*, page 61.)

diment affirmer qu'avant vingt-cinq ans la propriété française aura triplé de valeur. Le même mouvement ascendant se manifeste dans toute l'Europe; et sans l'assistance violente d'aucune révolution intérieure, la paix suffit pour relever les conditions les plus humbles, en favorisant l'émancipation des travailleurs, par les profits croissants de leur travail. On ne saurait évaluer d'une manière certaine les changements qui s'opèrent tous les jours de cette manière; mais leur nombre s'augmente d'une manière tellement régulière, que la constitution de la société finira par être entièrement renouvelée. Ainsi disparaîtront les inégalités sociales les plus choquantes, et peut-être un jour les dernières traces du prolétariat.

La science de l'économie politique a le droit de revendiquer une belle part de ce progrès et des dispositions pacifiques où se trouve l'Europe. L'esprit de conquête et d'envahissement a fait son temps. Les nations les plus guerrières ont tourné leur activité vers des travaux plus durables, et le véritable patriotisme consiste désormais à enrichir son pays plutôt qu'à ravager les pays voisins. La puissance a passé du côté de la richesse; la barbarie est devenue inhabile à troubler le repos des contrées civilisées. C'est sur la nature, à présent, qu'il est beau de faire des conquêtes; c'est en domptant des fleuves, en exploitant les mines, en ouvrant des canaux et des routes, qu'un peuple prouve sa supériorité et triomphe de ses rivaux. Les hommes ne vaudront bientôt plus qu'en proportion des services qu'ils peuvent rendre et non de l'ambition qu'il leur plairait de manifester. Tout ce qui peut faciliter l'accroissement des bénéfices dans les diverses classes de la société, mérite plus de droits à la sollicitude publique que les promesses, trop rarement réalisées, des novateurs les plus ardents. Les peuples ne vivent point d'ambroisie, et quoiqu'on ait reproché à l'économie politique de courber leur front vers la terre, en s'occupant trop exclusivement de produits matériels, chacun sait aujourd'hui que le plus sûr moyen de relever la dignité de l'homme, c'est de le mettre à l'abri du besoin. La richesse seule, ou tout au moins l'aisance, procure ces loisirs à la faveur desquels le citoyen respire libre et jouit dignement du fruit de son travail. Ce qui s'est fait jusqu'à ce jour de grand et d'utile en économie politique a eu pour but de procurer aux hommes un peu plus de loisir avec moins de fatigue, et par conséquent de favoriser le développement de l'intelligence chez les classes les plus disgraciées. La plus grande somme d'indépendance personnelle chez les citoyens, n'est-elle pas d'ailleurs la plus sûre garantie de la liberté? Le despotisme règne-t-il chez les peuples riches ou chez les peuples pauvres?

Il n'y a plus aujourd'hui un seul village qui ne participe directement ou indirectement aux bienfaits de la civilisation industrielle. Aussitôt qu'une découverte utile est exploitée sur un point, elle fait naître la consommation sur un autre, et le commerce transporte, dans les cantons les plus reculés de nos provinces, les produits les plus ingénieux et les plus récents de nos villes. L'économie politique a démontré jusqu'à la dernière évidence les heureux effets de cette réaction, qui nous a valu les travaux de communication si nombreux et si variés dont le territoire européen est sillonné. La géographie joue un rôle important dans les combinaisons économiques des temps modernes. On sait ce que valent l'embouchure de l'Escaut, celle du Rhin, celle du Danube. On ne traverse plus le Rhin avec des armées; on ne jette plus des ponts de chevalets sur le Danube, pour les grandes batailles : on y établit des bateaux à vapeur. Tous ces fleuves militaires sont devenus des lignes commerciales. La lutte s'établit maintenant entre ces fleuves et les chemins de fer, dernière expression du progrès industriel. Qui eût dit, en 1804, lorsque, dans un recoin obscur du pays de Galles, une machine à vapeur se mit en mouvement pour la première fois sur des barres de fer en traînant à la remorque un convoi de wagons, que c'était là le commencement d'une révolution destinée à changer la face du monde ! Des centaines de millions se sont mis, depuis lors, au service de cette merveilleuse machine, qui n'est peut-être encore aux locomotives perfectionnées de l'avenir, que ce que les fusils à mèche furent aux armes à feu de nos jours. Mais que de questions font déjà naître les changements qui s'opèrent à la suite de ces admirables machines ! Sur un point, la valeur des propriétés décuplée, et réduites peut-être au dixième sur un autre point ; ici des débouchés nouveaux ; ailleurs, la perte de tous les débouchés. Cinq cent mille voyageurs circulent où l'on en comptait à peine quelques milliers, et le rapprochement des distances donne lieu à des révolutions pareilles à celles qu'entraîneraient des déplacements de territoire. Telles sont les phases nouvelles sous lesquelles désormais l'économie politique doit étudier le mouvement industriel et social, dont l'humanité lui demandera compte. Il faut qu'elle ait les yeux toujours fixés sur cette grande loi de la répartition la plus équitable des profits du travail ; tant qu'il y aura des milliers d'hommes qui seront privés des premières nécessités de la vie, au sein d'une société riche de tant de capitaux et de tant de machines, il restera quelque chose à faire et la tâche de l'économiste ne sera pas finie. La civilisation est appelée à couvrir d'une protection commune, comme fait le soleil, le riche et le pauvre, le fort et le faible, l'habitant des villes et celui des campagnes. L'économie politique doit indiquer à la civilisation les mesures à prendre pour étendre chaque jour davantage le bienfait de cette protection.

Je citerai, en finissant, un exemple frappant de ce qui reste à faire dans cette noble carrière. Il est aujourd'hui incontestable que la richesse publique s'est accrue en Europe et principalement en France d'une manière rapide et brillante. Dans quelle proportion avec l'ancienne fortune des différents pays, nul ne le sait; on ne sait pas davantage dans quelle proportion les profits se sont partagés entre les diveres classes de travailleurs. Ce qui est certain, c'est que la population des grandes villes, et surtout des villes manufacturières et commerciales, a profité beaucoup plus que celle des campagnes du progrès général de la richesse. Nos villes s'embellissent chaque jour de constructions nouvelles; les citoyens qui les habitent jouissent de plus de douceurs qu'autrefois; la bourgeoisie y est mieux logée, mieux vêtue, mieux nourrie. Les vieillards qui ont pu observer l'aspect général des populations urbaines, il y a un demi-siècle, sont frappés du contraste qui règne entre leur physionomie actuelle et la physionomie du temps passé. La banlieue de chaque grand foyer industriel et commercial, du Havre, de Rouen, de Lille, de Mulhouse, de Saint-Quentin, de Lyon, de Marseille, se couvre de faubourgs opulents et de maisons de campagne délicieuses. Les villages seuls demeurent immobiles et conservent, de génération en génération, leur aspect de misère et de monotonie. On n'y voit que fumier et que malpropreté; partout des murs en ruine, des demeures couvertes de chaume, des enfants mal vêtus et plus mal élevés. A présent, si vous considérez que les habitants de ces tristes réduits composent les deux tiers de la population française et consomment à peine le quart du produit de nos manufactures, vous reconnaîtrez aisément qu'il reste beaucoup à faire pour améliorer leur condition et pour assurer des débouchés à nos produits manufacturiers. N'y a-t-il pas sujet de réfléchir sur un système de production qui nous force de chercher des consommateurs aux extrémités du monde, quand à nos propres portes, au sein de notre patrie, nous avons des travailleurs qui manquent de tout! Nous ne pouvons vendre nos toiles, et plus de dix milliers de nos concitoyens n'ont pas de linge! nous demandons des primes à l'exportation des sucres, et il y a des vieillards et des enfants qui n'ont jamais connu, qui ne connaîtront jamais, peut-être, cette denrée! Cent arpents de terre se vendent moins cher dans la Sologne et dans les Landes qu'une fosse, à Paris, pour se faire enterrer ! Voilà de singuliers contrastes : l'économie politique en est toute remplie, et cependant une nouvelle histoire pleine de contrastes plus étranges commence pour elle, au moment où celle-ci finit.

BIBLIOGRAPHIE

Ainsi que je l'ai annoncé dans mon *Introduction*, je n'ai pas eu le projet de donner ici une bibliographie complète de l'économie politique, mais la plus complète qui existe pour l'étude de la science, puisque aucun livre essentiel n'y a été omis. Tous les ouvrages dont cette bibliographie se compose ont passé successivement sous mes yeux, et j'ai essayé d'en préciser la valeur par des notes brèves et caractéristiques. Le lecteur saura ainsi d'avance quel est le livre auquel il peut avoir affaire, et jusqu'à quel point il lui conviendra de l'approfondir. C'est un travail qu'on n'avait pas osé tenter encore, d'abord par ce qu'il devait être long et fastidieux, et ensuite parce que la plupart des anciens livres d'économie politique sont devenus fort rares : il suffira de dire que la Bibliothèque royale de Paris ne possède pas un seul exemplaire original du *Tableau éco-*

nomique de Quesnay. Les bibliothèques particulières m'ont été d'un plus grand secours.

J'ai conservé scrupuleusement les titres de ces ouvrages dans la langue où ils ont été écrits, et j'ai seulement indiqué en français ceux des livres étrangers qui ont été traduits, de manière à dispenser de la lecture des originaux. On peut ajouter foi aux notes apologétiques ou critiques dont je les ai fait suivre avec une impartialité vraiment cosmopolite. Malheureusement étranger à la langue allemande, j'ai dû recourir, pour compléter mon catalogue, à l'obligeance de mon savant ami, M. Théodore Fix, qui a bien voulu composer pour mon ouvrage la bibliographie des économistes germaniques. Je n'ai pu étudier que ceux qui ont été traduits, et je présente son opinion sur les autres comme l'indication la plus sûre que puissent souhaiter à leur égard tous les lecteurs éclairés.

BIBLIOGRAPHIE

DES

PRINCIPAUX OUVRAGES D'ÉCONOMIE POLITIQUE.

A

ABEILLE (L. P.). Lettre d'un négociant sur la nature du commerce des grains. *Paris*, 1763, in-8.
— Réflexions sur la police des grains en Angleterre et en France. *Paris*, 1764, in-8.
— Effets d'un privilége exclusif sur les droits de propriété, etc. *Paris*, 1764, in-8.
— Principes sur la liberté du commerce des grains. *Paris*, 1768, in-8.

ABOT DE BASINGHEN. Traité des monnaies et de la juridiction de la Cour des Monnaies, en forme de dictionnaire. *Paris*, 1764, in-4. 2 vol.
— Table des monnaies courantes. *Paris*, 1767, in-12.

AGAZZINI (Michel). La science de l'économie politique, ou Principes de la formation, du progrès et de la décadence de la richesse, et application de ces principes à l'administration des nations. *Paris et Londres*, 1822, in-8.

Le titre de cet ouvrage est un peu ambitieux; mais les doctrines en sont généreuses et élevées. On peut surtout consulter avec fruit tout ce qui est relatif à l'assiette des impôts. L'auteur, quoique Italien, a ecrit en français, non sans quelque élégance.

AGOULT (D'), ancien évêque de Pamiers. Des impôts indirects et des droits de consommation, ou Essai sur l'origine et le système des impositions françaises, comparé avec celui de l'Angleterre, *Paris*, 1817, in-8.

Livre intéressant à consulter à cause des particularités qu'il renferme sur les finances de l'empire et sur celles de l'Angleterre.

ALGAROTTI (Francesco). Saggio sopra il commercio con alcuni frammenti economici dello stesso autore.

Algarotti est un grand seigneur littéraire qui s'est borné à des essais, mais tous remarquables par la rectitude des idées, l'élégance du style et un certain caractère d'*évidence* qui leur est propre. Il considérait l'Afrique comme préférable à l'Asie et à l'Amérique, dans l'intérêt de l'industrie et du commerce des Européens.

Son mémoire sur ce sujet serait très-curieux à étudier, aujourd'hui que nous sommes maîtres du nord de l'Afrique.

ANDERSON. A chronological history of commerce (Histoire chronologique du commerce).

ANDRÉ D'ARBELLES. Mémoire sur la conduite de la France et de l'Angleterre à l'égard des neutres. 1 vol. in-8, 1818. — *Imprimerie impériale.*

Manifeste semi-officiel, très-digne d'attention, en faveur du blocus continental, qui a été attribué à M. d'Hauterive (1).

ANQUETIL DU PERRON. La Dignité du commerce et de l'état du commerçant. 1 vol. in-8, 1789.

Ouvrage plein de vues commerciales très-judicieuses.

ANZANO (Thomas). Reflexiones economico-politicas sobre las causas de las alteráciones de precios que ha padecido Aragon, y discursos sobre los medios que pueden facilitar la restauration de Aragon. *Zaragoza*, 1768.

Les considérations de cet auteur sur l'altération des prix survenue en Aragon à l'époque où il écrivait, prouvent qu'il n'était point étranger aux véritables principes de la science sur cette matière.

ARISTOTE. La Politique, ou la Science du gouvernement.

(1) Barbier, dans son *Dictionnaire des Anonymes*, cite *André d'Arbelles* comme auteur de cet ouvrage. M. Beuchot croit que c'est une erreur.

On y trouve une esquisse des idées des anciens en économie politique; mais il est à regretter que le livre du même auteur sur la constitution d'Athènes ait été perdu. On possède aujourd'hui l'excellente traduction en français de *la Politique*, par M. Barthélemy Saint-Hilaire; c'est la seule qui interprète fidèlement le texte. Deuxième édition. Paris, 1848, in-8°.

— De la Science économique, trad. en français, par M. Hœfer, sous le titre : Aristote, *Paris*, 1843, gr. in-8.

Le premier livre est consacré à l'économie domestique ; le second s'occupe de l'administration des revenus publics et fait connaître une foule de procédés financiers des anciens.

Arnould. Histoire générale des finances de France, depuis le commencement de la monarchie; pour servir d'introduction à la loi annuelle du budget de l'empire français. *Paris*, 1806, in-4.

Ouvrage médiocre; il y a dans les pièces justificatives quelques chiffres intéressants à consulter.

— De la Balance du commerce et des relations commerciales extérieures de la France dans toutes les parties du globe, particulièrement à la fin du règne de Louis XIV, et au moment de la révolution; le tout appuyé de notes et de tables raisonnées, authentiques, sur le commerce et la navigation, la population, le produit territorial et l'industrie, le prix du blé, le numéraire, le revenu, la dépense et la dette publique de la France à ces deux époques, avec la valeur de ses importations et exportations progressives depuis 1716, jusqu'en 1788 inclusivement. 2 vol. in-8, avec 1 vol. in-4 de tableaux. *Paris*, 1792.

Consulter les faits cités dans cet ouvrage; négliger les doctrines.

— Système maritime et politique des Européens dans le dix-huitième siècle, fondé sur leurs traités de paix, de commerce et de navigation, 1 vol. in-8. *Paris*, 1797.

Ouvrage écrit sous la préoccupation du système *de la balance du commerce.*

Arreta de monte-Seguro (Antonio). Dissertacion sobre el aprecio que se debe hacer de las artes practicas, y de los que las exercen con honradez, intelligencia y aplicacion.

Ouvrage couronné en 1781 par la société de Saragosse.

Plaidoyer en faveur des arts utiles.

L'auteur cherche à démontrer que les travaux mécaniques ne déshonorent point. Triste pays que celui où l'on est réduit à démontrer de pareilles choses !

Arriquibar (D. Nicolas de). Recreacion politica. Reflexiones sobre el

Amigo de los hombres en su tratado de Poblacion, considerado con respecto à nuestros intereses ; obra postuma, presentada à la sociedad Bascongada, en 1770. Publicada en Victoria, 1779, dos tomos en-quarto.

L'auteur combat la doctrine émise par Mirabeau le père dans son ouvrage l'*Ami des hommes*, en faveur de la grande culture qu'il préfère à la petite. Il avait traduit précédemment l'ouvrage de l'Anglais Davenant, en y joignant une préface pleine de vues judicieuses d'applications à l'Espagne.

Arrivabéne (le comte Jean). Sur les colonies agricoles de la Belgique et de la Hollande. *Bruxelles*, 1830.

— Sur les moyens d'améliorer le sort des ouvriers. *Bruxelles*, 1832.

— Principes fondamentaux de l'Économie politique, tirés des leçons édites et inédites de M. N. W. Senior, professeur d'Économie politique à l'Université d'Oxford. *Paris*, 1835.

Asso. De libris quibusdam Hispanorum rarioribus.

On trouve dans ce catalogue, rédigé par le savant bibliographe Asso, la liste d'un grand nombre d'économistes espagnols du XVIIIe siècle, qui étaient fort peu connus. L'inquisition y avait mis bon ordre.

Attwood (Thomas). Observations on currency, population and pauperism. (Observations sur la monnaie, la population et la mendicité.) 1818, 1 vol. in-8.

Aubert de Vitry. Recherches sur les vraies causes de la misère et de la félicité publiques, ou de la Population et des Subsistances. *Paris*, 1815, 1 vol. in-8.

Adversaire de Malthus, il réfute fort bien les prétendus avantages du célibat, préconisé par l'économiste anglais.

Audiffret (marquis d'). Système financier de la France. *Paris*, Dufart, 1841, 2 vol. in-8, 2e édit. *Paris*, Guillaumin et Cie, 5 vol. in-8.

La deuxième édition comprend les autres travaux de l'auteur sur la même matière. Cette réunion des ouvrages de M. d'Audiffret présente d'une manière nette et précise tout le système d'organisation et d'administration des finances de la France.

Auger, avocat. Mémoires pour servir à l'histoire du droit public de la France en matière d'impôts, ou Recueil de ce qui s'est passé de plus intéressant à la Cour des aides, depuis 1756 jusqu'au mois de juin 1775 ; publiés sous l'inspection de M. Gabriel Choart, président de la Cour des aides de Paris. *Bruxelles*, 1779, in-4.

Ce précieux volume est le recueil de toutes les opérations de Malesherbes pendant sa première présidence à la cour des aides, c'est-dire pendant vingt-cinq ans.

Ce recueil est devenu très-rare parce qu'il n'a point été mis dans le commerce, et qu'il n'a pu être imprimé qu'avec une permission tacite; encore n'y laissa-t-on pas insérer dans leur entier les remontrances énergiques dans lesquelles Malesherbes parlait au roi le langage de la plus austère vérité.

B

Babbage (Ch.). Traité sur l'économie des machines et des manufactures, tr. de l'anglais par Ed. Biot. *Paris*, 1833, in-8.

Cet ouvrage est un hymne en faveur des machines. L'auteur en fait ressortir les plus merveilleux résultats avec une exactitude mathématique, et il démontre fort bien tout ce que l'esprit humain doit gagner en soulagement physique et en dignité morale à se débarrasser, par les machines, de ses plus rudes travaux.

Bade (Margrave de). Abrégé de l'économie politique, 1772.

Bailly (A.). Exposé de l'administration générale et locale des finances du royaume-uni de Grande-Bretagne et d'Irlande, contenant des documents sur l'échiquier, la dette nationale, les banques, la navigation, les consommations, etc. ; sur le produit et l'emploi des contributions, droits, taxes, péages et émoluments perçus par l'administration de l'État, le clergé, la magistrature, les comtés, etc., etc. *Paris*, 1837, 2 vol. in-8.

Excellent ouvrage, le plus complet qui existe sur l'administration des finances de la Grande-Bretagne. L'auteur est un homme spécial, qui a puisé aux sources et qui est digne de toute confiance.

— Histoire financière de la France depuis l'origine de la monarchie jusqu'à la fin de 1789, etc. *Paris*, 1830, 2 vol. in-8.

Bandini (Salustio Antonio). Discorso economico scritto dall' arcidiacono. Nell' anno 1737.

On a prétendu que Bandini avait été le créateur des doctrines attribuées aux *économistes* du dix-huitième siècle; mais son livre n'a paru qu'en 1775, c'est-à-dire longtemps après ceux de l'école de Quesnay. Il contenait, d'ailleurs des vues d'amélioration dont l'exécution a été très-utile à la Toscane, sa patrie.

Bannefroy. Mémoire sur la mendicité. *Paris*, 1791, in-4.

Barton (J.). Observations on the condition of the labouring classes.

On trouve dans cet écrit des considérations d'un haut intérêt sur la condition des clases laborieuses.

BAUDEAU (abbé). Eclaircissements demandés à M. N*** (Necker) sur ses principes économiques, et sur ses projets de législation, au nom des propriétaires fonciers et des cultivateurs français. 1775, in-8.

— Idées d'un citoyen sur l'administration des finances du roi. *Paris*, 1763, 3 vol. in-8.

— Idées d'un citoyen sur le commerce d'Orient et sur la Compagnie des Indes. *Amsterdam* et *Paris*, 1764, in-8.

— Idées d'un citoyen sur les besoins, les droits et les devoirs des vrais pauvres. *Amsterdam*, 1765, in-8.

— Idée d'une souscription patriotique en faveur de l'agriculture, du commerce et des arts. *Paris*, 1765, in-12.

— Avis au peuple sur son premier besoin, ou Petits traités économiques, par l'auteur des Éphémérides du citoyen. *Paris*, 1768, in-12, 3 parties.

— Lettres d'un citoyen à un magistrat sur les vingtièmes et autres impôts. *Amsterdam*, 1768, in-8.

— De l'origine et des progrès d'une science nouvelle. *Londres* et *Paris*, 1786, in-12.

— Résultats de la liberté et de l'immunité du commerce des grains, de la farine et du pain. *Paris*, Desaint, 1768, in-12.

— Première introduction à la philosophie économique, par un disciple de l'Ami des hommes. *Paris*, 1771, in-8.

— Dictionnaire du commerce. *Paris*, 1783, 3 vol. in-4. (Fait partie de l'Encyclopédie méthodique.)

— Principes économiques de Louis XII et du cardinal d'Amboise, de Henri IV et du duc de Sully, sur l'administration des finances, opposés aux systèmes des docteurs modernes, 1785. Sans nom d'auteur ni de ville.

Pamphlet dirigé contre les idés de Turgot et de Necker.

Doctrinaire *économiste*, l'un des plus fervents sectateurs de cette école, et l'un de ceux qui ont le mieux exposé ses principes.

L'abbé Baudeau, aidé de la coopération du marquis de Mirabeau, Dupont (de Nemours) et autres, a publié, sous le titre d'*Éphémérides du citoyen*, un recueil consacré aux matières d'économie politique, selon les idées de Quesnay. La collection complète forme, avec les nouvelles *Éphémérides*, environ 70 vol. in-12.

BÉARDÉ DE L'ABBAYE. Recherches sur les moyens de supprimer les impôts, précédées de l'examen de la nouvelle science. 1 vol. in-8, 1770. *Amsterdam*.

Examen du système des *économistes*, sous forme d'une critique sévère du livre de Mercier de La Rivière, intitulé: *Ordre naturel et essentiel des sociétés politiques*.

BEAUMONT de Brivazac (de). L'Europe et ses colonies en décembre 1819, 2 vol. in-8. *Paris*, Brissot-Thivars, 1820 (signé, à la fin du second volume, *par un cosmopolite*).

Ce cosmopolite paraît profondément imbu des préjugés haineux qui ont longtemps régné parmi nous contre la nation anglaise, et il est à regretter que ses préoccupations à cet égard lui aient fait commettre de graves erreurs. Son livre est inférieur en mérite à celui de lord Brougham sur le même sujet.

BECCARIA (C.). Elementi di economia publica. *Milanese*.

C'est la collection des leçons publiques sur l'économie politique professées par le célèbre publiciste italien. Il a partagé plusieurs des erreurs de l'école des *économistes* français, notamment en ce qui concerne les ouvriers, qu'il considérait comme une classe improductive; mais son style est si brillant, si pittoresque, si nerveux, qu'on lui pardonne presque ses erreurs.

L'illustre auteur du *Traité des délits et des peines* est mort en 1793, d'une attaque d'apoplexie.

— Discours sur le commerce et l'administration publique, trad. par Comparet. *Lausanne* et *Paris*, 1769, in-8.

BELL (Benjamin). De la Disette, trad. de Prévost, de *Genève*, 1 vol. in-8, 1804.

Ce petit livre renferme des détails très-intéressants sur les questions d'économie politique relatives à l'agriculture de l'Angleterre. L'auteur déclare qu'il en avait communiqué le manuscrit au célèbre Adam Smith, et il assure avoir obtenu son approbation.

BELLONI (Girolamo). Dissertazione sopra il commercio, con alcune note dell' edizione di Bologna, ed una lettera dell' autore sulla moneta imaginaria.

Le pape Benoît XIV fit l'auteur marquis pour cette dissertation de cent pages, traduite dans plusieurs langues, et assez médiocre. Il y a soutenu avec force l'utilité des prohibitions du numéraire à la sortie.

— Lettre sur la monnaie fictive. 1765, in-8.

BENTHAM (Jérémie). Défense de l'usure, ou Lettres sur les inconvénients des lois qui fixent le taux de l'intérêt de l'argent. *Paris*, 1828, in-8.

C'est le chef-d'œuvre de Bentham; jamais plus d'esprit ne fut mis au service de la raison. Ce qui nous étonne, c'est que nos absurdes lois sur l'usure aient survécu à ce coup. Turgot lui-même n'avait pas frappé si fort. (Réimprimé dans les MÉLANGES, formant le tome XV de la *Collection des principaux économistes*).

— Esquisse d'un ouvrage en faveur des pauvres, traduit et publié par Duquesnoy. *Paris*, 1802, in-8.

— Théorie des peines et des récompenses. 2 vol. in-8.

Le second volume traite presque toutes les questions économiques.

BÈRES (Émile). Essai sur les moyens d'accroître la richesse territoriale en France, notamment dans les départements méridionaux. *Paris*, 1830, in-8.

Le livre de M. Bères contribuera peut-être un jour à réveiller de leur sommeil nos compatriotes du Midi. L'auteur a pris soin de leur indiquer les meilleurs moyens de tirer parti des magnifiques ressources de leur territoire : puisse-t-il être entendu d'eux tous !

— Les classes ouvrières. Moyens d'améliorer leur sort sous le rapport du bien-être matériel et du perfectionnement moral. *Paris*, 1836, in-8.

BERGASSE. Considérations sur la liberté du commerce. *Londres*, 1788, in-4.

Ce mémoire avait pour but de s'opposer à l'établissement d'une entreprise de messageries publiques. L'auteur y a trouvé l'occasion de démontrer les avantages de la liberté en matière de commerce.

BERGIER (Nicolas). Histoire des grands chemins de l'empire romain, contenant l'origine, progrès et étendue quasi incroyable des chemins militaires pavés, depuis la ville de Rome jusqu'aux extrémités de son empire. *Bruxelles*, 1728, 2 vol. in-4.

C'est l'ouvrage le plus complet qui existe sur le système des communications chez les Romains, et l'économiste n'y trouve pas moins à profiter que l'ingénieur.

BETTANGE (de). Traité des monnaies. *Avignon*, 1760, 2 vol. in-12.

BIANCHINI (Lodovico). Principi del credito pubblico. *Napoli*, 1827.

— Dell' influenza dell' amministrazione pubblica sulla industria nazionale et sulla circulazione delle richezze. *Napoli*, 1828.

— De' reati che nucciono all' industria ed alla circolazione delle ricchezze. *Napoli*, 1810.

— Della storia delle finanze di Napoli libri sette (sotto questo nome : Si volle compendere la storia civile di Napoli). *Napoli*, 1834 et 1835.

— Sui porti franchi e sui lazeretti a peste. *Napoli*, 1835.

— Sullo stato delle ferriere del regno di Napoli. 1835.

— Sulla conversione delle rendite inscritte nel grand-libro del debito pubblico. *Napoli*, 1836.

— Della storia economico-civile di Sicilia, due volumini in-ottavo; il primo stampato in Napoli nella stamperia reale, ed il secondo in Palermo, nella tipografia di Lao, nel 1841.

M. Bianchini appartient à cette noble génération de savants Napolitains qui cultivent les sciences économiques et historiques avec une persévérance infatigable. Le caractère général des écrits de l'auteur est la netteté et l'ordre. Ses recherches sont consciencieuses, ses jugements toujours équitables, et nous le considérons comme un des historiens les plus dignes d'être consultés sur l'état social, économique et administratif de son pays.

BIGNON (l'abbé). Histoire critique du gouvernement romain.

Quoique moins profond que celui de Duni, ce livre mérite aussi d'être étudié.

BIGOT DE MOROGUES (baron de). Recherches des causes de la richesse et de la misère des peuples civilisés; in-4, autographié.

Compilation rédigée en vue de démontrer que les prohibitions sont la base de toute prospérité industrielle, et les progrès de l'instruction populaire la source de tous les fléaux.

L'auteur, qui est d'ailleurs un homme de bien, y fait une rude guerre à l'agiotage. M. le baron de Morogues a publié, en outre, dans le *Nouveau Cours complet d'agriculture*, de MM. Pourrat frères, un article très-remarquable sur le blé, abstraction faite de ses prédilections prohibitives.

BILHON (J.-F.). Gouvernement des Romains, considéré sous le rapport de la politique, de la justice, des finances et du commerce. *Paris*, 1807, in-8.

Tentative hardie, après le livre de Montesquieu sur la *grandeur des Romains*. Nous conseillons toujours le livre de Montesquieu.

— Principes d'administration et d'économie politique des anciens peuples, appliqués aux peuples modernes. *Paris*, 1819, in-8.

BLANC DE VOLX (J.). État commercial de la France au commencement du dix-neuvième siècle; ou du Commerce français, de ses erreurs, et des améliorations dont il est susceptible. *Paris*, 1803, 3 vol. in-8.

Ce livre est fortement empreint des idées exclusives qui ont prévalu dans nos assemblées délibérantes pendant la durée des hostilités révolutionnaires. Il faut le lire, ne fût-ce que pour se convaincre du danger des préjugés qui peuvent égarer un honnête homme, même quand il rêve le bien de son pays.

Bodz-Reymond [1] *. Staatswesen und Menschenbildung umfassende Betrachtungen. — Considérations politiques sur l'appauvrissement progressif des nations et des particuliers; ses causes, ses conséquences et les moyens d'y remédier. — 3 vol. in-8. *Berlin*, 1837.

Ce livre, rédigé dans d'excellentes intentions, contient peu de vues neuves. Les imperfections de la société actuelle y sont quelquefois exagérées et les remèdes aux maux ne nous paraissent pas toujours d'une application facile. La partie qui se rapporte à l'instruction et à l'éducation publique et privée présente toutefois d'excellentes notions sur la matière, et cette portion du livre de M. Bodz est véritablement recommandable.

Bœckh. Économie politique des Athéniens, traduit de l'allemand, par M. Laligant. 2 vol. in-8. *Paris*, 1828.

Le savant ouvrage de M. le professeur Bœckh est une véritable révélation de la politique et des ressources des républiques grecques. C'est l'exposé le plus lumineux qui existe de la science économique des Athéniens, telle qu'elle ressort de leurs lois et de leurs institutions.

Bœsnier de l'Orme. De l'esprit du gouvernement économique. *Paris*, 1775, in-8.

L'auteur est un adepte des *économistes* du dix-huitième siècle, mais plus clair et plus court que ses condisciples. Il a fait moins de bruit que les autres, et il mérite peut-être davantage d'être lu.

Boisguillebert (P.-P. Aug Le Pesant, sieur de). Le Détail de la France sous le règne présent, avec des mémoires et des traités sur la même matière. Nouv. édit., 1707, 2 vol. in-12.

— Factum de la France, ou Moyens très-faciles de faire recevoir au roi 80 millions par-dessus la capitation, praticables par deux heures de travail de MM. les ministres, et un mois d'exécution de la part des peuples. Sans lieu d'impression, ni nom d'imprimeur, ni date, in-12.

Un de ces hommes honnêtes et clairvoyants qui sympathisaient en silence avec les classes laborieuses, à une époque où ces classes étaient encore considérées comme de vils troupeaux.

(Ces deux ouvrages de Boisguillebert, ont été réimprimés dans le premier volume de la *Collection des principaux économistes*, publiée par l'éditeur Guillaumin, avec des notes et une notice historique sur l'auteur, par Eugène Daire.)

(1) Tous les articles bibliographiques précédés d'un astérique appartiennent à M. Théodore Fix.

BOISLANDRY (Louis de). Examen des principes les plus favorables aux progrès de l'agriculture, des manufactures et du commerce de France. *Paris*, 1815, in-8.

— Des impôts et des charges des peuples en France. *Paris*, 1824, in-8.

BOISSY-D'ANGLAS. Observations sur l'ouvrage de M. de Calonne intitulé : De l'État présent et à venir de la France. *Paris*, 1791, in-8.

Réponse au pamphlet du ministre Calonne dirigé contre les travaux de l'Assemblée constituante. Une réfutation plus savante de l'écrit de Calonne se trouve dans l'ouvrage de Rœderer, intitulé : *Système général des finances de France*, etc.

BOIZARD. Traité des monnoyes, de leurs circonstances et dépendances. Nouv. édit. *Paris*, 1723, 2 vol. in-12.

BOSC (J.). Considérations sur l'accumulation des capitaux, et les moyens de circulation chez les peuples modernes. *Paris*, an X, in-8.

L'auteur s'y montre favorable à toutes les mesures utiles au développement du crédit public. Il y a peu de vues neuves dans cet écrit.

— Essai sur les moyens d'améliorer l'agriculture, les arts et le commerce en France. *Paris*, 1800, in-8.

— Essai sur les moyens de détruire la mendicité, etc. *Paris*, 1789, in-8.

BOUCHAUD. De l'impôt du vingtième sur les successions, et l'impôt sur les marchandises chez les Romains. 1 vol. in-8, nouvelle édition, 1772.

Ce mémoire, surchargé de notes fastidieuses, est écrit d'un style médiocre; mais on y trouve des faits utiles, avec une indication exacte des sources où ils ont été puisés.

On peut consulter avec fruit, sur le même sujet, la dissertation latine de Burmann : *De vectigalibus populi romani*, et celle de Boulenger : *De tributis et vectigalibus populi romani.*

BOUGAINVILLE (DE). Discours sur les métropoles grecques, tiré des Mémoires de l'Académie des inscriptions et belles-lettres.

Mémoire intéressant sur un sujet purement historique. L'économie politique en peut recevoir quelques lumières.

BRESSON (J.). Histoire financière de la France, depuis l'origine de la monarchie jusqu'à l'année 1828. *Paris*, 1829, 2 vol. in-8.

Revue concise et rapide de nos fastes financiers; expose les faits, néglige les causes. Bon à consulter.

Briganti (Filippo). Esame economico del sistema civile. 2 vol. in-8.

Il a consacré deux volumes à réfuter les paradoxes de Rousseau sur l'économie politique.

On ne les lit plus guère ni l'un ni l'autre en tout ce qui concerne la science économique.

Broggia (C.-A.). Trattato de tributti. in-8.

— Trattato delle monete considerate ne' rapporti de legitima ruduzione di circulazione e di deposito. 2 vol. in-8.

— Opuscoli.

Le traité des impôts de Broggia est un ouvrage assez remarquable pour le temps où il fut écrit.

L'auteur fut longtemps persécuté, malgré ses flagorneries au pouvoir. Il a fait l'éloge des dénonciations, et conseillé à son gouvernement d'avoir toujours une réserve considérable en espèces; partisan du système mercantile.

Brougham (lord). An inquiry into the colonial policy of the European powers (Recherches sur le système des puissances d'Europe à l'égard de leurs colonies). 2 vol. in-8, 1808.

Lord Brougham a porté, sur la politique des Européens envers leurs colonies, ce coup d'œil ferme et sûr qui caractérise particulièrement son talent.

La plupart des événements qui ont amené l'émancipation coloniale sont prévus dans son ouvrage, le plus remarquable peut-être de tous ceux du noble lord.

Browne-Dignan. Essai sur les principes politiques de l'économie publique. *Londres*, 1776, in-12.

Buchanan. L'édition qu'il a donnée du grand ouvrage d'Adam Smith, en 4 vol. in-8, *Édimbourg*, 1817, est remarquable par les notes qu'il y a ajoutées, principalement dans le 4e volume.

Cette édition est aujourd'hui très-rare et hors de prix.

Buché de Pavillon. Essai sur les causes de la diversité des taux de l'argent chez les peuples. 1 vol. in-12. *Londres* et *Paris*, 1756.

L'auteur attribue le taux élevé de l'intérêt au peu de garanties offertes par les emprunteurs ou prêteurs. Il voudrait une législation plus sévère contre les débiteurs de mauvaise foi.

Buret (Eugène). De la misère des classes laborieuses en France et en Angleterre. *Paris*, Paulin, 1841, 2 vol. in-8.

Burtrel du Pasquier. Observations sur la déclaration du 30 octobre 1785, et l'augmentation progressive de prix des matières d'or et d'argent, depuis le 1er janvier 1726.

Bush (J.). La banque de Hambourg, rendue facile aux négociants de l'étranger, avec des recherches intéressantes sur son origine, sur les changements qu'elle a éprouvés à différentes époques, etc. *Paris*. 1801, in-8.

— Traité des banques, de leur différence réelle, et des effets qui en résultent dans leur usage et leur administration. *Paris*, 1814, in-8.

Butel-Dumont. Recherches historiques et critiques sur l'administration publique et privée des terres chez les Romains, depuis le commencement de la république jusqu'au siècle de Jules-César. *Paris*, 1779, in-8.

Ouvrage extrêmement remarquable, le meilleur peut-être qui ait été écrit sur le même sujet. Il est très-préférable à beaucoup d'autres plus recherchés.

— Théorie du luxe, ou Traité dans lequel on entreprend d'établir que le luxe est un ressort, non-seulement utile, mais même indispensablement nécessaire à la prospérité d'un État. *Londres*, 1771, 1 vol. in-8.

Ce livre est une apologie un peu exagérée des effets du luxe. L'auteur est un des ennemis des *économistes*. Il démontre fort bien que ce qu'on appelle luxe, en général, n'est que la satisfaction des besoins de l'homme qui sont le plus grand stimulant de ses travaux.

— Traité de la circulation et du crédit. *Amsterdam* et *Paris*, 1771 in-8.

C

Cabarrus (Francisco). Memoria presantado à S. M. para la formacion de un banco nacional, por mano del Excellentissimo Senor Conde de Floridablanca, su primer secretare de Estado. *Madrid*, 1782.

Ce mémoire, pour l'établissement d'une banque, n'offre rien d'intéressant que son résultat, qui fut la banque Saint-Charles.

— Memoria sobre los montes pios, leida en la Real Sociedad economica de Madrid en 13 de Marzo de 1784.

L'auteur y blâme sévèrement les monts-de-piété, comme source de démoralisation et de ruine.

— Memoria sobre la union del commercio de la America con la Asia, leida en la junta general de la compania de Caracas, de 3 de Julio de 1784.

— Memoria sobre los pesos, leida en la junta de la Direccion del banco nacional de San-Carlo.

— Cartas sobre los obstaculos que la naturaleza, la opinion y las leyes oponen à la felicidad publica, escritas por el CONDE DE CABARRUS al S. D. Gaspar de Jovellanos. *Madrid*, 1813, in-18.

Le recueil de ces lettres forme le résumé de tous les obstacles qui s'opposent à la prospérité de l'Espagne; mais les moyens que l'auteur préconise pour les faire disparaître sont bien près de l'utopie.

CALENGE. Des différentes banques de l'Europe. *Paris*. 1806, in-12.

CALONNE (DE). De l'état de la France, présent et à venir. *Londres*, 1790, in-8.

Pamphlet contre les travaux de l'Assemblée Constituante. M. Boissy-d'Anglas y répondit par ses *Observations sur l'ouvrage*, etc. Voyez BOISSY-D'ANGLAS.

— Des Finances publiques de la France. *Londres*, 1797, in-8.

— Observations sur les finances. *Londres*, 1790, in-4, et autres écrits moins importants sur ces matières.

CAMBON, député à la Convention. Rapport à la Convention Nationale sur le projet de la formation du grand-livre. *Paris*, 1793. Imprimé par ordre de la Convention, in-8.

— Lettres à ses concitoyens sur les finances. *Paris*, 1795, in-8.

CAMPOMANES (Rodriguez). Discurso preliminar sobre la marina, navegacion, commercio y expediciones de la republica de Cartago. *Madrid*, 1756.

Ce discours est un des meilleurs écrits que nous possédions sur l'histoire *économique* de Carthage.

— Respuesta fiscal, sobre abolir la tasa y establecer el comercio de granos. 1764.

L'auteur y demande la liberté du commerce des grains.

— Discurso sobre el fomento de la industria popular, De orden de S. M. y del Consejo. 1774, in-8. *Madrid*.

— Discurso sobre la educacion popular de los artesanos y su fomento. *Madrid*, 1775, in-8.

— Appendice a la educacion popular : Parte prima, que contiene las reflexiones conducentes a entender el origen de la decadencia de los officios y artes en España, durante el siglio pásado, segun la demonstraron los escritores coetanos, que se reimprimen en este Appendice, o cuyos pasages se dan à la letra. *Madrid*, 1775, in-8, 4 vol.

Ces trois derniers ouvrages, quoique d'un intérêt spécialement espagnol, sont dignes de toute l'attention des économistes. L'auteur y combat les tarifs sur les matières premières, les corporations et les abus de tout genre dont l'industrie espagnole est encore infectée. Son livre aurait encore aujourd'hui l'attrait de la nouveauté.

— Carta al senor don Pedro Rodriguez Campomanes, remitiendo el proyecto de Erarios publicos, impreso en el siglio pasado, 1777.

Canard (N.-F.). Principes d'économie politique. *Paris*, 1801, in-8.

Ce mémoire de M Canard a été couronné par l'Institut, en 1801, faute de mieux. Je me souviens que J.-B. Say ne pouvait se rappeler cette circonstance sans manifester quelque humeur; cependant le travail de M. Canard n'est pas sans mérite. L'auteur a eu le tort d'introduire des formules d'algèbre dans les démonstrations économiques.

Candolle-Boissier (de). Examen de quelques questions d'économie politique. *Genève* et *Paris*, 1816, in-8.

Cantalupo (D.-G.). Annona, ossia piano economico di publica sussistencia. In-8.

Écrit favorable à la liberté du commerce des grains.

Cantillon. Essai sur la nature du Commerce en général ; traduit de l'anglais. *Londres* (*Paris*), 1755, in-12. (Traduction supposée).

Capmani (don Antonio de). Memorias historicas sobre la marina, comercio y artes de la antigua ciudad de Barcelona, publicadas por disposicion y a expensas de la Real Junta y consulado de comercio de la misma ciudad. *Madrid*, 1779, 2 vol. in-4.

— Discurso economico politico, en defensa del trabajo mecanico de los menestrales, y de la influencia de sus gremios en las costumbres populares. *Madrid*, 1778, in-4.

Le premier de ces ouvrages mérite surtout l'attention, à cause des faits importants qu'il contient sur l'industrie et le commerce de Barcelone, et sur les rapports de sa vieille constitution politique avec la législation du travail. Ce qui lui donne un prix inestimable, c'est la collection de documents authentiques dont l'auteur l'a enrichi.

Le second ouvrage de Capmani n'est autre chose qu'une apologie du système des corporations et des maîtrises. C'est une erreur impardonnable chez un contemporain de Turgot.

CARLI (Gian Rinaldo). Osservazioni preventive al piano intorno delle monete di Milano. Publicate nel 1766.

— Breve ragianamento sopra i bilanci economici delle nazioni.

— Del libero commercio de' grani.

Le premier de ces ouvrages a commencé la réputation de Carli, et le second l'a justifiée. Le troisième est une réfutation de la doctrine des *économistes* français sur la question des grains.

CARLIER (l'abbé). Dissertation sur l'état du commerce en France, sous les rois de la première et de la seconde race. *Amiens* et *Paris*, 1753, in-12.

CAREY. Principles on political economy. *Philadelphie*, 1837, 2 vol. in-8.

— 2e Édition sous ce titre : Principles of social science. *Philadelphie*, 1859. 3 vol. gr. in-8.

The harmony of interest. *Philadelphie*, 1 vol. in-8.

CARRION-NISAS (A. de) fils. Principes d'économie politique. *Paris*, 1825, in-12.

L'auteur n'expose qu'une partie des principes de cette science; mais il explique, chemin faisant, plusieurs événements financiers dont les causes étaient jusqu'à ce jour mal connues. Ce manuel renferme un précis historique de la Banque de France.

CASAUX (Le marquis Ch.). Considérations sur quelques parties du mécanisme des sociétés. *Londres*, 1785-88, 5 part. in-8.

— Absurdité de l'impôt territorial, et de plusieurs autres impôts, démontrée par l'exposition des effets; ou Réactions des différentes espèces de taxes sur tous les prix, tant du travail que de ses produits, soit dans l'agriculture, soit dans l'industrie, 1790, in-8.

L'un des sectateurs de l'école *économiste*. Son livre est presque entièrement consacré à l'examen des impôts en Angleterre. On y trouve çà et là quelques passages remarquables noyés dans un fatras de déclamations.

— Considérations sur les effets de l'impôt dans les différents modes de taxation. *Londres*, 1794, in-8.

Casaux (L. F. G. de). Bases fondamentales de l'économie politique. *Paris*, 1826, in-8.

Castro (Juan-Francisco de). Discursos creticos sobre las leyes y sus interpretes : Incertidumbres y detrimentos de los *Mayorazgos*, y otras disposiciones analogas en el bien commun : su ofensa à la poblacion, agricultura, artes y comercio : necesidad de remedio : tentativa de algunos medios. *Madrid*, 1770.

Excellent livre, écrit en haine des majorats, l'une des plaies de l'Espagne.

Cayley. Commercial economy in six essays. *London*, 1820, in-8.

Cerrety. Histoire des Monts-de-piété, avec des réflexions sur la nature de ces établissements. 1 vol. in-18. *Paris*, 1752.

Livre court, mais substantiel. Il renferme les ordonnances et les bulles constitutives des monts-de-piété.

L'auteur soutient que les intérêts des prêts fournis par ces établissements ne sont pas usuraires.

Chalmers (George). On political economy in connexion with the moral state and moral prospects of society. *Glasgow*, 1832, in-8.

— The christian and civic economy of large towns, 3 vol. in-8. *Glasgow*, 1832.

— An Historical view of the domestic economy of Great-Britain and Ireland from the earliest to the present times : with a comparative estimate of their efficient strength, arising from their populosity, and agriculture, their manufactures and trade in every age. *Edinburg*, 1812, in-8.

Cet ouvrage mérite un intérêt particulier à cause des considérations qu'il renferme sur les conséquences économiques des grands événements qui ont agité l'Angleterre depuis la seconde moitié du dix-huitième siècle jusqu'au commencement du dix-neuvième, savoir : l'émancipation des États-Unis, la fondation de la caisse d'amortissement, la suspension des payements en espèce, les guerres de la révolution et la paix d'Amiens.

Chaptal (comte). De l'industrie française. *Paris*, 1819. 2 vol. in-8°.

Inventaire de la richesse nationale mêlé de beaucoup d'erreurs économiques. Le comte Chaptal était partisan de la balance du commerce ; néanmoins sa haute raison lui faisait sentir les inconvénients des prohibitions.

Chastellux (comte de). De la Félicité publique, ou Considérations sur le sort des hommes dans les différentes époques de l'histoire. *Paris*, 1822, 2 vol. in-8.

L'auteur appartient à l'école philosophique du dix-huitième siècle. Il est un des premiers écrivains qui aient osé secouer le joug des traditions classiques et porter un regard sévère sur les institutions sociales de l'antiquité. Son livre ne contient que des vues générales, mais si hautes, si généreuses, si hardies, qu'il est impossible de ne point les admirer, même quand on ne les partage pas.

CHASSIPOL. Traité des finances et de la fausse monnaie des Romains, auquel on a adjoint une Dissertation sur la manière de discerner les médailles antiques d'avec les contrefaites, par M. Beauvais, *Paris*, 1740, in-12.

Ce petit traité fut *commandé* par Colbert, désireux de connaître le système financier des Romains. On y trouve quelques faits précieux.

CHEVALIER (Michel). Lettres sur l'Amérique du Nord. *Paris*, 1836, 2 vol. in-8.

L'auteur appartient à cette brillante pléiade des saints-simoniens, dont les écrits ont jeté tant d'éclat sur les matières économiques. Ses lettres sur l'Amérique du Nord ne sont qu'un cadre habilement choisi pour signaler les préjugés industriels de tous genres auxquels notre pays est en proie. Les questions de banque et de travaux publics y sont traitées avec une indépendance d'esprit vraiment rare de nos jours.

Ce livre appartient à la nouvelle école économique française, qui a pris pour devise l'amélioration du sort du plus grand nombre.

M. Michel Chevalier a publié depuis :

— Des intérêts matériels en France. 4e édition, *Paris*, 1839, 1 vol. grand in-18.

— Description et histoire des voies de communication aux États-Unis d'Amérique, et des travaux d'art qui en dépendent. *Paris*, 1841-42, 2 vol. in-4.

— Examen du système commercial connu sous le nom de Système protecteur, 2e édition. *Paris*, Guillaumin et Cie, 1857. 1 vol. in-8.

— Cours d'économie politique fait au Collége de France. *Paris*, Capelle, 1858, 3 vol. in-8.

— La Baisse probable de l'or. *Paris*, Capelle, 1858. 1 vol. in-8.

CHESHIRE. Anglia restaurata; or the advantages of smuggling wool from England and Ireland to France, etc. *London*, 1727, in-4.

Curieuses révélations sur la manière dont l'industrie des laines *s'est échappée* de l'Angleterre.

CHILD (Josiah). A new Discourse on trade. (Nouveau discours sur le commerce.)

— Considérations sur le commerce et l'intérêt de l'argent; traduit en français par Gournay, 1742, in-12. — Dans le même volume se trouve joint le Petit Traité contre l'usure, de Th. Culpeper, traduit par le même. In-12.

Les intentions des auteurs étaient bonnes; mais ils n'avaient pas une juste idée des causes véritables de la baisse du taux de l'intérêt, puisqu'ils supposaient que cette hausse et cette baisse dépendent de la volonté du gouvernement.

CHOMEL. Dictionnaire économique. *Paris*, 1767, 3 vol. in-8.

CIBRARIO (Louis). Della economia polica del medio evo libri III, che tratano della sua condizione politica, morale, economica. (De l'économie politique du moyen âge, etc.). *Torino*, Bocca, 1839; 2 vol. in-8.

M. Cibrario est un économiste piémontais fort distingué; son ouvrage mériterait-peut-être d'être traduit en français [1].

Il est divisé en trois livres, dont le premier traite de la condition politique des peuples de l'Europe au moyen âge; le second, de leur condition morale; le troisième, seulement de leur condition économique. Il renferme une foule de particularités intéressantes sur le prix des denrées, sur l'état de la propriété, sur le système monétaire de cette époque; mais il n'y a point de vues générales ni de conclusion nette et précise qui donne de la valeur à cette statistique, d'ailleurs riche et pleine de savantes recherches.

CICILIA (José). Memoria sobre los medios de fomentar solidamente la agricultura en un pais, sin detrimento de la cria de ganados, y el modo de remover los obstaculos que puedan impedirla. Ouvrage couronné par la société économique de Madrid en 1777.

L'auteur propose dans ce mémoire les réformes indispensables à l'agriculture espagnole. Il y pose les bases d'un code rural que l'Espagne attend encore.

CLARKE (docteur). Coup d'œil sur la force et l'opulence de la Grande-Bretagne, où l'on voit les progrès de son commerce, de son agriculture avant et après l'avénement de la maison de Hanovre; traduit de l'anglais par Marchena. *Paris*, 1802; *Londres*, 1801, in-8.

1 La traduction de l'ouvrage de M. Cibrario, due à M. Barneaud, a été publiée depuis en 2 vol. in-8° (Paris, Guillaumin et Comp^{e}, 1858). Elle est précédée d'une INTRODUCTION par M. Wolowski, membre de l'Institut.

Assez bon livre. Examen fort intéressant des différentes taxes de l'Angleterre. C'est un manifeste contre la Révolution française.

CLAVIÈRE. Opinions d'un créancier de l'État sur quelques matières de finances importantes dans le moment actuel. *Londres*, 1789, in-8.

Considérations curieuses sur les emprunts. L'auteur s'y montre fort opposé à toutes les mesures qui avaient pour but l'établissement d'une banque en France; il affirme que les emprunts publics ont tous pris naissance dans les pays républicains, et cette origine l'inquiète. Il écrivait en 1789, il était ministre en 1792, et il est mort sur l'échafaud en 1793.

On doit encore à Clavière plusieurs brochures sur différents sujets d'économie politique.

CLIQUOT DE BLERVACHE. Dissertation sur l'état du commerce en France, depuis Hugues Capet jusqu'à François Ier. *Paris*, 1766, in-8.

Ouvrage un peu lourd. On y trouve quelques faits à recueillir.

— Considérations sur le commerce, et en particulier sur les Compagnies, Sociétés et Maitrises. *Amsterdam*, 1758, in-12.

Généralités banales, où brillent çà et là quelques éclairs de talent et quelques vues généreuses sur la liberté de l'industrie.

Document intéressant seulement sous le point de vue historique.

COBBETT (William). Paper against gold : or the History and Mystery of the bank of England. *London*, 1821, 4e édit.

Ce pamphlet de 470 pages est étincelant de verve et de vigueur contre la banque d'Angleterre et contre le système des dettes fondées.

Jamais les questions de finances n'ont été traitées avec un tel luxe de savoir, de raillerie, de colère et de raison.

Ce livre se compose d'une série de lettres comparables aux *Lettres provinciales* de Pascal, à celles de Junius et aux mémoires de Beaumarchais. C'est un chef-d'œuvre de style et de discussion; les exemplaires en sont assez rares.

COELN (Fr. de). Die neue Staatsweisheit. *Berlin*, 1812, in-8.

— Materialien für die Preussische staats-wirtchsaftliche Gesetzgebung. *Leipzig*, 1811. in-8.

COFFINIÈRES (A. S. G.). De la Bourse et des spéculations sur les effets publics. *Paris*, 1824, in-8.

Honorable protestation contre les abus de l'agiotage, qui a eu le sort de toutes les protestations précédentes. Ce sera un ouvrage intéressant à consulter le jour où l'on voudra sérieusement mettre un terme au brigandage des spéculations de bourse. La législation sur la matière y est résumée avec ordre.

COLQUHOUN (Patrice). A Treatise on the population, wealth, power, and resources of the British empire, etc.

Il a été donné un fragment de traduction de cet ouvrage sous le titre de *Précis historique de l'établissement et des progrès de la Compagnie anglaise aux Indes-Orientales.* Paris, 1815, in-8.

COMTE (Charles). Traité de législation, ou Exposition des lois générales suivant lesquelles les peuples prospèrent, dépérissent ou restent stationnaires. *Paris,* 1827, 4 vol. in-8.

Le traité de législation de M. Comte est un véritable traité d'économie sociale, dont le 4e volume, entièrement consacré à la question de l'esclavage, passe avec raison pour le plus important de l'ouvrage. Nulle part cette question n'a été approfondie avec une plus grande indépendance de jugement et une plus riche profusion de faits.

— Traité de la propriété. *Paris,* 1834, 2 vol. in-8.

L'auteur déclare dans sa préface que cet ouvrage n'est que la suite du précédent; il y examine les rapports qui s'établissent naturellement entre les hommes et les choses au moyen desquelles ils peuvent exister. Ce plan lui permet d'examiner les choses et souvent de résoudre une foule de questions économiques qui se rattachent à la propriété.

Le livre est écrit avec clarté, sans aucune prétention de style, et la lecture en est attachante, malgré l'aridité du sujet.

CONDILLAC. Le commerce et le gouvernement, considérés relativement l'un à l'autre. *Amsterdam,* 1776, in-12.

Cet ouvrage est une des *expressions* les plus précises et les plus claires qui aient été faites du système des *Économistes* du dix-huitième siècle. Il n'est malheureusement pas complet.

CONDORCET. Vie de Turgot. *Londres,* 1786, in-8.

Le plus bel éloge qu'on en puisse faire, c'est de dire qu'elle est digne de lui.

— Réflexions sur le commerce des blés. *Londres,* 1776, in-8.

Réfutation de l'ouvrage de Necker sur la législation des grains.

— Réflexions sur l'esclavage des nègres. (Sous le nom de Schwartz). *Neufchâtel,* 1781.

On peut citer encore de Condorcet les notes des œuvres de Voltaire, édition de Kehl, et plusieurs articles de la *Bibliothèque de l'homme public.*

CONDY-RAGUET (de Philadelphie). Traité des banques et de la circulation; traduit de l'anglais par Lemaître. *Paris,* 1840, 1 vol. in-8.

CONSIDÉRANT (V.). Destinée sociale. *Paris*, 1836, 2 vol. in-8.

Dernière expression du système de l'école *sociétaire*. Ouvrage écrit d'un style inégal, mais où brillent des éclairs de talent et des vues très-remarquables sur l'état actuel de la société. L'auteur y accuse tous les économistes des maux de l'humanité, comme s'il avait dépendu d'eux d'y mettre un terme. Nous n'en rendrons pas moins justice à ses sentiments généreux et à plusieurs de ses aperçus, remarquables par une véritable profondeur.

COOPER (Th.). Lectures of the elements of political economy. *Columbia*, 1826.

CORDIER (J.). Considérations sur les chemins de fer. *Paris,* 1830, in-8.

L'un des premiers ouvrages, si ce n'est le premier, qui ait fait comprendre en France l'importance des chemins de fer.

CORNIANI (Giamb.). Riflessioni sulle monete. *Bresciano*, in-8.

— Della legislazione relativemente all' agricoltura.

Son premier écrit est sans importance : le second appartient à l'école *économiste* française du dix-huitième siècle.

COTTERIL. An examination of the doctrines of value, as set forth by A. Smith, Ricardo, Mac-Culloch, etc. *London,* 1831, 1 vol. in-8.

COYER (l'abbé). La noblesse commerçante. *Londres* (*Paris*), 1756, in-12.

— Développement et défense du système de la Noblesse commerçante. *Amsterdam* et *Paris,* 1757, in-12.

CRAIG (John). Remarks on some fundamental doctrines in political economy. (Remarques sur quelques doctrines fondamentales en économie politique; in-8, 1821).

— Elements of political economy. (Éléments d'économie politique), 3 vol. in-8.

CRAWFURD. The Doctrine of equivalents, or an Explanation of the nature, the value and the power of money. *Rotterdam,* 1794, in-8.

CULPEPER (Thomas). Petit Traité contre l'usure. *Amsterdam,* 1754, 1 vol.

CUSTODI. Collection des économistes italiens.

Le comte Pierre Custodi a publié à Milan, en 1804, une magnifique édition en quarante-huit volumes des économistes italiens.

D

DANVILLA (B.-J.) Lecciones de economia civil, o del comercio. Escritas para el uso de los caballeros del Real Seminario de Nobles. *Madrid*, 1779.

Ces leçons sont au nombre de sept. Il y en a une, fort curieuse, sur la population, et une autre, non moins originale, sur la division des personnes en propriétaires et non propriétaires.

DAVANZATI (Bernardo). Lezione delle monette; in-8.

— Notizia de cambj, a M. Giulio del Caccia; in-8.

Davanzati est le second Italien qui ait écrit sur les monnaies, après Scaruffi, mais c'est son seul mérite.

Cet auteur est plus connu comme traducteur habile que comme économiste.

DEBRAY. Essai sur la force, la puissance et la richesse nationales. *Paris*, 9e édit., 1814, in-8.

DELFICO (Melchiorre). Memoria sulla libertà del commercio diretta a risolvere il problema proposto dall' accademia di Padova sullo stesso argomento; in-8.

C'est le partisan le plus prononcé de la liberté du commerce : « Celui, dit-il, qui extirpera du dictionnaire des lois les mots *droits, tarifs, douanes;* celui qui détruira le grand labyrinthe dans lequel tant de monstres dévorent les nations en détail; celui qui établira en principe que toute gêne, toute contrainte en économie est nuisible à la société, aura la gloire d'avoir assuré à l'humanité une vérité fondamentale et la véritable prospérité des nations. »

DELISLE DE SALES. Vie littéraire de Forbonnais; 1 vol. in-8, 1801.

La connaissance de cette biographie est indispensable à l'étude des nombreux ouvrages économiques de Forbonnais, dont nous donnons le catalogue complet au mot FORBONNAIS, en raison des services que cet économiste laborieux et éclairé a rendus à la science.

DESAUBIEZ. Système de finance et d'économie politique. *Paris*, 1827.

DESLANDES. Essai sur la marine et le commerce. 1743, in-8.

DESMEUNIERS. Dictionnaire d'économie politique, faisant partie de l'Encyclopédie méthodique ; 1834-38, 4 vol. in-4.

Il n'a fait que la première moitié de l'ouvrage en suivant les principes d'Adam Smith, mais sans se les approprier. La seconde partie est de l'abbé Grivel, sectateur de Quesnay.

DESROTOURS. Notice des principaux règlements, publiés en Angleterre, concernant les pauvres. *Paris*, 1788, in-8.

On doit à M. Desrotours, mort en 1821, une dizaine de brochures sur les monnaies, publiées avant et pendant la révolution.

DESTUTT DE TRACY (comte). Traité d'économie politique. *Paris*, 1823, in-8.

Le meilleur manuel d'économie politique que je connaisse.

M. Destutt de Tracy a publié un commentaire *économique* sur l'*Esprit des Lois*, et le commentaire s'y est toujours montré à la hauteur du livre. On ne lit pas assez ce commentaire.

DICKSON (Adam). De l'agriculture des anciens ; traduit de l'anglais de Adam Dickson. *Paris*, 1802, 2 vol. in-8.

On y trouve de précieuses révélations sur la condition des agriculteurs dans l'antiquité ; mais c'est un livre d'agriculture plus que d'économie politique.

DILLON. Mémoires sur les établissements publics de bienfaisance, de travail et de correction, considérés sous les rapports politiques et commerciaux ; an II, in-12.

DOÉ. Traité sur l'indigence. Quelles sont les principales causes de l'indigence ? Moyens pour en arrêter les progrès. *Paris*, 1805, in-8.

DORI (J.-A.). Materialien zur Aufstellung einer vernunftmaesigen Theorie der Staatswirthschaft. (Matériaux pour une théorie rationnelle de l'économie politique.) *Leipzig*, 1797, in-8.

Les matériaux se sont fort augmentés depuis la publication du livre de M. Dori ; mais les siens seront consultés avec fruit.

DROZ (Joseph). Économie politique, ou Principes de la science des richesses. *Paris*, 1829, 1 vol. in-8 [1].

C'est le traité élémentaire le plus clair, le plus élégant et le plus mé-

[1] Réimprimée depuis en 1 vol. gr. in-18.

thodique que nous connaissions. Il a beaucoup contribué à populariser en France l'étude de l'économie politique.

DU BUAT (comte). Éléments de la politique, ou Recherches des vrais principes de l'économie sociale. *Londres*, 1773, 6 vol. in-8.

Fatras *économiste* en six volumes, entremêlé de dialogues où se trouvent souvent traitées, d'une manière neuve et originale pour le temps, une foule de questions aujourd'hui résolues.

DUBOIS (J.-B.). Du Commerce français dans l'état actuel de l'Europe, ou Observations sur le commerce de la France en Italie, dans le Levant, en Russie et dans la mer Noire, etc. *Paris*, 1806, 1 vol. in-8.

L'auteur était un employé supérieur de l'administration française. Son livre est essentiellement réglémentaire et empreint de la routine des bureaux.

DUBOIS-AYMÉ. Examen de quelques questions d'économie politique, etc. *Paris*, Pélicier, 1824, in-8.

DUCHATEL (T.). De la Charité dans ses rapports avec l'état moral et le bien-être des classes inférieures de la société. *Paris*, 1829, in-8.

Ouvrage très-remarquable sous le rapport de l'élévation des idées et de la noblesse des sentiments. L'auteur nous semble d'ailleurs un peu trop asservi aux doctrines de Malthus.

DUDLEY-NORTH. Discourses upon trade, principally directed to the cases of interest, coinage, clipping, and increase of money. *London,* 1691.

L'un des premiers livres d'économie politique *méthodique* qui aient paru en Angleterre.

C'est là qu'il faut voir avec quelles difficultés les vérités les plus élémentaires ont eu peine à se faire jour.

DUFRESNE DE FRANCHEVILLE. Histoire du tarif de 1664; 1766, 3 vol.

Trop longue histoire d'un tarif modifié deux ans après sa promulgation.

DUFRESNE SAINT-LÉON (L. C. A.). Étude du crédit public et des dettes publiques. *Paris*, 1824, in-8.

L'un des meilleurs ouvrages élémentaires que nous possédions sur la science pratique des finances. Il est écrit avec un talent de style et une netteté de vues bien rares dans ces sortes de matières.

L'auteur avait été employé pendant longtemps dans les bureaux du trésor, et son livre est le fruit de sa haute expérience.

Du Hautchamp. Histoire du système des finances sous la minorité de Louis XV. *La Haye,* 1739, 6 vol. in-12.

C'est la chronique la plus curieuse de l'agiotage et des agioteurs pendant oute la durée du système de Law.

— Histoire générale et particulière du visa fait en France pour la réduction et l'extinction de tous les papiers royaux et des actions de la Compagnie des Indes, que le système des finances avait enfantés. *La Haye,* 1743. 4 vol. in-12.

C'est l'inventaire raisonné de toutes les pièces relatives au système de Law. Ce livre est écrit avec partialité, et sous l'empire des mécontentements qui suivirent la banqueroute; mais c'est un des documents les plus intéressants de l'époque.

Duni. Origine e progressi del cittadino romano.

Cet ouvrage, plein de sagacité et d'érudition, offre des vues très-ingénieuses sur l'état social des Romains.

Dunoyer (B. C.). Nouveau Traité d'économie sociale, ou Simple exposition des causes sous l'influence desquelles les hommes parviennent à user de leur force avec le plus de liberté, c'est-à-dire avec le plus de facilité et de puissance. *Paris,* 1830, 2 vol. in-8 [1].

Cet excellent ouvrage, dont il n'a été mis en circulation qu'un très-petit nombre d'exemplaires, appartient à la nouvelle école économique française, qui ne sépare pas les progrès de l'industrie de ceux de la morale et du bien-être général. Il est plein d'idées neuves et d'austères vérités.

Dupin (baron Ch.). Le petit Producteur français. *Paris,* Bachelier, 1827 et années suiv., 7 vol. in-18.

M. le baron Dupin a publié, sous ce titre, une série d'écrits, du genre familier, dans l'un desquels il a attaqué le système prohibitif avec une verve de raillerie extrêmement remarquable.

— Discours et leçons sur l'industrie, le commerce, la marine, et sur les sciences appliquées aux arts. *Paris,* Bachelier, 1825, 2 vol. in-8.

1 Cet ouvrage a été refondu entièrement et réimprimé sous ce titre : *De la Liberté du Travail* ou *Simple exposé des conditions dans lesquelles les forces humaines s'exercent avec le plus de puissance.* Paris, Guillaumin et Ce, 1845, 3 vol. in-8.

— Forces productives et commerciales de la France. *Paris*, Bachelier, 1827, 2 vol. in-4.

Dupin (baron), ancien préfet, mort en 1822. Histoire de l'administration des secours publics, etc. *Paris*, 1821, in-8.

Dupont (de Nemours). Physiocratie ou Constitution naturelle du gouvernement le plus avantageux au genre humain; recueil publié par Dupont. *Leyde* et *Paris*, 1768, deux parties in-8.

C'est l'analyse de la fameuse formule arithmétique du *Tableau économique* de Quesnay, suivie du commentaire des *Maximes générales du gouvernement économique d'un royaume agricole*, par le même.

On peut considérer ce livre comme le *catéchisme* de la secte économiste.

La *Formule arithmétique* n'y est point; mais elle a été imprimée textuellement dans l'ouvrage de Mirabeau le père, intitulé : *l'Ami des hommes* [1].

— De l'exportation et de l'importation des grains. *Soissons*, 1764, in-8.

— Lettre sur la différence qui se trouve entre la grande et la petite culture, etc. *Soissons*, 1764, in-12.

— Du Commerce de la Compagnie des Indes, 1769, 1 vol. in-8, 2e édition, augmentée de l'histoire du système de Law.

L'un des meilleurs écrits sur le système de Law.

La question du commerce des Indes n'est traitée qu'accessoirement dans cet ouvrage.

— Mémoires sur la vie et les ouvrages de Turgot. Philadelphie (*Paris*), 1782, 2 vol in-8.

— Lettre à la chambre du commerce de Normandie, sur le Mémoire qu'elle a publié relativement au traité de commerce avec l'Angleterre. *Paris*, Moutardier, 1 vol. in 8, 1788.

Commentaire plein de faits curieux sur les conséquences du traité du commerce de 1786 avec l'Angleterre. Cette lettre a pour objet de le défendre.

— Observations sur les effets de la liberté du commerce des grains et sur ceux des prohibitions. *Paris*, in-8, 192 pages.

1 La Physiocratie et quelques autres des principaux écrits de Dupont de Nemours ont été réimprimés dans les volumes consacrés aux Physiocrates dans la collection des *Principaux économistes*.

— Analyse historique de la législation des grains, depuis 1792, etc, *Paris*, 1789, in-8.

— Sur la Banque de France, avec une théorie des banques, rapport fait à la chambre de commerce par une commission spéciale, *Paris*, 1806, in-8.

Dupont de Nemours, qui continua la publication des *Éphémérides du citoyen*, commencée par l'abbé Baudeau, était un auteur éminemment laborieux et instruit. Il a publié, pendant soixante ans, une foule de mémoires, d'articles, de rapports, d'essais, qui tous ont pour objet le bien public; mais qu'on trouve trop souvent imprégnés de l'esprit de secte. J.-B. S.

Dupré de Saint-Maur. Essai sur les monnaies, ou Réflexions sur le rapport entre l'argent et les denrées. *Paris*, 1746, in-4.

Ce livre a été beaucoup trop vanté : on y trouve cependant d'intéressants détails sur les monnaies du moyen âge, et le tableau des variations survenues dans le prix des choses depuis l'an 1002 jusqu'en 1742.

— Recherches sur la valeur des monnaies et sur le prix des grains, avant et après le concile de Francfort. *Paris*, 1762, in-12.

Duquesnoy. Recueil de mémoires sur les établissements d'humanité; traduit de l'anglais par Labaume de Liancourt et autres; publié par Duquesnoy avec soin. 1794-1804.

Dureau de la Malle. Économie politique des Romains, *Paris*, 1840, 2 vol. in-8.

Dutens (J.). Analyse raisonnée des principes fondamentaux de l'économie politique. 1 vol. in-8, 1804.

Ce premier essai de M. Dutens a été refondu avec de grandes modifications dans un autre outre ouvrage publié, trente ans après, sous le titre suivant :

— Philosophie de l'économie politique, ou Nouvelle exposition des principes de cette science, *Paris*, 1835, 2 vol. in-8.

Les principes que l'auteur a soutenus dans ce dernier ouvrage diffèrent essentiellement de ceux qu'il professait dans sa jeunesse. La *Philosophie de l'économie politique* n'est autre chose qu'une nouvelle édition des doctrines de Quesnay, moins ce qu'elles avaient de progressif en matière de liberté commerciale et d'impôts.

Dutot. Réflexions politiques sur les finances et le commerce. *La Haye*, 1738, 2 vol. in-12.

Dutot est l'écrivain qui a analysé avec le plus de profondeur le système de Law et les causes de sa chute. Son livre est d'une clarté admirable, et il renferme sur le crédit des réflexions dignes d'être méditées par tous les hommes qui désirent approfondir la science difficile des finances.

Cet ouvrage a été réimprimé dans le volume intitulé *Économistes financiers du XVIIIe siècle*, et formant le tome 1er de la *Collection des principaux Économistes*, de Guillaumin.

DUVERNEY. Voyez PARIS DU VERNEY.

E

ECREMENT. Entretiens et vues sur l'économie politique, etc. *Lille* et *Paris*, 1818, in-12.

EHRENTAL (V.). Die Staatswirthschaft nach Naturgestzen. *Leipzig*, 1819.

— Ueber das œffentliche Schuldenwesen. *Leipzig*, 1810.

EIKEMEYER. Abhandlungen über Gegenstdænde der Staats und Kriegswissenchaften. *Frankfurt*, in-8, 1816.

EISELEN (J.-J.-H.). Grundzuge der Staatswirthschaft. *Berlin*, 1818, 1 vol. in-8.
(On doit à Eiselen une nouvelle édition, augmentée de la Science financière, par L.-H. Jakob. Voyez ce nom.)

ENFANTIN. Économie politique et Politique. *Paris*, 1831, in-8.

ENSOR (George). An inquiry concerning the population of nations. (Recherches sur la population des nations.) 1 vol. in-8, 1818.

— The poor and their relief. (Des pauvres et des secours.) 1 vol. in-8, 1823.

Cet auteur et Godwin sont les antagonistes les plus capables de la doctrine de Malthus sur la population.

ÉON DE BEAUMONT (d'.) Essai historique sur les différentes situations de la France, par rapport aux finances, sous le règne de Louis XIV et la régence du duc d'Orléans. *Amsterdam* (*Paris*), 1753, in-12.

ESCHENMAYER. Ueber das formale Prinzip der Staatswirthschaft. (Du principe formel de l'économie politique comme science et comme doctrine.) *Heidelberg*, 1815, in-8.

Eschenmayer est un des économistes allemands qui à le plus contribué à la propagation de la doctrine de Smith par ses articles insérés dans les Annales de Heidelberg *(Heidelberger Jahrbücher)* et dans la Gazette littéraire de Leipzig *(Leipziger Litteratur Zeitung)*. Le livre ci-dessus est abstrait et purement scientifique.

Everett (Alex.-H.). Nouvelles idées sur la population, avec des remarques sur les théories de Malthus et de Godwin; traduit de l'anglais par C. J. Ferry. *Paris*, Renouard, 1826, in-8.

Estrada (don Alvaro Florez). Traité électique d'économie politique; traduit par L. Galibert. *Paris*, 1833, 3 vol. in-8.

L'un des meilleurs traités qui aient été publiés depuis Adam Smith; il est principalement remarquable en ce qui concerne la théorie des impôts. Une cinquième édition, considérablement augmentée, vient de paraître en espagnol à Madrid, 1841.

F

Fabricius. Anfangsgründe der œconomischen Wissenschaften. *Kopenhague*, 1783, in-8.

Faiguet. L'ami des pauvres, ou l'Économie politique. *Paris*, 1766, in-12.

— L'Ami des pauvres, mémoire politique sur la conduite des finances. *Amsterdam*, 1770, 1 vol. in-12.

Fazy. (Jean-James). L'homme aux proportions ou Conversations philosophiques et politiques. *Paris*, 1821, in-12.

— Opuscules financiers sur l'effet des priviléges, des emprunts publics et des conversions; sur le crédit et l'industrie en France. *Genève* et *Paris*, in-8, 1826.

— Du privilége de la Banque de France, considéré comme nuisible aux transactions commerciales. *Paris*, 1819, in-8, de 76 pages.

Félice (de). Éléments de la police d'un État. *Yverdun*, 1781, 2 vol. in-12.

FERGUSSON (Adam). Essai sur l'histoire de la société civile; traduit de l'anglais par Bergier. *Paris*, 1783, 2 vol. in-12, ou 1796, in-8.

Ce livre appartient plutôt à la philosophie de l'histoire qu'à l'histoire de l'économie politique. Son meilleur chapitre, celui dans lequel il retrace les avantages de la divison du travail, peut passer pour une inspiration d'Adam Smith.

FERRIER (F. L. A.). Du gouvernement considéré dans ses rapports avec le commerce, ou de l'Administration commerciale opposée à l'économie politique. *Paris*, 1821, in-8.

C'est le Zoïle d'Adam Smith, et le Pindare de la douane, où il a occupé un emploi avantageux. Il écrit avec esprit, et ses arguments ne manquent pas d'une certaine verve; mais ils s'évanouissent devant le plus léger examen. C'est un économiste de bureau.

FICHTE (J. G.) * Der geschlossene Handelsstaat. (L'État fermé commercialement.) *Tubingue*, 1800, in-8.

Ouvrage assez remarquable pour avoir mérité l'attention des contemporains. Il mérite encore d'être consulté, malgré les travaux qui l'ont dépassé.

FILANGIERI (Gaetano). Delle leggi politiche ed economiche. In-8.

Grand partisan de la liberté du commerce et ennemi des armées permanentes.

Quoique cet ouvrage ne soit pas son chef-d'œuvre, on y reconnaît l'homme supérieur, l'esprit net et positif du grand réformateur italien.

FISCHER. Lehrbegriff und Anfang der deutschen Staatswissenschaft. *Halle*, 1783, in-8.

FIX (Théodore). Revue mensuelle d'économie politique. 5 vol. in-8. *Paris*, 1833-1836.

— Observations sur les classes ouvrières. *Paris*. Guillaumin, 1 vol. in-8.

FOERSTER. Versuch einer Einleitung in die Kameral und Polizei-Wissenschaft. *Halle*, 1771, in-8.

— Entwurf der Land-Staats und Stadtwirthschaft. *Berlin*, 1793, in-8.

FORBONNAIS (Véron de). Essai sur la partie politique du commerce de terre et de mer, de l'agriculture et des finances. 1751, in-12.

— Éléments du commerce. *Leyde* et *Paris*, 1734. Nouv. édit. augmentée. *Paris*, an IV (1796), 2 vol. in-12.

— Considérations sur les finances d'Espagne, relativement à celles de France. *Dresde* (Paris), 1753, 1755, pet. in-12.

— Examen des avantages et des désavantages de la prohibition des toiles peintes. *Marseille*, 1755, in-12.

— Questions sur le commerce des Français au Levant. *Marseille*, (Paris), 1759, in-12.

— Lettre à M. F... (Fréron), ou Examen politique des prétendus inconvénients de la faculté de commercer en gros, sans déroger à la noblesse. 1756, in-12.

— Recherches et considérations sur les finances de France, depuis 1595 jusqu'à 1721. *Bâle*, 1758, 2 vol. in-4. — Seconde édition. *Liége*, 1758, 6 vol. in-12.

— Essai sur l'admission des navires neutres dans nos colonies. *Paris*, 1759, in-12.

— Extrait du livre de l'Esprit des Lois, chapitre par chapitre, avec des observations. 1753, in-12.

— Divers mémoires sur le commerce, etc. *Paris*, 1756, in-12.

— Prospectus sur les finances, dédié aux bons Français. 1789, in-12.

— Question sur le commerce des Français du Levant. *Marseille, Carapatria* (Paris), 1755, in-12.

— Supplément au journal d'août 1768, ou Examen du livre intitulé : « Principes sur la liberté du commerce des grains (d'Abeille). » 1768, in-12.

— Principes et observations économiques. *Amsterdam*, 1707, 2 vol. in-12.

— Observations succinctes sur l'émission de deux milliards d'assignats. *Paris*, 1790, in-12.

— Analyse des principes sur la circulation des denrées et l'influence du numéraire sur la circulation. *Paris*, 1800, petit in-12.

— Le Négociant anglais. *Dresde* (Paris), 1753, 2 vol. in-12. Traduction abrégée d'un journal anglais qui parut à Londres, en 1713, sous le titre de *British Merchant*.

— Théorie et pratique du commerce et de la marine; traduit de l'espagnol d'Utariz. (Voyez ce nom.)

Le tome III de l'ancien recueil de l'Institut (section des sciences morales et politiques) contient de Forbonnais, des *Mémoires sur le genre des questions dont la science de l'économie politique comporte la solution exacte* (1801.)

Forbonnais est un des économistes pratiques les plus féconds et les plus honorables du dernier siècle. Sa grande habitude des affaires le préserva toujours de l'invasion des utopies, et son noble caractère ne lui permit jamais de ne rien publier sans études sérieuses et sans recherches infatigables. *Ses considérations sur les finances de France* resteront comme un des livres les plus intéressants de l'époque où elles furent écrites.

Fodéré (Fr. Emm.) Essai historique et moral sur la pauvreté des nations, la population, la mendicité, les hopitaux et les enfants-trouvés. *Paris*, Mme Huzard, 1825, in-8.

Fortune (Thomas). Histoire concise et authentique de la Banque d'Angleterre. *Londres*, 1779, in-8.

Fourier (Ch.) Traité de l'association domestique agricole; 2 vol. in-8. *Paris*, 1822.

Selon l'auteur, le mal n'est pas dans la nature de l'homme et dans ses penchants natifs; il n'est que dans les circonstances sociales qui, au lieu de ménager à ses penchants un essor heureux et juste, ne leur présentent le plus souvent que des voies de fraude, de lutte et d'iniquité. C'est là une grande et belle idée; mais le livre dans lequel M. Fourier a essayé d'en tirer les conséquences est écrit dans un style si obscur, avec un néologisme si bizarre et des projets d'association si incompréhensibles, que l'auteur a longtemps été considéré comme un rêveur.

— Le nouveau monde industriel et sociétaire; ou Invention du procédé d'industrie attrayante et naturelle distribuée en séries passionnées. *Paris*, 1829, in-8, 1 vol.

Voici comment l'auteur s'exprime dans sa préface : « Dès qu'il aura été constaté, par cet essai, que le mécanisme nommé phalange de séries passionnées crée l'attraction industrielle, on verra l'imitation aussi rapide que l'éclair : tous les sauvages, tous les nègres de l'Afrique embrasseront l'industrie; on aura, *deux ou trois ans après*, le sucre à l'échange, poids pour poids, contre le blé et proportionnellement les autres denrées de la zone torride. Un autre avantage, entre mille, sera d'éteindre subitement les dettes publiques en tous pays, par suite du quadruple produit : lorsque celui de France, qu'on estime six milliards, sera élevé à vingt-quatre, le fisc percevra plus aisément deux milliards sur un, qu'aujourd'hui un sur six. »

— Théorie des quatre mouvements. 1808, 1 vol. in-8.

C'est le premier ouvrage de Fourier. Sa pensée y est encore obscure et confuse, et ne commence à se manifester que dans le traité de l'*Association domestique agricole.*

FRANKLIN (Benjamin). La science du bonhomme Richard. — Plusieurs essais qu'on trouve dans ses OEuvres morales et politiques, notamment sur le luxe, la paresse et le travail; sur l'état de l'Amérique anglaise, ou tableaux des vrais intérêts de ce vaste continent; observations sur l'état de l'Ohio; réflexions sur l'augmentation des salaires. Voyez aussi l'interrogatoire qu'il subit devant la Chambres des communes en 1776.

Franklin, qui ne paraît pas avoir connu les écrits des économistes politiques qui l'ont précédé, ne s'est trouvé démenti dans ses doctrines par aucun de ceux qui l'ont suivi, ce qu'il faut attribuer à l'influence de la méthode expérimentale appliquée aux sciences morales et politiques. Il étudiait la politique et l'économie sociale, comme il faisait la physique [1].

FROUMENTEAU (N.) Le secret des finances de France, découvert et départi en trois livres. In-12, 1581. Sans nom de ville.

C'est le procès-verbal des pillages et des dévastations de la guerre civile, pendant les querelles de religion qui ont désolé la France avant l'avénement définitif de Henri IV. L'auteur y fait avec un sang-froid inaltérable le démembrement des victimes qui ont succombé, par toutes les provinces, aux violences des gens de guerre. On n'y lit jamais que ces mots sinistres: *tant de pendus, tant de brûlés*, comme si c'était chose naturelle. La bonne édition, celle qui porte le nom de l'auteur, est assez rare.

FULDA. Systematischer Abriss der sogenannten Kameralwissenschaften. *Tubingue*, 1802.

— Grundsaetze der Kameralwissenschaften. *Tubingue*, 1820, in-8.

— Ueber Production und Consumtion. *Tubingue*, 1820, in-8.

— Der Staatscredit. *Tubingue*, 1832.

— Ueber Nationaleinkommen. *Stuttgart*, 1805, in-8.

FURSTENAU. Versuch einer Apologie des Physiocratischen Systems. *Brunswick*, 1780, in-8.

1 Les différents opuscules de Franklin ont été réunis dans un seul vol. gr. in-18, sous ce titre : *Mélanges de morale et d'économie politique*. Paris, 1854.

G

GAETE (duc de). Notice historique sur les finances de France (de l'an 1800 au 1er avril 1814). *Paris*, 1818, in-8.

M. le duc de Gaëte ne parle que des choses qu'il a vues et auxquelles il a pris part. Son livre est certainement le plus intéressant à consulter sur les finances de l'empire.

GALIANI (Fernando). Della moneta. (De la monnaie), 1750, 1 vol. in-8.

— Dialogues sur le commerce des blés. *Londres*, 1790, in-8.

L'abbé Galiani est un des économistes les plus connus de l'Italie, et cependant ses deux ouvrages sont loin de justifier la réputation dont il a joui. Ses dialogues sur le commerce des grains ne sont qu'un plaidoyer contre la libre exportation, et son essai sur les monnaies a été surpassé en Angleterre et en Italie par la plupart des écrivains qui ont écrit sur le même sujet. Il écrivait à M. Suard, en 1770, à propos de ses *dialogues :* « Vous qui êtes de la secte de Diderot et *de la mienne*, ne lisez-vous pas le blanc des ouvrages ? à la bonne heure que ceux qui ne lisent que le noir de l'écriture n'aient rien vu de décisif dans mon livre ; mais vous, lisez le blanc, lisez ce que je n'ai pas écrit, et ce qui y est pourtant, et voici ce que vous y trouverez : dans tout gouvernement, la législation des blés prend le ton de l'esprit du gouvernement ; sous un despote, la libre exportation est impossible, *le tyran a trop peur des cris de ses esclaves affamés.* » Et cependant Galiani a combattu la libre exportation ; mais il était secrétaire d'ambassade. Il écrivait le noir, il faut lire le blanc.

GANDILLOT (avocat). Essai sur la science des finances. *Paris*, Joubert, 1840, 1 vol. in-8.

GANILH (Charles). Essai politique sur le revenu public des peuples de l'antiquité, du moyen-âge, des siècles modernes, et spécialement de la France et de l'Angleterre, depuis le XVe siècle jusqu'au XIXe ; 2e édit. *Paris*, Treuttell et Wurtz, 1823, 2 vol. in-8.

— Des systèmes d'économie politique, de la valeur comparative de leurs doctrines, et de celle qui paraît la plus favorable aux progrès de la richesse ; 2e édit. *Paris*, Treuttell et Wurtz, 1823, 2 vol. in-8.

— Théorie de l'économie politique, fondée sur les faits recueillis en

France et en Angleterre, etc. *Paris*, les mêmes; nouv. édit., 2 vol. in-8, 1822.

— De la science des finances, 1 vol. 1825, les mêmes.

— Dictionnaire analytique d'économie politique. *Paris*, Ladvocat, in-8, 1826.

M. Ganilh était un économiste laborieux; mais tous ses écrits ont quelque chose de vague et d'incomplet qui a nui à leur succès auprès des hommes spéciaux. Le meilleur de ses ouvrages est son résumé *des Systèmes en économie politique;* le plus mauvais est son *Dictionnaire,* œuvre indigne de lui.

GANS (baron de). *System der Staatswissenschaft. (Système d'économie politique). In-8, *Leipzig*, 1826.

Livre assez superficiel; on y parle de la richesse nationale, des impôts et des dettes publiques. L'auteur ne paraît pas être au courant de la science.

GARNIER (Germain). Abrégé élémentaire des principes de l'économie politique. *Paris,* 1796, in-12.

— Théorie des banques d'escompte. *Paris*, 1806, in-8.

— Histoire de la monnaie, depuis les temps les plus reculés jusqu'au règne de Charlemagne. *Paris,* 1819, 2 vol. in-8.

L'un des meilleurs ouvrages sur la monnaie. C'est par celui-là qu'il faut commencer l'étude de tous les autres.

— De la propriété dans ses rapports avec le droit politique. *Paris,* 1792, in-18.

L'auteur prétend que la souveraineté nationale réside exclusivement dans les propriétaires.

Le comte Garnier a publié, en outre, une traduction de l'*Essai sur la richesse des nations,* d'Adam Smith, avec notes, traduction que je m'occupe de revoir, et dont on imprime en ce moment une nouvelle édition, enrichie de citations des divers commentateurs [1].

GASPARIN (de). Considérations sur les machines. *Paris,* 1835, in-8.

GAVARD. Grundlinien der reinen und angewandten Staatsœconomie. *Wurtzbourg*, 1796, in-8.

[1] Cette édition publiée en 1843, en 2 vol. gr. in-8, dans la Collection des principaux économistes de Guillaumin, a été réimprimée depuis, en 1859 dans la Bibliothèque des Sciences morales et politiques, en 3 vol. gr. in-18, avec de nouvelles notes, par M. Joseph Garnier.

GEIER (Pierre-Philippe). * Ueber Encyclopedie und Methodologie der Wirthschaftslehre (De l'Encyclopédie et de la Méthodologie de l'économie politique). *Wurtzbourg*, 1818, in-8. Du même auteur : Versuch einer logischen Begründung der Wirthschafslehre. *Wurtzbourg*, 1822.

Ces deux ouvrages sont purement scientifiques; les doctrines de Smith et de J.-B. Say leur servent de base.

GENOVESI (Antonio). Lezioni di economia civile.

— Opuscoli di economia politica.

Genovesi est le chef de la grande famille des économistes italiens. Quoiqu'il ait protégé de toute la force de son talent les funestes doctrines du système mercantile, on ne doit pas moins reconnaître qu'il a le premier contribué à répandre dans son pays les études économiques.

Son *Éloge des résultats du travail* est une réponse solennelle aux détracteurs de la science, que sa prédilection pour l'Angleterre avait peut-être irrités.

GENTZ (Frédéric). Essai sur l'état actuel de l'administration des finances et de la richesse nationale de la Grande-Bretagne. *Londres* et *Hambourg*, 1800, in-8.

Bon livre, principes droits; applications nettes à l'administration des États.

L'ouvrage n'a que 275 pages, et il est empreint d'une partialité évidente pour l'Angleterre ; mais il a la valeur de dix volumes, et son étude est du plus grand intérêt pour un Français.

GÉRARD DE RAYNEVAL. Principes du commerce entre les nations ; traduit de l'anglais de B. Vaughan. *Paris*, 1789, in-8.

GERBOUX (Fr.). Discussion sur les effets de la démonétisation de l'or, relativement à la France.

Document bon à consulter.

GERDRET. Réflexions sur la mendicité. In-12.

GERSTNER. Mémoires sur les grandes routes, les chemins de fer et les canaux de navigation ; traduit de l'allemand de Gerstner, et précédé d'une introduction par M. P. S. Girard. *Paris*, 1827, in-8.

Bon livre, utile à consulter par les économistes et par les ingénieurs.

GHERARDO D'ARGO (Giambattista). Dell' armonia politico-economica tra la cità e'l suo territorio. *Mantovana*, in-8.

— Dell' annona. In-8.

— Dell' influenza del commercio sopra i talenti e i costumi.

— Riposta al quesito : Se in uno stato di terreno fertile favorir debbasi maggiormente l'estrazione delle materie prime, ovvero quella delle manufatture. In-8.

— Del diritto ai transiti. In-8.

Tous les ouvrages de cet auteur sont empreints du même esprit de pédantisme et surchargés de citations, de notes et de dissertations interminables.

Gilbart (James W.) The history and principles of banking; 2e édit. *London*, 1835, in-8.

La meilleure histoire que nous ayons de la formation des banques européennes. L'auteur a trop légèrement parlé de celles de Venise, de Gênes, d'Hambourg et d'Amsterdam; mais on peut compléter cette étude par la lecture des notes que le sénateur Garnier a jointes à sa traduction de Smith, par les notices qui accompagnent l'ouvrage de Storch, et par les écrits de J. B. Say.

Le livre de M. Gilbart servira principalement à bien connaître l'organisation de la banque d'Angleterre.

Gioja (Melchiore). Nuovo prospetto delle scienze economiche ossia somma totale delle idee teoriche e pratiche in ogni ramo d'administrazione privata e publica. *Milano*, 1815, 6 vol. in-4.

Ce prospectus, en six volumes in-4, paraîtrait un peu long, si l'auteur, qui était un homme d'esprit et dont l'Italie regrette la perte récente, n'en avait fait une véritable encyclopédie économique riche des documents les plus précieux et des citations les plus originales. Sa critique sévère ne fait grâce à aucune renommée; Adam Smith, J.-B. Say, Malthus, ont essuyé tour à tour le feu de ses épigrammes. C'est le Geoffroy de l'économie politique; sa verve s'exerçait surtout aux dépens des économistes qui n'étaient point de son pays, tandis que sa grande érudition donnait à ses attaques une apparence d'impartialité. Son livre est trop peu connu et trop peu étudié en France.

Godwin (Will.) Recherches sur la population, et sur la faculté d'accroissement de l'espèce humaine; contenant une réfutation des doctrines de Malthus sur cette matière; traduit de l'anglais par F. S. Constancio. *Paris*, 1821, 2 vol. in-8.

Le livre de Godwin a fait moins de bruit que celui de Malthus dont il est la réfutation; il renferme cependant des vues bien plus hardies et plus généreuses. Il est écrit d'un style vif et pittoresque, avec une verve de raillerie et une énergie d'expression qui lui donnent le caractère d'un pamphlet, quoique ce soit un ouvrage vraiment spécial.

Gournay (Vincent de).

Il donna une traduction française de *Josiah Child* et *Thomas Culpeper* (voyez ces deux noms), et se fit principalement connaître par de nombreux mémoires, comme intendant du commerce. Il professait mais avec des amendements très-judicieux, les principes des économistes du siècle passé. Turgot a écrit son éloge; mais le plus grand de tous les éloges est le nom de son panégyriste.

Gorlof. De valoris naturâ. *Dorpati*, 1838, in-8.

Gouttes (l'abbé). Théorie de l'intérêt de l'argent contre l'abus d'imputation d'usure. *Paris*, 1780, 1 vol.

Cet ouvrage ne renferme rien qui ne se trouve dans les écrits de Bentham et de Turgot.

Grauman. Lettre concernant les monnaies d'Allemagne. *Berlin*, 1852, in-12.

— Lettre sur la proportion entre l'or et l'argent; sur les monnaies de France, etc. *Paris*, 1788. in-8.

Grenville. Mémoire sur l'administration des finances de l'Angleterre, depuis la paix; ouvrage attribué à M. Grenville, ministre d'État, chargé de ce département dans les années 1763, 1764 et 1765. *Mayence*, 1778, in-4.

Ce livre a pour but de signaler au peuple anglais la nécessité d'une sage administration des finances. L'auteur y manifestait des inquiétudes sur l'avenir de son pays, en voyant la dette publique s'accroître. Qu'aurait-il dit, s'il avait vécu après la guerre d'Amérique et la révolution française, par suite desquelles la dette anglaise fut portée à près de vingt milliards?

Grimaudet (François). Des monnaies, augment et diminution d'icelles. *Paris*, 1586, in-8.

Grouber de Groubenthal. Théorie générale de l'administration des finances. *Paris*, 1788, 2 vol. in-8.

Gua de Malves (abbé de). Discours pour et contre la réduction de l'intérêt naturel de l'argent; traduit de l'anglais. *Wesel*, 1757, 1 vol.

L'observation faite sur l'ouvrage de l'abbé Gouttes, un peu plus haut, peut s'appliquer également à celui-ci.

GUDIN DE LA BRENELLERIE. Essai sur l'histoire des comices de Rome, des états généraux de France et du parlement d'Angleterre. *Paris*, Maranda, 1789, 3 vol. in-8.

Cet ouvrage a remporté le prix d'utilité à l'Académie française. Il a le mérite rare, dans ces sortes d'ouvrages, d'être écrit avec beaucoup de clarté.

GUER (de). Histoire de la Banque d'Angleterre, et considérations sur les grandes banques de circulation. *Paris*, 1810, in-8.

— Considérations sur les finances. *Paris*, 1803, in-8.

— Du crédit public. *Paris*, 1807, in-8.

— Essai sur le crédit commercial, considéré comme moyen de circulation, et suivi de l'exposition des principes de la science du crédit public, et de celle de l'imposition. *Paris*, 1801, in-8.

GULICH (Gust.). * Geschichtliche Darstellung des Handels, etc. (Exposé historique du commerce, de l'industrie et de l'agriculture des États commerçants les plus importants de notre époque.) 2 vol. in-8. *Jena*, 1830, chez Froman.

Cet ouvrage, fait avec soin et conscience, répond à son titre. Il contient des recherches précieuses sur le commerce et l'industrie. Les relations extérieures des peuples y sont surtout traitées *in extenso*, sans que pour cela les données sur le commerce intérieur aient été négligées.

H

HAGEN (von der). Staatslehre. *Kœnigsberg*, 1839, in-8.

HAMBURGER. De pretiis rerum apud veteres Romanos disputatio. *Gottingue*, 1754.

Thèse fort contestable sur un sujet qui ne sera jamais éclairci, mais riche de faits et d'observations.

HAMILTON (Robert). Recherches sur l'origine, les progrès, le rachat, l'état actuel et la régie de la dette nationale de la Grande-Bretagne; traduit de l'anglais par Henri Lasalle. *Paris*, 1817, in-8.

L'un des meilleurs ouvrages qui aient été écrits sur la matière. Il est consulté tous les jours comme un document officiel, quoiqu'il ne le soit pas.

Hamilton (Alexander). Report of the secretary of the treasury of the United States on the subject of manufactures. 1 vol. in-folio, 1791.

Harcourt (vicomte d'). Réflexions sur la richesse future de la France et sur la direction qu'il convient de donner à la prospérité du royaume. *Paris*, 1826, in-8.

Cet ouvrage renferme quelques vues utiles.

L'auteur y soutient la possibilité d'employer les troupes aux travaux publics; il n'est pas très-grand partisan du commerce extérieur, mais en revanche il se montre très-favorable à l'entretien d'une dette fondée, comme moyen de rallier les rentiers à la fortune du gouvernement, on a vu, en 1830, de quel secours était ce renfort.

Hauterive (comte d'). Éléments d'économie politique, suivis de quelques vues sur l'application des principes de cette science aux règles administratives. *Paris*, 1817, in-8.

L'ouvrage de M. le comte d'Hauterive expose, avec beaucoup de lucidité, les graves inconvénients d'une mauvaise répartition de l'impôt.

Nous ne connaissons pas d'adversaire plus énergique des lois prohibitives, et son opposition est d'autant plus courageuse que l'auteur appartenait à l'administration.

Heeren. De la politique et du commerce des peuples de l'antiquité; traduit de l'allemand, sur la 4e édition, par M. W. Suckau. *Paris*, Didot, 1830, 6 vol. in-8.

— Manuel de l'histoire ancienne, considérée sous le rapport des constitutions, du commerce et des colonies des divers États de l'antiquité. Traduit de l'allemand par M. Thurot. *Paris*, F. Didot et fils, 1823, ou 1837, in-8.

— Essai sur l'influence des croisades. 1 vol. in-8.

Heeren est l'un des historiens qui a fourni le plus de matériaux à l'économie politique sans être économiste.

Hégcerty (d'). Essai sur les intérêts du commerce maritime. *La Haye*, 1754, in-12.

L'auteur y proposait un *acte de navigation* semblable à celui de l'Angleterre.

Hennet (le chevalier). Essai d'un plan de finances. *Paris*, Delaunay, 1816, brochure in-4.

— Théorie du crédit public. *Paris*, Delaunay, 1816, 1 vol. in-4.

HENRION DE BUSSI. De la destruction de la mendicité. *Riom*, 1790, in-4.

HERBERT (Cl. Jacq.). Essai sur la police générale des grains. *Londres*, 1754, in-8; *Berlin*, 1755, in-12.

— Observations sur la liberté du commerce des grains. *Paris*, 1759, de 60 pages.

HERMANN. * Staatswirthschaftliche Untersuchungen. (Recherches d'économie politique.) In-8, *Munich*, 1832.

L'auteur a traité la science d'un point de vue très-élevé. L'esprit public est, selon lui, indispensable pour la réalisation des idées économiques ; c'est la pratique qui doit le développer, soit par l'organe du gouvernement, soit par la libéralité des citoyens. Les recherches d'économie politique sont écrites avec clarté et précision, et les chapitres du prix des marchandises, des profits, du revenu et de la consommation sont très-remarquables.

HERRENSSCHWAND. De l'économie politique et morale de l'espèce humaine. *Londres*, 1796, 2 vol. in-4.

— De l'économie politique moderne, Discours fondamental sur la population. *Londres*, 1786, in-8.

Cet auteur appartient à l'école allemande, agricole et administrative : il forme la transition entre l'école de Quesnay et celle d'Adam Smith. On peut le considérer comme un philanthrope imbu des doctrines de Mirabeau le père, plutôt que comme un observateur exact des faits sur lesquels reposent aujourd'hui les vraies théories de la science. Quoique Allemand, il a écrit en français. Son livre de *la Population*, dédié à Louis XVI, fourmille de paradoxes sur le luxe ; on n'en saurait tirer aujourd'hui aucun résultat avantageux.

HODGSKIN (Thomas). Popular political economy, four lectures delivered at the London Mechanics Institution. *London*, 1827, in-8.

Modèle bon à connaître, de la manière dont les Anglais ont simplifié, pour les classes laborieuses, les plus hautes questions de l'économie politique.

HŒCK. * Materialien zur Finanz-Statistik der deutschen Bundesstaaten. (Matériaux pour servir à la statistique financière de la Confédération germanique.) In-8, *Smalkalde*, 1823.

L'auteur a fait un rapprochement des différents systèmes financiers des États allemands. Il donne en général le détail des revenus, des dépenses et des dettes publiques. Ce livre contient toutefois plusieurs lacunes qui ont été comblées par des travaux plus récents.

HUERNE DE POMMEUSE. Des colonies agricoles. *Paris*, 1832, in-8.

Livre sérieux sur un sujet impraticable ; on se souviendra du livre, même après l'abandon de l'essai.

HUET (ancien évêque d'Avranches). Histoire du commerce et de la navigation des anciens. 1763, 1 vol. in-8.

Ouvrage élémentaire, complétement éclipsé par celui de M. Heeren, sur le même sujet.

HUFELAND. (J.). * Neue Grundlegung des Staats-Wirthschaftskunde (Nouvelles bases de l'économie nationale.) 2 vol. *Giessen*, 1807 à 1813, in-8.

Cet ouvrage n'est pas terminé.

HUME (David). Essais sur le commerce, le luxe, l'argent, etc. 1767, in-12 [1].

Les *Essais* de Hume renferment une partie purement philosophique et une partie économique. La seconde, qui est la seule dont nous ayons à parler ici, se compose de plusieurs chapitres sans liaison entre eux, mais remarquables par la clarté du style et la solidité des déductions. Les plus intéressants sont relatifs à la monnaie, au crédit public, à la population des anciens États.

HUSKISSON (William). The speeches of the right honourable. 3. vol. in-8. *Londres*, 1831.

Les discours de ce célèbre ministre demeureront toujours le point de départ de la réforme économique en Angleterre. On peut les considérer comme l'arsenal où les adversaires du système prohibitif doivent venir tremper leurs armes. (Consulter, sur le même sujet, la *Notice biographique* lue à l'Institut par l'auteur de cette *Histoire*, le 2 mai 1840.)

I

ISNARD. Traité des richesses, *Londres et Lausanne*. 1781, 2 vol. in-8.

Adversaire des *économistes*, un peu déclamateur comme eux.

Quelques détails attachants sur certains points de l'économie politique des anciens, notamment sur leurs impôts.

1 Les divers Essais de D. Hume ont été réimprimés dans le 1er volume des Mélanges faisant partie de la Collection des principaux Économistes. On y trouve l'Essai sur la *jalousie commerciale* qui n'avait pas encore été traduit en français.

Ivernois (Françis d'). Tableau historique et politique des pertes que la révolution et la guerre ont causées au peuple français dans sa population, son agriculture, ses colonies, ses manufactures et son commerce. Mars, 1799, 2 vol. in-8.

Il est fâcheux que ce livre, imprimé à Londres, ait le caractère d'un pamphlet commandé contre le gouvernement de la nation française; mais à part le sentiment qui l'a dicté, nos compatriotes y trouveront plus d'un grave sujet de réflexions et d'enseignement.

— Sur la mortalité proportionnelle des peuples considérée comme mesure de leur aisance et de leur civilisation. Analyse des quinze registres de l'État civil en France, pour les années 1817-1831. Brochure in-8.

J

Jacob (William). An historical inquiry into the production and consumption of the precious metals. *London*, 1831, 2 vol. in-8.

Ouvrage plein d'intérêt, incomplet à beaucoup d'égards, mais riche de faits précieux et de recherches spéciales, le meilleur dans son genre ; une traduction française aurait des chances de succès.

— Two Reports on the trade in corn and on the agriculture of the north of Europe ; (imprimés par ordre de la Chambre des communes.) In-folio, 1826 et 1827.

Ces rapports contiennent des documents de la plus haute importance sur le commerce des grains en Europe, et ils ont servi à réformer les idées exagérées qu'on s'était faites sur la fertilité des régions du Nord. On y trouve les informations les plus récentes et les plus authentiques sur la question des céréales.

Jakob (L. H.). * Die Staatsfinanzwissenschaft. (La Science financière, théorique et pratique, éclaircie par des exemples puisés dans l'histoire financière moderne des États de l'Europe.) 2e édition, augmentée par J. J. H. Eiselen. *Halle*, 1837, in-8.

Cet ouvrage se distingue par sa clarté et par sa simplicité. L'auteur y a fait preuve de connaissances fort étendues, et son nouvel éditeur, M. Eiselen, a cherché à y ajouter les faits nouveaux du monde financier. Les détails qui se rapportent à la Prusse sont surtout intéressants.

— Grundsaetze der National œconomie, etc. (Principes d'économie nationale, ou théorie de la richesse nationale.) In-8, *Halle*, 1825.

Cet ouvrage traite, dans les quatre sections dont il se compose, des éléments de la richesse nationale, des conditions d'origine de celle-ci, et de son accroissement en général. Suivent les causes spéciales de l'accroissement des richesses, les principes de leur distribution, et enfin les phénomènes de la consommation.

JOLLIVET. De l'impôt progressif, et du morcellement des patrimoines, par J. B. M. Jollivet, ex-député de l'assemblée nationale législative. 1 vol. in-8, 1793.

L'auteur se prononce avec énergie contre l'impôt progressif : l'expérience n'a pas justifié ses appréhensions. Son mémoire contient des calculs intéressants.

JONCHÈRE (De La). Système d'un nouveau gouvernement en France. *Amsterdam*, 1720, quatre parties in-12.

Dans ce livre, extrêmement original, l'auteur suppose que le roi, *pour éviter mille détails embarrassants*, permettra l'établissement d'une compagnie qui sera chargée des dépenses annuelles de l'État, de tout ce qui regarde les finances et le commerce, et du maintien de la police. En d'autres termes, il propose de donner le gouvernement à bail à cette compagnie, et de former une société en commandite qui ferait le métier de roi. On trouve dans ce livre une description complète et détaillée du palais et des appartements qui seraient habités par les gérants de la société : le balcon du premier étage devrait être garni d'une grille en *fer doré;* il y aurait des cascades dans le jardin.

JORIO (Michel de). Storia del commercio e della navigazione, dal principio del mondo sino a giorni nostri. *Napoli*, 1778.

Longue et fastidieuse compilation, fort au-dessous de l'ouvrage de l'évêque d'Avranches (M. Huet), sur le même sujet.

JONES (Richard). An essay on the distribution of wealth and on the sources of taxation. *Londres*, 1 vol. in-8, 1831.

Le livre de M. Jones est un traité complet des origines du revenu *territorial* dans les divers pays du monde, depuis les anciens jusqu'à nos jours. Cet essai sur la distribution de la richesse ne s'occupe que d'une partie de la richesse, celle qui dérive de la terre; mais cette monographie est d'un prix infini, à cause des documents nouveaux et variés dont elle est enrichie.

JOVELLANOS. Informe de don Gaspar de Jovellanos en el expediente de la ley agraria. *Burdeos*, 1820, in-12.

Jovellanos n'était pas un économiste, et il n'a pas donné les raisons véritables du triste état de son pays; mais il en a signalé les plaies avec une rare sagacité, et son livre aura longtemps le mérite de la nouveauté, comme ceux de beaucoup de ses compatriotes.

— Memoria sobre el establecimiento del monte pio (de hidalgos de Madrid, leida en la real sociedad de Madrid, por don Gaspar Melchior de Jovellanos, en 12 de Marzo de 1784.

Joyce (Jeremiah). A complete analysis of Adam Smith. In-12, 1797, *London.*

Justi (von), Staatswirthschaft oder systematische Abhandlung. *Leipzig*, 1755, in-8.

Jung. Versuch einer Grundlehre saemtlicher Cameralwissenschaften. *Lautern*, 1779.

— Lehrbuch der Finanzwissenschaft. *Leipzig*, 1788.

Juvigny (B.). Exposé des principes élémentaires et raisonnés sur le meilleur système d'emprunts publics, et sur le meilleur mode d'amortissement, précédé de notions générales et spéciales sur la dette publique. *Paris*, 1833, in-8.

C'est un excellent livre élémentaire pour l'édification des hommes qui ne comprennent rien aux affaires de bourse.

K

Klockii (Gaspari) Tractatus œconomico-politicus de contributionibus. *Nuremberg*, 1640, in-folio.

Kraus (Chr. J.). Staatswirthschaft. 5 vol. in-8, 1808-1811, *Kœnisberg.*

Krause (J. F.). Versuch eines Systems der National und Staats-œconomie. (Essai d'un système d'économie nationale.) 2 vol. in-8, *Leipzig*, 1830.

C'est une exposition populaire des principes d'économie politique. L'auteur a procédé chronologiquement, et il a déduit ses doctrines des faits. Il a fait l'histoire du développement de l'économie politique en décrivant les changements que le temps et la nature ont amenés chez chaque peuple. Il commence par la vie pastorale et de chasseur, et montre la transition à l'agriculture; puis il arrive à l'origine de l'industrie et du commerce et à l'organisation régulière des subsistances. Des notes nombreuses contiennent les définitions scientifiques et la discussion de plusieurs doctrines économiques.

KRUG. Abriss der Staatsœconomie. *Berlin*, 1808, in-8.

— Ideen zu einer staatswirthschaftlichen Statistik. *Berlin*, 1807, in-8.

KUTTLINGER (Friedmann). Grundzüge einer allgemeinen-Rechts und Wirthschaftslehre. (Principes généraux du droit et de l'économie politique à l'usage des jurisconsultes et des caméralistes.) 2 vol. in-8, *Erlangen*, 1837.

C'est un essai d'union entre le droit et l'économie politique. L'auteur ne semble pas être très au courant de cette dernière science. L'on rencontre dans son livre plusieurs idées surannées; il y règne aussi quelque confusion. Ainsi le droit des gens suit immédiatement la partie économique de l'ouvrage, sans que cet arrangement soit suffisamment justifié. Le livre de M. Kuttlinger contient au reste un grand nombre de matériaux dont l'étude ne sera pas sans utilité pour les commençants.

L

LABARTHE. Intérêts de la France dans l'Inde, contenant : 1° l'indication des titres de propriété de nos possessions d'Asie; 2° les époques de nos succès et de nos revers dans ces contrées; 3° les actes relatifs à la rétrocession de nos établissements après la paix de 1783. *Paris*, 1816, in-8.

Excellent résumé des événements, hélas! trop rapides, qui nous ont réduits, dans l'Inde, à la triste position que nous y occupons aujourd'hui.

LABORDE (le comte Alexandre de). De l'esprit d'association dans tous les intérêts de communauté. *Paris*, 1818, in-8.

Ce que l'auteur conseillait il y a vingt ans, on le fait aujourd'hui, et même on en abuse. L'esprit d'association s'est emparé de l'Europe et produit des merveilles. Nous en sommes déjà à craindre ses écarts; mais le livre de M. de Laborde n'en proposait que les bienfaits.

LABOULINIÈRE. (P.). De la Disette et de la surabondance en France; des moyens de prévenir l'une, en mettant l'autre à profit, et d'empêcher les trop grandes variations dans le prix des grains. *Paris*, 1821, 2 vol. in-8.

Travail consciencieux d'un magistrat éclairé. L'auteur a été sous-préfet à Étampes, ville d'approvisionnement et de céréales, et il a pu étudier, d'une manière spéciale, le côté pratique de la question des grains.

LA FARELLE (Fél. de). Du progrès social au profit des classes populaires non indigentes, ou Études philosophiques et économiques sur l'amélioration matérielle et morale du plus grand nombre. *Paris*, 1839, 2 vol. in-8, 2e édition. *Paris*, Guillaumin, 1847, 1 vol. in-8.

— Plan d'une réorganisation disciplinaire des classes industrielles en France, précédé et suivi d'études historiques sur les formes du travail humain, 1842, 1 vol. in-12 (ajouté à la 2e édition de l'ouvrage précédent).

LAFFITTE (J.) Réflexions sur la réduction de la rente, et sur l'état du crédit. *Paris*, 1824, in-8.

M. Laffitte a eu l'honneur de signaler le premier, dans cet écrit, les avantages qui devaient résulter de la réduction de la rente, à une époque où les esprits étaient peu favorables à cette grande mesure financière. Ajournée depuis lors, la question reparaît après plus de dix ans, et le livre de M. Laffitte semble reprendre un intérêt nouveau. Nous en conseillons la lecture aux personnes qui veulent se familiariser, sans effort, avec les théories du crédit.

— Opinion sur le projet de loi relatif à l'emprunt de 80 millions, etc. *Paris*, Bossange, 1828, in-8.

LAFOREST (l'abbé de). Traité de l'usure et des intérêts. *Cologne* et *Paris*, 1769, 1 vol.

— État des pauvres, ou Histoires des classes travaillantes de la société en Angleterre, depuis la conquête jusqu'à l'époque actuelle, etc.; extrait de l'ouvrage, publié en anglais par Sir Morton Eden, par Larochefoucault-Liancourt. *Paris*, an VIII, in-8.

Cet extrait aurait dû propager davantage la connaissance du livre qui est excellent, et qui devrait servir de modèle à toutes les recherches sur l'état des pauvres. Malheureusement l'ouvrage de sir Fr. Morton Eden n'a pas moins de trois volumes in-4°. Londres, 1797.

LANG. Ueber den obersten Grundsatz der politischen Œconomie. *Riga*, 1807, in-8.

LASALLE (Henri). Des finances d'Angleterre. *Paris*, 1803, 1 vol. in-8.

Livre utile en son temps, dépassé, depuis lors, par les ouvrages de sir Henry Parnell, de M. Pebrer et de M. Bailly.

LAUDERDALE (lord). An inquiry into the nature and origin of public wealth, and into the means and causes of its increase. *Edinburg*, 1804, in-8. (Traduit en français, *Paris*, Dentu, 1807, in-8.)

— Considerations on the state of currency. 1813.

Ces deux ouvrages de lord Lauderdale sont encore estimés aujourd'hui, surtout le dernier, même après les écrits de Ricardo.

LAURAGUAIS (comte de). Mémoire sur la Compagnie des Indes, dans lequel on établit les droits des actionnaires, etc. 1 vol. in-8, 1770.

C'est un examen passionné du système de Law, le plus court et l'un des plus curieux de tous.

LAVOISIER. Résultats extraits d'un ouvrage intitulé : De la Richesse territoriale du royaume de France, ouvrage dont la rédaction n'est pas encore achevée; remis au comité de l'imposition. *Paris*, 1791, in-8. Nouv. édition, suivie d'un Essai d'arithmétique politique sur les premiers besoins de l'intérieur de la France, par M. de Lagrange. *Paris*, madame Huzard, 1819, in-8.

LAW (Jean). Ses œuvres, contenant les Principes sur le numéraire, le commerce, le crédit et les banques. Traduit de l'anglais, avec des notes, par M. de Sénovert. *Paris*, 1790, in-8.

Cet unique volume renferme tous les écrits de Law.

Ses lettres sur les banques devraient être le *vade mecum* de tous ceux qui commencent l'étude des questions financières en économie politique.

Ses *Considérations sur le numéraire* sont un véritable chef-d'œuvre, qui n'a pas même été surpassé par les belles analyses d'Adam Smith.

Law était un homme de génie, dont le seul tort a été de naître cent ans trop tôt [1].

1 Les *Œuvres complètes* de J. Law, recueillies avec soin et annotées par M. Eug. Daire, ont été publiées pour la première fois dans le volume intitulé : *Économistes financiers du* XVIIIe *siècle* et formant le tome Ier de la *Collection des Principaux Économistes* de Guillaumin.

LEBRETON (Joachim). Rapport fait au nom de la section des finances, sur le projet de loi relatif aux monnaies. *Paris*, germinal an IX, in-4.

LECHEVALIER (Jules). Etudes de la science sociale, in-8, 1834.

L'auteur y a combattu les doctrines du saint-simonisme, dont il avait été un moment partisan. Cet ouvrage est suivi d'un *Programme d'économie politique*.

LEIPZIGER. Geist der Nationalœconomie. 2 vol. in-8, *Berlin*, 1813 à 1814.

LEQUIN DE LA NEUVILLE. Origine des postes chez les anciens et chez les modernes. *Paris*, 1708, in-12.

Ce livre contient quelques particularités intéressantes sur le sujet ; mais on n'y trouve pas le moindre aperçu sur les conséquences des améliorations obtenues.

LETHINOIS (André). Apologie du système de Colbert, ou observations juridico-politiques sur les jurandes et maîtrises d'arts et métiers. 1 vol. in-18. *Amsterdam*, 1771.

L'auteur n'a vu qu'un côté de la question ; mais il en a tiré tout le parti possible. Son livre est un plaidoyer ingénieux en faveur des corporations.

LETROSNE. De l'ordre social, ouvrage suivi d'un traité élémentaire sur la valeur, l'argent, la circulation, l'industrie et le commerce intérieur et extérieur. *Paris*, 1777, in-8.

— De l'intérêt social. 1 vol. in-8, 1777 [1].

Le second ouvrage est plus spécialement consacré à l'économie politique que le premier.

Tous deux appartiennent à l'école *économiste ;* mais le premier se rattache davantage à la politique sociale.

— De l'administration provinciale et de la réforme de l'impôt. *Bâle*, 1788, 2 vol. in-8.

Application des doctrines *économistes* à la réforme de l'impôt. On sait que l'utopie des économistes était le remplacement de tous les impôts par un impôt unique sur la terre.

LEUCHS (L. C.) Gewerb und Handelsfreiheit. (De la liberté du commerce et de l'industrie, ou Exposé des moyens de fonder la prospérité des peuples, la richesse et la puissance des nations.) 1 vol. in-8, *Wurtemberg*, 1827.

1 Réimprimé avec les écrits des Physiocrates dans la collection des *Principaux économistes*.

La première partie contient des considérations historiques générales. Elle traite de l'état primitif des hommes, de l'origine et de l'organisation des sociétés et des institutions destinées à favoriser le commerce et l'industrie. — La deuxième est consacrée à l'examen des règlements favorables à la prospérité du commerce et de l'industrie. — Dans la troisième, l'auteur esquisse le plan d'un nouveau système industriel.

M. Leuchs est partisan de la liberté commerciale.

LINGUET. L'impôt territorial, ou la dixme royale avec tous ses avanvantages. 1 vol. in-8, 1787.

— Du commerce des grains, nouvelle édition, augmentée d'une lettre à M. Tissot, sur le mérite politique et physique du pain et du blé. 1789.

Le second de ces écrits est resté célèbre à cause de la philippique de l'auteur contre l'usage du pain, qu'il appelle un *poison lent.* Linguet déclamait beaucoup, dans son temps, contre la culture des pommes de terre qui devaient, selon lui, en se multipliant, acquérir les *propriétés redoutables* du blé. Parmentier, à ses yeux, était un ennemi public.

LOCKE. Treatise on raising the value of money. 1691.

Ouvrage digne d'être lu, autant à cause du nom de son auteur, que parce qu'il s'y trouve une théorie analogue à celle de Quesnay.

LOCQUEAN. Essai sur l'établissement des hôpitaux dans les grandes villes. *Paris*, 1797, in-8.

LOEN. Entwurf einer Staatskunst. *Francfort,* 1751, in-8.

LOTZ (J. E.). * Handbuch der Staatswirthschaftslehre (Manuel d'économie politique.) 3 vol. in-8. *Erlangen,* 1823.

C'est un développement des principes de l'économie politique dans leur application à l'état présent des sociétés, et en même temps un manuel pour les administrateurs qui possèdent déjà les premières notions de la science. La théorie des valeurs et des prix est exposée avec une grande lucidité dans cet ouvrage. On y a aussi traité d'une manière remarquable les questions de crédit, de monnaie et de la liberté commerciale. L'auteur dans la discussion des impôts, préfère les contributions directes aux taxes indirectes; cette partie de son ouvrage laisse à désirer.

LUDEN. Handbuch der Staatsweisheit. *Iena,* 1811, in-8.

LUEDER. * Ueber National Industrie und Staatswirthschaft. (De l'industrie nationale et de l'économie publique). 3 vol. in-8. *Berlin,* 1800.

— L'industrie nationale et ses effets. *Berlin.* 1808, in-8.

— Économie nationale. *Iena*, 1820, in-8. Les neuf premières feuilles seulement de ce dernier livre sont de Lueder; le reste a été rédigé d'après des notes trouvées à sa mort.

Les doctrines de Smith dominent dans les trois ouvrages cités ci-dessus.

M

MABLY (l'abbé de). Doutes proposés aux philosophes économistes, sur l'ordre naturel et essentiel des sociétés politiques. *La Haye*, 1768, in-12.

Cet ouvrage de l'abbé de Mably signale quelques-unes des erreurs de l'école *économiste;* mais comme il était lui-même étranger à la science, il n'a fait ressortir de ses adversaires que les erreurs *politiques*, particulièrement leur tendance à favoriser outre mesure, comme plus tard les saint-simoniens, le pouvoir absolu.

Mably avait parfaitement compris en quoi la doctrine des économistes était erronée; mais il ne lui était pas possible de le leur démontrer. Cet honneur appartient exclusivement à Smith.

MAC CULLOCH. Principes d'économie politique. 2 vol. in-8. *Londres*, 1830 [1].

Cet excellent ouvrage est précédé d'une introduction historique, qui a été traduite par M. Provost de Genève.

— A dictionary practical, theoretical and historical of the commerce and commercial navigation; 2e édition. *Londres*, 1834, 1 vol. in-8.

Cette vaste collection de documents renferme plusieurs articles d'une importance telle qu'on pourrait les considérer comme des ouvrages spéciaux. Tels sont : l'*Esquisse historique de la Compagnie des Indes; l'Aperçu général sur les banques*, et une foule d'autres. Le dictionnaire de M. Mac Culloch a donné l'idée d'une entreprise analogue, qui a été exécutée en France, mais sur un plan beaucoup plus vaste, par une société de collaborateurs, sous la direction de M. Guillaumin.

1 Cet ouvrage de Mac Culloch a été traduit en français sur la 4e édition, par M. Aug. Planche, en 2 vol. in-8, et fait partie des *Économistes et publicistes contemporains*, Collection publiée par les éditeurs Guillaumin et Ce.

— A statistical account of the British empire. 2 vol. in-8. *Londres*, 1837.

C'est la meilleure statistique *raisonnée* de la Grande-Bretagne.

Le second volume est spécialement consacré à l'exposé des ressources manufacturières du pays, et à l'examen de ses revenus et dépenses. L'auteur y a joint un résumé des lois sur les pauvres, et des considérations élevées sur l'administration de la justice.

Nous ne connaissons pas d'ouvrage plus digne des méditations de l'économiste.

MACÉ DE RICHEBOURG. Essai sur les qualités des monnaies étrangères, et sur leurs différents rapports avec les monnaies de France, etc. *Paris*, Imprimerie royale, 1776, in-folio de 58 pages.

MAC FARLANE (John) Inquiries concerning the poor. *Edinburgh*, 1782, in-8.

MACNAB (Henri-Grey). Examen impartial des nouvelles vues de M. Robert Owen et de ses établissements à New-Lanark en Écosse, pour le soulagement et l'emploi le plus utile des classes ouvrières et des pauvres, etc., etc.; avec des Observations sur l'application de ce système à l'économie politique de tous les gouvernements, etc., etc. Traduit de l'anglais par Laffon de Ladebat. *Paris*, 1821, in-8 de 250 pages.

Ces deux ouvrages présentent l'exposé des doctrines du réformateur écossais. Je lui ai entendu dire, à lui-même, que l'idée fondamentale de son système était la réforme de l'éducation *dès l'âge le plus tendre*. Il ne parlait des essais tentés à New-Lanark que comme d'une expérience curieuse, mais sans portée. Les imitations qui en ont été faites en Amérique, nommément à la *Nouvelle-Harmonie*, n'ont eu d'ailleurs aucun succès.

Il se publie depuis quelque temps, en Angleterre, un journal intitulé *the New Moral World*, à l'appui des idées de M Owen.

MACPHERSON. History of commerce (Histoire du commerce).

MAFFEI (marquis de). De l'emploi de l'argent, ouvrage dédié au pape Benoît XIV. *Avignon*, 1787.

Le marquis de Maffei a essayé de prouver dans ce livre, où il déploie une vaste érudition théologique, que le prêt à intérêt n'a jamais été virtuellement interdit par l'Église. Les arguments qu'il cite en faveur de cette opinion convaincront peut-être ceux qui ont résisté à la logique de Turgot et de Bentham.

MALCHUS (baron de). * Handbuch der Finanzwissenschaft, etc (Manuel de la science financière et de l'administration des finances.) 2 vol. in-8. *Stuttgart et Tubingue,* 1830.

Les contributions sont un des principaux sujets de cet ouvrage, dont la première partie renferme des considérations sur l'amortissement et sur l'administration de la dette publique.

MALLET. De la Ligue Hanséatique, de son origine, ses progrès, sa puissance et sa constitution politique, jusqu'à son déclin, etc. *Genève*, 1805, 1 vol. in-8.

Très-bon résumé à consulter.

Les véritables causes de la prospérité et de la décadence de l'union hanséatique n'y sont pas développées d'une manière complète; mais l'ouvrage renferme des aperçus très-ingénieux.

MALLET, premier commis des finances sous le contrôleur général Desmarets. — Comptes rendus de l'administration des finances du royaume de France, pendant les onze dernières années du règne de Henri IV, le règne de Louis XIII et soixante-cinq années du règne de Louis XIV; avec des recherches sur l'origine des impôts, sur les revenus et dépenses de nos rois, depuis Philippe le Bel jusqu'à Louis XIV, et différents mémoires sur le numéraire et sa valeur, sous les trois règnes ci-dessus, *Paris*, Buisson, 1789, in-4, de 455 pages.

MALO DE LUCQUE (Eduardo). Historia politica de los establecimientos ultramarinos de las naciones Europeas. *Madrid,* 1784, 85 et 86, 3 vol. in-8.

Livre bien inférieur à l'*Histoire philosophique* de l'abbé Raynal, et à l'ouvrage de lord Brougham, sur le même sujet.

MALOUET (baron). Considérations historiques sur l'empire de la mer chez les anciens et les modernes. 1 vol. in-8. *Anvers*, 1810.

Pamphlet économique contre l'Angleterre. Ouvrage déplorable d'un homme de beaucoup d'esprit.

MALTHUS. Principes d'économie politique, considérés sous le rapport de leur appréciation pratique. Traduit de l'anglais par Constancio. *Paris*, Aillaud, 1820, 2 vol. in-8.

Les *Principes d'économie politique* de Malthus n'ont pas obtenu le même succès que son livre *sur la population*. Ils ont le grave inconvénient d'être obscurs et de propager, en matière de fermage, des doctrines que la théorie de Ricardo a complétement réfutées.

— Essai sur le principe de la population, ou Exposé des faits passés et présents de l'action de cette cause sur le bonheur du genre humain ; suivi de quelques recherches relatives à l'espérance de guérir ou d'adoucir les maux qu'elle entraîne. Traduit de l'anglais par Pierre Prévost. *Genève et Paris*, 1823, 4 vol. in-8.

C'est le principal ouvrage de Malthus, celui qui a fait le plus de bruit et soulevé les discussions les plus véhémentes dans toute l'Europe. Son fameux théorème de l'accroissement de la population en progression geométrique, tandis que les subsistances s'accroissent en progression arithmétique, commence à recevoir de nombreux démentis ; Everett, Godwin et Ensor l'ont fortement ébranlé, et cette doctrine perd chaque jour de son crédit.

— Definitions in political economy, preceded by an inquiry into the rules which ought to guide political economists in the definition and use of their terms ; with remarks on the deviation from these rules in their writings. *London*, 1827, in-8.

Malthus a essayé, dans cet ouvrage, de mettre les différents économistes en contradiction avec eux-mêmes pour démontrer la supériorité de ses définitions sur les leurs. Son petit livre en contient, en effet, une série assez curieuse par les rapprochements qu'elle présente ; mais ses innovations n'ont pu prévaloir, surtout depuis que J.-B. Say en a démontré le peu de fondement dans *les cinq lettres* qui font partie de ses *œuvres posthumes* [1].

Nous avons encore de Malthus les ouvrages suivants :

— An inquiry into the nature and progress of rent. 1815.

— Observations on the effects of corn-laws. In-8.

M. Comte a publié, dans les *Mémoires de l'Académie des sciences morales et politiques de l'Institut de France,* une notice extrêmement remarquable sur la vie et les ouvrages de Malthus. Il y indique les titres de deux ou trois autres écrits du même auteur, mais ils sont de peu d'importance.

MALVAUX. Les moyens de détruire la mendicité en France, en rendant les mendiants utiles à l'État sans les rendre malheureux. *Paris*, 1780, in-8.

1 Les trois ouvrages ci-dessus, de Malthus, forment les tomes VII et VIII de la *Collection des principaux économistes.* — Les *Principes d'économie politique* sont suivis de l'ouvrage sur les *Définitions en Économie Politique* qui a été traduit pour la première fois en français par M. Fonteyraud. La traduction des *Principes* a été revue par le même écrivain, et celle de l'*Essai sur le principe de population* par M. J. Garnier.

Excellent livre, bien supérieur encore à tous les essais tentés de nos jours. Le style en est un peu déclamatoire; mais l'ouvrage est rempli de vues ingénieuses et de faits spéciaux qu'on ne saurait trop méditer.

La première édition de ce livre parut sous ce titre : *Résumé des Mémoires qui ont concouru pour le prix accordé en l'année* 1777, etc.

MARCET (Madame). Conversations sur l'économie politique, dans lesquelles on expose d'une manière familière les éléments de cette science. Traduit par Prévost de Genève. *Genève et Paris*, 1817, 1 vol. in-8.

« C'est la seule femme, disait M. Say, qui ait écrit sur l'économie politique, et elle s'y est montrée supérieure à beaucoup d'hommes ; » mais, à cette époque, mademoiselle Henriette Martineau n'avait pas encore publié ses *Contes sur l'économie politique*.

On attribue à Mme Marcet de Genève un autre ouvrage élémentaire d'économie politique, intitulé :

— John Hopkin's Notions on political economy (Notions de John Hopkins sur l'économie politique.) Traduit par Mademoiselle Cherbuliez. *Paris*, in-8.

C'est un petit manuel de l'économie politique, sous une forme simple et familière, digne aussi d'intérêt par sa netteté qui n'exclut pas la profondeur.

MARTINEAU (miss Harriet). Contes sur l'économie politique. Traduit de l'anglais avec des notes et des préfaces par M. Bart. Maurice. *Paris*, Ch. Gosselin. 1833-39, 8 vol. in-8.

Les contes de mademoiselle Martineau sont très-utiles, mais trop longs. Réduits à de plus justes proportions et dégagés d'une foule de détails oiseux étrangers à la science, ils seraient certainement un des meilleurs ouvrages élémentaires d'économie politique.

MAUVILLON. Physiocratische Briefe. *Leipzig*, 1876, in-8.

MELON. Essai politique sur le commerce. *Rouen* ou *Bordeaux*, 1734, in-12 de 273 pages, divisé en dix-huit chapitres; 2e édition, augmentée de sept chapitres, 1736, in-12.

Voltaire a dit de ce livre qu'il était l'ouvrage d'un homme d'esprit, d'un citoyen, d'un philosophe.

L'*Essai* de Melon a été réimprimé dans le 1er volume de la *Collection des Principaux Économistes*, comprenant les *Economistes financiers du* XVIIIe *siècle*.

MERCIER DE LA RIVIÈRE. L'intérêt général de l'État, ou la Liberté du commerce des blés, démontré conforme au droit naturel. *Amsterdam et Paris*, 1770, in-12.

— De l'instruction publique, ou Considérations morales et politiques sur la nécessité, la nature et la source de cette instruction. *Paris*, 1775, in-8.

— Lettre sur les Économistes, sans date, 1787, in-12, in-8.

— Lettre à MM. les députés composant le Comité des finances dans l'Assemblée nationale, 1789, in-8.

— L'heureuse nation, ou Relation du gouvernement des Féliciens, peuple souverainement libre et heureux sous l'empire absolu des lois. *Paris*, 1792, 2 vol. in-8.

— Ordre naturel et essentiel des sociétés politiques. *Londres et Paris*, 1767, in-12, 2 vol. [1].

Mercier est le plus habile interprète du système *économiste*, le *vulgarisateur* par excellence des idées de Quesnay.

MERREM. Allgemeine Grundsaetze der burgerlichen Wirthschaft. *Gottingue*, 1817, in-8.

MESSANCE. Nouvelles recherches sur la population de la France, avec des remarques importantes sur les divers objets d'administration. *Lyon*, 1788, in-4.

MEYNIEU (madame Mary). Éléments d'économie politique, exposés dans une suite de dialogues entre un instituteur et son élève. *Genève*, 1839, 1 vol. in-8.

MIGNOT (l'abbé). Traité des prêts du commerce, ou de l'intérêt légitime et illégitime de l'argent. *Amsterdam*, 1767, 4 vol.

Ouvrage à consulter après ceux de Bentham et de Turgot, sur le même sujet.

MILL (J.). Éléments d'économie politique. Traduit de l'anglais par J. E. Parisot. *Paris*, 1823, in-8.

Les idées que M. Mill a exposées dans cet ouvrage, d'une forme sentencieuse et dogmatique, se retrouvent dans sa belle *Histoire de l'Inde britannique*, appliquées aux grands intérêts de l'Angleterre.

MIRABEAU (le marquis). L'ami des hommes, ou Traité sur la population. *Avignon* (*Paris*), 1756, 6 vol. in-12, ou 3 vol. in-4.

1 Réimprimé avec les *Physiocrates* dans la *Collection des Principaux Économistes*.

— Philosophie rurale, ou Économie générale et particulière de l'agriculture. *Amsterdam (Paris)*, 1764, 3 vol. in-12.

— Théorie de l'impôt. *Paris*, 1760, in-4 et in-12. — Supplément. *La Haye*, 1776, in-12.

— Les Économiques, par L. D. H. (l'Ami des hommes). *Amsterdam et Paris*, 1769-72, 2 vol. in-4, ou 4 vol. in-12.

Les œuvres du marquis de Mirabeau, père de notre grand orateur, peuvent être considérées comme le commentaire de la doctrine de Quesnay; commentaire nébuleux et indigeste où brillent par moments quelques éclairs de raison et de science perdus dans un fatras de déclamations.

Mirabeau (le comte de). De la Banque d'Espagne, dite Saint-Charles, in-8, 1785 [1].

La meilleure exposition que nous ayons de cet établissement. L'auteur y a ajouté de nombreuses considérations sur le commerce de l'Espagne.

— De la constitution monétaire, précédé d'observations sur le rapport du comité des monnaies, et suivi des lois monétaires, présenté à l'assemblée nationale, in-8. *Paris*, 1790.

Exposé remarquable par sa lucidité; il a beaucoup contribué à la réforme de notre système monétaire depuis la révolution.

Moheau, Recherches et considérations sur la population de la France. *Paris*, 1778. 2 parties en 1 vol in-8 [2].

Déclamation mêlée de quelques faits curieux sur l'insalubrité des métiers.

Monborgne (J.-M.). Tableau général du maximum de la république française, *Paris*, Belin, an II (1794), 3 vol. in-8.

Mondenard. Considérations sur l'organisation sociale, appliquées à l'état civil, politique et militaire de la France et de l'Angleterre; à leurs mœurs, leur agriculture, leur commerce et leurs finances, à l'époque de la paix d'Amiens. *Paris*, 1802, 3 vol. in-8.

1 L'influence des partisans de cette entreprise financière fut assez forte pour obtenir a suppression du livre de Mirabeau : elle fut prononcée par un arrêt du conseil d'Etat du 7 juillet 1785, lequel provoqua, de la part de l'auteur un pamphlet plus véhément, plus audacieux, la *Lettre du comte de Mirabeau à M. Lecoulteux de Lanoraie sur la Banque de Saint-Charles et sur la caisse d'escompte.* (Bruxelles, 1785, in-8 de 117 pages.) Un second arrêt du conseil frappa celui-ci de même que le premier.

2 Cet ouvrage a été attribué à M. de Montyon par Lalande, dans le *Journal des Savants*, mai 1779.

Ce livre a été publié à l'occasion de la paix d'Amiens, en vue d'opérer un rapprochement entre la France et l'Angleterre. On y trouve des documents dignes d'intérêt sur l'état économique des deux pays à cette époque.

MONGEZ. Considérations sur les monnaies, par Mongez, membre de l'Institut national, suivies d'une Notice sur les monnaies françaises, par Dibarrart. 1 vol. in-8. *Paris,* l'an IV de la république française.

Le premier de ces mémoires, lu à l'Institut, renferme quelques détails intéressants sur l'origine des monnaies et sur leurs frais de fabrication. Le second, celui de Dibarrart, est un résumé historique des variations monétaires en France, depuis 1726 jusqu'en 1796.

MONINO (don José). Respuesta fiscal sobre acopio de trigo para el consumo de Madrid. 1769.

Travail approfondi, sur la question de savoir si la ville de Madrid aura une réserve de blé.

MONTAIGNAC. Réflexions sur la mendicité, ses causes et les moyens de la détruire en France. 1790, in-12.

MONTANARI (Germanio). Della moneta, trattato mercantile. *Modenese.* in-8.

Cet écrivain appartient à la nombreuse famille des auteurs qui ont écrit sur les monnaies. Son livre est d'un orfévre plus que d'un économiste.

MONTESQUIOU. Du gouvernement des finances de France, d'après les lois constitutionnelles et d'après les principes d'un gouvernement libre et représentatif. *Paris,* 1797, in-8.

Ouvrage insignifiant. On y trouve quelques faits précieux.

MONTYON (baron de). Quelle influence ont les diverses espèces d'impôts sur la moralité, l'activité et l'industrie des peuples? *Paris,* 1808 in-8.

Excellent livre, court et substantiel, comme tous ceux de l'auteur [1].

— Particularités et observations sur les ministres des finances les plus célèbres, depuis 1660 jusqu'à 1792, etc. *Londres,* Dulau, 1812.

Honnête homme par excellence, toujours instructif, toujours ingénieux, même quand il se trompe; mais il se trompe rarement.

[1] Réimprimé avec une Notice biographique d'Eugène Daire, dans le 2e volume des *Mélanges* faisant partie de la *Collection des Principaux Économistes.*

Le premier de ces deux ouvrages reviendra naturellement à l'ordre du jour, toutes les fois qu'on s'occupera de la réforme des impôts.

MONTCHRÉTIEN (sieur de Vatteville). Traité d'économie politique. *Rouen*, 1613, in-4.

Cet ouvrage, aujourd'hui fort rare, est divisé en trois livres qui traitent des manufactures et de l'emploi des hommes, du commerce et de la navigation. Il ne présente d'autre intérêt que celui de résumer les idées du temps sur ces graves matières.

MORANDIÈRE (de la). Police sur les mendiants, les vagabonds, etc. *Paris*, 1764, in-12.

MOREAU DE BEAUMONT. Mémoires concernant les impositions et droits en Europe. *Paris*, nouv. édit., 1787-89, 5 vol. in-4.

Excellent livre, qu'il serait utile de refaire aujourd'hui.

Qui de nous peut se flatter de connaître à fond le système des impôts de tous les peuples de l'Europe ? C'est cependant un des premiers éléments de toute bonne économie politique appliquée, et le seul moyen d'apprécier à leur juste valeur les relations internationales des peuples, et les effets de certaines mesures de douanes.

MOREAU DE JONNÈS. Le commerce au dix-neuvième siècle ; état actuel de ses transactions dans les principales contrées des deux hémisphères, etc. *Paris*, 1825, 2 vol. in-8.

— Statistique de l'Espagne. *Paris*, 1834, 1 vol. in-8.

— Statistique de la Grande-Bretagne et de l'Irlande. *Paris*, 1838, 2 vol. in-8.

— Recherches statistiques sur l'esclavage colonial et sur les moyens de le supprimer. *Paris*, 1842, 1 vol. in-8.

L'auteur est un esprit net et judicieux, dont les écrits appartiennent plutôt à la statistique qu'à l'économie politique ; mais ils seront consultés avec fruit par les économistes.

— Statistique de l'industrie de la France. 1856. 1 vol. gr. in-18.

— Éléments de statistique, principes généraux de cette science, sa classification, sa méthode, ses opérations, ses divers degrés de certitude, ses erreurs et ses progrès, avec son application à la constatation des faits naturels, sociaux et politiques, historiques et contemporains. 1856. 1 vol. in-18.

— Statistique de l'agriculture de la France, comprenant la statistique des céréales, de la vigne, des cultures diverses, des pâturages, des bois et des forêts, et des animaux domestiques avec leur production actuelle, comparée à celle des temps anciens et des principaux pays de l'Europe. 1848. In-8.

— Statistique des peuples de l'antiquité, les Égyptiens, les Hébreux, les Grecs, les Romains et les Gaulois. 1850. 2 vol. in-8.

MORELLET (l'abbé). Prospectus d'un nouveau Dictionnaire de commerce. 1 vol. in-8, 1769.

Le prospectus de l'abbé Morellet a longtemps passé pour un traité d'économie politique. On ne doit cependant le considérer que comme un recueil de définitions généralement nettes et précises des termes usités en matière de commerce, dans leurs rapports avec la science économique. Les travaux préparatoires de son dictionnaire occupèrent l'auteur pendant vingt ans : il n'y renonça qu'au moment où éclata la révolution de 1789.

— Réflexions sur les avantages et les désavantages de la libre fabrication et de l'usage des toiles peintes en France. *Bruxelles*, 1758. in-12.

— Mémoires sur la situation actuelle de la Compagnie des Indes. *Amsterdam* et *Paris*, 1769, in-4.

— Examen de la réponse de M. N. * (Necker) à M. Morellet, sur la Compagnie des Indes. *Paris*, Desaint, 1769, in-4.

— Réfutation de l'ouvrage (de Galiani) qui a pour titre : Dialogues sur le commerce des blés. *Londres* (*Paris*), 1770, in-8.

— Analyse de l'ouvrage (de Necker) intitulé : De la législation et du commerce des grains. *Amsterdam* et *Paris*, 1775, in-8.

MORTIMER. Elements of commerce and finances. *London*, 1773, 1 vol. in-8.

MORUS (Thomas). Description de l'île d'Utopie. Le titre de ce singulier ouvrage, écrit en latin, est celui-ci : De optimo reipublicæ statu, deque novâ insulâ Utopiâ. *Louvain*, 1516, in-4; il en existe trois traductions en anglais et trois en français.

C'est une débauche d'esprit, où l'on trouve de bonnes vues et des vœux ardents pour le bonheur public : une *excogitation* allégorique, dans le goût de la république de Platon, à l'éloquence près. L'honnête chancelier y propose naïvement le partage des biens.

MOSSÉ. L'art de gagner sa vie, ou Encyclopédie industrielle, traitant de toutes les ressources, indiquant tous les moyens pour faire, conserver, ou augmenter sa fortune dans quelque état et dans quelque situation qu'on se trouve. *Paris*, 1826, in-8.

Ce livre a eu trois éditions. Il renferme des particularités d'un grand intérêt sur les avantages et les désavantages des diverses professions, et des indications utiles aux hommes sans fortune qui veulent s'assurer un état.

MUIRON (Just). Sur les vices de nos procédés industriels; aperçu démontrant l'urgence d'introduire le procédé sociétaire. *Paris*, madame Husard, 1834, in-8.

L'auteur est un des disciples les plus distingués de Fourier.

— Nouvelles transactions sociales, religieuses et scientifiques de Virtomnius. *Paris*, Bossange père, 1832, in-8.

MULLER. Die Fortschritte der Nationalœconomie in England. *Leipzig*, 1817, 1 vol.

MUN (Thomas). England's treasure by foreign trade, or the balance of our foreign trade is the rule of our treasure. *London*, 1664, in-12.

L'un des plus ingénieux et des plus classiques défenseurs du système mercantile. Ses successeurs n'ont fait que répéter ses arguments.

MUNOZ (Antonio). Discurso sobre la economia politica. *Madrid*, 1779, in-8.

Les critiques espagnols supposent tous que Munoz n'est pas le nom véritable de l'auteur; mais son ouvrage n'en renferme pas moins d'excellents principes et des vues très-ingénieuses.

MURHARD (Charles). * Theorie und Politik des Handels (Théorie et politique du commerce). 2 vol. in-8. *Gœttingue*, 1831.

— Théorie des Geldes, *Leipzig*, 1817, in-8.

M. Murhard, publiciste fécond et infatigable, marche pour ses théories économiques sur les traces de J.-B. Say. Ses principes sont empreints de la plus grande libéralité, et dans l'ouvrage indiqué, il tend à établir le commerce sur des bases larges et rationnelles.

M. Murhard examine le commerce dans ses rapports avec le gouvernement, les impôts, et puis dans son essence même, en classant tous les éléments sur lesquels il repose. Il défend la liberté commerciale souvent avec éloquence, toujours avec une grande vigueur.

MUSHET (Robert), Inquiry into the effects of bank restriction bill

(Recherches sur les effets de la suspension des payements de la Banque.) 1810, in-8.

— A series of tables exhibiting the gain and loss of the fund holder (Séries de tables montrant le gain et la perte des rentiers par la dépréciation et la réintégration du papier-monnaie). 1826, in-8.

N

NAVEAU. Le Financier citoyen. *Paris*, 1757, 2 vol in-12.

NAVILLE. De la charité légale, de ses causes, de ses effets, et spécialement des maisons de travail et de la proscription de la mendicité. *Paris*, 1836, 2 vol. in-8.

NEBENIUS. * Der œffentliche Credit (le crédit public). 1 vol in-8. *Carlsruhe*, 1829.

L'auteur s'est fait connaître par de nombreux mémoires, par un livre sur les douanes prussiennes, et sa réputation comme économiste est parfaitement établie. L'ouvrage sur le crédit public a eu un succès mérité. Outre des doctrines très-saines, il renferme un grand nombre de faits qu'on pourra consulter avec fruit.

NECKER. De l'administration des finances de la France. *Paris*. Panckouke, 1784, 3 vol. in-8.

C'est le premier ouvrage sincère qui nous ait révélé la science des finances, et de plus un acte de courage et de bon citoyen au moment où il parut.

— Sur la législation et le commerce des grains, 2e édition. *Paris*, 1755, in-8.

M. Necker a combattu dans cet écrit les idées de Turgot.

NERI. (Pompeo). Osservazioni sopra il prezzo legale delle monete. *Fiorentino*. in-8. 1751.

C'est un des meilleurs livres qui aient été publiés sur la matière. Ce devrait être le manuel de tous les directeurs de monnaies. Il y a plus de technologie que d'économie politique.

NICKOLLS (Pseudonyme). Voyez PLUMARD DE DANGEUL.

NIEMEYER. Ueber die Ursachen des englischen Nationalreichthum. *Berlin*, 1810, in-8.

— Ueber den Einfluss des Handels und des Handelsystems auf National-Glück und Unglück. *Bremen*, 1805, in-8.

O

OBERNDORFER (J. Adam). System der Nationalœconomie (Système de l'économie politique déduit de la vie nationale). 1823, in-8.

— Bases des sciences camérales. In-8, 1818.

O'CONNOR (Arthur). État actuel de la Grande-Bretagne. *Paris*, 1 vol. in-8, 1804.

Détails curieux sur la suspension des payements de la banque d'Angleterre, suspension que l'auteur qualifie de *faillite*. M. O'Connor est un patriote irlandais proscrit par suite des troubles de son pays.

— Le Monopole cause de tous les maux. *Paris*, F. Didot, 1843, 3 vol. in-8. (Voir sur cet ouvrage le *Dictionnaire de l'Économie politique*, article O'CONNOR, page 284).

ORTES (Giammaria). Della economia nazionale libri sei. *Veneziano*, 3 vol. in-8.

— Riflessioni sulla popolazione delle nazioni per rapporto all' economia nazionale. In-8.

— Delle scienze utili e delle dilettevoli per rapporto alla felicità umana. In-8.

— Calcolo sopra il valore delle opinioni e sopra i piaceri e i dolori della vita umana. In-8.

— Errori popolari intorno all' economia nazionale considerati sulle presenti controversie, tra i liaci e i chierici in ordine al possedimento de' beni. In-8.

— Dei fidecomessi a famiglie e a chiesse e luoghi pii in proposito del termine di mani morte introdotto a questi ultimi tempi, nell' economia nazionale, libri due. In-8.

Auteur trop vanté et trop déprécié. Ce qu'il y a de plus curieux dans ses ouvrages, c'est qu'il a incontestablement eu la première idée du système de Malthus sur la population. Il est lourd et prolixe. M. Custodi lui a fait beaucoup d'honneur en imprimant ses œuvres en sept volumes dans la *Collection des Économistes italiens*.

Owen (Robert). New views of society, or essays upon the formation of human character (Nouvelles vues de société, ou essai sur la formation du caractère humain). *Londres*, 1812.

Cet ouvrage, qui suivit l'Essai industriel de New-Lanark, est le premier écrit de M. Owen qui affecte une forme scientifique et s'élève à la hauteur d'un système.

— Adress to the sovereigns of the holy-alliance united in congress at Aix-la-Chapelle. 1818. — Adress to the european governments. 1818.

Ces deux adresses, l'une aux souverains alliés réunis à Aix-la-Chapelle, l'autre aux gouvernements européens, ont pour objet d'indiquer les moyens d'améliorer le sort des classes industrielles. Ces opuscules ont été traduits en français par M. le comte de Lasteyrie. *Paris*, 1819.

— The book off the new moral world (Le livre du nouveau monde moral).

Ouvrage capital de M. Owen, et dans lequel il aborde l'exposition dogmatique de son système.

P

Pagnini (Gio Francesco). Saggio sopra il giusto valore delle cose, la giusta valuta della moneta, e sopra il commercio dei Romani.

Opuscule de cent pages, plein de vues judicieuses.

Palmieri (Giuseppe). Riflessioni sulla pubblica felicità relativamente al regno di Napoli, in-8.

— Osservazioni sulle tariffe, con applicazione al regno di Napoli. In-8.

— Della richezza nazionale. In-8.

Palmieri n'a pas la hardiesse de Filangieri, ni les vues libérales du professeur Genovesi; ministre d'une monarchie absolue, il voulait procéder avec de grands ménagements à la réforme des abus. Il ne faut pas oublier qu'il écrivait pendant la révolution française et que cette circonstance a dû lui imposer beaucoup de réserve.

Paoletti (Ferdinando). Estratto de' pensieri sopra l'agricoltura. In-8.

Papillon-Latapy. Anecdote sur la vie politique de Burke et sur sa mort, relativement à ses recherches et à ses calculs sur les finances et le commerce de la France depuis un siècle; avec des rapprochements sur l'état progressif de l'Angleterre, et sur les moyens de ruiner la nation française. *Paris*, an VIII. 1 vol. in-8.

Ouvrage de circonstance, composé sous l'influence des préjugés de la balance du commerce. C'est un manifeste véhément contre l'Angleterre, digne d'être connu comme un échantillon des idées économiques du temps. Il s'y trouve d'ailleurs quelques bonnes idées.

— Réflexions sur le plan d'une régence des impôts indirects réunis. *Paris*, 1804, in-8.

Ce mémoire a pour but de centraliser la perception des impôts indirects, projet réalisé depuis.

PAPION. Mémoire sur le crédit public. *Tours*, 1808, in-8.

Ce mémoire a été présenté à Napoléon. Il ne renferme rien d'intéressant.

PARIS DU VERNEY. Examen des réflexions politiques sur le commerce et les finances de M. Dutot. *Paris*, 1740, 2 volumes in-12.

C'est le livre qui expose avec la plus grande supériorité de vues tout le système de Law, et c'est là surtout qu'il faut l'étudier. Nulle part les causes de sa chute n'ont été présentées avec autant de clarté.

Du Verney était un financier de la plus haute habileté, mérite devenu bien rare de nos jours, où le pays en aurait pourtant besoin.

PARNELL (sir Henry). De la réforme financière en Angleterre. Traduit de l'anglais par Benj. Laroche. *Paris*, 1832, in-8.

Vaste et savante revue des institutions économiques de l'Angleterre, par un homme qui les connaît bien.

C'est le programme des réformes que l'administration anglaise exécute chaque jour avec une persévérance et une justesse de vues si remarquables.

— Du papier-monnaie et des banques. *Londres*, 1832.

L'auteur s'occupe successivement, dans cet ouvrage, de l'état de la question du numéraire, des banques provinciales, des compagnies par actions, du système des banques en Angleterre, en Écosse et en Irlande. C'est un des meilleurs traités sur la matière.

PEBRER (Pablo). Histoire financière et statistique de l'empire britannique, avec un exposé du système actuel de l'impôt, suivi d'un plan pratique pour la liquidation de la dette; ou impôts, revenus, dépenses, dettes, forces et richesses de l'empire britannique et de ses nombreuses colonies dans toutes les parties du monde. Traduit de l'anglais par M. Jacobi. *Paris et Londres*, 1834, 2 vol. in-8.

Précieuse collection des documents statistiques les plus nécessaires à l'étude de la constitution économique de la Grande-Bretagne. On peut les considérer comme le complément du *Tableau* de Baërt et de l'*Histoire d'Angleterre*, par M. de Montvéran. J'aurais plus de confiance dans l'ouvrage de M. Bailly, sur le même sujet.

Pecchio (le comte Joseph). Histoire de l'économie politique en Italie, ou Abrégé critique des économistes italiens. Traduit par Léonard Gallois. *Paris*, 1830, 1 vol. in-8.

Excellent résumé bibliographique des écrivains d'économie politique en Italie. C'est l'appendice nécessaire de la collection des économistes italiens, publiée à Milan par M. Custodi.

Pecqueur. Économie sociale. Des intérêts du commerce, de l'industrie, de l'agriculture et de la civilisation en général. *Paris*, 1839, 2 vol. in-8.

Ouvrage malheureusement couronné par l'Académie des sciences morales et politiques.

— Des améliorations matérielles dans leurs rapports avec la liberté. Introduction à l'étude de l'économie sociale et politique. *Paris*, 1840, 1 vol. grand in-18.

Petty. (sir W.). Tracts, chiefly relating to Ireland. *Dublin*, 1749, in-8.

Partisan timide de la liberté du commerce, il examine principalement l'état de l'Irlande, et il applique à cet ouvrage les principes les plus élevés de l'économie politique.

Ouvrage riche de faits bien exposés.

— Several essays in political arithmetic. *London*, 1755, in-8.

Ce livre est une espèce de statistique raisonnée de l'Angleterre, comme le précédent l'est de l'Irlande.

L'auteur y expose fort bien, en passant, les véritables causes de la prospérité des Hollandais.

Peuchet (Jacques). Statistique élémentaire de la France, contenant les principes de cette science, et leur application à l'analyse de la richesse, des forces et de la puissance de l'empire français. *Paris*, 1805, in-8.

Pfeiffer (von). Lehrbegriff saemtlicher œconomischer und Kameralwissenschaften. *Mannheim*, 1754-1778, 4 vol. in-8.

— Grundriss der Staatswirthschaft. *Francfort*, 1782, in-8.

PILLET-WILL (le comte). De la dépense et du produit des canaux et des chemins de fer; de l'influence des voies de communication sur la prospérité industrielle de la France. *Paris*, 1837, 2 vol. in-4 dont un de 4 planches.

Plaidoyer très-savant en faveur des canaux contre les chemins de fer; principalement digne d'intérêt parce qu'il s'appuie toujours sur des calculs. Le temps seul peut lui donner tort ou raison, car les expériences ne sont pas faites; mais elles se font tous les jours.

PINHEIRO-FERREIRA. Précis d'un cours d'économie politique. *Paris*, 1840, in-12.

Programme un peu léger pour un titre aussi ambitieux.

PINTO. Traité de la circulation et du crédit, contenant une analyse raisonnée des fonds d'Angleterre, et de ce qu'on appelle commerce ou jeu d'actions; etc. *Amsterdam*, 1787, in-8.

Pinto est ce fameux juif hollandais qui portait l'amour du crédit jusqu'au point de considérer les dettes publiques comme de véritables bienfaits pour les peuples. Ce n'était pas, d'ailleurs, un homme sans mérite.

— Essai sur le luxe, considéré relativement à la population et à l'économie. *Amsterdam*, 1764, in-12. (Se trouve ordinairement dans le même volume à la suite de l'ouvrage précédent.)

Dans cet ouvrage, l'auteur fait une sortie très-vive contre le luxe des Hollandais dans leurs maisons de campagne.

PLACE (Francis). Illustrations and proofs of the principle of population (Exemple et preuve du principe de population). In-8, 1822.

C'est une confirmation des principes adoptés par tous les économistes sur la population. L'auteur est un des hommes les plus judicieux de l'Angleterre.

PLAIFAIR (W.) An inquiry into the permanent causes of the decline and fall of powerful and wealth nations. *London*, 1805, in-4.

PLATON. La République.

Nous avons cité quelques-uns des rêves de ce philosophe sur les questions économiques. Il en avait deviné l'importance.

— Les Lois.

Plan plus pratique de l'organisation d'une cité ancienne. (Voir la traduction des œuvres de Platon par M. Cousin.)

PLUMARD DE DANGEUL. Remarques sur les avantages et les désavantages de la France et de la Grande-Bretagne, par rapport au commerce, etc. *Amsterdam.* (*Paris*, Estienne), 1545, in-12. Trad. de l'anglais du chevalier John Nickolls. (Traduction supposée.)

— Le rétablissement des manufactures et du commerce d'Espagne; traduit de l'espagnol, 1753. Voyez B. DE ULLOA.

PLUQUET (l'abbé). Traité philosophique et politique sur le luxe. *Paris*, 1785, in-12, 2 vol.

Longue homélie, en deux volumes, contre le luxe. Peu de doctrines, beaucoup de déclamations. L'auteur, qui était abbé, aurait dû intituler son livre : *Sermon contre le luxe.*

POIVRE, intendant de l'Ile-de-France.

Les œuvres de cet excellent homme, publiées en un volume in-8 (*Paris*, 1797, in-8), par Dupont de Nemours, renferment des vues précieuses d'économie politique.

PONCELIN. Tableau général du commerce de l'Europe avec l'Afrique, les Indes orientales et l'Amérique, fondé sur les traités de 1763 et 1783. 1 vol. in-8, 1787.

Statistique coloniale dans laquelle se rencontrent quelques vues générales sur le commerce avec l'Amérique.

PONCET DE LA GRAVE. Considérations sur le célibat, relativement à la politique, à la population et aux bonnes mœurs. 1 vol. in-8, 1801.

Cet opuscule de 140 pages offre un résumé assez curieux de la législation ancienne et moderne relative aux célibataires.

L'auteur, fougueux apologiste du mariage, a terminé son travail par un projet de loi en vertu duquel les célibataires seraient déclarés incapables d'exercer aucune fonction publique, depuis l'âge de vingt-cinq ans jusqu'à celui de soixante-dix, et de plus, inhabiles à tester et à succéder à leurs père et mère ; tout le reste est de cette force.

POTERAT (marquis de). Observations politiques et morales de finance et de commerce, ou examen approfondi d'un ouvrage de M. R*** (Rillet) de Genève, sur l'emprunt et l'impôt. *Lausanne*, 1780, in-8.

Bonnes doctrines. L'auteur y attaque les emprunts avec une chaleur philosophique; mais il n'en appréciait pas les effets utiles dans des circonstances données.

PORTER. Progrès matériels de l'Angleterre. Traduit de l'anglais et mis en parallèle avec les progrès matériels de la France, par M. Chemin-Dupontès. *Paris*, 1839, 1 vol. in-8.

M. Porter, chef du bureau de commerce (*Board of trade*) d'Angleterre, est un partisan éclairé de la liberté commerciale.

POULAIN (Henri). Traité des monnaies. *Paris*, 1707, in-12.

PRÉVOST DE SAINT-LUCIEN. Moyens d'extirper l'usure, ou Projet d'établissement d'une caisse de prêt public sur tous les biens de l'homme, contenant lettres patentes de création du Mont-de-piété de Paris en 1777. Dédié à Henri IV. *Paris*, 1778, in-12.

Henri IV ne pouvait guère refuser la dédicace de ce livre, publié plus de cent cinquante ans après sa mort.

Ce que l'auteur y donne de plus intéressant, c'est un catalogue de tous les écrits relatifs au prêt à intérêt, et principalement aux monts-de-piété, pages 47-50.

PRÉVOST (de Genève). De l'économie des anciens gouvernements, comparée à celle des modernes. *Berlin*, 1733, in-8.

PRICE. Arithmétique politique.

C'est le premier qui ait proposé des caisses d'amortissement au moyen d'intérêts composés.

PRINSEP (C. R.). A letter to the earl of Liverpool on the present distress of the country, and the efficacy of raising the standard of our silver currency. 1816.

Cette curieuse lettre est une pièce indispensable de la discussion qui s'éleva en Angleterre au sujet du papier-monnaie, après les événements de 1814, et à l'occasion du projet de reprendre les payements en espèces.

— An essay on money. 1818, in-8.

Cet écrit, dû au traducteur anglais du traité d'économie politique de J.-B. Say, est très-estimé en Angleterre, et mérite de l'être par sa lucidité et son excellente exposition de la matière.

PROUDHON. Qu'est-ce que la propriété? *Paris*, 1841, 2e édition, 1 vol. in-12.

Dans la première édition de cet ouvrage, l'auteur avait fait cette étrange réponse : *la propriété, c'est le vol.* M. Proudhon est un homme de beaucoup de talent qui, frappé des abus de la propriété, n'a rien trouvé de plus simple que d'en abolir le principe. Mais, tout en déplorant cette erreur, il est impossible de ne pas reconnaître dans son livre des vues d'une grande hardiesse et une vigueur de logique digne d'une meilleure thèse.

— Lettre à M. Blanqui sur la propriété. *Paris*, 1840, 1 vol. in-12.

Opuscule destiné à la défense du précédent; mais il lui est fort inférieur en originalité.

— Avertissement aux propriétaires. *Paris*, 1841, in-12 de 115 pages.

— De la Création de l'ordre dans l'humanité, ou Principes d'organisation politique. *Paris*, 1843, vol. in-12.

— Système des contradictions économiques. 2e édition, 2 vol. grand in-18.

PURVES (Georges). Toutes les classes productives de richesses (All classes productive of riches.). 1 vol. in-8, 1817.

Q

QUESNAY (François). Essai sur l'administration des terres. *Paris*, 1759, in-8. (Publié sous le pseudonyme de Bélial des vertus.)

— Physiocratie, ou Constitution naturelle du gouvernement le plus avantageux au genre humain. Recueil (de Traités du docteur Quesnay) publié par Dupont (de Nemours). *Leyde* et *Paris*, 1768, in-8.

— Tableau économique avec son explication, suivi des Maximes générales du gouvernement économique d'un royaume agricole, *Versailles*, 1758, in-8. Très-rare.

Cet ouvrage a été réimprimé dans l'*Ami des hommes*, par le marquis de Mirabeau, dont il forme la suite de la sixième partie. Il se trouve compris également dans la *Physiocratie*.

Quesnay est aussi auteur des articles *fermiers* et *grains* dans l'*Encyclopédie* de Diderot; d'une grande quantité de mémoires et d'articles dans le *Journal d'agriculture, du commerce et des finances*, et dans les *Éphémérides du citoyen*.

Quesnay n'a pas laissé une seule idée réellement praticable; mais il a ouvert le champ des expériences économiques. Ses écrits, peu nombreux et tous empreints d'un néologisme sentencieux qui rappelle assez bien le style des écoles récentes saint-simonienne et fouriériste, sont à l'économie politique ce que l'alchimie est à la chimie. Quesnay cherchait modestement la pierre philosophale; nos sectaires modernes déclarent sincèrement qu'ils l'ont trouvée [1].

[1] Tous les écrits de Quesnay, relatifs à l'économie politique, ont été réunis par Eugène Daire, dans le tome II de la *Collection des Principaux Économistes*. Eugène Daire y a ajouté une notice biographique sur Quesnay et sur la doctrine des Physiocrates, qui a été couronnée par l'Académie des Sciences morales et politiques.

R

Ramel (V.). Des finances de la république française en l'an IX. *Paris*, an IX, in-8.

Livre spécial d'un auteur qui avait eu l'avantage de prendre part au maniement des finances de l'époque dont il parle.

Ramsay (Georges). An essay on the distribution of wealth (Essai sur la distribution de la richesse). *Édimbourg*, 1836, 1 vol. in-8.

Livre utile plus politique qu'*économique*, et beaucoup plus écrit en vue des questions relatives à l'agriculture anglaise que dans l'intérêt général de la science elle-même.

Rau (K. H.). * Lehrbuch der politischen Œconomie (Traité d'économie politique). 3e édit. 3 vol. in-8. *Heidelberg*, 1837.

Le premier volume de cet important ouvrage contient l'économie politique proprement dite, ou la théorie des richesses; le second, la science administrative; le troisième, les finances.

Les ouvrages de M. Rau sont rédigés avec une grande clarté et d'après les principes les plus accrédités de notre époque. Les doctrines de Smith et de Say forment la base du livre; l'auteur à néanmoins éclairé plusieurs points que les deux célèbres économistes n'avaient pas suffisamment approfondis. On remarque surtout, dans le troisième volume, qui renferme la science financière, une foule de notions neuves sur les impôts, et des vues pratiques qu'on ne rencontre pas ordinairement dans les traités de ce genre. Le succès rapide de l'ouvrage, qui est arrivé en peu d'années à la troisième édition, est au reste une preuve assez concluante de son mérite.

Raynal. Histoire philosophique et politique des établissements et du commerce des Européens dans les deux Indes. *Paris*, A. Coste et et Comp., 1820-21, 12 vol. in-8, avec un atlas in-4.

Grand et bel ouvrage, malgré ses imperfections et ses déclamations. L'auteur n'a pas toujours pensé comme il avait écrit; mais sa mémoire n'en est pas moins digne de respect. C'est lui qui a porté les premiers et les plus rudes coups à l'esclavage colonial.

Reimarus. Nouvelle exposition des principes sur la liberté du commerce des grains. Trad. de l'allemand. *Paris*, 1793. in-8.

Partisan enthousiaste de la liberté du commerce des grains. Son livre est d'ailleurs plein de sens et d'originalité.

REINHARD. Versuch eines Grundrisses der Staatswirthschatslehre. Mannheim, 1805, in-8.

REITEMEIER. Mines des anciens.

Ouvrage plein de détails précieux sur les ressources métalliques des Grecs et des Romains.

REYBAUD (Louis). Études sur les réformateurs contemporains ou socialistes modernes, Saint-Simon, Charles Fourier, Robert Owen. 3e édition, augmentée d'une biographie raisonnée des principaux utopistes. *Paris*, Guillaumin, 1842, 1 vol. in-8 [1].

L'ouvrage de M. Reybaud a obtenu un succès légitime, dû autant à l'élégance et à la clarté de son style qu'aux aperçus ingénieux et profonds dont son livre est semé. C'est un des écrits les plus remarquables de l'école économique française.

REYNIER (Jean-Louis-Antoine). De l'économie publique et rurale des Arabes et des Juifs. *Genève*, 1820, in-8.

— De l'économie publique et rurale des Celtes, des Germains et des autres peuples du nord et du centre de l'Europe. *Genève* et *Paris*, 1818, in-8.

— De l'économie publique et rurale des Égyptiens et des Carthaginois; précédé de considérations sur les antiquités éthiopiennes. *Genève* et *Paris*, 1823, in-8.

— De l'économie publique et rurale des Grecs. *Genève* et *Paris*, 1825, in-8.

— De l'économie publique et rurale des Perses et des Phéniciens. *Genève* et *Paris*, 1819, in-8.

RICARDO. — Les œuvres de Ricardo comprennent les écrits suivants, dont le mérite a été apprécié dans le cours de cet ouvrage, savoir :

— The high price of bullion a proof of the depreciation of bank-notes.

— Essay on the influence of a low price of corn on the profits of stock.

1 La 6e édition a été publiée en 1856, elle a été augmentée d'un volume sur le *socialisme*, *les communistes*, *les chartistes*, *les utilitaires*, *les humanitaires*, etc., et forme vol. grand in-18.

— **Proposals for an economical and secure currency.**

— Principes de l'économie politique et de l'impôt. Traduit de l'anglais par F. S. Constancio ; avec notes explicatives et critiques par J.-B. Say. *Paris*, Aillaud, 1818, 2 vol. in-8.

— Protection to agriculture [1].

Nul écrivain n'a traité les questions des finances, après M. Ricardo, avec plus de talent que M. Francis Horner, dans la *Revue d'Édimbourg*. Voir (tome I, pages 172 ; tome II, page 101, 402 ; tome V, pages 104 ; tome XVII, page 339 ; tome XVIII, page 448 ; tome XXXV, page 468) les articles remarquables qu'il a publiés sur ces matières.

Ricci (Ludovico). Reforma degl' instituti pii della citta di Modena. *Modenese*, in-8.

C'est le premier écrivain de l'Italie qui ait traité d'une manière philosophique la question des institutions de bienfaisance ; il démontre fort bien les abus de la charité publique et les inconvénients des hospices d'enfants trouvés. Sa doctrine s'accorde avec celle de Malthus, qui ne fut publiée pour la première fois qu'en 1798.

Rillet de Saussure. Lettres sur l'emprunt et l'impôt, adressées à M. Necker de Germani. 1779, in-8.

Écrit important à consulter, sur des questions aujourd'hui résolues, comme des échantillons des rêves de nos pères.

Rocco. Des banques de Naples. *Napoli*, 1785, 2 vol.

Intéressant à consulter, quoique incomplet et diffus.

Rochon (l'abbé). Essai sur les monnaies anciennes et modernes. 1 vol. in-8, 1792, avec planches.

Ouvrage plus intéressant sous le rapport de la technologie que sous le rapport de l'économie politique : très-digne néanmoins d'être consulté.

Rœderer (le comte Pierre-Louis). Journal d'économie publique, de morale et de politique. *Paris*, 1776 et années suivantes, 5 vol. — Mémoires d'économie publique, de morale et de politique (faisant suite au journal précédent). *Paris*, 1799, 1 vol.; en tout 6 volumes in-8.

[1] Les œuvres complètes de Ricardo ont été réunies en un seul volume, grand in-8, et forment le tome XIII de la *Collect. des Princ. Econ.* publiée par l'éditeur Guillaumin. La traduction des *Principes*, par Constancio a été revue par Alex. Fonteyraud, qui a traduit en français tous les autres écrit de Ricardo.

— De la propriété considérée dans ses rapports avec les droits politiques. 2e édit. *Paris*, Hect. Bossange, 1830, in-18.

Esprit original et inégal, qui n'a jamais eu que des idées vagues et incertaines sur les véritables principes de l'économie politique; élève des *physiocrates*, par ses premières études; modifié par l'expérience des affaires, mais demeuré toujours excentrique et paradoxal en toute chose. Consultez sur ses écrits une notice beaucoup trop flatteuse de M. Mignet, lue à l'Académie des sciences morales et politiques de l'Institut de France.

Rœssig. Encyclopœdie der Kameralwissenschaften. *Leipzig*, 1792, in-8.

Rossi. Cours d'économie politique fait au Collége de France. *Paris*, Joubert, 1839-40, 2 vol. in-8.

Le cours d'économie politique de M. Rossi est un véritable *traité* dont les deux premiers volumes seuls ont paru. Ils sont consacrés à l'exposition des phénomènes de la production des richesses. Ce bel ouvrage nous semble destiné à caractériser d'une manière brillante la transition entre l'école de J.-B. Say et celle de notre temps, qui en a reçu tant de services [1].

Rossi (Adiotato), Del l'economia della specie umana. *Pavia*, 1819, 4 vol.

Rotteck. Lehrbuch der œconomischen Politick. Stuttgart, 1835, in-8.

Roubaud (l'abbé). Récréations économiques, ou Lettres de l'auteur des Représentations aux magistrats, à M. le chevalier Zanobi, principal interlocuteur des dialogues sur le commerce des blés. *Amsterdam* et *Paris*, 1770, in-8.

Pamphlet très-spirituel contre l'ouvrage de Galiani.

Ruggles (Th.). Histoire des pauvres, de leurs droits et de leurs devoirs, et des lois concernant la mendicité; traduit de l'anglais par A. C. Duquesnoy. *Paris*, an X (1802), 2 vol. in-8.

S

Sabatier. Des Banques; de leur influence pour faciliter la circulation des capitaux, faire baisser le trop haut prix de l'intérêt, et

1 Depuis l'époque où écrivait Blanqui, le cours de Rossi s'est augmenté des tomes III et IV, publiés après sa mort par ses fils. — Les tomes I et II sont arrivés à la 3e édition.

On a encore de Rossi : *Mélanges d'économie politique, de politique, d'histoire et de législation*. *Paris*, Guillaumin et Comp., 1857, 2 vol. in-8.

des mesures à adopter pour que l'agriculture, l'industrie, le commerce de la France et des divers États jouissent de l'avantage de tels établissements. Avril 1817, *Paris*, in-8.

— Considérations sur les contributions et les taxes indirectes. *Paris* imprimerie de P. Gueffier, 1818, in-4.

— Du crédit public et particulier, des moyens d'acquitter indistinctement la dépense de tous les services, et d'opérer des améliorations dans les diverses branches de l'économie politique. 1798, in-4.

— Tableaux comparatifs des dépenses et des contributions de la France et de l'Angleterre, suivis de considérations sur les ressources des deux États, et servant en même temps de réfutation à l'ouvrage de M. Gentz. *Paris*, Arthus-Bertrand, 1805, in-8.

Saint-Aubin. Opuscules sur les finances, le papier-monnaie, le crédit, etc. 1797, avec tables, 20 pièces, 1 vol.

J.-B. Say l'appelait *le bouffon de l'économie politique*, bouffon souvent très-judicieux.

Saint-Chamans (le vicomte de). Du système d'impôt fondé sur les principes d'économie politique. *Paris*, 1820, in-8.

Boutade d'un écrivain distingué, qui a dépensé au service des doctrines surannées de l'économie politique plus d'esprit qu'il n'en fallait pour faire un excellent ouvrage. C'est dans son livre que se trouve la plus habile apologie du système mercantile.

— Nouvel essai sur la richesse des nations. *Paris*, Lenormant père, 1824, in-8.

Saint-Péravi (de). Mémoire sur les effets de l'impôt indirect sur le revenu des propriétaires de biens-fonds, qui a remporté le prix proposé par la société royale d'agriculture de Limoges, en 1767. *Londres* 1768, in-12.

L'auteur partageait l'opinion des *économistes* sur la question de l'impôt. Tous les profits venant de la terre, selon eux, c'est à la terre seule qu'il fallait imposer des taxes. La suppression des impôts indirects devait profiter aux propriétaires, selon l'auteur du mémoire; mais les propriétaires n'en croyaient rien, et ils avaient raison.

— Principes du commerce opposé au trafic, développés par un homme d'État. 1787, 2 vol. in-8.

Saint-Pierre (l'abbé de).

Les écrits de cet excellent homme, que le cardinal Dubois lui-même appelait les rêves d'un homme de bien, se composent d'une foule d'essais sur toutes sortes de sujets. Voici les titres des plus importants :

— Mémoire pour l'établissement d'une taille proportionnelle. 1717, in-12 et in-4, réimprimé sous le titre de Projet d'une taille tarifée.

— Mémoire sur les pauvres mendiants et sur les moyens de les faire subsister. 1724, in-8.

— Mémoire sur les billets d'État.

— Mémoire pour diminuer le nombre des procès. *Paris,* 1725, in-12.

Il y proposait l'établissement d'un code uniforme pour tout le royaume.

— Les annales politiques. *Londres,* 1757, 2 vol. in-8.

— Projet pour rendre la paix perpétuelle en Europe, etc. *Utrecht* (*Paris*), 1713-17, 3 vol. in-12.

— Le même ouvrage, abrégé. *Rotterdam* (*Paris*), 1729, in-12.

— Les rêves d'un homme de bien, qui peuvent être réalisés, ou les Vues et pratiques de M. l'abbé de Saint-Pierre. (Recueillies par Alletz). *Paris*, Duchesne, 1772, in-12.

Voir : L'abbé de Saint-Pierre, membre exclu de l'Académie française, sa vie et ses œuvres précédées d'une appréciation et d'un précis historique de l'idée de la paix perpétuelle, suivies du jugement de Rousseau sur le projet de la paix perpétuelle et la polysynodie, ainsi que du projet attribué à Henri IV, et du plan d'Emmanuel Kant pour rendre la paix universelle, etc., etc., avec des notes et des éclaircissements, par M. Gust. de Molinari. *Paris*, Guillaumin et Comp., 1857, 1 vol. grand in-18).

SAINTE-CROIX (de). de l'état et du sort des colonies des anciens peuples. *Philadelphie* (*Paris*), 1779, in-8.

Les colonies des anciens sont trop jugées, dans cet ouvrage, avec les préjugés des modernes.

SAINT-SIMON (Henri de). L'industrie, ou Discussions politiques, morales et philosophiques dans l'intérêt de tous les hommes livrés à des travaux utiles et indépendants. Avec cette épigraphe : « Tout par l'industrie, tout pour elle. »

— L'Organisateur.

Paru en plusieurs éditions et de la manière la plus confuse. — Pour réunir l'ouvrage complet, qui forme un volume de 265 pag., il faut avoir la 3e édit. de la 1re livraison, et la 2e édit. de la 2e livraison.

— Système industriel. 1821-22, 3 parties in-8.

La première partie est la réimpression de diverses lettres, soit imprimées, soit lithographiées, que Saint-Simon avait adressées *aux industriels, aux cultivateurs, négociants, fabricants*, etc.

— Catéchisme des industriels. *Paris*, 1828-23, en 4 cahiers formant 422 pages.

Le chapitre que nous avons consacré à Saint-Simon, dans le cours de cette *histoire*, nous dispense d'entrer ici dans de nouveaux détails sur ses œuvres. Le lecteur pourra consulter avec plus de fruit encore, à ce sujet, l'excellent ouvrage de M. L. Reybaud : *Études sur les Socialistes modernes*. 3e édit., *Paris*, 1842, 1 vol. in-8, chez Guillaumin.

Postérieurement, il a été publié l'ouvrage suivant :

— Saint-Simon, sa vie et ses travaux, par A. G. Hubbard, suivi des fragments des plus célèbres écrits de Saint-Simon, *Paris*, Guillaumin, 1857, 1 vol. grand in-18.

Santa-Cruz de Marcenado (le marquis de). Rapsodia economica.

Livre original, encore bien empreint des préjugés espagnols, mais qui en attaquait plusieurs. Il est devenu assez rare.

Sartorius (G.). * Handbuch der Staatswirthschaft. (Manuel d'économie publique à l'usage des leçons académiques). *Berlin*, 1796, in-8. — La deuxième édition a été publiée sous le titre suivant : Éléments de la richesse nationale. *Gœttingue*, 1806, in-8.

Cet ouvrage est rédigé d'après les principes de Smith et contient quelques observations critiques sur plusieurs points de la doctrine de l'économiste écossais.

Sartorius est un des écrivains qui ont le plus contribué à populariser les principes économiques de Smith en Allemagne.

— Von den Elementen des Nationalreichthum. *Gœttingue*, 1806, in-8.

Saumaise. Salmasii de usuris liber. *Lugduni Batavorum*, 1638, in-8.

— De modo usurarum. *Leyde*, 1639, in-8.

— De fœnore trapezitico, 1640.

Ces trois ouvrages de Saumaise ont soulevé dans le temps la colère de tous les jurisconsultes. Le savant auteur y soutient avec beaucoup de force la légitimité du prêt à intérêt.

Say (J.-B.). Traité d'économie politique, ou Simple exposition de la manière dont se forment, se distribuent et se consomment les richesses; sixième édition, augmentée, et à laquelle se trouvent joints un Epitome des principes fondamentaux de l'Économie politique et un Index raisonné des matières. *Paris*, 1841, 1 vol. grand in-8.

Cet ouvrage est le principal titre de gloire de notre plus célèbre économiste. Il a eu cinq éditions successives, du vivant de l'auteur, qui les a revues toutes avec un soin infini. Il a été traduit dans toutes les langues de l'Europe.

— Cours complet d'économie politique pratique, ouvrage destiné à mettre sous les yeux des hommes d'État, des propriétaires fonciers et des capitalistes, des savants, des agriculteurs, des manufacturiers, des négociants, et en général de tous les citoyens, l'Économie des sociétés; 2e édit. revue par l'auteur, publiée et augmentée de notes par Horace Say, son fils. *Paris*, Guillaumin, 1840, 2 vol. grand in-8. — 3e édition, *Paris*, même éditeur, 1852, 2 vol. grand in-8.

Vers la fin de sa carrière. J.-B. Say recueillit les leçons qu'il avait professées au Conservatoire des arts et métiers pendant plus de dix ans, et il les publia en six volumes, sous le titre qui précède. Les idées répandues dans son *Traité* s'y trouvent modifiées sur certains points importants; mais l'ouvrage est particulièrement remarquable à cause de ses nombreuses applications pratiques.

— Catéchisme d'économie politique, ou instruction familière qui montre de quelle façon les richesses sont produites, distribuées et consommées dans la société. *Paris*, 1835, in-12, 5e édit.

C'est le résumé, en dialogues, des principes de J. B. Say.

— Mélanges et correspondance d'économie politique, ouvrage posthume, publié (avec une Notice historique sur la vie et les ouvrages de l'auteur) par Charles Comte, son gendre. *Paris*, Chamerot, 1833, in-8.

— Petit volume, contenant quelques aperçus des hommes et de la société. 3e édit. publiée par M. Horace Say. *Paris*, 1839, 1 vol. grand in-32.

Il nous reste encore, outre ces ouvrages, plusieurs écrits du même économiste[1]. Le plus rare de tous est une espèce de nouvelle, sous forme al-

[1] Les *OEuvres diverses* de J.-B. Say, ont été réunies en un seul volume, et forment le tome XII de la *Coll. des Princip. Économ.*

légorique, intitulée : *Olbie, ou essai sur la manière de réformer les mœurs d'une nation,* travail léger qui pouvait faire soupçonner à peine le grand économiste.

SAY (Horace). Histoire des relations commerciales entre la France et le Brésil, et Considérations sur les monnaies, les changes, les banques et le commerce extérieur. *Paris*, 1839, 1 vol. in-8.

SAY (Louis), de Nantes. Traité de la richesse individuelle et de la richesse publique. *Paris*, 1827, in-8.

L'auteur est le frère du célèbre économiste J.-B. Say. Il s'éloignait déjà beaucoup des principes de son frère lorsqu'il publia cet ouvrage ; il s'en est éloigné bien davantage encore par la publication d'une brochure intitulée :

— Études sur la richesse des nations et réfutation des principales erreurs en économie politique. *Paris*, 1836, in-8.

Véritable pamphlet contre les maîtres de la science, son frère compris.

SCARUFFI (Gaspardo). Discorso sopra le monete, et della vera proporzione tra l'oro e l'argento. *Reggiano*, in-8, 1582.

C'est le plus ancien ouvrage qui ait été publié en Italie sur l'économie politique, à l'occasion des désordres monétaires qui suivirent la conquête de l'Italie par Charles-Quint.

L'auteur avait conçu la pensée d'une monnaie universelle pour toute l'Europe ; on lui doit l'invention de la *garantie*, c'est-à-dire de la marque des matières d'or et d'argent pour tous les articles d'orfévrerie.

SCHENK (K. F.). * Das Bedurfniss der Volkswirthschaft. (Les besoins de l'économie politique dans la plupart des États de la Confédération germanique). 2 vol. in-8. *Stuttgart*. 1831.

C'est un ouvrage populaire dans lequel l'auteur s'applique principalement à traiter les questions d'économie politique, sous le point de vue pratique.

SCHLETTWEIN. * Grundsaetze der Staaten oder die politische Œconomie. *Giessen*. 1777, in-8.

Cet auteur a été d'une très-grande fécondité ; on a de lui une vingtaine de volumes sous différents titres, où il aborde un grand nombre de questions économiques en les traitant du point de vue de l'école physiocratique dont il était le zélé promoteur en Allemagne.

SCHLOEZER (Ch. de). * Anfangsgründe der Staatswirthschaft. (Éléments d'économie politique). 2 vol. in-8. *Riga*, 1805.

L'auteur est un disciple d'Adam Smith.

SCHMALZ. Économie politique. Traduit de l'allemand, par Henry Jouffroy. *Paris*, 1826, 2 vol. in-8.

M. Schmalz a voulu ressusciter en Allemagne, comme M. Dutens en France, les théories de l'école de Quesnay, dans toute leur simplicité primitive. Pourquoi donc rendre à cet arbre vénérable l'écorce irrégulière dont les progrès de la science l'avaient délivré ?

SCHOEN (Jean). * Neue Untersuchung der Nationalœkonomie. (Nouvelles Recherches sur l'économie nationale). 1 vol. in-8. *Stuttgart*, 1835.

Doctrines complètes présentées avec une grande lucidité. M. Schœn s'est appliqué à circonscrire nettement toutes les questions d'économie sociale. Il a éloigné les discussions inutiles et il a facilité, par une classification méthodique, l'étude de la science.

SCROFANI (Saverio). Memorie di pubblica economia. (Mémoires sur l'économie publique). in-8 *Pise*, 1826.

Contient quatre mémoires :

1° Liberté du commerce, ou le commerce des grains pour la Sicile ;

2° Mémoires sur le même sujet, contenant des faits empruntés à la Toscane ;

Il expose dans le 3e le système des impôts, tant pour l'antiquité que pour les temps modernes ;

Le 4e mémoire renferme des considérations sur les manufactures d'Italie.

SCROPE (G. Powlett). Principles of political economy, deduced from the natural laws of social welfare, and applied to the present state of Great Britain. *London*, 1833, in-12.

Disciple de l'école radicale, son livre expose avec une concision pleine de netteté les principes économiques de la production, dans leurs rapports avec les intérêts des classes laborieuses. Ennemi déclaré de la doctrine de Malthus.

SCUDERI. Principi di civile economia. *Napoli*, 1829, 3 vol. in-8.

SEMER. Beitrag zur naeheren Bestimmung der Staatswirthschaft und ihres Gebiets. *Mannheim*, 1794. in-8.

SÉNAC DE MEILHAN. Considérations sur les richesses et le luxe. *Amsterdam*, 1789, in-8.

Pamphlet contre l'abbé Terray. Il s'y trouve des considérations sur les anciens impôts.

SENIOR (N. W.). Principes fondamentaux de l'économie politique. *Paris*, 1836, in-8. Traduction française du comte Arrivabene.

Cet écrit est le résumé des leçons d'économie politique professées à l'université d'Oxford, dans la chaire fondée, en 1825, par M. Drummond. M. Se-

22.

nior, qui est un esprit très-distingué, y considère un peu trop les imperfections sociales comme un mal sans remède, et il défend les principes avec une inflexibilité de langage peut-être aussi cruelle pour les gens qu'il protége que pour ceux qu'il attaque.

SERRA (Antonio). Breve trattato delle cause che possono far abbondare li regni d'oro e d'argento dove non sono miniere. In-8, 1613.

Il attribue une puissance industrielle presque exclusive à l'argent; mais il explique aussi très-bien comment le travail et les manufactures peuvent attirer le numéraire dans le pays.

Intéressant à étudier comme représentant des opinions économiques de son temps.

SEUTTER (baron de) * Die Staatswirthschaft auf der Grundlage der Nationalœconomie, etc. (L'économie publique appliquée au gouvernement, à l'administration et aux finances). 3 vol. in-8. *Ulm.*

Le système de l'auteur est fondé sur la liberté individuelle, la liberté de l'industrie et la liberté de la presse. Le premier volume traite de l'organisation politique. Le second, de l'administration intérieure. Le troisième s'occupe des contributions de tout genre. L'ouvrage contient des idées larges et démocratiques.

SEYBERT (Adam). Annales statistiques des États-Unis. Traduit de l'anglais par Scheffer, 1 vol. in-8, 1820.

Recueil utile et plein de documents indispensables pour apprécier avec fruit les relations de l'Europe avec les États-Unis. Le chapitre relatif aux *terres publiques*, ceux des *revenus*, de la *monnaie* et des *dépenses* laissent peu de chose à désirer.

SINCLAIR (John). The history of the public revenue of the british empire. *London*, 1785, in-4.

Ouvrage moins clair et moins précis que celui de Robert Hamilton, mais digne de considération par la libéralité de ses doctrines.

SIMONDE DE SISMONDI. De la richesse commerciale on principes d'économie politiques apppliqués à la législation du commerce. *Genève*, 1803, 2 vol. in-8.

C'est le premier ouvrage de M. de Sismondi. Il était alors sectateur d'Adam Smith. Ses idées se sont modifiées depuis, et il a publié le plus important de ses ouvrages sous le titre suivant :

— Nouveaux principes d'économie politique, ou de la richesse dans ses rapports avec la population. *Paris*, 1827, 2 vol. in-8.

C'est le plus éloquent manifeste de l'école radicale.

L'apparition de ce livre a produit une grande sensation dans le monde scientifique. L'auteur y attaque le système des banques, l'emploi des machines, le régime manufacturier anglais; il y plaide avec chaleur la cause des classes ouvrières; mais il ne propose aucun remède à leurs maux. « Je l'avoue, dit-il en finissant, après avoir indiqué où est à mes yeux la justice, je ne me sens pas la force de tracer les moyens d'exécution. » Personne ne le pouvait mieux que lui, mais on ne l'osera pas de sitôt.

— Études sur l'économie politique. *Paris, Treuttel et Wurtz*, 1838, 2 vol. in-8.

Skarbek (le comte Frédéric). Théorie des richesses sociales. *Paris*, 1829, 2 vol. in-8.

L'ouvrage du comte Frédéric Skarbek est trop exclusivement théorique. L'économie politique, à l'époque toute récente où ce livre a paru, exigeait des développements pratiques plus étendus et des vues d'application plus positives. L'auteur, qui est Polonais, aurait pu faire pour son pays ce que M. Storch a fait pour la Russie, un exposé spécial des questions d'économie politique particulières à la Pologne.

Smith (Adam). Recherches sur la nature et les causes de la richesse des nations. Traduit par le comte Germain Garnier. *Paris*, 1822, 6 vol. in-8. — Nouvelle édition revue et corrigée par M. Blanqui, avec des notes de Mac Culloch, Buchanan, Malthus, Mill, Ricardo, Sismondi, etc. *Paris*, 1842, 2 vol. grand in-8 [1].

Le grand ouvrage d'Adam Smith est considéré par tous les économistes comme le véritable point de départ de la science en Europe. Ce livre est, en effet, malgré ses longueurs et ses digressions, le premier qui ait analysé les causes réelles de la richesse des nations et les procédés de l'industrie. Il en existe plusieurs traductions françaises, dont la meilleure est celle de Garnier; celles de Roucher et de Blavet lui sont de beaucoup inférieures. M. Mac Culloch a publié en Angleterre une édition de Smith avec des notes : c'est l'édition classique par excellence.

Smith (Thomas). An attempt to define some of the first principles of political economy. *London*, 1821, in-8.

Soden. Die Nationalœconomie. Ein philosophischer Versuch ueber die Quellen des Nationalreichtum, und ueber die Mittel zu dessen Befœrderung. 1805-1824, 9 vol. in-8. *Leipzig, Arau, Nuremberg.*

1 La même traduction, réimprimée en 1859, dans la *Bibliothèque des Sciences morales*, en forme 3 vol. grand in-18. Cette édition a été revue, annotée et augmentée d'une table analytique des matières, par M. Joseph Garnier.

SOLERA (Maurice). Essai sur les valeurs. Grand in-8 de 116 pages, publié en 1798.

Sous ce titre, l'auteur a publié des considérations d'un grand intérêt économique pour le Piémont, sa patrie. La forme en est neuve et piquante.

SOLLY. Considerations on political economy. *Berlin*, 1814, in-4.

SOPP (A. A.). * Neueste Darstellung der Kameralwissenschaften (Nouvel exposé des sciences camérales). 3 vol. in-8. *Vienne*, 1808-1811.

Le premier volume contient l'économie agricole, le second, l'économie industrielle, et le troisième, l'économie politique.

STEUART (J.). Recherches sur les principes de l'économie politique, ou Essai sur la science de la police intérieure des nations libres. Traduit de l'anglais par Senovert. *Paris*, Didot aîné, 1789, 5 vol. in-8.

L'ouvrage de Steuart a fait grand bruit, même après l'apparition de celui d'Adam Smith. C'est pourtant un livre qu'il faut lire avec défiance, car il fourmille de paradoxes sur une foule de questions; mais, jusqu'à Ricardo, aucun économiste anglais ne s'est élevé à cette hauteur. Steuart est surtout remarquable par la clarté de ses démonstrations et par la franchise avec laquelle il aborde les difficultés les plus ardues.

STORCH (Henri). Cours d'économie politique, ou Exposition des principes qui déterminent la prospérité des nations, avec des notes explicatives et critiques de J.-B. Say. *Paris*, 1832, 5 vol. in-8.

Un des meilleurs ouvrages de l'école d'Adam Smith.

Il renferme des aperçus du plus grand intérêt sur le servage en Russie et sur l'esclavage dans tous les pays.

Les notes sur les banques, qui font partie du 4e volume, doivent être lues avec un soin particulier.

M. Storch a publié, en outre, *sur le revenu national*, un écrit important, dans la préface duquel il exhale en termes vifs ses ressentiments contre J.-B. Say, son commentateur [1].

STOKAUSEN. Dissertatio de conjunctione jurisprudentiæ atque œconomices, politices et scientiæ cameralis in specie. *Leipzig*, 1768, in-8.

SULLY. Mémoires des sages et royales économies d'État. Très-souvent

1 Cet ouvrage est toujours joint au *Cours d'Économie politique*, dont il forme le 5e volume.

réimprimés en 6 vol. in-fol., 12 et 15 vol. in-12, et plus souvent encore avec les arrangements de l'abbé de l'Écluse.

Ce livre sera éternellement digne d'être consulté, comme le point de départ des réformes économiques qui ont mis fin aux abus du moyen âge, et qui ont abouti à la révolution française.

T

THIERS. De Law et de son système de finances. *Paris*, 1826, 1 vol. in-8 (faisant partie de l'Encyclopédie progressive).

Cet article est sans contredit le plus beau morceau de critique historique qui ait été écrit sur Law. Nulle part le *système* n'a été plus clairement exposé, et avec une fidélité plus scrupuleuse.

THOMPSON (William). An inquiry into the principles of the distribution of wealth. (Recherches sur les principes de la distribution des richesses). in-8, 1824.

Économiste radical appartenant, sous quelques rapports, à la secte coopérative d'Owen, abstrait, logique, sévère, excellent pour exercer l'esprit aux plus rudes études de la science.

THORNTON. (Henri). An inquiry into the nature and effects of the paper credit of the Great-Britain. *London*, 1802, in-8.

Brochure de circonstance, publiée à l'appui de la suspension des payements en espèces de la banque d'Angleterre.

C'est un plaidoyer spécieux en faveur du papier-monnaie; mais il renferme, sur le crédit, des considérations profondes que Ricardo lui-même n'aurait pas désavouées.

Cette brochure est devenue fort rare.

THUNEN (H. de). * Der isolirthe Staat in Beziehung auf Landwirthschaft und Nationalœconomie, etc. (L'État considéré sous le rapport de l'économie agricole et de l'économie nationale, ou recherches sur l'influence qu'exercent le prix des grains, la richesse du sol et les impôts relativement à l'agriculture) [1]. *Hambourg*, 1836.

[1] Cet ouvrage a été traduit en français par A. J. Laverrière sous ce titre : *Recher-*

Tifaut de Lanoue (Jérôme). Réflexions philosophiques sur l'impôt, où l'on discute les principes des économistes, et où l'on indique un plan de perception patriotique, in-8. *Paris,* 1775.

L'auteur est un adversaire des *économistes*. Homme essentiellement pratique, il opposait aux théories de ces philosophes un plan de répartition de l'impôt plus approprié aux ressources des différentes classes de citoyens.

Tooke (Thomas). Thoughs and details, on the high and low prices of the last thirty years. *London,* 1823, in-8.

Cette collection renferme des particularités curieuses sur la hausse et la baisse des prix. Elle a principalement trait aux lois sur les céréales, qui sont le fléau de l'Angleterre.

— The history of prices, and of the state of the paper circulation from 1798 to 1857. *Londres,* 1838, 2 vol. in-8. 1840, 2 vol. in-8. 1848 1 vol. in-8. 1857, 1 vol. in-8.

Cet ouvrage, de l'aveu de l'auteur lui-même, n'est que le développement du précédent; mais on peut le considérer comme un livre nouveau par les additions importantes dont il a été enrichi. Il contient les détails les plus intéressants sur l'état économique de l'Angleterre, depuis le commencement de ce siècle. — (Lorsque M. Blanqui écrivait ceci, il n'y avait encore que 2 volumes de publiés, 1797 à 1837.)

— On the state of currency. *Londres,* 1 vol. in-8.

M. Tooke est un des économistes les plus éclairés et les plus judicieux de la Grande-Bretagne. Son opinion est du plus grand poids dans les matières de finances.

Tollenare (L. E. de). Essai sur les entraves que le commerce éprouve en Europe. *Paris,* 1820, 1 vol.

On croirait, en lisant ce titre, que l'auteur a fait la guerre aux restrictions et aux entraves du commerce ; bien au contraire, il se fait l'apologiste du système prohibitif et des priviléges accordés aux colonies : ses idées ne sont pas toutes aussi illibérales.

Torrens (R.). An essay on the production of wealth; with an Appendix in which the principles of political economy are applied to the actual circumstances of this country. *London,* 1821, in 8.

ches sur l'influence que le prix des grains, la richesse du sol et les impôts exercent sur les systèmes de culture. Paris, Guillaumin et Cie, 1851. 1 vol. in-8.

Un autre ouvrage de Thunen a été aussi traduit en français par Wolkoff, sous ce titre :

Le Salaire naturel et son rapport au taux de l'intérêt. Paris, Guillaumin et Cie, 1857. 1 vol. in-8.

— An essay on the external corn-trade. 1 vol. 1815.

— On wages and combinations. *London*, 1834, in-8.

Tous les ouvrages de M. Torrens sont remarquables par l'élévation des idées et les sentiments de sympathie généreuse pour la classe ouvrière. On peut leur reprocher un peu d'obscurité; l'auteur essaye de tenir le milieu entre les doctrines de Ricardo et celle de Malthus. « Le premier, dit-il, » généralise trop, et le second trop peu; entre les mains de l'un, la science » a une simplicité qui n'est pas naturelle; elle devient un chaos entre les » mains de l'autre. »

TUCKER (Josiah). A brief essay on the advantages and disadvantages which respectively attend France and Great-Britain, with regard to Trade, with some proposals for removing the principal disadvantages of Great-Britain in a new method. The third édition. *London*, 1753, in-8.

Ouvrage très-remarquable par la libéralité de ses doctrines. On y ressent déjà l'influence exercée sur les progrès de la science par les économistes français. Tucker avait été en relation avec plusieurs d'entre eux, et quoique son livre soit fortement empreint d'égoïsme national, il y fait de grands sacrifices aux nouvelles doctrines.

TURBULO. Discorsi e relazioni sulle monete del Napoli. *Napoli*, 1629.

TURGOT. Œuvres complètes, précédées et accompagnées de mémoires et de notes sur sa vie, son administration et ses ouvrages. *Paris*, 1808-1811, 9 vol. in-8.

Cette collection complète des œuvres de Turgot a été publiée par Dupont de Nemours[1]. Elle se compose principalement des écrits suivants :

— Lettre sur le papier-monnaie, adressée à M. l'abbé de Cicé.

Turgot n'avait que vingt-deux ans lorsqu'il l'écrivit.

— Les articles foires et marchés, et valeurs et monnaies, de l'Encyclopédie.

— Mémoires sur la théorie des valeurs.

— Éloges de M. de Gournay, l'un des fondateurs de l'école des Économistes.

— Ses travaux divers dans la généralité de Limoges.

1 En 1844, MM. Eug. Daire et H. Dussard ont donné une nouvelle édition des *Œuvres de Turgot* dans la *Collection des Principaux Économistes*. Une notice sur Turgot, du premier de ces écrivains, des notes nouvelles de l'un et de l'autre et un classement méthodique des matières, la rendent de beaucoup supérieure à la précédente. Paris, Guillaumin, 1844, 2 vol. grand in-8.

Il n'y a pas un de ces fragments qui ne soit digne d'étude et d'admiration.

— Réflexions sur la formation et la distribution des richesses

C'est le plus remarquable des écrits économiques de Turgot, celui qui a le plus mérité de former la chaîne entre les doctrines de Quesnay et celles de Smith.

— Lettre à M. de Trudaine, sur les encouragements à donner aux manufactures.

— Mémoire sur les prêts d'argent.

Argument sans réplique contre les lois sur l'intérêt. — Ce mémoire et celui de Bentham ont épuisé la question.

— Des fonctions des bureaux de charité.

— Lettres sur la liberté du commerce des grains, en opposition aux partisans des mesures restrictives.

— Édit portant suppression des jurandes et des maîtrises.

— Comparaison de l'impôt sur le revenu des propriétaires et de l'impôt sur les consommations.

— Lettres sur les grains, écrites à Terray. 1788, in-8.

— Mémoire qui contient les principes de l'administration publique sur la propriété des carrières et des mines, et sur les règles de leur exploitation. 1790, in-8.

Turgot était un homme essentiellement pratique, et il a eu le rare bonheur d'exercer, à Limoges comme intendant, et à Paris comme ministre, des fonctions qui ont permis l'application immédiate de ses doctrines.

Ses différents mémoires devraient toujours être entre les mains des hommes d'État.

U

Ulloa (D. Bernardo de). Rétablissement des manufactures et du commerce d'Espagne; traduit de l'espagnol, par Plumard de Dangeul. *Amsterdam*, 1753, in-12.

Bon livre à consulter sur la décadence industrielle et commerciale de l'Espagne, et sur toutes les questions d'économie politique qui s'y rattachent.

UBE (Andrew). Philosophie des manufactures, ou Économie industrielle de la fabrication du coton, de la laine, du lin et de la soie, avec la description des diverses machines employées dans les ateliers anglais. *Paris et Bruxelles*, 1836, 2 vol. in-12.

Ouvrage de technologie assez superficiel, où les abus du système industriel anglais sont atténués avec une partialité prétentieuse et mystique. Le peu de faits intéressants qu'on y trouve sont textuellement extraits des *Enquêtes officielles anglaises*, que l'auteur a omis de citer.

USTARIZ (Geronimo de). Théorie et pratique du commerce et de la marine. *Paris*, 1753, in-4.

La traduction de cet ouvrage est due à Forbonnais, et quoiqu'il soit plein d'erreurs, nous le considérons comme l'un des plus capables de faire apprécier à sa juste valeur l'économie politique pratiquée en Espagne depuis le règne de Charles-Quint.

V

VALLE SANTORO. Éléments d'économie politique. *Paris*, 1 vol. in-8.

Excellent ouvrage élémentaire, quelquefois un peu obscur.

VASCO (Giamb.) Delle università delle arti e mestieri. In-8.

— Mémoire sur les causes de la mendicité et sur les moyens de la supprimer.

— La felicità pubblica considerata nei coltivatori di terre proprie. In-8.

— Della moneta, saggio politico. *Torinese*, in-8.

L'un des livres les plus originaux sur un sujet aujourd'hui épuisé.

VAUBAN. Projet d'une dixme royale, avec les réflexions sur le même sujet. 1707, in-4 et in-12 [1].

Livre d'un honnête homme, au cœur noble et pur. Le remède qu'il proposait serait aujourd'hui considéré comme le pire des maux, tant étaient grands les maux de ce temps-là!

1 La *Dîme royale*, ainsi que les *Œuvres de Boisguillebert*, *Law*, *Melon* et *Dutot* (*Voy.* ces noms), forment, sous le titre d'*Économistes-financiers du dix-huitième siècle*, le tome 1er de la COLLECTION DES PRINCIPAUX ÉCONOMISTES, volume qui comprend, en outre des textes, des notices sur chaque auteur et des notes nombreuses par M. Eug. Daire.

VERRI (Pietro). Meditazioni sull' economia politica, con annotazione de Gian-Rinaldo Carli.

C'est le principal ouvrage de Verri, l'un des premiers fondateurs de l'économie politique en Italie, et le précurseur d'Adam Smith.

Voici la nomenclature des autres :

— Sulle leggi vincolanti principalmente nel commercio de' grani, Riflessioni, scritte l'anno 1769, con applicazione allo stato di Milano, in-8.

— Consulta sulla reforma delle monete dello stato di Milano, 1772, in-8.

— Estratto del progetto di una tariffa della mercanzia, per lo stato di Milano, 1774, in-8.

— Memorie storiche sulla economia pubblica dello stato di Milano. *Milanese*, in-8.

— Varj opuscoli di economia publica. In-8.

VILLENEUVE-BARGEMONT (vicomte Alban de). Économie politique chrétienne, ou Recherches sur la nature et les causes du paupérisme en France et en Europe, et sur les moyens de le soulager et de le prévenir. *Paris*, 1834, 3 vol in-8.

M. de Villeneuve est un adversaire énergique du système industriel anglais. Il s'effraye du progrès des manufactures et des malheurs qu'elles traînent à leur suite ; mais les remèdes qu'il propose ne sont plus de notre temps. La religion a eu ses beaux jours, l'industrie aura les siens. Son développement ressemble à celui d'une armée dont on ne peut juger les belles dispositions que lorsqu'elle a terminé ses manœuvres.

— Histoire de l'économie politique, ou Études historiques, philosophiques et religieuses sur l'économie politique des peuples anciens et modernes. *Paris*, 1841, 2 vol. in-8.

VILLERMÉ. Tableau de l'état physique et moral des ouvriers employés dans les manufactures de coton, de laine et de soie. *Paris*, Renouard, 1840, 2 vol. in-8.

Cet excellent ouvrage est le résultat d'un voyage, entrepris par ordre de l'Académie des sciences morales et politiques de l'Institut de France, à la recherche de l'état physique et moral, inconnu jusqu'alors, des classes ouvrières. L'auteur a ainsi préparé la législation relative au travail des enfants dans les manufactures, et il a fourni des matériaux de bon aloi à la science économique en tout ce qui concerne le travail industriel.

VIVANT DE MEZAGUE. Bilan général et raisonné de l'Angleterre depuis

1600 jusqu'à la fin de 1761, ou Lettre à M. L. C. D. sur le produit des terres et du commerce de l'Angleterre, 1 vol. in-8, 1762.

Pamphlet *économiste* contre le luxe de la Grande-Bretagne. Il y a peu d'instruction à en tirer.

VOLLAND. Mémoires sur les moyens de détruire la mendicité en France. 1790, in-4.

VOLLGRAFF (Charles). * Die Systeme der praktischen Politik im Abendlande. (Les systèmes de la politique pratique en Occident). 4 vol. in-8. *Giessen*, 1828.

Cet ouvrage traite de l'économie politique de tous les peuples et de tous les temps.

Le premier volume indique les différences qui séparent les peuples de l'Orient d'avec ceux de l'Occident. Les peuples, dit M. Vollgraff, sont toujours gouvernés comme le mérite l'état de moralité dans lequel ils se trouvent.

Le second volume expose la politique des Grecs et des Romains avec de nombreux détails sur les lumières, l'état de la civilisation, le gouvernement, l'administration, l'état social, l'esprit militaire, etc., chez les peuples célèbres de l'antiquité.

Le troisième volume, consacré à la politique moderne, renferme une bibliographie des ouvrages qui ont paru dans les divers pays de l'Europe sur l'économie politique et la législation des siècles passés et du temps actuel.

Le quatrième volume décrit les relations des différents peuples de l'Europe entre eux, leur diplomatie et leur droit public. Il contient aussi leurs institutions et particulièrement celles des divers États d'Allemagne.

— * Ueber den heutigen Begriff, Anfang und Gegenstand der Staatswissenschaften. (Considérations sur l'état actuel de l'économie politique). *Marbourg*, 1824.

Petit opuscule de trente pages, où l'auteur trace les linéaments des deux écoles politiques et économiques qui se disputent aujourd'hui le terrain. Les représentants de ces deux écoles sont, selon M. Vollgraff, d'une part. Haller, auteur *de la Restauration de la politique*, et de l'autre, Pœlitz, auteur du livre intitulé : *la Politique de notre époque mise au jour*.

Voss. Einleitung in die Geschichte der Litteratur der allgemeinen Staatswissenschaft. *Leipzig*, 1800-1802, 2 vol. in-8.

W

Wade (John). History of the middle and working classes; 3e édit. *London*. 1834, in-12.

Cet essai sur la condition des classes laborieuses n'occupe malheureusement qu'une faible partie de l'ouvrage, et encore cette partie ne contient-elle que les actes législatifs relatifs aux pauvres; le reste est un traité d'économie politique populaire, clair et facile dans sa brièveté. La traduction française aurait certainement du succès.

Wallace. Dissertation historique et politique sur la population des anciens temps, comparée à celle du nôtre, dans laquelle on prouve qu'elle a été plus grande autrefois que de nos jours; traduit par M. E. 1 vol. in-8, 1769.

L'auteur s'est beaucoup plus occupé de la population des anciens que de celle des modernes; mais son livre est un des plus riches en faits anecdotiques sur la vie privée et les dépenses domestiques des anciens.

Walras (Auguste). De la nature de la richesse et de l'origine de la valeur. *Paris*, 1831, in-8.

Ce livre contient quelques nouvelles vues sur la théorie de la valeur : il sera consulté avec fruit comme œuvre de critique. Le style en est quelquefois difficile et obscur.

— Théorie de la richesse sociale, ou Résumé des principes fondamentaux de l'Économie politique. *Paris*. 1849, broch. in-8.

Ward (D. Bernardo). Proyecto economico, en que se proponen varias providentias dirigidas à promover les intereses de Espana. *Madrid*, 1739, in-8.

Cet auteur était un Irlandais naturalisé Espagnol; il avait voyagé à plusieurs reprises dans son pays adoptif, et il lui aurait rendu des services, si ses plans eussent été exécutés. Son *projet économique* renferme d'excellentes idées sur une foule de questions industrielles, et il est considéré comme l'un des écrits les plus remarquables qui aient paru en Espagne sur l'économie politique.

Wathely (Richard), archevèque de Dublin. Introductory lectures on political economy (Leçons d'économie politique). *Londres*, 1832, 1 vol. in-8.

WEBER (F. Ben.). * Systematisches Handbuch der Staatswirthschaft (Manuel systématique de l'économie politique). *Berlin,* 1804, in-8.

Le premier volume a paru. Les soixante premières pages de ce livre traitent de l'économie ; le reste appartient à la science de la police.

— Traité d'économie. 2 vol. in-8, *Berlin.*

Ce livre, rédigé dans l'esprit de Smith, a été assez bien accueilli dans son temps en Allemagne.

WELZ (Giuseppe de). Magia del credito svelata, institutzione fondamentale di publica utilità. *Napoli.* 1824, 2 vol. in-4.

M. de Welz est le premier économiste italien qui ait arboré avec hardiesse le drapeau du crédit. Quoique ses idées à cet égard soient exagérées, au point de lui faire dire que le crédit multiplie réellement les capitaux, il n'en a pas moins rendu un véritable service à la science, en appelant l'attention de ses concitoyens sur les avantages d'un système de circulation mieux entendu.

Son livre contient des notices sur tous les ministres des finances en France et en Angleterre depuis plus de trois cents ans.

WILBERFORCE. Lettre à M. de Talleyrand sur la traite des nègres. *Londres,* 1814, in-8.

Beau plaidoyer, encore utile à lire, même depuis que le procès est gagné.

WITH (Jean de) Ses mémoires. *La Haye*, 1709, in-12.

Les mémoires de ce grand publiciste ont obtenu, depuis leur publication, une espèce de succès religieux. L'auteur y a signalé, avec une supériorité digne de sa longue expérience, les causes de la prospérité et de la décadence des nations, principalement de la Hollande, si ingrate envers lui.

X

XÉNOPHON. L'Économique, suivie du Projet de finances pour augmenter les revenus de l'Attique. *Paris*, 1756, in-12.

(Voir aussi les Œuvres complètes de Xénophon, traduites en français. *Paris*, 1842, 2 vol. gr. in-18.)

Y

YOUNG (Arthur). Arithmétique politique, adressée aux sociétés économiques établies en Europe. Traduit de l'anglais par M. Fréville. *La Haye*, 1775, 2 vol. in-8.

L'auteur est un partisan timide du système des *économistes*, qui revendiquent pour l'Angleterre la priorité *de leur idée*. Il n'est pas nécessaire aujourd'hui de réfuter une pareille prétention.

Voyez ci-après au *Supplément*.

YOUNG (Arthur) et BANKS. Filature, commerce et prix des laines en Angleterre, ou Correspondance sur ces matières; traduit de l'anglais par M. C. P. 1 vol. in-8, 1790.

Détails intéressants sur le commerce des laines.

Z

ZACHARIÆ (K. G.). * Staats-Wirthschaftslehre (Principes d'économie politique). 2 vol. in-8. *Heidelberg*, 1832.

Livre fort original ; on y remarque un grand nombre de dénominations nouvelles qui ne sont pas restées sans critique en Allemagne. Les doctrines sont en général présentées d'une manière abstraite, sans égard pour les lieux, les temps et les faits statistiques. M. Zachariæ a imaginé deux nouvelles espèces de revenus : la rente de l'esprit, c'est-à-dire celle qui dérive de l'intelligence, et la rente du crédit. A tout prendre, cet ouvrage qui ne manque pas de mérite, est peu propre a l'enseignement de la science, et il ne peut être lu que par des économistes.

ZANON (Antonio). Lettere scelte sull' agricoltura, sul commercio e sulle arti. *Udinese*, in-8.

— Apologia della mercatura. in-8.

A commencé à écrire à soixante ans. Il proposait des écoles d'agriculture et faisait l'apologie du commerce, mais sans idées arrétées, sans principes.

Nous n'avons pas jugé nécessaire de joindre à cette *Bibliographie* la liste de quelques ouvrages anonymes sans valeur, et le catalogue des publications officielles émanées du parlement d'Angleterre ou du gouvernement français. Ces documents, qui consistent principalement en *enquêtes*, sur des questions spéciales, n'offrent qu'un intérêt relatif et de circonstance; ils sont d'ailleurs si volumineux et si nombreux, que les simples énoncés de leurs titres formeraient presque un volume. Telles sont les enquêtes françaises sur les fers, sur les sucres, sur les houilles, sur les laines, les cotons; et les enquêtes anglaises sur les soieries, sur les banques, sur les chemins de fer. Quoique les Économistes ne doivent pas en négliger l'étude, cette étude appartient encore plus aux administrateurs qu'à la science pure.

FIN DE LA BIBLIOGRAPHIE.

SUPPLÉMENT A LA BIBLIOGRAPHIE

CONTENANT LA LISTE

DES PRINCIPAUX OUVRAGES QUI ONT ÉTÉ PUBLIÉS DEPUIS LA 3e ÉDITION DE L'*Histoire de l'Économie politique*, OU QUI N'ONT PAS ÉTÉ MENTIONNÉS DANS LES PAGES PRÉCÉDENTES.

BANFIELD. Organisation de l'industrie, Leçons professées à l'université de Cambridge. Trad. par M. Em. Thomas. *Paris*, Guillaumin et Cie, 1 vol. in-8.

BASTIAT (Fréd.). Œuvres complètes, publiées sur les manuscrits de l'auteur et précédées d'une notice biographique, par M. R. de Fontenay et Paillotet. *Paris*, 1854-1855. Guillaumin et Cie. 6 vol. in-8 et 6 vol. in-18.

BAUDRILLART (H.), professeur au collége de France. Manuel de l'Économie politique. *Paris*, Guillaumin et Cie, 1 vol. gr. in-18.

— Des Rapports de la morale et de l'Économie politique. *Paris*, mêmes éditeurs, 1 vol. in-8.

CAREY (H.-C.). Principles of social science. *Philadelphie*, 1858-59, 3 vol. gr. in-8.

CHEVALIER (Michel). Examen du système social connu sous le nom de Système protecteur; 2e édition, *Paris*, 1858. Guillaumin et Cie. 1 vol. in-8.

CLÉMENT (Ambr.). Recherches sur les causes de l'indigence. 1 vol. in-8.

CIESZKOWSKI. Du crédit et de la circulation. 2e édition. *Paris*, 1847. Guillaumin et Cie., 1 vol. in-8.

COQ (Paul). La monnaie de banque, ou l'espèce et le portefeuille. 1 vol. gr. in-18. *Paris*, 1857. Guillaumin et Cie. 1 vol. gr. in-18.

COQUELIN (Ch.). Du crédit et des banques. 2e édition, revue et précédée d'une introduction, par M. Courcelle-Seneuil. *Paris*, 1859. Guillaumin et Cie. 1 vol. gr. in-18.

COURCELLE-SENEUIL. Traité théorique et pratique des opérations de banque, 3e édition. *Paris*, 1857, Guillaumin et Cie. 1 vol. in-8.

— Traité théorique et pratique des entreprises industrielles, agricoles et commerciales, ou Manuel des affaires, 2e édition, *Paris*, 1855. Guillaumin et Cie. 1 vol. in-8.

— Traité théorique et pratique d'économie politique. *Paris*, 1859. Guillaumin et Cie. 2 vol. in-8.

DARESTE DE LA CHAVANNE. Histoire des classes agricoles en France. 2e édition. *Paris*, 1858. Guillaumin et Cie. 1 vol. in-8.
Couronné par l'Institut.

DICTIONNAIRE DE L'ÉCONOMIE POLITIQUE, contenant l'exposition des principes de la science, l'opinion des écrivains qui ont le plus contribué à sa fondation et à ses progrès, la Bibliographie générale de l'économie politique, avec des notices biographiques et une appréciation raisonnée des principaux ouvrages, publié sous la direction de MM. Ch. Coquelin et Guillaumin. 2 vol. gr. in-8. à deux colonnes. *Paris*, 1852-54. Guillaumin et Cie.

La *Bibliographie* occupe une grande place dans ce dictionnaire. Nulle part et dans aucune langue on ne la trouve aussi complète.

DONIOL. Histoire des classes rurales en France. *Paris* 1857. Guillaumin et Cie. 1 vol. in-8.

DROIT AU TRAVAIL (Le) à l'assemblée nationale. Recueil de tous les discours prononcés dans cette discussion mémorable. *Paris*, 1848. Mêmes éditeurs. 1 vol. in-8.

ELLIS. Principes élémentaires d'économie sociale. *Paris*, 1850. Mêmes éditeurs. 1 vol. gr. in-18.

— Leçons progressives d'économie sociale. *Paris*, 1851. Mêmes éditeurs. 1 vol. gr. in-18.

FONTENAY (R. de). Du revenu foncier. *Paris*, 1854. Mêmes éditeurs. 1 vol. gr. in-18.

GARNIER (Joseph). Traité d'économie politique. Exposé didactique des Principes et des Applications de cette science et de l'Organisation économique de la société. *Paris*, Garnier frères et Guillaumin et Cie, 1 vol. gr. in-18.

— Du Principe de population. *Paris*, les mêmes, 1 vol. gr. in-18.

GÉRANDO (De). De la bienfaisance publique, traité complet de l'indigence considéré dans ses rapports avec l'économie sociale. *Paris*, 1839. Renouard et Cie. 4 vol. in-8.

GILBART (W.). Lectures sur l'histoire et les principes du commerce chez les anciens. Traduit de l'anglais par Mlle F. G. *Paris* 1856, Guillaumin et Cie. 1 vol. in-18.

HOCK (de). Administration financière de la France, traduit de l'allemand par M. LEGENTIL. *Paris*, 1859. Mêmes éditeurs. 1 fort vol. in-8.

HUBBARD. De l'organisation des sociétés de prévoyance ou de secours mutuels. *Paris*, 1852. Mêmes éditeurs. 1 vol. in-8.

HUSSON (Armand). Les consommations de Paris. *Paris*. Mêmes éditeurs. 1 vol. in-8.

JOUBLEAU (Félix). Études sur Colbert ou Exposition du Système d'économie politique suivi en France de 1661 à 1683. *Paris*, 1856. Mêmes éditeurs. 2 vol. in-8.

Couronné par l'Académie des sciences morales et politiques.

LAVERGNE (L. de), de l'Institut. Essai sur l'économie rurale de l'Angleterre, de l'Écosse et de l'Irlande. *Paris*, 1858. Mêmes éditeurs. 3e édition. 1 vol. gr. in-18.

— L'Agriculture et la population. *Paris*, 1857. Mêmes éditeurs. 1 vol. gr. in-18.

— L'Agriculture en France depuis 1789. *Paris*, 1860. Mêmes éditeurs. 1 vol. gr. in-18.

LEPELLETIER (de la Sarthe). Du système social. Ses applications à l'industrie, à la famille, à la société. *Paris*, 1855. Mêmes éditeurs, 2 vol. gr. in-8.

LEVASSEUR (E.). La question de l'or. *Paris*, 1858. Mêmes éditeurs. 1 vol. in-8.

— Recherches historiques du système de Law. *Paris*, 1854. Mêmes éditeurs. 1 vol. in-8.

— Histoire des classes ouvrières en France, depuis Jules César jusqu'à la révolution. *Paris*. Mêmes éditeurs. 2 vol. in-8, 1859.

Couronné par l'Institut.

LEYMARIE. Tout par le travail. Manuel de morale et d'économie politique. *Paris*. Mêmes éditeurs. 1 vol. gr. in-18.

LE LIBRE-ÉCHANGE (Journal). 1846-1847. *Paris*. Mêmes éditeurs. 1 vol. in-folio.

LIST (Frédéric). Système national d'économie politique. Traduit de l'allemand par H. Richelot. *Paris*, Capelle, 1851, 1 vol. in-8.

MILL (J.-S.). Principes d'économie politique, suivis de quelques-unes de leurs applications à l'économie sociale, traduits par M. H. DUSSARD et COURCELLE-SENEUIL. *Paris*, 1854. Guillaumin et Cie. 2 vol. in-8.

MODESTE (Victor). Du Paupérisme en France. *Paris*. Mêmes éditeurs. 1 vol. in-8.

Couronné par l'Académie des sciences morales et politiques.

MOLINARI. Les soirées de la rue Saint-Lazare. Entretiens sur les lois économiques. *Paris*. Mêmes éditeurs. 1 vol. gr. in-18.

— Conversations sur le commerce des grains. *Bruxelles*, A. Deck, et *Paris*. Mêmes éditeurs. 1855. 1 vol. gr. in-18.

MONNIER (Alex.). Histoire de l'assistance publique *Paris*, 1857. Mêmes éditeurs. 1 vol. gr. in-8.

Couronné par l'Académie française.

MOREAU-CHRISTOPHE. Du problème de la misère et de sa solution chez les peuples anciens et modernes. *Paris*, 1851. Mêmes éditeurs. 3 vol. in-8.

MORIN (Théodore). Essai sur l'organisation du travail et sur l'avenir des classes ouvrières. *Paris*, 1845. Marc Aurel. 1 fort vol. in-8.

MOUNIER ET RUBICHON. De l'agriculture en France, d'après les documents officiels. *Paris*, 1846. Guillaumin et Cie. 2 vol. in-8.

OTT. Traité d'économie sociale, ou l'Économie politique coordonnée au point de vue du progrès. *Paris*, 1851. Mêmes éditeurs. 1 fort vol. in-8.

PARIEU (Esq. de), de l'Institut. Histoire des impôts généraux sur la propriété et le revenu. *Paris*, 1856. Mêmes éditeurs. 1 vol. in-8.

PASSY (Hipp.), de l'Institut. Des systèmes de culture et de leur influence sur l'économie sociale. 2e édition. *Paris*, 1852. Mêmes éditeurs. 1 vol. gr. in-18.

QUÉTELET. Du système social et des lois qui le régissent. *Paris*, 1848. Mêmes éditeurs. 1 vol. in-8.

RAPET (J.-J). Manuel de morale et d'économie politique. *Paris*, 1858. Guillaumin et Cie., Dezobry et Magdeleine. 1 vol. gr. in-18.

Couronné par l'Académie des sciences morales et politiques. Grand prix Montyon.

RENOUARD. Du droit industriel, dans ses rapports avec les principes du droit civil sur les personnes et sur les choses. *Paris*, Guillaumin et Cie, 1 vol. in-8.

ROSCHER (G.). Principes d'économie politique, traduits, annotés et précédés d'une introduction, par M. WOLOWSKI, de l'Institut. *Paris*, 1857. Mêmes éditeurs. 2 vol. gr. in-8.

SCIALOJA. Principes d'économie politique, traduits en français par M. DEVILLERS. *Paris*, 1844. Mêmes éditeurs. 1 vol. in-8.

SUDRE (Alf.). Histoire du communisme, ou réfutation historique des utopies sociales. 5e édition. *Paris*, 1856. Mêmes éditeurs. 1 fort vol. gr. in-18.

VILLIAUMÉ. Nouveau traité d'économie politique. *Paris*, 1857. Mêmes éditeurs. 2 vol. in-8.

YOUNG (Arthur). Voyages en France, pendant les années 1787, 1788, 1789, nouvelle traduction, par M. LESAGE, précédée d'une introduction, par A. LÉONCE DE LAVERGNE, membre de l'Institut. *Paris*, 1860. Mêmes éditeurs. 2 vol. in-18.

— Voyage en Italie en 1789, traduit par le même. *Paris*. Mêmes éditeurs. 1 vol. gr. in-18.

On peut encore ajouter à cette liste les deux recueils suivants :

Journal des Économistes, revue mensuelle dont la publication remonte à décembre 1851.

Annuaire de l'Économie politique et de la Statistique, qui paraît tous les ans depuis 1844.

FIN DU SUPPLÉMENT.

TABLE DES MATIÈRES

DU TOME SECOND.

FIN.

SAINT-DENIS. — TYP. DE A. MOULIN, SUCC^r DE M. DROUARD.

www.ingramcontent.com/pod-product-compliance
Ingram Content Group UK Ltd.
Pitfield, Milton Keynes, MK11 3LW, UK
UKHW012004240726
13965UKWH00001B/154